"十四五"普通高等教育本科部委级规划教材

中央高校基本科研业务费专项资金资助（项目编号：2021RC016,2022RC035）

环境与生态创新研究书库　丛书主编／李祥珍

资源环境足迹理论、方法与应用

主　编：赵　旭　李佳硕

副主编：钟洪麟　马逍天　柴　利

中国纺织出版社有限公司

图书在版编目（CIP）数据

资源环境足迹理论、方法与应用 / 赵旭，李佳硕主编. -- 北京：中国纺织出版社有限公司，2025.5.
（"十四五"普通高等教育本科部委级规划教材）.
ISBN 978-7-5229-2635-3

Ⅰ F062.1；X196

中国国家版本馆CIP数据核字第20256B11D6号

责任编辑：房丽娜　　责任校对：王蕙莹　　责任印制：储志伟

中国纺织出版社有限公司出版发行

地址：北京市朝阳区百子湾东里 A407 号楼　邮政编码：100124

销售电话：010—67004422　传真：010—87155801

http://www.c-textilep.com

中国纺织出版社天猫旗舰店

官方微博 http://weibo.com/2119887771

河北延风印务有限公司印刷　各地新华书店经销

2025 年 5 月第 1 版第 1 次印刷

开本：787×1092　1/16　印张：19.25

字数：320 千字　定价：58.00 元

凡购本书，如有缺页、倒页、脱页，由本社图书营销中心调换

前　言

随着世界经济的高速发展，人民生活水平的不断提高，生产和消费活动对自然生态系统的影响日益增大。在拉动全球经济增长的同时，消费和生产加剧了全球自然资源消耗和环境污染，对我们赖以生存的蓝色星球造成了不可逆转的破坏。采用可持续的消费和生产模式是 17 个全球可持续发展的目标之一，同时也是其他多个目标得以实现的关键前提。例如，可持续的消费和生产能够帮助减少碳排放（目标 13）、节约水资源（目标 6）、减缓海洋和陆地生态系统退化（目标 14 和 15）、改善贫穷和饥饿（目标 1 和 2）等。因此，科学评估人类消费和生产活动对资源环境系统造成的影响，是实现全球可持续发展目标的重要基础。

资源环境足迹（足迹家族）是量化和评价可持续发展的重要指标，其核算和评价能够揭示出人类世背景下人类消费和生产活动对自然资源和环境系统的影响程度，是帮助实现可持续发展目标的有效评估工具。资源环境足迹的量化和评价方法简单易行且适用于广泛的时空尺度，因此被普遍应用于区域可持续发展评估工作中。虽然在国内外的研究和管理工作中获得广泛应用，但我们注意到，目前国内还缺少系统介绍资源环境足迹理论及其评价方法的教材。

本书的初衷是提供一本易于理解且便于操作的教材，从而帮助读者更为轻松地掌握资源环境足迹在可持续评价中的基本分析思路和核算方法，并在生态环境保护和科研工作中灵活运用。本书的主要内容包含资源环境足迹及其相关理论，资源环境足迹的核算及可持续评价方法、案例，以及国际最新相关研究工作。本书的特色在于：①系统且全面地总结资源环境足迹理论基础、研究方法及最新研究进展，使读者能够了解并区分各类资源环境足迹的特点及其规律；②提供大量由浅入深的核算案例，使读者更容易掌握并灵活应用相关核算方法。

本书由赵旭、李佳硕任主编，钟洪麟、马逍天、柴利任副主编，其他参与编写的工作人员有侯思雨、张煜卿、陈荟如、刘茜等。

由于作者水平有限，不足之处敬请批评指正，真诚希望读者提出宝贵意见。

赵旭

2025 年 2 月

目 录

第一章　绪论

第一节　资源环境足迹的起源及其发展

一、资源环境足迹的产生背景

自然资源，如能源、矿产、土地、水等，是人类生产生活和社会发展的重要物质基础。自工业革命以来，随着不可持续的生产活动的不断进行，地球有限的自然资源和快速增长的资源需求之间的矛盾日益凸显，资源枯竭和环境恶化等许多全球性问题不断加剧。据报道，2010 年人类对自然资源的需求已经超出了地球生态承载力的 50%；预计到 2050 年，人类使用资源和产生废弃物的速度将是其再生速度的 2.6 倍。可以预见，人类的生存与发展空间将受到自然资源枯竭、生态环境恶化的严重威胁。

中国经济发展自改革开放以来取得了举世瞩目的成就，但相应的也付出了沉重的资源环境代价。具体而言，目前中国的金属资源消耗、化石能源消耗和碳排放均位列全球第一（石敏俊，2015）；综合空气质量只优于部分发展中国家，$PM_{2.5}$ 和 O_3 暴露水平在全球均处于世界中后水平；全国耕地退化面积比例超过 40%，劣质耕地比例达到 27.9%。在此背景下，为实现可持续发展，推动建设资源节约型和环境友好型社会，中国政府出台多项政策应对逐渐加剧的资源消耗和环境污染问题。2013 年，中国出台《大气污染防治行动计划》，旨在逐步消除重污染天气，改善全国空气质量。2018 年国务院发布《关于全面加强生态环境保护 坚决打好污染防治攻坚战的意见》，要求继续调整优化产业结构和能源结构，强化重污染应对。2021 年，中国提出《中华人民共和国国民经济和社会发展第十四个五年（2021—2025 年）规划和 2035 年远景目标纲要》，明确要求能源资源利用效率大幅提高，单位国内生产总值能源消耗和二氧化碳排放分别降低 13.5%、18%，主要污染物排放总量持续减少。随后的《"十四五"循环经济发展规划》中强调打造资源循环型产业体系，提高资源利用效率，开展污染全链条治理专项行动。

系统全面地开展资源环境足迹的理论、方法和实证研究，是揭示政府、行业和个人对资源环境的依赖程度，落实资源利用和环境保护政策的前提与基础。通过聚焦人类生产生活全过程资源环境影响，量化人类对自然资源环境的总压力，资源环境足迹可以有效评价人类对自然资源的利用程度、评估资源环境承载能力，为促进资源高效利用、消弭环境污染提供经验证据和理论支撑。目前，中国已经开展了一系列资源环境足迹评价工作。例如，中国环境与发展国际合作委员会联合世界自然基金会撰写《生态足迹报告》，并发现中国的人均生态足迹是1.6"全球公顷"，低于2.2"全球公顷"的全球平均生态足迹水平。2017年，中国发布《环境管理水足迹原则、要求与指南》，为我国相关人员开展水足迹评价工作提供了依据。中国在《2030年前碳达峰行动方案》《关于加快建立产品碳足迹管理体系的意见》中，着重强调建立我国自主的碳足迹管理体系、建成足迹数据库。

二、资源环境足迹的起源、定义与类型

"足迹"是用来表示人类对自然资源利用程度的量化指标，描述了人类活动如何对全球可持续发展造成不同类型的影响。"足迹"的概念最早来源于加拿大生态经济学家Rees提出的生态足迹方法（Rees，1992）。Rees将"足迹"定义为以土地面积为单位衡量特定人口的资源消费需求，并将其视为研究人类活动与生态环境影响的一个可持续发展指标，为定量评估自然资源的利用状况提供了新的途径。在此基础上，Hoekstra等于2002年提出了水足迹的概念（Hoekstra和Hung，2002）。来源于全球增温潜势的碳足迹在2003年被首次定义。随后，氮磷足迹、污染足迹、物质足迹和能源足迹等一系列新的资源环境足迹类型，以及社会、经济足迹被相继提出，丰富完善了"足迹"的概念，也为开展不同足迹类型的整合研究奠定了基础。足迹类指标一般按环境影响类型进行划分，包括生态足迹、碳足迹、水足迹、能源足迹、化学足迹、氮足迹等。下面以较为常见的影响类型为划分原则简要介绍十种较为重要的足迹类型：

1. 生态足迹

生态足迹是评价人类社会可持续发展的一种重要方法，也是人类社会在反思经济发展造成的资源环境影响中，所形成的量化人类对自然资源环境影响程度以及自然为人类可提供服务的方法。

Rees曾在《我们的生态足迹——减少人类对地球的影响》一书中将生态足迹比喻为"一只负载着人类及其创造的城市、工厂……的巨足踏在地球上留下的脚印"，这一描述形象地反映了人类社会与自然资源环境的关系。当地球所能提供的土地面积容不下这只巨足时，那么地球上承载的城市、工厂将会失去平衡；如果这只巨足始终找不到一块容纳其发展的立足之地，那么地球承载的人类社会将无法维系，最终分崩离析。

随后，Rees和Wackernagel从理论视角给出了生态足迹的定义：特定数量人口按某种生活方式所消费的所有产品和服务加上环境吸纳其产生的废弃物所需要的具有生态生产力的土地面积。全球足迹网络则将生态足迹定义为人类活动对土地和水域需求的度量，代表地球生态再生所消耗的资源和吸收相应废弃物所需的生物生产性土地和海洋面积。

生态足迹概念经过多年发展，逐渐被广大学者和众多政府及非政府组织所接纳和采用。如全球足迹网络自2003年开始进行了每年度国民足迹测算（National Footprint Accounts），

旨在计算和比较各国的生态足迹和生态承载力；世界自然基金会（World Wide Fund for Nature，WWF）多次发布中国生态足迹报告。此外，"地球生态超载日"（人类在某一年对生态资源和服务的需求超过地球在当年可再生的数量）的概念也逐渐得到政府和媒体的关注。生态足迹以土地面积为基础被视为衡量人类对特定资源消费需求的主要标准，广泛用于评估环境的可持续性。全球生态足迹网（GFN）将生态足迹定义为人类活动对土地和水域需求的度量，代表地球生态再生所消耗的资源和吸收相应废弃物所需的生物生产性土地和海洋面积。它用土地和海洋面积捕捉人类活动对环境系统的影响，考虑了人类消费端所需的农田、木材、建筑用地、牧场和渔场，以及捕捉二氧化碳所需的土地，将人类活动潜在的生态成本可视化，生动揭示了人类活动对自然的依赖程度。生态足迹核算的重要组成部分是生物承载力的量化，生态承载力是生态足迹分析中可利用土地的供给和支撑。通过对比生态承载力供给和生态足迹需求，计算衡量一个地区在维持可持续发展的条件下能够提供的最大生态容量，分析其随时间的变化趋势，即可定量判断区域可持续发展的状态，为未来社会经济的发展规划提供政策建议。

2. 水足迹

水足迹与虚拟水的概念密切相关，指一定时间内国家、地区或个人直接或间接使用、消耗或污染的水资源总量，是虚拟水研究的扩展。水足迹包括蓝水足迹、绿水足迹和灰水足迹，它们分别代表地上地下水的消耗、雨水的消耗和将污染物稀释至水质标准所需的水资源量。水足迹将人类活动与水资源的使用和污染联系起来，为从生产、消费和贸易及整个供应链角度的水资源管理提供了广泛视角。

3. 碳足迹

碳足迹在近年来已成为最重要的环境评价指标之一，其通常是指温室气体足迹，通过全球增温潜势等指标进行量化，代表一个过程或产品全生命周期的二氧化碳（CO_2）、甲烷（CH_4）和一氧化二氮（N_2O）等温室气体的排放量。它包括个人、企业机构、政府和工业部门等的活动。也有研究基于生态足迹的概念，将碳足迹定义为通过植树造林从大气中吸收化石燃料温室气体所需要的生物生产性土地的面积，实现从质量单位向面积单位的转换，弥补其涵盖化学污染等其他环境信息不足的缺陷。但是，由于氟氯烃等温室效应显著的有机污染物很难被生物圈自然吸收，其排放量难以折算成土地面积，导致评估结果的不确定性和误差增加。

4. 氮磷足迹

氮磷足迹是碳足迹的衍生足迹。氮足迹是指某种产品或服务在其生产和消费过程中直接和间接排放的活性氮（如 NO_x、N_2O、NO_3^-、NH_3）数量，以衡量人为排放的活性氮对人类健康和生态系统的潜在损害（秦树平，2011）。磷足迹通常指生产所需食物中投入的磷量。氮磷足迹提供了一个基于消费者的工具，强调了消费者的肉类、奶制品消费增加和食物废弃物产生在活性氮和矿物磷量排放中的作用。

5. 污染足迹

污染足迹是基于环境污染物吸纳的一种生态足迹，它根据不同污染物的吸附和降解过程进行细化，包括了人类活动所产生的大部分污染物（如 SO_2、NO_x、烟/粉尘大气污染物和水体污染物）（闵庆文，2011）。传统的生态足迹计算只囊括了生态系统服务中的小部分，未考虑其他吸纳污染物的生态服务功能。从污染物排放角度来看，这种计算方式只考虑了森林生态系统吸收的能源燃烧 CO_2 排放，而污染足迹可以根据不同污染物的吸附和降解过程进行细化，弥补了传统生态足迹的缺陷，并能够全面衡量人类活动产生的各种污染物对生态系统产生的影响。

6. 物质足迹

物质足迹是间接资源利用指标，定量评估人类的消费行为引起的原材料消耗，描述生产链起点（获取原材料）和终点（消费产品和服务）之间的联系，通常利用经济系统物质流核算指标进行测度。

7. 能源足迹

能源足迹，是生产一个国家在全价值链上最终需求的能源投入，包括在国外进行的生产过程中的能源使用。能源足迹（又称碳吸收地足迹）是由生态足迹直接衍生出来的概念，旨在量化人类能源碳排放的环境影响。Wackernagel 等最初将其定义为：在全球林地平均碳吸收速率下，消纳化石燃料消费和电力生产所排放 CO_2 需要占用的林地面积。

8. 化学足迹

化学足迹被定义为人类活动造成的化学污染被稀释到低于一定边界所需的环境空间，用来测度城市大气化学成分的不成比例程度。化学足迹的概念最早见于大气环境领域研究，被用于测度城市大气化学成分的不成比例程度。直至 Panko 等学者才开始利用化学足迹评估消费者或生产者的化学制品使用情况及其环境特征，并从产品尺度给出了相对完善的定义：产品由于其化学成分而对人类和生态可能造成的潜在风险危害。化学足迹的研究范围取决于所定义的系统边界，最广可延伸至整个生命周期，从而为全面评估产品和服务的可持续性与社会责任提供依据。有学者建议基于共识驱动模型计算化学足迹，以保证化学排放可以完整地纳入 LCA 框架。当前化学足迹研究的局限性主要在于参数选取的不确定和暴露风险评估的缺乏，从而阻碍了消费者根据评估结果客观判断不同产品的优劣。迄今为止，国内未见以化学足迹为主题的研究报道，与国外先进水平差距明显。

9. 排放足迹

排放足迹旨在表征产品生命周期中因废弃物排放而产生的环境压力或影响，更贴近于环境足迹这一概念。其主要包括灰水足迹、碳足迹、氮足迹、磷足迹和化学足迹等。其中，灰水足迹指以使环境水质满足允许的水质标准为目的，一定范围内稀释排放到水体中的污染物所需的水资源量。碳足迹主要是衡量二氧化碳、甲烷、氧化亚氮等温室气体的排放。氮足迹是指氮氧化物、硝酸根离子、氨气等活性氮的环境损失量，磷足迹是指流失到水体或土壤等环境介质中的总磷量。化学足迹是指有潜在生态或人体健康风险的有机和无机化学成分的排放量，包括石油、挥发酚、氰化物、二氧化硫等。

10. 生物多样性足迹

生物多样性足迹量化了一个地区的最终消费（包括进口和出口）对生态系统造成的影响，通常利用生物多样性完整性指数的下降作为生物多样性损失的指标。

但是，单一足迹指标存在局限性，无法从全局的视角统观人类活动对地球资源环境系统的压力和影响。生态足迹、水足迹和碳足迹作为最主要的足迹类型，形成了最初的"足迹家族"，用于评估资源消费和废弃物排放等人类活动的环境影响（方恺，2015）。"足迹家族"概念的提出，标志着足迹研究的重心逐渐从单指标孤立核算转向多指标的集成整合计算，能够帮助决策者从不同资源环境角度，更好地理解人类自然环境的压力。随着单一资源环境足迹类型的丰富，"足迹家族"逐渐成为根据研究领域引入或排除特定足迹的灵活框架，可以同时研究不同的资源环境足迹，进行综合环境评估、科学分析、政策制定、决策及其权衡取舍。

三、资源环境足迹的研究方法及其演变

目前资源环境足迹研究方法主要有生命周期评价分析（Life Cycle Assessment，LCA）、投入产出分析（Input-Output Analysis，IOA）和混合方法。

LCA 是典型的"自下而上"资源环境足迹研究方法。LCA 起源于 1969 年美国可口可乐公司委托中西部研究所对饮料包装瓶从原材料获取到废弃物最终处置的全过程跟踪与定量分析。因此这种方法是"自下而上"的评价过程，基于此的资源环境足迹评价分为四个阶段：目的和范围的确定、资源环境足迹清单分析、资源环境足迹影响评价和结果解释（ISO，2006）。由于 LCA 覆盖"从摇篮到坟墓"的产品全生命周期，将生命周期的经济成本和社会影响纳入评估框架，使得生命周期评价方法发展成为足迹类指标计算的常规方法。基于 LCA 的碳足迹核算同时考虑了系统在生命周期内的直接和间接碳排放，精度较高，适用于产品等微观层面的碳足迹核算。但是，基于过程的 LCA 是一种自下而上的分析方法，在确定系统边界的过程中不可避免地存在截断误差，对数据精度的要求也较高，因此基本不适用于区域及以上尺度的足迹研究（方恺，2015）。此外，这种方法忽略了产品部门间的相互作用关系，难以全面考虑外部产品对研究对象的间接投入资源消耗和环境排放。

IOA 起源于 Leontief 提出的经济建模技术（Leontief，1936），能够基于投入产出表"自上而下"衡量多个产业部门最终产品的资源环境足迹，追踪与最终需求活动相关的资源使用和环境排放。多区域投入产出模型用于进一步揭示区域差异，被广泛应用于核算各地区不同部门的资源消耗和环境排放，分析发生跨区域贸易活动时环境压力的转移。基于 IOA

的足迹核算可以概括为投入产出表（Input-Output Table，IOT）的选取与处理、足迹模型构建、足迹核算和结果分析 4 个步骤。需要根据核算对象选取适当尺度和时间的 IOT 并对其进行部门聚集等预处理，同时减少部门间生产技术差异、规模差异等因素导致的误差。当今，IOA 已成为中宏观层面足迹核算的主要方法，它能够综合反映经济系统内各区域和各部门直接和间接的排放、贸易等关系，克服因部门间生产关系复杂而导致的重复或遗漏计算问题，减少了系统边界划定带来的不确定性，相比 LCA 具有更高的经济性优势。然而，IOA 往往侧重于宏观经济或产业尺度的策略效果分析，忽略了区域、产业和企业技术水平的异质性，导致核算结果存在一定误差以及核算精度存在不足等问题，不适用于指导微观尺度下企业的足迹核算工作。

混合方法（经济投入产出生命周期评价，EIO-LCA）是基于投入产出表建立的一种自上而下的生命周期分析方法，兼具 LCA 和 IOA 的优势，既能保证研究精度又能节省人力物力，因而有着更为广泛的适用范围。它首先利用投入产出表计算出部门层面的能耗及排放水平，再通过评价对象与经济部门的对应关系评价具体产品或服务环境影响。由于投入产出表的边界为整个国民经济系统，因而环境投入产出模型的核算边界也为整个国民经济系统，故而能够完整地核算产品或服务的能耗及环境影响（王长波，2015）。该方法由Matthews 等人根据世界自然基金会（WRI）和世界可持续发展工商理事会（WBCSD）对碳足迹的定义，结合投入产出分析和全生命周期分析方法建立，可用于评估工业部门、企业、家庭、政府组织等足迹。

综上所述，这些足迹研究方法各有优劣，且研究尺度存在较大差异（图 1-1）。当前，学界仍然缺乏一个适用于多个尺度足迹计算的方法，是如何破解尺度转换性障碍资源环境足迹研究面临的重大挑战。

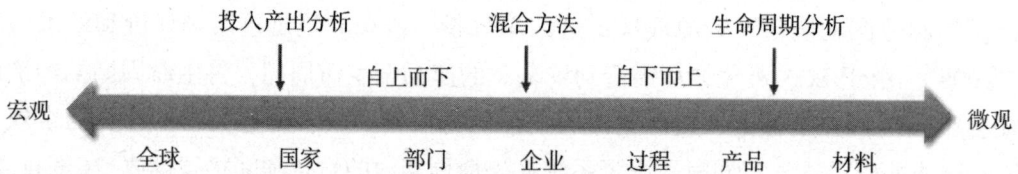

图1-1 不同尺度足迹研究方法

第二节 资源环境足迹与可持续发展

一、资源环境足迹对可持续发展的重要意义

在 1980 年国际自然保护同盟的《世界自然资源保护大纲》中最早出现"可持续发展"一词，即必须研究自然的、社会的、生态的、经济的以及利用自然资源过程中自然、

社会、生态和经济之间的基本关系，以确保全球的可持续发展。世界环境与发展委员会（WCED）于 1987 年依据"公平性原则、持续性原则、共同性原则"给出的可持续发展定义是："既满足当代人的需求，又不损害子孙后代满足其需求能力的发展。"从生态的角度来说，1991 年，世界自然与自然保护联盟对可持续发展给出了这样的定义，即改进人类的生活质量，同时不要超过支持发展的生态系统的负荷能力。同年 11 月，在国际生态学联合会和国际生物科学联合会共同举行的可持续发展研讨会上，将可持续发展定义为："保持和加强环境系统的生产和更新能力。"从经济的角度来说，可持续发展定义为在保持自然资源的质量和所提供服务的前提下，使经济的净利益增加到最大限度，不降低环境质量同时不破坏世界自然资源基础的经济发展。从技术的角度来说，可持续发展就是转向更清洁、更有效的技术——尽可能接近零排放或密闭式工艺方法——尽可能减少能源和其他自然资源的消耗，可持续发展就是建立极少产生废料和污染物的工艺或技术系统。从人与自然相协调的角度来说，1995 年召开的全国资源环境与经济发展研讨会给出的可持续发展定义是：可持续发展的根本点就是经济社会的发展与资源环境相协调，其核心就是生态与经济相协调。因此，研究资源环境足迹对可持续发展的影响具有十分重要的意义。

（1）资源环境足迹概念包含了人类生产活动的全过程，可定量研究可持续发展。例如，生态足迹概念被诸多学者用于国家或区域的可持续发展评价。人类不但在农业生产、交通设施、居民居住点、水利设施等方面直接占用土地，而且间接占用了体现在所消费的商品和服务中的土地。例如，生产黄油间接需求的土地不仅包括加工厂房直接占用的土地，还包括所有中间投入产品如奶牛场、包装用品等占用的土地。从这个意义上来说，生态足迹使人类活动隐含的生态成本明晰化，通过产品和区域视角对资源环境足迹进行计算，可以很好地衡量人类相关活动造成的间接影响。

（2）资源环境足迹可从消费与生产视角来精确衡量可持续发展背景下不同地区的相互作用关系。可持续发展目标以区域生态持续性为重要前提条件，旨在确保可持续的消费和生产模式。而足迹是指某个地区消费的商品和服务造成的相关影响，有学者强调可用生产型足迹和消费型足迹来评估城市的可持续性，特别是对于消费量非常高的发达国家来说。资源环境足迹指标可以将自然资源使用和排放量很直观地展现出来，由于资源环境足迹指标以供应链视角下产品的生命周期为研究对象，且以会计准则为基准，因此资源环境足迹指标能做到量化人类活动造成的资源消耗程度。此外，由于不同地区商品贸易与供应链之间存在着紧密联系，即一个地区消耗的产品和服务在很大程度上依赖于其他地区，因此通过对区域资源环境足迹进行研究，可以分析当地资源环境足迹同时评估其受影响程度，在可持续发展的大背景下，可做到精确分析各区域之间的相互作用关系。

（3）通过对各地区、各部门资源环境足迹的精确计算，可做到因地制宜，即针对不同地区、部门采取不同的政策。通过对各地、各部门、各城市的资源环境足迹进行量化，可为地方政府管理，包括教育、水和卫生设施、废物管理、健康、交通等诸多方面提供相关建议，以可持续发展目标为指导框架来制定各行业的发展政策。

（4）可以通过监测包括化学品、氮、磷、灰水、蓝水、绿水、土地、碳、生物多样性、细颗粒物等一系列资源环境足迹指标，来研究人类活动是否满足 2030 年可持续发展目标。在 2030 年可持续发展目标中涉及资源环境足迹的指标包括"确保所有人用水和卫生设施的可用性与可持续管理（SDG6），确保人人获得可负担、可靠和可持续的现代能源（SDG7），建设包容、安全、有风险抵御能力和可持续的城市及人类住区（SDG11）。确保可持续消费和生产模式（SDG12）。采取紧急行动应对气候变化及其影响（SDG13）。保护和持续利用海洋及海洋资源以促进可持续发展（SDG14）。保护、恢复和促进可持续利用陆地生态系统、可持续森林管理、防治荒漠化、制止和扭转土地退化现象、遏制生物多样性的丧失等（SDG15）"。因此，通过对水足迹的研究可以判断现今人类活动是否满足"人人享有清洁饮水及用水"这一目标；通过对碳足迹进行研究可以量化现今人类活动对气候变化造成的影响；通过将生态足迹和与之对应的行星边界进行比较，可以判断目前人类活动对自然界如土地退化、生物多样性等的影响程度；足迹同样可以描述城市居民对生活方式的选择，例如家庭在生活中强化家庭消费，依赖不可持续的能源等，判断居民生活足迹是否满足可持续发展目标；材料足迹也已被广泛用于支持和监测国际上的资源效率政策，比如欧盟的资源效率倡议。因此，以生态足迹方法为代表的资源环境足迹研究方法开拓了可持续发展研究的新思路。

（5）通过对足迹家族中各概念进行叠加分析，可以有效地避免某一足迹降低而其他足迹增加的情况。例如，用生物能源替代化石能源可能会减少碳足迹，但将不可避免地增加土地和水足迹，因此利用资源环境足迹概念囊括了很多环境和社会指标这一特性，将足迹家族中各概念进行叠加分析，并将分析结果用于综合环境评估、政策制定、综合政策决策等，具有极高的应用价值。

因此，资源环境足迹与可持续发展目标之间关系紧密，正确评价人类活动对区域自然环境的压力并研究区域生态系统的承载力，是实现社会经济可持续发展面临的重要问题，通过对资源环境足迹的研究来衡量《2030 年可持续发展议程》中特定的资源环境问题已经成为前沿科学研究热点。

二、资源环境足迹可持续性研究进展

资源环境足迹在 20 世纪 90 年代随着生态足迹的发展而出现，得到了学术界的广泛认可和使用，并引起了一系列关于环境足迹与环境可持续性两者联系的许多讨论。在生态足迹之后，又出现了水足迹、碳足迹、土地足迹和污染足迹等其他足迹，它们在解决特定环境问题和量化资源占用方面具有相同的特征，符合世界各地有效解决环境可持续性问题的需求。

　　资源环境足迹的可持续性研究，特别是结合研究方法、行星边界理念以及变化的驱动机制，已成为近年来的重点。近年来，许多学者对资源环境足迹进行了详尽的研究。研究方法上，通过采用更精确的量化工具和模型，例如生命周期评价（LCA）和投入产出分析（IOA），学者们能够更精细地核算和评估环境足迹。但足迹最初是为了量化环境压力的大小，而不是根据地球生态极限或基于科学的环境可持续性目标得到一个足迹的极限值。例如，碳足迹通常用来评估一个实体对气候变化影响的贡献，但它并不能正确地评估其是否超过极限值，超过该极限值则在环境上是不可持续的，重要的是要将所分析系统的足迹贡献与承载极限值联系起来。行星边界理论 2009 年正式提出，该理论提供了一种以整个地球为系统边界的环境影响评估方法。目前，将资源环境足迹与行星边界联系起来的研究也越来越多，有学者探讨了资源环境足迹与行星边界定义的阈值之间的联系，从而得出了环境可持续性评估的框架，解释与它们相关的足迹结果。也有学者基于环境足迹与行星边界的整合框架评估全球碳足迹、水足迹、物质足迹、生态足迹等各类环境足迹的可持续性程度。

　　在行星边界与资源环境足迹之间的研究方面，学者们努力将足迹数据与行星边界的科学阈值相匹配，从而建立起一套评估环境可持续性的框架。这一框架不仅关注单个足迹的可持续性评估，还考虑了如何在不同层面上，如在全球、区域和国家层面，应用行星边界概念。针对特定环境问题，如水资源管理和土地使用，研究强调了制定可量化的局部边界的必要性，这有助于识别和减轻局部环境退化的风险。有学者指出制定可测量的区域或局部边界的重要性。以水足迹为例，由于水在地球上分布不均，因此仅仅将各区域的用水量相加并不能和行星边界形成有效对比。同样在土地利用方面，来自高生产力农田的产品比来自低生产力土地的产品具有更低的土地足迹，但这并不意味着这一生产行为是可持续的。因此，仅仅设定全球行星边界可能极大地掩盖区域或地方范围内环境退化的严重性。为此，有学者开始关注次全球背景下的资源环境足迹和行星边界可持续研究。以瑞士为例，提出在国家层面应用行星边界概念的方法，按人均限额来分配国家份额和年度预算。还有的以中国农业部门为研究对象，将土地、水、碳、氮、磷足迹与行星边界相结合，确定农业环境足迹指数来评估中国农业可持续发展的环境成本。

　　全球的资源环境问题本质上是相互联系和相互作用的，因此需要以系统的观点去设定一个全球边界；同时，一个特定地区的可持续性直接或间接地取决于许多其他地区的可持续性，因此，在不同尺度下去研究行星边界与环境足迹之间的关系非常有必要。在全球化的背景下，超越单一系统的行星边界可能会以人们意想不到的方式对其他边界产生深刻的区域内或区域间影响，只关注全球尺度或单个区域尺度是不现实的。在未来的研究中，不仅非常需要在不同尺度上同时评估单个问题的环境可持续性，还需要在许多环境可持续性差距之间进行权衡。

　　未来的研究需要在不同尺度上评估环境足迹与行星边界之间的关系，同时在多个环境可持续性目标之间进行权衡。这要求采用跨学科的方法，整合经济学、生态学和社会科学的知识，以全面理解和解决环境可持续性的挑战。通过这种方式，资源环境足迹的研究不仅能够提供精确的策略和方法。通过跨领域的合作和先进的科学研究，我们可以更好地理解资源环境足迹的复杂性，为实现全球可持续发展目标提供支持和解决方案。

第二章 资源环境足迹相关理论

第一节 可持续发展理论

一、发展历程

可持续发展的概念由来已久，可持续发展理论的发展进程可分为三个时期：前斯德哥尔摩时期（1972年之前）、从斯德哥尔摩到WCED时期（1972~1987年）与后WCED时期（1987年至今）。

早在18~19世纪，诸如国际和代际公平、自然资源保护和对未来的关注等问题就已经被欧洲哲学家们所关注，即人类需要选择牺牲一定程度的个人自由才能实现更加安全、平衡的社会生活。当时的这种思想与今天的可持续发展观不谋而合。

1972年，在斯德哥尔摩举行的联合国人类环境会议上，深入探讨了环境的重要性问题。人们意识到，环境管理已迫在眉睫。同期，"罗马俱乐部"就自然环境状况做出全面评估，其强调："如果继续按照20世纪60~70年代的经济增速发展，大部分工业社会将会在未来几十年内超越生态界限。"随着20世纪70年代《增长的极限》《只有一个地球》《濒临失衡的地球》等著作的接连出版，进一步对全球的传统发展模式敲响了警钟。随后几年，学界术语先从"无破坏的发展"演变为"无害环境的发展"，最终"生态发展"一词于1978年在联合国环境规划署审查报告中首次出现。1980年，国际自然保护同盟的《世界自然资源保护大纲》则最早提出了"可持续发展"一词，即必须研究自然的、社会的、生态的、经济的以及利用自然资源过程中的基本关系，以确保全球的可持续发展。

世界环境与发展委员会（WCED）则于1987年依据"公平性原则、持续性原则、共同性原则"给出了可持续发展定义，即"既满足当代人的需求，又不损害子孙后代满足其需求能力的发展"。1991年，世界自然与自然保护联盟从生态的角度给出了定义："可持续发展即改进人类的生活质量，同时不要超过支持发展的生态系统的负荷能力。"同年11月，在国际生态学联合会和国际生物科学联合会共同举行的可持续发展研讨会上，将可持续发展定义为："保持和加强环境系统的生产和更新能力。"同时，世界环境与发展委员会于1987年发布了报告——《我们共同的未来》，作为纲领性文件奠定了可持续发展的框架基础。1990年，联合国起草了世界环境与发展大会的重要文件《21世纪议程》。在1992

年里约热内卢召开的世界环境与发展大会上，102 个国家的首脑共同签署了《21 世纪议程》并发表了里约宣言，建立了可持续发展委员会、可持续发展机构间委员会和可持续发展高级别咨询委员会等机制，积极接受了可持续发展的理念与行动，这标志着一种全新的发展观——可持续发展，在此时成为整个人类的共识。在 2000 年 9 月召开的联合国首脑会议上，联合国 189 个国家签署了旨在推动全球可持续发展的《联合国千年宣言》，以未来具体要实现目标的形式赋予了可持续发展新的内涵。2012 年的联合国可持续发展大会则以"绿色经济在可持续发展和消除贫困方面的作用、可持续发展的体制框架"两个方面为主题展开了讨论。同年，联合国在巴西通过成果文件《我们希望的未来》，再次承诺实现可持续发展，确保为今世后代创造经济、社会、环境可持续的未来。2013 年，联合国授权成立可持续发展目标开放工作组（OWG），拟定新的全球可持续发展目标，接替到期的联合国千年发展目标（MDGs）。为推动 2015 ~ 2030 年期间的全球可持续发展，2015年 9 月，世界各国领导人在历史性的联合国峰会上通过了《2030 年可持续发展议程》。新议程呼吁各国采取行动，为今后 15 年实现 17 项可持续发展目标而努力。这些目标涉及发达国家和发展中国家人民的需求并强调不会落下任何一个人。新议程范围广泛且雄心勃勃，涉及可持续发展的三个层面：社会、经济和环境，以及与和平、正义和高效机构相关的重要方面。该议程还确认调动执行手段，包括财政资源、技术开发和转让以及能力建设，以及伙伴关系的作用至关重要。2016 年 1 月 1 日，《2030 年可持续发展议程》的 17项可持续发展目标（SDGs）正式生效（吕少飒，2014）。在今后 15 年内，随着这些新目标普及所有国家，各国将调动所有力量消除一切形式的贫困，战胜不平等，遏制气候变化，同时确保没有人落后。17 项可持续发展目标（SDGs）如表 2-1 所示。2021 年第二届可持续发展论坛则就绿色转型与碳达峰、碳中和、一带一路与全球可持续发展等议题展开了讨论。

表2-1　可持续发展目标（SDGs）

序号	目标	概述
1	无贫穷	在世界各地消除一切形式的贫困
2	零饥饿	消除饥饿，实现粮食安全、改善营养和促进可持续农业
3	良好健康与福祉	确保健康的生活方式、促进各年龄段人群的福祉
4	优质教育	确保包容、公平的优质教育，促进全民享有终身学习机会
5	性别平等	实现性别平等，为所有妇女、女童赋权
6	清洁饮水和卫生设施	人人享有清洁饮水及用水
7	经济适用的清洁能源	确保人人获得可负担、可靠和可持续的现代能源
8	体面工作和经济增长	促进持久、包容、可持续的经济增长，实现充分和生产性就业，确保人人有体面工作
9	产业、创新和基础设施	建设有风险抵御能力的基础设施、促进包容的可持续工业，并推动创新
10	减少不平等	减少国家内部和国家之间的不平等
11	可持续城市和社区	建设包容、安全、有风险抵御能力和可持续的城市及人类住区
12	负责任消费和生产	实现可持续的消费和生产，在提高生活质量的同时，通过减少整个生命周期的资源消耗、环境退化和污染，来增加经济活动的净福利收益
13	气候行动	采取紧急行动应对气候变化及其影响
14	海洋环境	保护和可持续利用海洋及海洋资源以促进可持续发展

序号	目标	概述
15	陆地生态	保护、恢复和促进可持续利用陆地生态系统、可持续森林管理、防治荒漠化、制止和扭转土地退化现象、遏制生物多样性的丧失
16	和平、正义与强大的机构	促进有利于可持续发展的和平和包容社会、为所有人提供诉诸司法的机会，在各层级建立有效、负责和包容的机构
17	促进目标实现的伙伴关系	加强执行手段、重振可持续发展全球伙伴关系

目标一：无贫穷（No Poverty）

该目标要求：①到 2030 年，按各国标准界定的陷入各种形式贫困的各年龄段男女和儿童至少减半。执行适合本国国情的全民社会保障制度和措施，包括最低标准，到 2030 年在较大程度上覆盖弱势群体。②到 2030 年，确保所有男女，特别是弱势群体，享有平等获取经济资源的权利，享有基本服务，获得对土地和其他形式财产的所有权和控制权，继承遗产，获取自然资源、适当的新技术和包括小额信贷在内的金融服务。③到 2030 年，增强弱势群体的抵御灾害能力，降低其遭受极端天气事件和其他经济、社会、环境冲击和灾害的概率和易受影响程度。④确保从各种来源，包括通过加强发展合作充分调集资源，为发展中国家，特别是最不发达国家提供充足、可预见的手段以执行相关计划和政策，消除一切形式的贫困。⑤根据惠及贫困人口和顾及性别平等问题的发展战略，在国家、区域和国际层面制定合理的政策框架，支持加快对消贫行动的投资。

可持续发展本质上是反贫困的，消除贫困是可持续发展的重要目标，也是实现可持续发展的基本前提。贫困人口为解决温饱而造成的土地过度利用，已经使全球约 70% 的山地、40% 的旱地和 30% 的水浇地出现了土壤退化，超过 1/4 的陆地面积受到荒漠化的影响。资源过度开发和环境恶化，又反过来致使贫困人口健康恶化、寿命减短和贫困加剧，进而对可持续发展施加负面影响。贫困人口并非有破坏资源与环境的偏好，因此最适宜的政策举措不是强行地禁止贫困人口采用某些对资源与环境施加较大负面影响的生产技术，而是向贫困人口提供有利于减轻资源和环境压力且他们有能力采用的替代技术，并在减缓贫困的进程中，逐步把越来越多的可持续发展因子融合进来，逐步实现可持续发展。没有贫困人口的发展，人类的发展将是不协调的。发展中国家的贫困问题得不到解决，发达国家的发展也难以为继，所以解决贫困问题是世界各国共同的责任。人类已经开始拥有消除贫困、实现可持续发展的能力，但要想成功地运用这些能力打破因贫困而耗竭资源、破坏环境，又因资源环境恶化而加剧贫困的恶性循环，需要全人类的共同行动。

目标二：零饥饿（Zero Hunger）

该目标要求：①到 2030 年，消除饥饿，确保所有人，特别是弱势群体，包括婴儿，全年都有安全、营养和充足的食物。②到 2030 年，消除一切形式的营养不良，包括到 2025 年实现 5 岁以下儿童发育迟缓和消瘦问题相关国际目标，解决青春期少女、孕妇、哺乳期妇女和老年人的营养需求。③到 2030 年，实现农业生产力翻倍和小规模粮食生产者，特别是妇女、土著居民、农户、牧民和渔民的收入翻番，具体做法包括确保平等获得土地、其他生产资源和要素、知识、金融服务、市场以及增值和非农就业机会。④到 2030 年，确保建立可持续粮食生产体系并执行具有抗灾能力的农作方法，以提高生产力和产量，帮助维护生态系统，加强适应气候变化、极端天气、干旱、洪涝和其他灾害的能力，逐步改善土地和土壤质量。⑤到 2020 年，通过在国家、区域和国际层面建立管理得当、多样化的种子和植物库，保持种子、种植作物、养殖和驯养的动物及与之相关的野生物种的基因多样性；根据国际商定原则获取及公正、公平地分享利用基因资源和相关传统知识产生的惠益。⑥通过加强国际合作等方式，增加对农村基础设施、农业研究和推广服务、技术开发、植物和牲畜基因库的投资，以增强发展中国家，特别是最不发达国家的农业生产能力。⑦根据多哈发展回合授权，纠正和防止世界农业市场上的贸易限制和扭曲，包括同时取消一切形式的农业出口补贴和具有相同作用的所有出口措施。⑧采取措施，确保粮食商品市场及其衍生工具正常发挥作用，确保及时获取包括粮食储备量在内的市场信息，限制粮价剧烈波动。

饥饿和营养不良仍是制约可持续发展的一大阻碍，并且制造了一个人们无法轻易逃脱的陷阱。饥饿和营养不良意味着有生产力的人更少，他们更容易受到疾病侵扰，因而通常无法赚更多钱和改善生计。全世界有近 8 亿人忍饥挨饿，其中大部分人生活在发展中国家。我们都希望自己的家庭有足够的、安全又有营养的食物可以食用。一个零饥饿的世界能对我们的经济、健康、教育、平等和社会发展产生积极影响。这是为人人创造更好未来的关键因素。不仅如此，由于饥饿限制着人类发展，我们将无法实现诸如教育、健康和性别平等等其他可持续发展目标。

目标三：良好健康与福祉（Good Health and Well-Being）

该目标要求：①到 2030 年，全球孕产妇每 10 万例活产的死亡率降至 70 例以下。②到 2030 年，消除新生儿和 5 岁以下儿童可预防的死亡，各国争取将新生儿每 1000 例活产的死亡率至少降至 12 例，5 岁以下儿童每 1000 例活产的死亡率至少降至 25 例。③到 2030 年，消除艾滋病、结核病、疟疾和被忽视的热带疾病等流行病，抗击肝炎、水传播疾病和其他传染病。④到 2030 年，通过预防、治疗及促进身心健康，将非传染性疾病导致的过早死亡减少 1/3。⑤加强对滥用药物包括滥用麻醉药品和有害使用酒精的预防和治疗。⑥到 2020 年，全球公路交通事故造成的死伤人数减半。⑦到 2030 年，确保普及性健康和生殖健康保健服务，包括计划生育、信息获取和教育，将生殖健康纳入国家战略和方案。⑧实现全民健康保障，包括提供金融风险保护，人人享有优质的基本保健服务，人人获得安全、有效、优质和负担得起的基本药品和疫苗。⑨到 2030 年，大幅减少危险化学品以及空气、水和土壤污染导致的死亡和患病人数。⑩酌情在所有国家加强执行《世界卫生组织烟草控制框架公约》。支持研发主要影响发展中国家的传染和非传染性疾病的疫苗和药品，根据《关于与贸易有关的知识产权协议与公共健康的多哈宣言》的规定，提供负担得起的基本药品和疫苗,《多哈宣言》确认发展中国家有权充分利用《与贸易有关的知识产权协议》中关于采用变通办法保护公众健康,尤其是让所有人获得药品的条款。大幅加强发展中国家,尤其是最不发达国家和小岛屿发展中国家的卫生筹资,增加其卫生工作者的招聘、培养、培训和留用。加强各国,特别是发展中国家早期预警、减少风险,以及管理国家和全球健康风险的能力。

确保健康生活并促进各年龄段所有人的福祉对于建设繁荣社会非常重要。然而,尽管近年来在提高人们的健康和福祉方面取得了长足进步,但在获取医疗保健方面仍然存在不平等。每年有 600 多万儿童在 5 岁前即夭折,而且在发展中地区,只有一半妇女能够获得所需的医疗保健。恐惧和歧视限制了人们获取过上健康和富有成效的生活所需服务的能力,在那些地方,艾滋病等流行病肆虐。获取良好的健康与福祉是一项人权,这也是为什么我们说《2030 年可持续发展议程》提供了一个新机会,以确保人人,而不仅仅是最富有的人,都能获得最高水准的健康和医疗保健。

目标四:优质教育(Quality Education)

该目标要求:①到 2030 年,确保所有男女童完成免费、公平和优质的中小学教育,并取得相关和有效的学习成果。②到 2030 年,确保所有男女童获得优质幼儿发展、看护和学前教育,为他们接受初级教育做好准备。③到 2030 年,确保所有男女平等获得负担得起的优质技术、职业和高等教育,包括大学教育。④到 2030 年,大幅增加掌握就业、体面工作和创业所需相关技能,包括技术性和职业性技能的青年和成年人数。⑤到 2030 年,消除教育中的性别差距,确保残疾人、土著居民和处境脆弱儿童等弱势群体平等获得各级教育和职业培训。⑥到 2030 年,确保所有青年和大部分成年男女具有识字和计算能力。⑦到 2030 年,确保所有进行学习的人都掌握可持续发展所需的知识和技能,具体做法包括开展可持续发展、可持续生活方式、人权和性别平等方面的教育、弘扬和平和非暴力文化、提升全球公民意识,以及肯定文化多样性和文化对可持续发展的贡献。⑧建立和改善兼顾儿童、残疾和性别平等的教育设施,为所有人提供安全、非暴力、包容和有效的学习环境。⑨到 2020 年,在全球范围内大幅增加发达国家和部分发展中国家,特别是最不发达国家、小岛屿发展中国家和非洲国家提供的高等教育奖学金数量,包括职业培训和信息通信技术、技术、工程、科学项目的奖学金。⑩到 2030 年,大幅增加合格教师人数,具体做法包括在发展中国家,特别是最不发达国家和小岛屿发展中国家开展师资培训方面的国际合作。

教育是实现其他诸多可持续发展目标的关键。如果人们无法获得优质教育,就无法打破贫穷循环。因此,教育有助于减少不平等以及实现性别平等。此外,教育可使各地的人们过上更加健康和可持续的生活。教育对促进人与人之间的容忍也十分重要,为更加和谐的社会做出了贡献。

目标五：性别平等（Gender Equality）

该目标要求：①在全球消除对妇女和女童一切形式的歧视。②消除公共和私营部门针对妇女和女童一切形式的暴力行为，包括贩卖、性剥削及其他形式的剥削。③消除童婚、早婚、逼婚及割礼等一切伤害行为。④认可和尊重无偿护理和家务，各国可视本国情况提供公共服务、基础设施和社会保护政策，在家庭内部提倡责任共担。⑤确保妇女全面有效参与各级政治、经济和公共生活的决策，并享有进入以上各级决策领导层的平等机会。⑥根据《国际人口与发展会议行动纲领》《北京行动纲领》及其历次审查会议的成果文件，确保普遍享有性和生殖健康以及生殖权利。⑦根据各国法律进行改革，给予妇女平等获取经济资源的权利，以及享有对土地和其他形式财产的所有权和控制权，获取金融服务、遗产和自然资源。⑧加强技术特别是信息和通信技术的应用，以增强妇女权能。⑨采用和加强合理的政策和有执行力的立法，促进性别平等，在各级增强妇女和女童权能。

妇女和女童占世界人口的一半，因此也占世界潜力的一半。不过如今，性别不平等现象广泛存在，使社会进步停滞不前。妇女和女童的赋权是扩大经济增长、促进社会发展的基础。

目标六：清洁饮水和卫生设施（Clean Water and Sanitation）

该目标要求：①到2030年，人人普遍和公平获得安全和负担得起的饮用水。②到2030年，人人享有适当和公平的环境卫生和个人卫生，杜绝露天排便，特别注意满足妇女、女童和弱势群体在此方面的需求。③到2030年，通过以下方式改善水质：减少污染，消除倾倒废物现象，把危险化学品和材料的排放减少到最低限度，将未经处理废水比例减半，大幅增加全球废物回收和安全再利用。④到2030年，所有行业大幅提高用水效率，确保可持续取用和供应淡水，以解决缺水问题，大幅减少缺水人数。⑤到2030年，在各级进行水资源综合管理，包括酌情开展跨境合作。⑥到2020年，保护和恢复与水有关的生态系统，包括山地、森林、湿地、河流、地下含水层和湖泊。⑦到2030年，扩大向发展中国家提供的国际合作和能力建设支持，帮助它们开展与水和卫生有关的活动和方案，包括雨水采集、海水淡化、提高用水效率、废水处理、水回收和再利用技术。⑧支持和加强地方社区参与改进水和环境卫生管理。

获得水、环境卫生和个人卫生是人类的一项基本权利，但是仍有数十亿人口每天在获得甚至是最基本的服务时面临挑战。通过可持续地管理我们的水资源，我们也能更好地管理食物和能源生产，并且为体面工作和经济增长做出贡献。此外，我们可以保护水生态系统及其生物多样性，以及在气候变化问题上采取行动。

目标七：经济适用的清洁能源（Affordable and Clean Energy）

该目标要求：①到2030年，确保人人都能获得负担得起的、可靠的现代能源服务。②到2030年，大幅增加可再生能源在全球能源结构中的比例。③到2030年，全球能效改善率提高一倍。④到 2030 年，加强国际合作，促进获取清洁能源的研究和技术，包括可再生能源、能效，以及先进和更清洁的化石燃料技术，并促进对能源基础设施和清洁能源技术的投资。⑤到 2030 年，增建基础设施并进行技术升级，以便根据发展中国家，特别是最不发达国家、小岛屿发展中国家和内陆发展中国家各自的支持方案，为所有人提供可持续的现代能源服务。

我们的日常生活依赖可靠的、负担得起的能源服务平稳运作和公平发展。完善的能源系统为所有行业部门提供支持，从商业、医药和教育到农业、基础设施、通信和高科技。相反，缺乏能源供应和转换系统将约束人类和经济发展。几十年来，煤炭、石油或天然气等化石燃料一直是电力生产的主要来源，但是碳燃料燃烧会产生大量温室气体，导致气候变化以及对人民的福祉和环境造成有害影响。这会影响到每一个人，而不只是少数人。此外，全球用电量正在迅速增长。简单地说，没有稳定的电力供应，国家将无法为其经济提供动力。

目标八：体面工作和经济增长（Decent Work and Economic Growth）

该目标要求：①根据各国国情维持人均经济增长，特别是将最不发达国家国内生产总值年增长率至少维持在 7%。②通过多样化经营、技术升级和创新，包括重点发展高附加值和劳动密集型行业，实现更高水平的经济生产力。③推行以发展为导向的政策，支持生产性活动、体面就业、创业精神、创造力和创新；鼓励微型和中小型企业通过获取金融服务等方式实现正规化并成长壮大。④到 2030 年，逐步改善全球消费和生产的资源使用效率，按照《可持续消费和生产模式方案十年框架》，努力使经济增长和环境退化脱钩，发达国家应在上述工作中做出表率。⑤到 2030 年，所有男女，包括青年和残疾人实现充分和生产性就业，有体面工作，并做到同工同酬。⑥到 2020 年，大幅减少未就业和未受教育或培训的青年人比例。⑦立即采取有效措施，根除强制劳动、现代奴隶制和贩卖人口，禁止和消除最恶劣形式的童工，包括招募和利用童兵，到 2025 年终止一切形式的童工。⑧保护劳工权利，推动为所有工人，包括移民工人，特别是女性移民和没有稳定工作的人创造安全和有保障的工作环境。⑨到 2030 年，制定和执行推广可持续旅游的政策，以创造就业机会，促进地方文化和产品。⑩加强国内金融机构的能力，鼓励并扩大全民获得银行、保险和金融服务的机会。增加向发展中国家，特别是最不发达国家提供的促贸援助支持，包括通过《为最不发达国家提供贸易技术援助的强化综合框架》提供上述支持。到 2020 年，拟定和实施青年就业全球战略，并执行国际劳工组织的《全球就业契约》。

只有通过稳定和高薪的工作才能消除贫穷。如果有更多的人具有生产性并且对他们国家的经济增长做出贡献时，整个社会都将会受益。生产性就业和体面工作是实现公平的全球化和减少贫穷的关键要素。此外，如果失业问题不解决，那么动乱和战争会一直持续下去。

目标九：产业、创新和基础设施（Industry, Innovaton, and Infrastructure）

该目标要求：①发展优质、可靠、可持续和有抵御灾害能力的基础设施，包括区域和跨境基础设施，以支持经济发展和提升人类福祉，重点是人人可负担得起并公平利用上述基础设施。②促进包容可持续工业化，到 2030 年，根据各国国情，大幅提高工业在就业和国内生产总值中的比例，使最不发达国家的这一比例翻番。③增加小型工业和其他企业，特别是发展中国家的这些企业获得金融服务，包括负担得起的信贷的机会，将上述企业纳入价值链和市场。④到 2030 年，所有国家根据自身能力采取行动，升级基础设施，改进工业以提升其可持续性，提高资源使用效率，更多采用清洁和环保技术及产业流程。⑤在所有国家，特别是发展中国家，加强科学研究，提升工业部门的技术能力，鼓励创新，大幅增加每 100 万人口中的研发人员数量，并增加公共和私人研发支出。⑥向非洲国家、最不发达国家、内陆发展中国家和小岛屿发展中国家提供更多的财政、技术和技能支持，以促进其开发有抵御灾害能力的可持续基础设施。⑦支持发展中国家的国内技术开发、研究与创新，包括提供有利的政策环境，以实现工业多样化，增加商品附加值。⑧大幅提升信息和通信技术的普及度，力争到 2020 年在最不发达国家以低廉的价格普遍提供因特网服务。

经济增长、社会发展和气候行动很大程度上取决于基础设施投资、可持续工业发展和技术进步。面对飞速变化的全球经济格局和日益增加的不平等，可持续增长必须包括首先为所有人提供机会，其次有创新和有复原力的基础设施作为支撑的产业化。新兴产业的发展意味着我们当中许多人生活的标准都将得到改善。而且，如果想要追求产业可持续性，这种做法将对环境产生积极影响。此外，不改善基础设施和促进技术创新可能导致医疗保健落后、卫生资源匮乏，以及受教育机会受限。

目标十：减少不平等（Reduced inequalities）

该目标要求：①到 2030 年，逐步实现和维持最底层 40% 人口的收入增长，并确保其增长率高于全国平均水平。②到 2030 年，增强所有人的权能，促进他们融入社会、经济和政治生活，而不论其年龄、性别、残疾与否、种族、族裔、出身、宗教信仰、经济地位或其他任何区别。③确保机会均等，减少结果不平等现象，包括取消歧视性法律、政策和做法，推动与上述努力相关的适当立法、政策和行动。④采取政策，特别是财政、薪资和社会保障政策，逐步实现更大的平等。⑤改善对全球金融市场和金融机构的监管和监测，并加强上述监管措施的执行。⑥确保发展中国家在国际经济和金融机构决策过程中有更大的代表性和发言权，以建立更加有效、可信、负责和合法的机构。⑦促进有序、安全、正常和负责的移民和人口流动，包括执行合理规划和管理完善的移民政策。⑧据世界贸易组织的各项协议，落实对发展中国家，特别是最不发达国家的特殊和区别待遇原则。⑨鼓励根据最需要帮助的国家，特别是最不发达国家、非洲国家、小岛屿发展中国家和内陆发展中国家的国家计划和方案，向其提供官方发展援助和资金，包括外国直接投资。⑩到2030年，将移民汇款手续费减至3%以下，取消费用高于5%的侨汇渠道。

在全世界，国家内部和国家之间仍存在收入、性别、年龄、身体残疾、性取向、种族、等级、民族、宗教和机会的不平等。这些不平等威胁着长期的社会经济发展，妨碍减少贫穷，并且损害人们的成就感和自我价值感。这反过来会导致犯罪、疾病和环境恶化。最重要的是，如果人们被排除在机遇和服务之外，并且没有机会过上更好的生活，那么我们既无法实现可持续发展，也不能让地球变得更好。当今世界，我们是互相联系的。问题与挑战、贫穷、气候变化、移民或经济危机从来都不只发生在一个国家或地区。即使是在最富裕国家，也有许多群体生活在赤贫之中。联合国儿童基金会的一份报告指出，在一些高收入国家中，儿童之间的不平等现象日益严重。全球不平等影响着我们所有人，无论我们是谁或我们来自哪里。

目标十一：可持续城市和社区（Sustainable Cities and Communities）

该目标要求：①到2030年，确保人人获得适当、安全和负担得起的住房和基本服务，并改造贫民窟。②到2030年，向所有人提供安全、负担得起的、易于利用、可持续的交通运输系统，改善道路安全，特别是扩大公共交通，要特别关注处境脆弱者、妇女、儿童、残疾人和老年人的需要。③到2030年，在所有国家加强包容和可持续的城市建设，加强参与性、综合性、可持续的人类住区规划和管理能力。④进一步努力保护和捍卫世界文化和自然遗产。⑤到2030年，大幅减少包括水灾在内的各种灾害造成的死亡人数和受灾人数，大幅减少上述灾害造成的与全球国内生产总值有关的直接经济损失，重点保护穷人和处境脆弱群体。⑥到2030年，减少城市的人均负面环境影响，包括特别关注空气质量，以及城市废物管理等。⑦到2030年，向所有人，特别是妇女、儿童、老年人和残疾人，普遍提供安全、包容、无障碍、绿色的公共空间。⑧通过加强国家和区域发展规划，支持在城市、近郊和农村地区之间建立积极的经济、社会和环境联系。⑨到2020年，大幅增加采取和实施综合政策和计划以构建包容、资源使用效率高、减缓和适应气候变化、具有抵御灾害能力的城市和人类住区数量，并根据《2015—2030年仙台减少灾害风险框架》在各级建立和实施全面的灾害风险管理。⑩通过财政和技术援助等方式，支持最不发达国家就地取材，建造可持续的、有抵御灾害能力的建筑。

未来绝大多数人都将住在城市，人类面临的某些最大问题，比如贫困、气候变化、保健和教育的解决方案必须到城市生活中去寻找。不平等问题令人极为关切。由于人口和建筑物高度密集，许多城市也更易遭受气候变化和自然灾害的影响，所以，提高城市的抵御灾害能力对于减少人类、社会的经济损失至关重要。在世界各地的某些庞大的贫民窟、拥堵的交通、温室气体排放和无序扩展的郊区中，都能看到城市化规划不当的代价。贫民窟拖了国内生产总值的后腿，降低了预期寿命。我们选择以可持续方式行事，便选择了建设这样一种城市：所有公民都过上体面的、有品质的生活，且投身于城市的生产性和能动性活动中，创造共同繁荣和社会稳定，同时不伤害环境。

目标十二：负责任消费和生产（Responsible Consumption and Production）

该目标要求：①各国在照顾发展中国家发展水平和能力的基础上，落实《可持续消费和生产模式十年方案框架》，发达国家在此方面要做出表率。②到 2030 年，实现自然资源的可持续管理和高效利用。③到 2030 年，将零售和消费环节的全球人均粮食浪费减半，减少生产和供应环节的粮食损失，包括收获后的损失。④到 2020 年，根据商定的国际框架，实现化学品和所有废物在整个存在周期的无害环境管理，并大幅减少它们排入大气以及渗漏到水和土壤的概率，尽可能降低它们对人类健康和环境造成的负面影响。⑤到 2030 年，通过预防、减排、回收和再利用，大幅减少废物的产生。⑥鼓励各个公司，特别是大公司和跨国公司，采用可持续的做法，并将可持续性信息纳入各自报告周期。⑦根据国家政策和优先事项，推行可持续的公共采购做法。⑧到 2030 年，确保各国人民都能获取关于可持续发展以及与自然和谐的生活方式的信息并具有上述意识。⑨支持发展中国家加强科学和技术能力，采用更可持续的生产和消费模式。⑩开发和利用各种工具，监测能创造就业机会、促进地方文化和产品的可持续旅游业对促进可持续发展产生的影响。对鼓励浪费性消费的低效化石燃料补贴进行合理化调整，为此，应根据各国国情消除市场扭曲，包括调整税收结构，逐步取消有害补贴以反映其环境影响，同时充分考虑发展中国家的特殊需求和情况，尽可能减少对其发展可能产生的不利影响并注意保护穷人和受影响社区。

在今后 20 年里，预计全球将有更多的人加入到中产阶级行列中来。这对于个人繁荣来说是件好事，但这将加大对已吃紧的自然资源的需求，如果我们不采取行动改变我们的消费和生产模式，将会给我们的环境带来不可逆转的破坏。可持续消费和生产意味着用更少的资源做更多、更好的事，也意味着消除经济增长与环境退化之间的关联，提高资源效率，促进可持续生活方式。可持续消费和生产还将有助于减缓贫困，向低碳和绿色经济过渡。

目标十三：气候行动（Climate Action）

该目标要求：①加强各国抵御和适应气候相关的灾害和自然灾害的能力。②将应对气候变化的举措纳入国家政策、战略和规划。③加强气候变化减缓、适应、减少影响和早期预警等方面的教育和宣传，加强人员和机构在此方面的能力。④发达国家履行在《联合国气候变化框架公约》下的承诺，即到 2020 年每年从各种渠道共同筹资 1000 亿美元，满足发展中国家的需求，帮助其切实开展减缓行动，提高履约的透明度，并尽快向绿色气候基金注资，使其全面投入运行。⑤促进在最不发达国家和小岛屿发展中国家建立增强能力的机制，帮助其进行与气候变化有关的有效规划和管理，包括重点关注妇女、青年、地方社区和边缘化社区。

目标十四：海洋环境 (Life Below Water)

该目标要求：①到 2025 年，预防和减少各类海洋污染，特别是陆上活动造成的污染，包括海洋废弃物污染和营养盐污染。②到 2020 年，通过加强抵御灾害能力等方式，可持续管理、保护海洋和沿海生态系统，以免产生负面影响，并采取行动帮助它们恢复原状，使海洋保持健康，物产丰富。③通过在各层级加强科学合作等方式，减少和应对海洋酸化的影响。④到 2020 年，有效规范捕捞活动，终止过度捕捞，非法、未报告和无管制的捕捞活动以及破坏性捕捞做法，执行科学的管理计划，以便在尽可能短的时间内使鱼群量至少恢复到其生态特征允许的能产生最高可持续产量的水平。⑤到 2020 年，根据国内和国际法，并基于现有的最佳科学资料，保护至少 10% 的沿海和海洋区域。⑥到 2020 年，禁止某些助长过剩产能和过度捕捞的渔业补贴，取消助长非法、未报告和无管制捕捞活动的补贴，避免出台新的这类补贴，同时承认给予发展中国家和最不发达国家合理、有效的特殊和差别待遇应是世界贸易组织渔业补贴谈判的一个不可或缺的组成部分。⑦到 2030 年，增加小岛屿发展中国家和最不发达国家通过可持续利用海洋资源获得的经济收益，包括可持续地管理渔业、水产养殖业和旅游业。⑧根据政府间海洋学委员会《海洋技术转让标准和准则》，增加科学知识，培养研究能力和转让海洋技术，以便改善海洋的健康，增加海洋生物多样性对发展中国家，特别是小岛屿发展中国家和最不发达国家发展的贡献。⑨向小规模个体渔民提供获取海洋资源和市场准入机会。⑩按照《我们希望的未来》第 158 段所述，根据《联合国海洋法公约》所规定的保护和可持续利用海洋及其资源的国际法律框架，加强海洋和海洋资源的保护和可持续利用海洋驱动多个全球系统，让地球变得适宜人类居住。我们的雨水、饮用水、天气、气候、海岸线、多种粮食，甚至连空气中供我们呼吸的氧气，从本质上讲都是由海洋提供和调控的。妥善管理这一重要的全球资源，对建设可持续的未来至关重要。但是当前，沿海水域由于污染而持续恶化，海洋酸化对生态系统功能和生物多样性造成不利影响。这对小型渔业也产生了负面影响。我们必须始终优先考虑拯救海洋。海洋生物多样性对人类和地球的健康至关重要。海洋保护区需要进行有效管理并且配备充足资源，同时需要建立相关法律法规，以减少过度捕捞，减轻海洋污染和海洋酸化。

目标十五：陆地生态（Life on Land）

该目标要求：①到 2020 年，根据国际协议规定的义务，保护、恢复和可持续利用陆地和内陆的淡水生态系统及其服务，特别是森林、湿地、山麓和旱地。②到 2020 年，推动对所有类型森林进行可持续管理，停止毁林，恢复退化的森林，大幅增加全球植树造林和重新造林。③到 2030 年，防治荒漠化，恢复退化的土地和土壤，包括受荒漠化、干旱和洪涝影响的土地，努力建立一个不再出现土地退化的世界。④到 2030 年，保护山地生态系统，包括其生物多样性，以便加强山地生态系统的能力，使其能够带来对可持续发展必不可少的益处。⑤采取紧急重大行动来减少自然栖息地的退化，遏制生物多样性的丧失，到2020年，保护受威胁物种，防止其灭绝。⑥根据国际共识，公正和公平地分享利用遗传资源产生的利益，促进适当获取这类资源。⑦采取紧急行动，终止偷猎和贩卖受保护的动植物物种，处理非法野生动植物产品的供求问题。⑧到2020年，采取措施防止引入外来入侵物种并大幅减少其对土地和水域生态系统的影响，控制或消灭其中的重点物种。⑨到2020年，把生态系统和生物多样性价值观纳入国家和地方规划、发展进程、减贫战略和核算。⑩从各种渠道动员并大幅增加财政资源，以保护和可持续利用生物多样性和生态系统。从各种渠道大幅动员资源，从各个层级为可持续森林管理提供资金支持，并为发展中国家推进可持续森林管理，包括保护森林和重新造林，提供充足的激励措施。在全球加大支持力度，打击偷猎和贩卖受保护物种，包括增加地方社区实现可持续生计的机会。

自然对我们的生存至关重要。自然为我们提供氧气，调节天气状况，让农作物得以授粉，为我们提供粮食、饲料和纤维。与之相应的是，自然承担的压力也越来越大。人类活动已经改变了地球表面近75%的区域，将野生动植物和自然挤到地球上越来越小的角落里。根据2019年《生物多样性和生态系统服务全球评估报告》，约有100万种动植物濒临灭绝，许多物种在未来几十年内就会灭绝。该报告呼吁变革性改变，以复原和保护自然。报告发现，人类和其他所有物种赖以生存的生态系统的健康状况正在迅速恶化，恶化的速度前所未有。这影响着全球各地人们的经济、生计、粮食安全、健康和生活质量。人类活动和气候变化引起的毁林和荒漠化是实现可持续发展的主要挑战，已经影响到数百万人的生活和生计。森林对于维持地球上的生命至关重要，在应对气候变化中发挥着重要作用。《2020年世界森林状况》强调，自1990年以来，约有$4.2 \times 10^8 \mathrm{hm}^2$的树林因农业和其他土地使用而被砍伐。对土地复原进行投资至关重要，有助于改善生计，降低脆弱性和经济风险。地球的健康关系到是否会出现人畜共患病（即在动物和人类之间传播的疾病）。由于我们不断破坏脆弱的生态系统，人类与野生生物的接触日益广泛，野生生物的病原体扩散到了牲畜和人类身上，增加了疾病发生和蔓延的风险。

目标十六：和平、正义与强大的机构（Peace, Justice and Strong Institutions）

该目标要求：①在全球大幅减少一切形式的暴力和相关的死亡率。②制止对儿童进行虐待、剥削、贩卖以及一切形式的暴力和酷刑。③在国家和国际层面促进法治，确保所有人都有平等诉诸司法的机会。④到2030年，大幅减少非法资金和武器流动，加强追赃和被盗资产返还力度，打击一切形式的有组织犯罪。⑤大幅减少一切形式的腐败和贿赂行为。⑥在各级建立有效、负责和透明的机构。⑦确保各级的决策反应迅速，具有包容性、参与性和代表性。⑧扩大和加强发展中国家对全球治理机构的参与。⑨到2030年，为所有人提供法律身份，包括出生登记。⑩根据国家立法和国际协议，确保公众获得各种信息，保障基本自由。通过开展国际合作等方式加强相关国家机制，在各层级提高各国尤其是发展中国家的能力建设，以预防暴力，打击恐怖主义和犯罪行为。推动和实施非歧视性法律和政策以促进可持续发展。

当今世界冲突不断，安全形势严峻，机构能力不足，人们诉诸司法的渠道有限。这些问题仍然是可持续发展的重大威胁。2018年，逃离战争、迫害和冲突的人数超过7000万，创下联合国难民事务高级专员办事处（难民署）成立近70年来的最高纪录。2019年，联合国调查发现，在47个国家内，有375名人权维护者、记者和工会人士被杀害，30人被迫失踪。世界各地5岁以下的儿童中，约有1/4没有正式的出生记录，这令他们无法证明自己的法人身份，而拥有法人身份对保护他们的权利、帮助他们诉诸司法并获得社会服务至关重要。实现可持续发展目标需要和平、公正与包容的社会。世界各地的人们，无论其种族、信仰或性取向如何，都应免于源自一切形式暴力的恐惧，并在生活中感到安全。为推进可持续发展目标，我们需要有效和包容的公共机构，能提供优质教育和医疗保健，公平的经济政策和包容性环境保护。

目标十七：促进目标实现的伙伴关系（Partnerships）

该目标要求：①通过向发展中国家提供国际支持等方式，以改善国内征税和提高财政收入的能力，加强筹集国内资源。②发达国家全面履行官方发展援助承诺，包括许多发达国家向发展中国家提供占发达国家国民总收入0.7%的官方发展援助，以及向最不发达国家提供占比0.15%～0.2%援助的承诺；鼓励官方发展援助方设定目标，将占国民总收入至少0.2%的官方发展援助提供给最不发达国家。③从多渠道筹集额外财政资源用于发展中国家。④通过政策协调，酌情推动债务融资、债务减免和债务重组，以帮助发展中国家实现长期债务可持续性，处理重债穷国的外债问题以减轻其债务压力。⑤采用和实施对最不发达国家的投资促进制度。⑥加强在科学、技术和创新领域的南北、南南、三方区域合作和国际合作，加强获取渠道，加强按相互商定的条件共享知识，包括加强现有机制间的协调，特别是在联合国层面加强协调，以及通过一个全球技术促进机制加强协调。⑦以优惠条件，包括彼此商定的减让和特惠条件，促进发展中国家开发以及向其转让、传播和推广环境友好型的技术。⑧促成最不发达国家的技术库和科学、技术和创新能力建设机制到2017年全面投入运行，加强促成科技特别是信息和通信技术的使用。⑨加强国际社会对在发展中国家开展高效的、有针对性的能力建设活动的支持力度，以支持各国落实各项可持续发展目标的国家计划，包括通过开展南北合作、南南合作和三方合作。⑩通过完成多哈发展回合谈判等方式，推动在世界贸易组织下建立一个普遍、以规则为基础、开放、非歧视和公平的多边贸易体系。大幅增加发展中国家的出口，尤其是到2020年使最不发达国家在全球出口中的比例翻番。依照世界贸易组织的各项决定，及时实现所有最不发达国家的产品永久免关税和免配额进入市场，包括确保对从最不发达国家进口产品的原产地优惠规则是简单、透明和有利于市场准入的。加强全球宏观经济稳定，包括为此加强政策协调和政策一致性。加强可持续发展政策的一致性。尊重每个国家制定和执行消除贫困和可持续发展政策的政策空间和领导作用。加强全球可持续发展伙伴关系，以多利益攸关方伙伴关系作为补充，调动和分享知识、专长、技术和财政资源，以支持所有国家，尤其是发展中国家实现可持续发展目标。借鉴伙伴关系的经验和筹资战略，鼓励和推动建立有效的公共、公私和民间社会伙伴关系。到 2020 年，加强向发展中国家，包括最不发达国家和小岛屿发展中国家提供的能力建设支持，大幅增加获得按收入、性别、年龄、种族、民族、移徙情况、残疾情况、地理位置和各国国情有关的其他特征分类的高质量、及时和可靠的数据。到 2030 年，借鉴现有各项倡议，制定衡量可持续发展进展的计量方法，作为对国内生产总值的补充，协助发展中国家加强统计能力建设。

作为全球最大的发展中国家，从古至今我国各学派的观点主张中都蕴含着可持续发展的理念。对环境的重视源自古代的"天人合一"思想。天人合一思想即是追求人与自然的统一，"天"的形象多是以实在的宇宙自然为主，并掺杂有神明的残存印记。神明特征的残存，使得中国文化中一直有敬畏自然的传统，在"天人合一"的理念之下，中国人恪守"因顺自然"的原则，该原则强调了人在生态中的价值与责任，即人不仅应当顺天之道，也负有裁成天地、辅相万物的责任，因而促成了人与自然之间完美和谐的状态，中国古代的"天人合一"思想，对当今世界生态危机的解决、对促进人类社会的可持续发展有着重要的启发意义。在当代，特别是改革开放以来，我国格外重视可持续发展的进程。1994 年 1 月，我国通过了《中国 21 世纪议程》，提出经济社会与人口、资源、环境相互协调、可持续发展的总体战略、对策和行动方案，明确了中国政府各部门将要实施的各类计划。1997 年党的十五大把可持续发展战略确定为我国"现代化建设中必须实施"的战略。2002 年党的十六大把"可持续发展能力不断增强"作为全面建设小康社会的目标之一。2007 年党的十七大报告将全面协调可持续作为科学发展观的基本要求，并指出：科学发展观所要求的可持续发展，就是要坚持生产发展、生活富裕、生态良好的文明发展道路，建设资源节约型、环境友好型社会，实现速度和结构质量效益相统一、经济发展与人口资源环境相协调，使人民在良好生态环境中生产生活，实现经济社会永续发展。党的十八大以来，基于绿色共识和发展共识的"可持续发展"话语与政策体系基本形成，可持续发展则被纳入"生态文明及其建设的话语和政策实践"这一更宏大的理论话语与政策框架体系之下。"生态文明建设"与"可持续发展"之间已经是一种彼此促动、相互融通的关系。"生态文明建设"居于治国理政方略的主导性地位。2016 年第二届联合国环境大会发布的《绿水青山就是金山银山：中国生态文明战略与行动》报告指出，以"绿水青山就是金山银山"为导向的中国生态文明战略为世界可持续发展理念的提升提供了"中国方案"和"中国版本"。习近平总书记在 2017 年党的十九大报告中首次提出坚持人与自然和谐共生的理念，并把生态文明建设作为中华民族永续发展的千年大计，并指出要坚持生态兴则文明兴的理念，坚持人与自然和谐共生，坚持绿水青山就是金山银山，坚持良好生态环境是最普惠的民生福祉，坚持山水林田湖草是生命共同体，坚持用最严格制度最严密法治保护生态环境，坚持建设美丽中国全民行动，坚持共谋全球生态文明建设等促进可持续发展的举措。

二、形式与原则

可持续发展可分为强可持续发展与弱可持续发展。理论上讲，在弱可持续发展中，"人造资本"可以无限制替代"自然资本"，即只要资本存量的总价值保持恒定或增加，使其保留给子孙后代，那么它们所产生的利益种类就不会有差异，即假设科技进步可以满足日益增长的人类需求，则不需要对人类需求加以遏制。而"强可持续发展"是一种以"自然"为中心的观点。该观点认为，"自然"不必在任何时候都对人类的需求有益，并且人类不具有剥削"自然"的固有权利，自然资本不可能被人造资本完全取代。人造资本尚可以通过回收和再利用的方式来扭转，但某些自然资本，如物种，一旦灭绝就不可逆转。由于人造资本的生产需要以自然资本为原材料，所以人造资本永远不可能成为自然资本的全面替代品。

此外，可持续发展同时是一个涉及经济、社会、文化、技术及自然环境的综合概念，包括经济可持续发展、生态可持续发展、社会可持续发展。经济可持续发展，指的是在确保资源的可持续利用、生态环境良性循环条件下，经济的持续、健康发展；生态可持续发展指环境保护和环境污染的治理，自然资源的合理开发、利用，生态平衡的呵护和生物多样性的保护；社会可持续发展是指既要保障当代人的基本生活需求，又要考虑后代人的社会保障要求，不要以牺牲后代人的保障资源为代价来保障当代人的保障利益，不要给经济和社会带来太大压力。生态可持续发展就是要正确处理自然资源利用与生产废弃物排放之间的关系，强化环境的价值观念、促进资源的有效利用、抑制环境污染的发生，积极开辟新的资源途径，尽可能利用可再生资源，实现经济效益、社会效益与环境效益的协调统一。

可持续发展包含三大原则，即公平性原则、持续性原则、共同性原则。公平性原则包括本代人之间的公平、代际间的公平和资源分配与利用的公平；持续性原则指的是人类经济和社会的发展不能超越资源和环境的承载能力；共同性原则指由于地球的整体性和相互依存性决定全球必须联合起来，来认识我们的家园。总的来说，可持续发展是一种关乎于人类长期发展的战略和模式。这里讲的可持续发展并不是一般意义上所指的在时间和空间上的连续，而是特别强调环境承载能力和资源的永续利用对发展进程的必要性。

三、相关理论

1. 经济学理论

（1）增长的极限理论。该理论的基本要点是运用系统动力学的方法，将支配世界系统的物质关系、经济关系和社会关系进行综合。该理论认为随着人口不断增长和消费水平的日益提高，资源会不断减少，污染日益严重，这制约了生产的增长。虽然科技的不断进步能起到促进生产的作用，但这种作用是有一定限度的，因此生产的增长是有限的。简而言之，社会资源是有限的，而人类的物质需求和欲望是无限的，这两者的矛盾不可调和。

（2）知识经济理论。知识经济是一种与农业经济、工业经济相对应的一个概念，是一种新型的富有生命力的经济形态，是以现代科技知识为基础、以信息产业为核心的经济类型。该理论认为经济发展的主要驱动力是知识和信息技术，知识经济将是未来人类的可持续发展的基础。

（3）外部性理论。外部性亦称外部成本、外部效应或溢出效应。外部性可以分为正外部性（或称外部经济、正外部经济效应）和负外部性（或称外部不经济、负外部经济效应）。外部性理论流派的认识论基础在于：认为环境日益恶化和人类社会出现不可持续发展现象和趋势的根源，是人类迄今为止一直把自然（资源和环境）视为可以免费享用的"公共物品"，不承认自然资源具有经济学意义上的价值，并在经济生活中把自然的投入排除在经济核算体系之外。基于这一认识，该流派致力于从经济学的角度探讨把自然资源纳入经济核算体系的理论与方法。

2. 可持续发展的生态学理论

所谓可持续发展的生态学理论是指根据生态系统的可持续性要求，人类的经济社会发展要遵循生态学三个定律：一是高效原理，即能源的高效利用和废弃物的循环再生产；二是和谐原理，即系统中各个组成部分之间的和睦共生，协同进化；三是自我调节原理，即协同的演化着眼于其内部各组织的自我调节功能的完善和持续性，而非外部的控制或结构的单纯增长。

3. 人口承载力理论

人口承载力即在不损害生物圈或不耗尽可合理利用的不可更新资源的条件下，各种资源在长期稳定的基础上所能供养的人口数量。生物生态学中，承载力又被称为载畜量，指在不永久损害生境生产力的前提下，一个生境所能无限支撑一个物种的最大种群数量。所谓人口承载力理论是指地球系统的资源与环境，由于自身组织与自我恢复能力存在一个阈值，在特定技术水平和发展阶段下的对于人口的承载能力是有限的。人口数量以及特定数量人口的社会经济活动对于地球系统的影响必须控制在这个限度之内，否则就会影响或危及人类的持续生存与发展。这一理论被誉为20世纪人类最重要的三大发现之一。

4. 人地系统理论

所谓人地系统理论，是指人类社会是地球系统的一个组成部分，是生物圈的重要组成，是地球系统的主要子系统。它是由地球系统所产生的，同时又与地球系统的各个子系统之间存在相互联系、相互制约、相互影响的密切关系。人类社会的一切活动，包括经济活动，都受到地球系统的气候（大气圈）、水文与海洋（水圈）、土地与矿产资源（岩石圈）及生物资源（生物圈）的影响，地球系统是人类赖以生存和社会经济可持续发展的物质基础和必要条件；而人类的社会活动和经济活动，又直接或间接影响了大气圈（大气污染、温室效应、臭氧洞）、岩石圈（矿产资源枯竭、沙漠化、土壤退化）及生物圈（森林减少、物种灭绝）的状态。人地系统理论是地球系统科学理论的核心，是陆地系统科学理论的重要组成部分，是可持续发展的理论基础。近年来，在人地系统理论的基础上，引入了遥相关（远程相关）和系统耦合理论用于可持续发展研究。远程耦合作为聚焦于"远距离人类与自然耦合系统之间社会经济与环境相互作用"的理论框架，有极大的潜力和优势来促进这一理论创新进程。

5. 资源永续利用理论

资源的永续利用是保障社会经济可持续发展的物质基础，资源永续利用理论流派的认识论基础在于：认为人类社会能否可持续发展决定于人类社会赖以生存发展的自然资源是否可以被永远地使用下去。基于这一认识，该流派致力于探讨使自然资源得到永续利用的理论和方法。对自然资源本身的特点和引起资源短缺的原因，自然资源永续利用的对策只有一个，即实施可持续发展战略，遵循自然规律、经济规律，从资源实际状况出发，讲求社会、经济、生态效益，采取科学态度，使资源能够永续利用。

6. 财富代际公平分配理论

可持续发展理论的核心是公平，包括代内公平和代际公平，代际公平是可持续经济学强调的一个资源配置概念。财富代际公平分配理论流派的认识论基础在于：认为人类社会出现不可持续发展现象和趋势的根源是当代人过多地占有和使用了本应流传到后代人的财富，特别是自然财富。基于这一认识，该流派致力于探讨财富（包括自然财富）在代际之间能够得到公平分配的理论和方法，建立了一个处理当代人与后代人利益关系的准则和公理体系：①当代人优先原则。这是当代人在处理经济与社会发展、资源与环境问题及其他有关涉及当代人与后代人的利益关系问题时享有的基本权益，也是代际公平的基本原则。只有当代人处理好自身的发展问题，才能将发展传承下去；若当代人处理不好自身的问题，就会把无序和乱局传递给下一代，使后代人无法实现可持续发展。因此，当当代人的利益与后代人利益发生矛盾时，应优先满足当代人的基本需要，使其能够维持生存与发展，从而有能力为后代人谋取福利。②节俭原则。虽然当代人较后代人享受着上述优先原则，但在涉及与后代人共享的资源或利益时不能随心所欲无节制地使用资源或占有福利，而应本着节俭的原则，节约使用资源。在资源日趋短缺的形势下，甚至"节衣缩食"而将资源的使用量控制在基本需要的水平上。在人类还没有找到解决环境与发展危机的根本办法之前，节俭原则将是长期性的。③高效原则。就是当代人在经济发展与资源使用方面要实行高效率，特别是在资源或能源的使用上要体现集约化，而不是粗放型。通过提高生产资料、自然资源的使用效率以实现用尽可能低的资源投入达到尽可能高的产出，这是缓解经济发展与资源供给矛盾的有效手段之一，也是上述节俭原则的最优体现。④创新原则。当代人在享受资源优先使用的同时，要致力于创新，通过创新来解决环境与发展问题，寻找解决资源与环境危机的途径和手段。创新原则是当代人在享有资源优先使用的条件之下应尽的最为重要的责任和义务，当代人应该拨出尽可能多的资源用于创新，以化解人类面临的资源和能源危机。即便当代人不能从根本上解决制约可持续发展的资源与环境问题，也要将创新的知识、经验和创新精神传递下去，让后代人传承和发展前代人的知识和精神，增强创新能力，从而解决前代人没有能够解决的问题。上述节俭原则也是以创新原则为条件的。节俭能够为后代保留更多的资源，主要目的就是延迟危机的发生，从而为创新化解危机赢得时间。但如果人类不能通过创新来化解危机，那么节省下来的资源至多能够给后代多使用几年抑或几十年，对于整个人类的繁衍来说，几乎是没有意义的。⑤人道原则。人类作为高度进化的生物，具有鲜明的人道主义特征。一般生物进化中的适者生存、优胜劣汰、弱肉强食的进化与竞争规则虽然在人类社会进化中也是存在的，如市场经济中竞争、淘汰法则，但是，这一规则不能用于人类的生死取舍，因为人，必须有人道思想、公平正义的精神，这是与其他低等生物的根本区别。在全球资源紧缺的时候，每个人都应享有维持自身生存与发展的必要资源，而不能采取非人道的方式对待弱势群体，不能以任何理由淘汰"老弱病残"及所谓的"劣等民族"。

7. 三种生产理论

马克思主义政治经济学基础理论之一："两种生产理论"（人的生产和物质资料生产）面对环境污染、生态破坏等恶果的逐渐凸现，面对环境资源从无限到有限的转变，"两种生产理论"已经束手无策。我国可持续发展研究中心主任、中国可持续发展研究会理事叶文虎较早提出了包含人的生产、物质生产和环境生产的"三种生产理论"。三种生产理论流派的认识论基础在于：人类社会可持续发展的物质基础在于人类社会和自然环境组成的世界系统中物质的流动是否通畅并构成良性循环。他们把人与自然组成的世界系统的物质运动分为三大"生产"活动，即人的生产、物资生产和环境生产，致力于探讨三大生产活动之间和谐运行的理论与方法。

四、可持续发展的度量与评价

可持续发展评估研究的核心是定量了解人类对自然的利用状况，定量测量人类的需求是否处于自然的再生产能力之内。度量可持续发展的指标体系在时间上要能反映社会发展速度和趋势，在空间上能反映产业整体布局和结构，在数量上能反映产业规模，在层次上能反映其功能和水平。2000 年 9 月联合国首脑会议上由 189 个国家签署《联合国千年宣言》一致通过的一项包含 8 项目标的可持续发展的计划，2015 年 9 月，联合国 193 个成员国在联合国可持续发展峰会上正式通过了《2030 年可持续发展议程》，该议程中包含 17 个可持续发展目标（SDGs），旨在以综合方式在全球范围内建立一条可持续发展道路。通过具体要实现目标的形式，来度量人类社会的可持续发展情况。未来的中国可持续发展指标体系可由5个主题构成：经济发展、社会民生、资源环境、消耗排放和治理保护。其中将可持续发展中最常见的三个主题社会（社会民生）、经济（经济发展）和自然（资源环境）都包含进来，在此基础上，针对自然主题，增加两个因果或者关联主题——消耗排放与治理保护。资源环境描述的是自然存量，包括资源环境的质量和水平。消耗排放是人类的生产和消费活动对自然的消耗和负面影响，是自然存量的减少。治理保护是人类社会为治理和保护大自然所做出的努力，是自然存量的增加。社会民生的增长和资源环境的不断改善又属于人类社会发展的动力。经济的稳定增长是保障社会福利、可持续治理的前提和基础。

第二节　足迹家族理论

一、足迹家族的提出

20世纪90年代初，加拿大大不列颠哥伦比亚大学规划与资源生态学教授 William E.Rees 首先提出"生态足迹"这一概念，即"以土地面积表示的特定人口的资源消费需求"。其具体含义为维持一个人、地区、国家的生存所需要的或者指能够容纳人类所排放的废物的、具有生物生产力的地域面积。该方法以简便、直观的优点，为定量评估自然资源的利用状况提供了新的途径，被生态经济学界誉为可持续发展量化领域最重要的成果之一。自生态足迹创立至今，能源足迹、碳足迹、水足迹、氮足迹、生物多样性足迹等一系列新的足迹类型被相继提出，大大丰富了足迹概念的内涵和外延。而且近年来，一系列经济社会领域足迹指标的兴起，如经济足迹、社会足迹、天堂足迹、雇佣足迹等，使得学者们开始分别从全球可持续性和消费者负责等视角重新审视足迹概念。可以预见，随着足迹家族成员阵容的扩大，足迹概念的内涵与外延也将继续深化和扩展，体现可持续发展环境、经济、社会三重支柱的广义足迹概念更能反映该领域发展的实际趋势。

随着足迹指标越来越丰富，开始出现足迹家族的概念，用以整合多个单足迹指标，旨在发挥其他足迹指标对单一足迹的补充作用。"足迹家族"一词最早由 Giljum 与 Stoeglehner 在2008年同时提出。直到2012年，Galli 才首次将足迹家族作为独立的概念进行了详细论述，并赋予其特定的含义：由生态足迹、碳足迹和水足迹组成的指标集合，用于评估人类的生物资源和水资源消费及温室气体排放行为对地球环境系统的影响。此后，越来越多的学者围着足迹家族理论开展了研究，有学者全面回顾了各类足迹指标的定义、方法及计量单位，针对足迹家族研究限定于环境可持续性的情况，提出了一系列社会和经济类足迹指标；方恺从足迹家族的角度系统比较了生态足迹、碳足迹、水足迹与能源足迹的概念和方法学异同，并分析了4种足迹整合的潜在优势及障碍；也有学者提出了最大可持续足迹的概念，为科学评估人类活动的环境可持续性提供了参考依据；此外，还提出一个基于生命周期评价（LCA）的足迹家族构想，认为普适性的足迹概念必须能够支撑以单一数值为结果表征的环境影响综合评价。

综上所述，足迹家族是由若干足迹类型整合而成的指标系统，用于评估资源消费和废弃物排放等人类活动的环境影响。其主要特征如下：

（1）选择性与开放性：足迹家族通常由 2 种及以上足迹类指标组成，足迹类型的选择视具体研究需要而定。理论上，所有足迹类型都可以纳入足迹家族的研究范畴。不过，目前一些足迹类型由于缺乏明确的概念和方法支撑，在实际操作中纳入足迹家族还存在一定难度。

（2）系统性：足迹家族的功能在于对若干特定足迹类型进行系统研究，为多角度、多层次评估人类活动的综合环境影响提供科学依据。不同足迹具有共性是足迹家族得以建立的必要条件，而保持各类足迹的特性则是足迹家族相对于单一足迹的优势所在。

（3）不确定性：由于不同足迹要求的数据来源和精度不同，同一足迹在不同尺度的分析方法也有很大差异，从而导致不同足迹之间可能存在不兼容的情况，加之组合形式的多样化，最终的评估结果存在一些不确定性。

二、足迹家族整合

足迹整合是当前环境足迹研究中最核心也最具挑战性的部分。目前，基于足迹指标的计算方法，主要有以下几种整合方式：为实现生态足迹、碳足迹和水足迹在区域尺度上的方法一致性，提出了基于区域投入产出（MRIO）的足迹核算框架；为确保环境足迹在机构尺度上的方法一致性，基于生命周期评价计算各类环境足迹；为保证结果的可比性，分别通过多标准优化法和生态时间法将各类环境足迹转换为欧元和时间。

此外，还可基于系统资源代谢进行资源环境足迹整合。人类社会的发展以消耗自然资源和排放废弃物为物质基础，这种物质流对自然生态系统产生了显著的影响，具体表现为资源代谢的数量和质量在时空上的变化特征。通过全面分析经济—环境系统物质的输入、输出及其携带的隐藏流，可以准确反映系统由于资源代谢而产生的压力。基于资源代谢的环境足迹整合，其优势在于原理简明、操作性强，资源足迹、排放足迹和环境足迹的核算一目了然，即非质量计量物质一律通过相关系数转换为质量，所有物质均按实物量进行等权加和，从而清晰核算流入、流出经济—环境系统的物质总量，并据此评估人类活动的实际资源消耗；弊端在于对资源代谢的生态胁迫缺乏关注，将质量等同于环境影响，同时还存在大宗资源掩盖其他资源信息的遮蔽效应。

事实上，正如家庭成员存在角色分工一样，各类足迹指标在足迹家族中的地位和影响也有显著差异。在此提出典型足迹、关键足迹、衍生足迹和新兴足迹 4 种概念：

1. 典型足迹

指具有较为清晰的理论缘起、较为明确的研究方法、较为广泛的应用范围的足迹类型。上面介绍的生态足迹、碳足迹、水足迹、能源足迹、化学足迹、氮足迹和生物多样性足迹均应属于典型足迹范畴。

2. 关键足迹

指具有显著环境影响，且为人类生存所必需的活动所产生的足迹类型。包括生态足迹、碳足迹和水足迹，分别对应人类的生物资源、矿物能源和水资源3类关键自然资本消费（严格来说，生态足迹还对应化石燃料、碳足迹还对应其他有机物、水足迹还对应水体污染物）。

3. 衍生足迹

由某类足迹直接衍生出来的，在研究内容或研究方法上存在高度相似性的足迹类型。如能源足迹是生态足迹的衍生足迹，氮足迹、磷足迹和硫足迹均是碳足迹和化学足迹的衍生足迹。

4. 新兴足迹

已被文献提出但尚缺乏较为明确的理论和方法支撑的足迹类型。如材料足迹、NPP的人类占用足迹、土地足迹等。

第三节　生态承载力理论

一、生态承载力的概念及由来

工业革命以来，人类活动造成的全球性环境问题日益严峻。地球进入了一个新的时代，即人类世。人类成为地球系统变化的主要驱动力，并带来巨大的资源环境压力。人类活动的指数级增长引发了大量的担忧，即对地球系统的进一步生态—环境—资源压力可能会破坏关键的生物物理系统并引发突然或不可逆转的环境变化，这将对人类福祉有害甚至是灾难性的。以气候变化为代表的全球性环境问题日益严峻，如何在地球资源环境承载能力范围内，实现社会经济系统的可持续发展已成为国际社会的热点讨论问题。联合国2030年可持续发展目标要求实现社会、经济、环境等维度的可持续发展，而生态与环境可持续发展是实现其他维度可持续发展的前提，生态与环境承载力是可持续发展重要的评判标准。因此，亟须判断人类活动造成的资源环境压力是否处于资源环境承载范围之内。在此背景下，衍生出许多关注资源和环境两个层面承载力的研究，如土地资源承载能力、水资源承载能力、生态资源承载能力和整体环境承载能力研究。然而，资源承载力与环境承载力都是从单方面因素出发，忽视了生态系统的稳定性、协调性以及完整性。若生态系统的整合性受到破坏甚至崩溃，那么我们不仅无法实现可持续发展目标，更严重的是物种将面临灭绝的风险。而生态承载力理论主要是基于可持续发展原则，着重研究自然资源、环境容量等承载体与人类及其经济社会活动等承载对象的复杂双向联系，从而使得承载力研究从生态系统的单一要素向整个生态系统转变。

生态承载力是特定时间、特定区域内，生态系统的自我维持、自我调节能力，资源与环境的供容能力及其可维育的社会经济活动强度和具有一定生活水平的人口数量。其中，生态系统的自我维持、自我调节功能指的是生态系统弹性力的大小，即一定条件下，生态系统在可自我调节范围内变化波动并维持自我平衡状态，而一旦干扰超过系统的可调节或可承载能力范围，被打破平衡的系统便走向衰退瓦解，生物也将不复存在，故人类的一切活动都需要限制在生态系统的弹性范围内。资源与环境的供容能力是指在一定时空范围内，资源与环境的承载力的大小。可维育的社会经济活动强度和具有一定生活水平的人口数量指的是生态系统可持续承载的人口数量、经济强度以及社会总量的发展能力。

二、生态承载力的研究方法

生态承载力主要采用绝对指标测度和相对指标测度，其中绝对指标是指基于生态承载力概念依照资源的供给和环境的承纳能力来决定的人口、社会、经济的发展规模。相对指标指的是设定综合指数进行评估，确定生态承载力是否在合理阈值范围内。主要方法包括自然植被净第一性生产力法、生态承载力多级评价法、生态足迹法等。

1. 自然植被净第一性生产力法

植物群落在特定自然环境条件下的生产能力为自然植物的净第一性生产力（Net Primary Productivity, NPP）。而在内外部因素扰动下，NPP 是围绕某一中心位置上下波动的，其偏离中心位置的程度即生态承载力的阈值（周广胜和张新时，1995）。国内外学者根据实测数据并联系各种调控因子构建了多个模型，主要分为气候生产力模型、过程模型以及光能利用率模型三大类：①气候生产力模型采用气候因子来估测植被净第一性生产力，包括气候生产力统计模型和 Chikugo 模型、半经验半理论模型。②而 TEM 模型、CASA 模型等过程模型则是基于植被生长机理而建立的，但此类模型所需参数众多、过程复杂、区域尺度参数尺度转换困难。③光能利用率模型主要依靠大规模遥感数据与简单光能转换模型进行测定，虽具有测算简单快捷的优点，但由于我国地势复杂、植被分布多样化且破碎以及受到遥感时空分辨率的影响，模型模拟精度还有待提高。

气候生产力模型在我国应用更为广泛，且在多个地区得到了不同程度的验证。1975 年，学者们根据年均温和年降水资料首次建立了 Miami 模型估算植被净第一性生产力，并在此基础上引入蒸发散量指标建立了更为精确的 Thorthwaite Memorial 模型。然而，上述模型都仅为植被生产力和环境因子的回归模型，无植被生长理论基础。Chikugo 模型则通过结合植物生理生态学和统计学来提高模型模拟能力，并引入净辐射及辐射干燥度指标来提高模型模拟准确度。但该模型是基于土壤水分充足、植被繁茂条件下的蒸散量来估算 NPP，不适用于干旱半干旱区域。为克服以上模型限制，学者提出以世界各地植被生物量数据和相应的气候要素为基础，根据植物的生理生态特点及水热平衡联系方程建立了自然植被的净第一性生产力模型。

2. 生态承载力多级评价法

基于分级评价原则，有学者提出了以生态系统弹性度、资源与环境单要素承载能力、承载压力度作为三级指标体系的评价方法开展生态承载力综合评估（表2-2）。其中一级指标生态系统弹性度反映了生态系统的自我调节、自我维持能力，是生态承载力的支持条件，反映了承载稳定性；二级指标资源与环境单要素承载能力反映了资源的持续供给和环境的持续承纳能力的大小，分别是生态承载力的基础与约束条件，反映了现实承载力；三级指标承载压力度揭示了生态系统中承载媒体的承载能力大小和承载对象的压力关系，反映了系统承受压力。

表2-2 生态承载力多级评价表

等级得分	<21	21 ~ 40	41 ~ 60	61 ~ 80	>80
一级指标	弱稳定	不稳定	中等稳定	较稳定	很稳定
二级指标	弱承载	低承载	中等承载	较高承载	高承载
三级指标	弱压	低压	中压	较高压	强压

3. 生态足迹法

生态足迹是一种资源利用分析工具，它用生态空间大小表示人类对自然资本的消费及自然系统能够提供的生态服务功能，从而对人类活动的可持续性做出评价。生态足迹理论主要用来计算一定的人口和经济规模下，人类为了维持自身生存而利用的自然资源和吸纳产生的废物所必需的生物生产面积，将其与该地区的生态能力相比较，可以判断该地区的发展是否处于生态承载力的安全范围之内。有关生态足迹模型的研究大致可分为两类。一类是生态足迹基本模型（EF）。EF模型具有的表达直观、方法综合、操作性强等优点，促进了这一方法在生态承载力研究领域的迅速传播和广泛应用。另一类是基于投入产出分析的生态足迹模型（IO-EF）。IO-EF模型将投入产出表应用于生态足迹分析中，通过土地投入系数的计算得到不同产业的生态占用面积，这种方法结合了投入产出模型在结构分析中的优点，一定程度上弥补了生态占用模型在识别环境真实影响发生位置和产业部门联系上的不足，为生态足迹模型的发展迈出重要一步。

此外，生态足迹评估（EFA）和生命周期评估（LCA）之间也存在非常密切的关系。LCA关注对环境的影响，而生态足迹强调可持续性，生命周期和生态足迹结合可以借此综合考虑某一产品或服务"从摇篮到坟墓"的环境效益和可持续性，以捕捉人类活动对环境的直接和间接影响。一些作者明确指出标准化和详细生命周期的研究的必要性，以支持计算生态足迹中的具体影响。最新研究则进一步明确了生命周期和生态足迹的框架是互补的，而不是相互冲突的。从方法论的角度来看，生命周期评估可为弥补生态足迹评估的缺点提供机会。首先，生态足迹评估虽然提供了一种计算人类活动对生态环境影响的方法，但是它没有特定的边界。而生命周期生态足迹评估则可以利用生命周期评价定义功能单元和范围，提供一个科学研究边界。其次，单一的生态足迹研究通常将分析的系统视为"黑匣子"，仅反映了评估系统的一般性能，然而，针对哪些步骤有助于提高或降低可持续性的问题仍未得到解答。在生态足迹评估中引入生命周期评估思维，有助于分析每一步以找到系统优化的关键点。另外，虽然生态足迹评估具有能够通过使用陆基单元清楚地传达过度消耗的能力的优势，但其缺乏标准化使其难以用作指标。基于生命周期法则可提供一个标准化生态足迹评估的框架和稳健的指标，例如生态毒性、温室效应、人体健康等。

第四节　行星边界理论

一、行星边界理论的起源及其发展

尽管研究人员在资源、生态、环境承载力多个层面开展了大量研究，但由于资源环境问题大多不是单一存在，彼此间息息相关，已有的承载力相关研究范式存在较大局限性，例如，温室气体排放与全球变暖虽然通常是环境可持续性评估中涉及的主要环境影响，但只是人类对地球系统施加压力的结果之一。此外，维持地球系统状态的稳定是全人类共同的责任，需要不同地域不同主体的协同配合。大量学者开始研究综合承载力调查的理论和方法，并将其应用于土地、矿产、能源、环境保护等各个领域。在此背景下，行星边界（Planetary Boundaries）框架应运而生。

不同于之前基于区域或单个要素的承载力研究范式，行星边界框架提供了一种以整个地球为系统边界的环境影响评估方法，该框架通过量化行星边界和相应的人类对9个独立但相互关联的环境过程的压力，包括气候变化、生物多样性损失、海洋污染、臭氧层破坏、淡水资源与利用、土地退化、大气气溶胶负载、化学污染等，从而为人类定义了一个安全活动空间（Safe Operating Space），被视为国际资源环境承载力研究领域近年来最具标志性的一项成果。

当前的生态—环境—资源问题包括全球性和区域性两个层面。气候变化、水环境污染、臭氧层破坏等属于全球环境问题，需要全人类共同面对，而一些环境问题虽然只发生在局部国家和区域，但是其影响会通过一系列过程扩散到其他区域，如酸雨、化学污染、海洋污染等会随着大气环流与海洋洋流扩散到其他地区。这就需要不同区域的国家协同一致，做出共同努力。当前行星边界理论框架中主要研究的9个地球系统过程，已被认为是迫切需要解决的重要资源环境问题。然而，行星边界是一个比较新的概念，一些指标的评估方法还在发展中，设定的边界存在很大的不确定性，需要更多的研究来完善该框架，以提高其在环境可持续发展中的政策价值。

2009 年，瑞典斯德哥尔摩恢复力中心的 Johan Rockström 研究团队在 *Nature* 上刊文，确定了 9 个对人类生存至关重要的地球系统过程，初步量化了其中 7 项地球系统过程的现状，正式提出了行星边界框架。该框架以全新世地质时期地球系统的稳态条件为依据，基于对地球系统过程阈值效应的科学认知，结合预警原则，为地球关键环境系统过程设定环境边界，定义了人类在地球系统中的安全活动空间，通过对边界值与现状值的比较来判定目前承载状态，以防止人类改变全球环境的过程导致地球系统偏离目前的稳态。一旦人类活动对环境的干扰超过了行星边界，地球系统可能会被推到一个更不适宜居住的状态，甚至可能对人类造成不可逆转甚至灾难性的影响。现有研究表明，地球系统的 9 个行星边界中，已有 3 个过程（气候变化、生物多样性损失和对氮循环的干扰）超越了它们的界限，亟待解决。

行星边界方法依赖于科学研究的三个分支。第一个涉及人类活动的规模与地球维持人类活动的能力之间的关系，利用了环境生命支持特性对人类福祉的重要作用，以及经济增长的生物物理约束。第二个是在全球变化研究和可持续性科学领域，关于理解包括人类活动在内的基本地球过程的相关研究开展。第三个是研究复原力及其与复杂动态和生命系统自我调节的联系，强调阈值和状态之间的变化。

尽管 9 个行星边界都有各自的运行过程和控制变量，但是它们不是孤立存在而是紧密联系的，对其中一个边界的影响也会严重增加其他边界被超越的风险。比如在全球层面，由于温室气体排放导致气候变化边界被超越，进而引起全球大气环流和局部地区极端气候事件的增加，如降水减少导致水资源短缺和土地干旱。农业可利用灌溉用水的减少以及持续干旱，将导致可用于农业生产的土地大量流失，增加了超过土地利用边界的风险。又如在区域层面，亚马逊地区的森林砍伐与森林大火可能会减少美洲的水资源可用性、农业用地可用性和生物多样性，这体现了淡水使用边界对土地利用和气候变化边界变化的敏感性。

行星边界框架被提出后，引起了国际学术界的热烈反响。有许多学者对该框架提出意见与补充，有学者指出该框架存在两个重大缺陷，一是阈值的不确定性，即并非所有参数都是真正的阈值，二是环境问题的空间异质性，即有些环境问题是具有区域性的，例如氮污染，只有在当地问题被广泛传播的情况下才具有全球性。他指出不加批判地使用这个框架可能会破坏环境可持续管理和确保人类福祉的双重目标。也有学者回应称，行星边界并不是一个严格固定的值，而是指一个安全范围，对于指导环境政策有重要意义。此外，也有一些学者对某些边界的控制变量提出质疑。

2015 年，有学者回应了学术界的争论，并更新了行星边界框架。其中 3 个行星边界（气候变化、平流层臭氧消耗和海洋酸化）与早期的定义基本一致，其他行星边界所做的调整主要包括：①为大气气溶胶负载、生物地球化学流动及淡水使用、土地系统变化等边界设置了区域层面及全球层面的控制变量及阈值。其中，大气气溶胶负载只为南亚地区设置了边界。②将化学污染替换为新实体（此处定义为新物质、现有物质的新形式以及可能产生有害地球物理和/或生物效应的改良生命形式）的引入，其控制变量和阈值仍为待定状态。③增加生物多样性完整指数，同物种灭绝速率一起作为生物圈完整性的暂时性控制变量。同时，研究结果表明其中的 4 个行星边界，包括气候变化、生物圈完整性、生物地球化学流动和土地系统变化，其人为扰动水平已经超过了设置的全球阈值。

由于环境决策的制定与调控多发生在区域尺度，因而本地化是近年来行星边界研究领域的热点议题。当前行星边界框架有从全球到区域发展的趋势，各国学者为此进行了大量探索，将行星边界拓展至国家、区域和行业等中微观尺度，逐渐成为指导区域可持续发展和提升行星边界框架应用范围的重要方式。此外，还有研究尝试将该框架与社会经济可持续发展目标相结合，量化环境可持续性与人类福祉之间的相互作用关系，以实现环境目标与社会经济目标的双赢。

二、变量选取与边界设置

自从行星边界框架提出后，学者们对其控制变量的选择与阈值的设置进行了大量的研究，推动了该框架朝着更科学精细的方向发展。需要说明的是，行星边界的主要目的不是针对每一个变量明确一个量化的阈值，况且由于地球系统非常复杂，确定一个明确的阈值点也十分困难，该研究着重在于建立一个阈值范围，并将该范围的最低值定义为边界。因此，行星边界实际上定义的是一个安全空间，只要人类活动造成的影响低于边界则处于安全区，否则就进入了危险区。

当前行星边界 9 大变量及其边界设置主要内容如下：

1. 气候变化

人类在全球气候变化中的主导作用已经毋庸置疑。人类活动极大地改变了全球气候系统，特别是工业革命后，大量森林植被被砍伐破坏，化石燃料使用量也以惊人的速度增长，人为的温室气体排放量相应不断增加。大气中能产生温室效应的气体已经发现近 30 种，其中二氧化碳起重要的作用，甲烷、氟利昂和氧化亚氮也起着相当重要的作用，本世纪以来所进行的一些科学观测表明，大气中各种温室气体的浓度都在增加。

气候变化边界是不同气候系统状态的阈值的最小值，这些阈值的跨越可能导致区域气候的破坏，引发主要气候系统（如温盐环流）的崩溃，并可能带来其他难以应对的影响，如海平面迅速上升、极端气候时间增加（如台风、寒流、热浪）。而气候变化的行星边界用一种双重方法来定义，包括大气 CO_2 浓度和辐射强度作为全球尺度的控制变量，建议的边界值分别为 350 ppm CO_2 的浓度水平和 1 W/m^2 以上辐射强度的前工业化水平。以上边界值设置的依据主要有三方面：①气候系统对温室气体强迫的平衡敏感性分析；②在全球升温和更温暖的气候背景下，大型极地冰盖可能会融化甚至消失；③在当前 CO_2 浓度约为 387 ppm 和 +1.6 W/m^2（ +0.8/−1.0 W/m^2 ）净辐射强迫下气候系统的观测行为。

2. 平流层臭氧层消耗

臭氧消耗和平流层臭氧空洞扩大导致太阳紫外线辐射增加。臭氧是一种三氧原子气体，地球臭氧的约90%存在于平流层中，它也常被称为臭氧层。臭氧对于地表动植物有着十分重要的防护作用，其通过吸收紫外线并发生相关反应的方式，过滤掉了大部分有害的紫外线或其辐射。而臭氧空洞的出现主要有四个因素：①南极周围的强风或极地涡旋。②太阳活动。③来自消耗臭氧层物质的氯和溴化合物。④平流层低于−42.8℃低温所形成的一种特殊极地平流层云。但臭氧在自然条件下并不会产生消耗，主要由于人为氟氯化碳或氟氯烃的化学物质排放，这些化学物质会与臭氧发生反应，生成氧化物和氧气。并且由于此类化学物质性质极为稳定，这些化学反应会在平流层中长期进行，会对臭氧层产生严重影响。如果没有臭氧层，紫外线辐射会毫无阻碍地进入地球表面，即便仍有一个被破坏了的臭氧层，也会造成大量晒伤并引发皮肤癌、植被枯萎死亡和农作物减产。

平流层臭氧行星边界定义如下（Rockström等，2009）：首先，臭氧空洞的出现取决于人为的氟氯化碳或氟氯烃的化学物质排放所引起的臭氧物质消耗，但也取决于低温和水蒸气，在某些情况下还取决于硝酸含量。人类对第一个因素的贡献是直接的，而对其他因素的贡献是间接的。其次，尽管极地臭氧空洞的出现会带来局部影响，但其他地区臭氧层的变薄将对人类和生态系统产生更为广泛和严重的影响。就全球、极地外的平流层臭氧而言，没有明确的界限来划定阈值，当前采用的标准是与1964～1980年的平流层臭氧浓度数值相比，任何特定纬度的臭氧浓度下降小于5%。

3. 生物多样性减少

生物多样性是指一定范围内多种多样活的有机体（动物、植物、微生物）有规律地结合所构成稳定的生态综合体。地方和区域生物多样性变化会对地球系统功能产生普遍影响。例如，生物多样性的丧失会增加陆地和水生生态系统对气候和海洋酸度变化的脆弱性，从而降低对应的气候与海洋过程的安全边界水平。当前全球物种灭绝速度远远超过物种形成速度，而且随着人口的增长和人类活动的加剧，进一步加剧了物种灭绝的速度，导致全球生物多样性正在以前所未有的速度减少。据相关研究估计，目前物种丧失的速度比人类干预以前的自然灭绝速度要快1000倍。有学者以物种灭绝率作为临时指标，设定10～100 E/MSY（每年每百万个物种中有10～100个会灭绝）的不确定性范围作为生物多样性的行星边界。

4. 化学污染

化学污染指由于化学物质进入环境后造成的环境污染，包括放射性化合物、重金属和人类有机化合物等。这些化学物质大多是由人类活动或人工制造的产品，也有以上产品形成的二次污染物。全球已合成各种化学物质1000万种，每年新登记注册投放市场的约1000种。化学污染会带来环境荷尔蒙类损害，致癌、致畸、致突变等一系列健康危害，此外化学有机污染物的慢性长期摄入也会造成潜在食源性危害，以上问题已成为人们关注的焦点。化学污染边界的设定需要考虑到多种化学物质的集合及与其他行星边界（如气溶胶负载）的相互作用。2015年更新框架用新实体的引入替代了化学污染行星边界，新实体定义为新物质、现有物质的新形式以及有可能产生有害的物理和生物效应的改良生命形式。但化学污染的行星边界暂时没有一个明确的边界，仍需要进一步发展。

5. 土地利用变化

人类的过度采伐森林和自然灾害造成了森林大量减少。据联合国粮农组织的统计，自1990年以来，全球原始森林面积减少了约 $8 \times 10^7 hm^2$。森林资源减少会造成水土流失、生物多样性损失、气候变暖等危害。最初研究建议将不超过15%的全球无冰陆地表面转变为耕地的比例作为土地利用的行星边界。2015年在更新的行星边界研究框架中进行了修改，并根据以下两点设定了三个主要森林群落（热带、温带、寒带）的边界：①每个生物群落内土地覆被变化远程影响气候系统的相对潜力；②在每个森林生物群落中，当土地覆被变化超出某一区域时，会激活自我强化反馈，从而导致更大范围内的土地覆被变化。全球边界则为三个生物群落边界的加权集合。全球林地面积占潜在森林覆盖的比例为75%（54%~75%）。群落的林地面积占潜在森林覆盖的比例中，热带为85%（60%~85%），温带为50%（30%~50%），寒带为85%（60%~85%）。

6. 全球氮磷循环的干扰

人类活动对局部到区域尺度氮磷循环的干扰已严重影响了湖泊和海洋生态系统。由于人为引起的氮（N）和磷（P）超量流入引起的突发性的水体富营养化，会导致水生和海洋系统超过对应的行星边界阈值，从而引发严重的生态问题。

氮循环行星边界的控制变量最初以人类对大气中氮气的固定作为标准，将边界设定在其当前值的25%左右，约为35Mt 氮/年。之后该边界的设定受到质疑，De Vries 等（2013）根据四个主要环境问题的临界极限重新估算了氮循环行星边界，包括大气 NH_3 浓度、N_2O 的辐射强迫、NO_3^- 污染饮用水以及水生生态系统的富营养化，并设定边界为 60 ~ 100Mt 氮/年。在随后2015年更新的框架中，Steffen 等（2015）出于实际考虑，以农业系统中的人为固氮量作为控制变量，结合粮食需求，将边界值设定为 62 ~ 82Mt 氮/年。

超过临界阈值的磷流入海洋被认为是全球海洋缺氧事件背后的关键驱动因素，并在一定程度上解释了为什么过去海洋生物出现了大规模灭绝的现象。该边界最初以全球范围内人类活动导致的向海洋输入的磷总量为标准划定行星边界，约为11Mt 磷/年。在此基础上，学者提出从陆地淡水系统富营养化的角度对磷边界进行调整，以农业系统中施用于土壤的磷作为控制变量，设定边界值为 6.2 ~ 11.2Mt 磷/年。

7. 大气气溶胶负载

大气气溶胶会影响空气质量，改变地球辐射平衡，是大气环境的重要组成部分。自工业时代以来的人类活动使大多数气溶胶的全球浓度增加了一倍，其中大气污染物的排放是重要影响因素。各地大气污染物通过大气环流在全球传输，改变了全球大气化学物质的含量、结构和组成，破坏了全球的辐射平衡，进而可能对全球气候变化造成影响，影响人类健康。由于气溶胶所涉及的粒子种类繁多、来源不同、影响不同以及空间和时间动力学不同，因此暂时还未有一个确定的行星边界。在2015年更新的框架中，研究人员基于气溶胶对区域海洋—大气环流的影响，采用气溶胶光学深度（AOD）作为控制变量，并以南亚季风为例研究，设置了印度区域边界值。但全球行星边界值尚未确定。

8. 淡水使用

全球淡水循环已经进入人类世，人类活动是改变全球河流流量以及水汽流的空间—时间分布的主要驱动力。由于流域内的淡水资源的过度消耗，全球大约有25%的河流在到达海洋之前已经干涸。此外，全球淡水循环变化会影响生物多样性、食物供给和各地生态功能，例如植被碳吸收固存和气候调节以及为水生生物提供栖息地，并破坏陆地和水生生态系统的恢复能力。早期研究以消耗性径流或蓝水作为全球淡水边界变量，可获取的蓝水资源的上限为 $12\,500 \sim 15\,000\mathrm{km}^3$ / 年。当使用蓝水超过 $5000 \sim 6000\,\mathrm{km}^3$ / 年时，就会出现缺水。在2015年更新的框架中，基于对全球绿水和蓝水使用影响的全球评估，估计蓝水消耗量的边界为 $4\,000 \sim 6\,000\mathrm{km}^3$ / 年。

9. 海洋酸化

海洋酸化指的是海水溶解更多的大气 CO_2 而导致的海水酸碱值（pH）降低。海洋酸化不仅改变了海洋的化学成分，还破坏了海洋生物的生存环境，使它们的骨架、外壳等无法正常形成，珊瑚礁等也在腐蚀性环境中不断解体。海洋生物分泌碳酸钙（文石）会在酸化的海洋环境中分解，因此其饱和度（Ω）为衡量海洋酸化状况的指标。因此海洋酸化的行星边界初步定义为海洋文石饱和状态保持在全球平均工业化前地表海水水平（$\Omega = 3.44$）的80%以上。

表2-3 行星边界控制变量与边界

地球系统过程	控制变量	行星边界	现状值	前工业化值	是否越界
气候变化	（i）大气二氧化碳浓度（ppm） （ii）辐射强迫的变化（W/m²）	（i）350（350~450） （ii）1.0（+1.0~1.5）	（i）398.5 （ii）2.3 [1.1~3.3]	（i）280 （ii）0	是
生物多样性损失速率	物种灭绝速率（E/MSY） [生物多样性完整指数（BII）]	<10（10~100） [90%（90%~30%）]	100~1000 [84%（仅南非）]	0.1~1	是
氮循环	从大气中固定的供人类使用的N₂量（Mt 氮/年） [工业和生物固氮（Mt 氮/年）]	35 [62（62~82）]	121 [150]	0	是
磷循环	流入海洋的P（Mt 磷/年） [区域：从化肥流入土壤的P（Mt 磷/年）]	11（8.5~9.5） [6.2（6.2~11.2）]	~22 [~14]	~1	是

续表

地球系统过程	控制变量	行星边界	现状值	前工业化值	是否越界
平流层臭氧消耗	平流层臭氧浓度（DU）	276	283[~200仅南极洲]	290	否
海洋酸化	表层海水文石全球平均饱和度（Ω）	2.75（2.75~2.41）	2.90	3.44	否
淡水使用	淡水消耗量（km^3/年）[流域：河流蓝水月均提取占比（%）]	4000（4000~6000）[枯水月：25（25~55）、中水月：30（30~60）、丰水月：55（55~85）]	2 600	415	否
土地利用	土地转化为耕地的比例（%）[全球：林地面积占原始森林覆盖的比例（%）；生物群落：林地面积占潜在森林的比例（%）]	15（15~20）[全球：75（75~54）；生物群落：热带：85（85~60），温带：50（50~30），北方：85（85~60）]	11.7[全球：62%]	低	否
大气气溶胶负载	按区域划分的大气中的总体颗粒物浓度[全球：气溶胶光学厚度（AOD）；区域：季均AOD]	[仅印度0.25（0.25~0.50），吸收AOD<总AOD的10%]	南亚地区：0.30 AOD	—	待定
化学污染	全球环境中持久性有机污染物、塑料、排泄物、重金属和核废料的排放量或浓度，或者对生态系统及其地球系统功能有影响的物质	—	—	—	待定

注 "[ ]" 内容为2015年更新版。

三、安全与公正的运营空间

实现联合国可持续发展目标不仅是自然生态环境的可持续发展，还包括人类社会领域的可持续发展，如确保所有人都拥有所必需的资源，如食物、水、医疗和能源等。这意味着要确保人类对自然资源的使用不会对气候变化、生物多样性丧失等关键地球系统过程造成压力，使地球远离稳定状态。在2012年6月联合国可持续发展大会、2013年联合国千年发展目标高级别会议召开之前，关于如何制定更新和扩大的全球发展目标的辩论越来越多，这些目标旨在将消除贫困和环境可持续性这两个双重目标结合起来。为此，2012年，"甜甜圈"理论正式问世，将社会边界和行星边界两个维度的互补概念整合到一个安全和公正的空间框架中。该理论不仅要求维持关键的自然资源存量（通过行星边界要求），还要求维持关键的人力和社会资源存量（基本要求），进而实现让每个人都能过上有尊严和机会的生活，同时保护地球生命支持系统的完整性。

1. 指标的选取

"甜甜圈"理论将社会经济系统结合到原有的行星边界框架中，使得区域、国家的可持续发展评估结果成为一个由两个边界分割的三个区域的简化可视化模型。其中外边界是指环境边界，由9个地球关键环境系统过程构成，超过这一边界就意味着对环境状况会造成不可逆的破坏。内部边界由社会边界构成，基于千年发展目标计划中确定的需要重点关注的社会事项，及"里约+20峰会"中的有关内容。2012年提出了11个具体社会优先事项（表2-4），低于这一边界就意味着不能满足人类的基本生存权利。内外两个边界之间的环形区域即为安全操作空间，可以同时实现环境的保护、社会的公平正义以及经济的包容性可持续增长。

表2-4　"甜甜圈"理论中的社会优先事项

社会基础	指标
粮食安全	营养不良人口
收入	每天生活在1.25美元（购买力平价）以下的人口
水和卫生	无法获得改善的饮用水的人口
	无法获得改善后的卫生条件的人口
医疗保健	无法获得基本医疗保障的人口
教育	未上小学的儿童
	15～24岁之间不识字的人口
能源	用不上电的人口
	缺乏清洁的烹饪设施的人口
性别平等	有薪工作（不包括农业）中的男女就业人数差距
	在国家议会中男女性代表人数的差距
社会公平	基尼系数超过0.35的国家中，收入低于中位数的人
话语权	例如居住在不允许政治参与或言论自由的国家的人口
工作	没有从事体面工作的劳动力
适应力	面临多方面贫困的人口

2. 社会经济系统指标阈值的设定

确定"甜甜圈"评估体系中各指标的阈值是进行量化分析的重难点，表2-5总结了已有研究对相关社会经济系统指标阈值的设定。

表2-5　社会经济系统指标阈值的设定

指标	阈值的设定
食品/营养	100%家庭拥有充足食物
	每人每天2700kcal
收入	国家贫困线（每人每月577兰特）以上的人口占比
	95%的人口每天收入高于1.90美元
水和卫生	100%家庭在200 m范围内可以用到自来水
	95%的人可以获得改善的卫生设施
教育	拥有7年以上教育经历的成人（20岁以上）
	中学入学率为95%
民主的质量/发言权	0.8以上
工作	15～64岁成人就业率
	年轻人失业率低于12.8%
	94%的就业（6%的失业率）
能耗	100%的家庭可以用到电
	能源强度低于8.9
	95%的人口可以用到电

指标	阈值的设定
社会公正	100%家庭有产权房或电冰箱
	基尼系数在0.2以下
	基尼系数在0.3以下
性别平等	女性入学率在95%以上
健康	1岁以下婴儿的疫苗接种率
	100%家庭有马桶或通风坑厕
	5岁以下婴儿死亡率低于17%
	人均预期寿命65岁以上
幸福感	坎特里尔阶梯表（0～10之间）6.5以上
社会支持	90%以上的人口可以获得家人和朋友的支持
流动与联通	人均家庭汽车拥有量高于0.2
	人均每天乘载公共交通的次数高于0.35
	使用互联网的人口比例高于50%
	每十万人中交通事故死亡人数低于8.6
公共安全	晚上在家附近散步时的安全感程度
	每十万人中火灾死亡人数低于0.5
	每十万人中凶杀案死亡人数低于3.05

四、政策价值及未来展望

环境可持续性是经济和社会可持续发展的关键先决条件。因此，环境可持续性分析在可持续性科学中需要优先考虑。行星边界可以估计人类活动的地球系统功能的边界水平，而环境足迹可以量化供应链中的直接与间接环境影响。将行星边界降尺度到国家、区域或地方层面，结合资源、环境足迹核算方法可以从消费者视角对本地资源使用和环境问题的责任进行划分。这种方法可以为决策者在地方、区域和国家层面实现可持续发展目标提供政策指导。然而，足迹分析和行星边界间的整合存在一些挑战，涉及系统过程和聚合过程的不同规模效应。例如，对于碳排放这类全球问题而言，气候变化边界成为少数几个可以通过自上而下的方法缩小到国家层面的行星边界之一。相反，水和土地边界在许多情况下是次国家级问题，只有通过获取高分辨率数据获取当地资源可用性，才能实现可靠的评估。因此，行星边界和足迹核算的一致性以及从国家到区域或地方级别缩小边界的合理性需要开展深入研究。

已经有较多学者通过各个尺度对行星边界的研究提出有关社会、环境、经济等方面的政策建议。提出了了助于使各国更接近安全和公正的空间的两种普遍策略：第一，注重实现资源消费的"充足性"。即在不影响社会成果的情况下，许多富裕国家的资源使用可以大大减少，同时在各国之间实现更公平的分配。第二，改进物质和社会供应系统是必要的。物质改进包括从化石燃料转向可再生能源，生产寿命更长的产品，减少不必要的浪费，从动物产品转向作物产品，以及投资于新技术。有学者指出城市政策制定者需要根据城市环境足迹与行星边界的整合来制定新的城市可持续发展战略，将城市视为一个超复杂的生态系统，仔细分析城市中的物质和能量流动，将城市化、经济增长和资源消耗联系起来。还有的认为在行星边界框架和历史责任的结合下，高收入国家不仅必须比其他国家更快地将排放量减少到零，而且还必须还清其气候债务。总之，行星边界框架为实现可持续发展提供了一个新的思路。

第五节　"远程耦合"理论

一、什么是"远程耦合"

伴随着社会的快速发展，全球连接变得更加紧密，人类与自然系统的相互作用变得更加远程化、复杂化。在全球范围内，物质、信息、资本、生物、货币和技术跨越远程空间的流动和关联使得社会、经济和工业等迅速发展，满足了人口快速增加伴随的需求。此背景下，产品、资源和服务的生命周期中的各个阶段跨越的地理范围不断扩大，也越来越多地被消耗于它们的生产地之外（刘建国等，2016），对社会、经济以及环境的影响程度也在不断加深，导致环境污染、物种灭绝以及气候变化等现象的加剧。如何处理这些（跨越空间的）复杂的相互作用关系，是实现人类社会可持续发展面临的重要挑战。

人们已逐渐认识到远程相互作用对可持续性研究的影响以及产生的意外结果。为了对各种远程相互作用有更好的理解与运用，刘建国于2008年提出了"远程耦合"（Telecoupling）的概念，来综合研究社会—经济—环境在人类与自然耦合系统之间的远距离相互作用。"远程耦合"将以往基本局限于单一学科的远程连接、全球化和世界体系理论等概念进行了归纳与综合，是对人类与自然耦合系统、社会与生态耦合系统、人类与环境耦合系统研究的自然逻辑延伸。

相比于远程环境相互作用与远程经济相互作用，远程耦合的研究对象更为复杂，反馈更加多样。远程耦合能够弥补一些由独立进行的远距离社会经济或环境相互作用的研究所带来的疏忽和遗漏，从而更好地理解可持续性。远程耦合综合了跨国家、跨地区、多尺度的人类与自然系统的动态分析，其在资源环境足迹、投资开发、动物迁徙、大气环流、物种扩散等领域有着广泛的研究前景。在各种人类与自然因素耦合的情景下，远程耦合理论能够对各种远距离相互作用进行归纳综合（如知识传播、产品贸易、旅游、技术转让、废物转移）。在这种反馈机制下，远程耦合理论除了有利于促进发现新的知识空白以及引导政策的革新等方面外，对于可持续发展研究而言，其无疑提供了一个更为全面且科学的研究理论框架指导。因此自提出以来，便迅速得到了国际上的广泛认可与应用。在远程耦合关系不断增加的今天，认识与理解远程耦合理论对于实现可持续发展具有重要意义。

二、远程耦合框架

为了更好地理解远程耦合概念，以及在多时空尺度对其进行全方位的研究与分析，刘建国与其他科学家共同构建了远程耦合框架（刘建国等，2016）。其采用多层次的分析结构，主要包括发送系统、接受系统与外溢系统三部分，由流来连接。其中流是指系统之间流动的物质、信息、能量。每个耦合系统内部又由原因、代理与影响三部分组成（图2-1）。并且，每一部分又包含许多元素或不同尺度。同时，远程耦合框架内的各个层次之间也会产生相互影响作用。比如，耦合系统之间的流可能会对各系统造成影响，而其也可能会受到系统中代理的影响而发生变化。

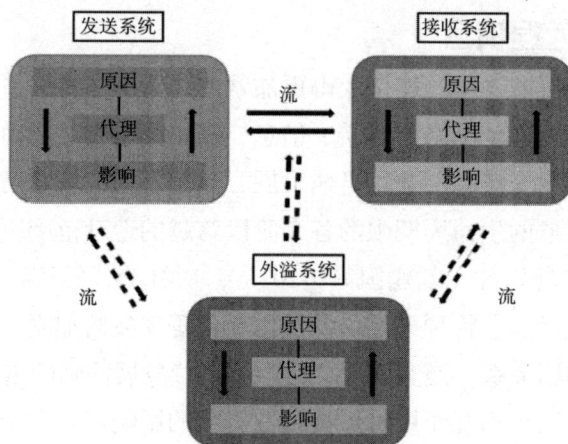

图2-1 远程耦合框架

以芦笋贸易为例，英国是秘鲁芦笋的第三大进口国，每年消费 6.5×10^6 kg 秘鲁芦笋。在芦笋流中，秘鲁作为发送系统，为接收系统英国提供了芦笋，而在资金流中，秘鲁与英国的角色产生了反转，英国成了发送系统，秘鲁则变为了接收系统。而其他芦笋出口国则作为外溢系统，影响秘鲁与英国的芦笋贸易。此例中的原因、代理与影响可以参考表2-6芦笋贸易中的远程耦合框架。如果英国政府加大对芦笋的进口，那么可能会导致秘鲁加大芦笋的生产。而对于全球贸易来说，英国与秘鲁之间的贸易的增长也会对其他贸易流造成影响。通过在英国和秘鲁之间的远程耦合作用，芦笋贸易对两国的水资源、生物多样性以及人民的生活水平产生了深远的影响。

表2-6 芦笋贸易中的远程耦合框架

系统			流		代理	原因			影响	
发送系统	接收系统	外溢系统	物流/能流	信息	农民、政府、企业	经济	政治	环境	经济	环境
英国	秘鲁	其他芦笋出口国	芦笋、资金等	芦笋价格、生产技术等		对芦笋的需求等	政府的资助等	气候影响等	农民收入提高、提供就业机会	水资源生物多样性受到影响等

1. 系统与流

在远程耦合框架中，系统是指人类与自然耦合系统，或者人类与自然相互作用的综合系统。其中，发送系统是指输出流的系统（如出口国），接收系统是指输入流的系统（如进口国），而外溢系统则是影响并受影响于发送系统与接收系统相互作用的系统（外溢系统至少通过三种形式将发送系统与接收系统链接，例如中转站、管道以及贸易协议中的第三方）。在芦笋流中，发送系统为秘鲁，接收系统为英国，接收系统为秘鲁外溢系统则指其他芦笋出口国。每个系统都具有其社会经济和环境背景，并且三个系统之间存在着复杂的相互关系。它们之间连接的数量关系可以用 n–n–n 来表示，并且不同的发送系统、接收系统和外溢系统之间也存在着相互作用。随着时间的改变，原本的接收系统也可以变成新的远程耦合中的发送系统。因此，我们在思考各系统之间以及其各部分的相互作用时，还要考虑到其时间与空间格局。

流是指系统之间流动的物质、信息、能量。其可以是单向或者双向的，不但使得远程耦合的产生成为可能，并且还可以对远程耦合进行维护、加强、削弱甚至解除。仍以芦笋贸易为例，物质流指的是在秘鲁和英国之间芦笋的运输过程。信息流则是指英国与秘鲁以及其他国家之间签订的贸易协议。流既可以从发送系统直接联系接收系统，又能以发送系统附近的接收系统为原点，然后逐渐辐射到远方的接收系统，后者最典型的例子便是物种入侵，往往会由一个点而蔓延到整个面。

2. 原因、代理和影响

原因指的是可以通过流使得至少两个耦合系统产生远程耦合的条件。对于人类和自然耦合系统来说它的产生会对其造成各种各样的社会经济和环境影响，能够影响远程耦合的产生和变化。原因可分为直接原因和根本原因，一般可以从政治、经济、文化、科技、生态变化等方面来分析远程耦合系统中产生新动态的原因。并且，原因与其余两部分之间也存在着相互作用——原因对代理有着深远影响，而原因与影响之间也存在着反馈环路。在芦笋贸易中，其产生的政治原因主要有两方面，一方面英国对芦笋需求的大量增长，另一方面秘鲁生产芦笋可以创造就业机会，减轻贫困。经济原因是因为芦笋贸易符合两国的共同利益。技术原因则可以用生产技术的进步为代表。这些原因共同造就了英国与秘鲁芦笋贸易的形成，进而对英国与秘鲁两国的社会经济和环境产生影响。而这种影响又会反馈给原因，虽然芦笋贸易让当地居民的生活水平有所提高，但是它也使得当地水资源量大幅下降，使人们对芦笋的生产热情减少。

代理指的是个人、家庭、团体、企业、政府等利益相关者，其对耦合系统之间的流起着促使或者阻碍作用——这便是远程耦合产生的原因。代理之间可以通过彼此的联系形成流来改变远程耦合。在英国与秘鲁芦笋贸易的双向流动中，政府与企业之间的密切联系以及世界银行的政策和投资起到了重要作用。同时，具有创造性的代理建立新的远程耦合的成功率最高，比如入侵物种对新环境的快速适应。另外，维护和加强现有的远程耦合则要依靠代理的不同特性（如恢复力）。英国与秘鲁芦笋贸易之所以能发展如此迅速，一是由于英国与秘鲁之间灵活的贸易协定，能够快速适应新的市场规则。二是由于产区能够及时了解市场的商品价值信息。

影响是指通过流产生的使得一个或多个耦合系统发生的变化，也可以理解为远程耦合对社会经济和环境产生的后果或作用。影响可以发生在不同的空间、时间和尺度，并且可以以不同的方式出现在发送、接收和外溢系统中，另外三者的影响也可以相互作用。我们将影响分为社会经济影响和环境影响两大类，并且强调这两类影响之间本质上是相关的。影响既可以促进也可以阻碍环境和社会经济的可持续性。同样是在芦笋贸易中，对于秘鲁而言，贸易能够带来新的就业机会。但是，它也使得当地的水资源量急剧减少，给当地居民的生活用水和灌溉用水造成了极大的困难的同时，也在威胁着当地的未来发展。

3. 反馈与工具

在了解远程耦合框架各系统及其组成的基础上，也要重视其中的反馈效应。反馈不仅仅是远程耦合的重要特性，同时它也是维持系统可持续性的重要机制。系统之间会形成反馈环路，并且反馈时间有快有慢。在芦笋贸易中，英国对秘鲁芦笋需求的增加提高了秘鲁农民的收入，这是英国与秘鲁芦笋贸易对秘鲁产生的正反馈。而在维持可持续性上，反馈可以作用于政策来促进系统的可持续发展。就比如上文提到的英国与秘鲁芦笋贸易对秘鲁水资源的破坏，秘鲁政府可以借助反馈制定相应的政策来监管芦笋生产商对水资源的获取。

在远程耦合框架的应用过程中，使用工具来对其各个组成部分及其相互关系的分析是研究与之相关的社会、经济、环境问题的重要路径。目前，基于 Web 的远程耦合应用工具（Telecoupling Toolbox）已经发布，其主要应用于远程耦合关系的可视化以及初步的统计计算。但是，在分析各国间的贸易活动产生的远程耦合时，人们则常常使用全球贸易分析模型（Global Trade Analysis Project，GTAP）来对各国的生产消费进行建模，进而量化各国之间的贸易关系，从而分析资源环境足迹在贸易中的转移问题，例如全球大豆贸易的碳排放对全球气候变化的影响。基于主体的模型（Agent-based Model，ABM）则模拟社会活动中个体特征引导下的互动造成的结果，常被用来分析远程耦合中地区尺度上的代理行为。同时，远程耦合也比较青睐多方法的混合评估。比如，使用多区域投入产出（MRIO）表，结合相关的环境数据、足迹和指标来量化区域贸易中的足迹转移，如虚拟水和碳排放，进而分析贸易对环境造成的影响；利用土地使用模型（LUM）对土地足迹变化进行预测、计算和分配，然后利用生命周期评价（LCA）对其影响进行分析；在产品的生命周期评价中利用投入产出表跟踪其资源的使用，来计算市场变化对资源环境足迹造成的影响。

目前，远程耦合框架已经被广泛应用于多时空尺度的资源环境足迹研究，例如全球贸易引起的虚拟水转移、温室气体减排以及生物多样性变化等多方面研究。同时，远程耦合框架也可与生态系统服务、环境足迹、行星边界等结合起来，形成更为全面的人类—自然耦合框架，这对于认识和了解社会经济和环境的相互联系以及提供可持续性解决方案有着至关重要的作用。

三、远程耦合与资源环境足迹

作为人类对环境压力的指标，量化分析资源环境足迹一直是人类理解社会活动对自然资源的占用所造成的环境改变以及由此产生的影响的重要途径。而随着研究的进一步深入，人们越来越重视对一个地区的行为活动导致另一个地区甚至全球社会—经济—环境的变化研究。这就使得人们需要一个更加合理科学的研究框架来对资源环境足迹进行更为全面的研究分析。远程耦合在其中可以承担这样一种角色：

远程耦合可以补充资源环境足迹的现有框架，是资源环境足迹框架的重要支撑。例如，远程耦合能够扩大资源环境足迹的研究范围，整合相互作用的系统之间的社会经济和环境流动分析，以便更好地从整体上评估可持续性。

远程耦合提供了一种更为严格的因果关系框架。远程耦合不仅可以利用定量数据进行分析，还能结合定性方法，通过多层次的数据收集和分析，更全面地理解影响和结果之间的因果关系。这种方法的综合性可以提高研究的可信度和准确性。同时，远程耦合还能够通过三角测量方法来验证因果关系。这种方法涉及多个数据源和不同的分析角度，通过交叉验证，加强了对因果关系的确信度。与仅仅依赖于表面数据的分析相比，远程耦合通过拓宽数据源、深化对影响机制的研究，能够提供更为深刻的证据，进一步加强了因果关系的框架。此外，远程耦合对社会生态系统中的复杂性进行更深入的考虑，包括不同系统之间的相互作用和反馈机制。这有助于更全面地理解因果链条，从而建立更为严格的因果关系框架。

远程耦合为资源环境足迹完善了政策建议的理论基础。资源环境足迹往往利用直观的数据作为政策建议的佐证。通过结合远程耦合的跨系统和多尺度分析优势，人们能够提升对跨区域资源环境问题的洞察力，从而实现可持续发展的跨系统思维和超区域政策。

同时，通过分析远程耦合框架中各系统及其组成的作用和相互影响，我们能够对资源环境足迹与可持续发展之间的相互作用关系有更加深入的理解。下面我们以虚拟水、碳足迹和土地足迹为例来具体探讨远程耦合在资源环境足迹和可持续性分析中的作用。

国际贸易中的虚拟水流动是一个非常典型且重要的远程耦合过程。在这个过程中，发送系统即主要的虚拟水出口国，通常为北美洲、南美洲以及大洋洲等水资源较为丰富的大洲。与之对应的，接收系统即主要的虚拟水进口国，多为水资源较为短缺的地区。随着时间的推移，虚拟水贸易中发送与接收系统的角色也在不断变化。如与亚洲进行虚拟水贸易的发送系统已经逐渐由北美转变为南美。远程耦合也使得人们更易理解虚拟水贸易中各个国家的所失所得。在全球贸易导致的虚拟水流动中，亚洲向欧洲、美洲等出口了大量的虚拟水。但是，一些大型的虚拟水出口国家，如中国、印度等，他们本身却是极度缺水的国家。

相反，一些水资源相对丰富的发达国家却成为虚拟水进口国。虽然中国等发展中国家通过虚拟水贸易取得了大量的经济利益，但是发达国家在贸易中的环境成本单位附加值却往往低于发展中国家。长此以往，不但会使发展中国家和发达国家在人均环境资源占用方面的差距扩大，而且会进一步加剧全球水资源分布的不平衡。同时，远程耦合也不仅仅是指发生在国际中的虚拟水转移，其同样适用于区域内的虚拟水流动过程。例如，基于远程耦合理论，在我国北方与南方的粮食贸易中，由于"北粮南运"导致虚拟水完成了自北方向南方的流动，该"农业北水南调虚拟工程"调运的虚拟水量早已远超"南水北调工程"实体水调运量（吴普特等，2010）。

土地足迹研究对于人们认识日益增长的土地资源压力与实现可持续发展之间的关系有着深远意义。伴随着经济全球化的不断发展，土地利用研究已经由原来的特定地点土地利用分析逐渐向远距离人类—土地系统间的相互作用分析过渡，这就需要新的理论以及方法来分析此过程中土地系统的动态因果关系。而远程耦合很好地承担了这个角色。它不但能够对贸易中与交易产品有关的土地足迹进行分析，并且能够对贸易链中的各系统中的原因、代理和影响进行更为全面的理解，以此来明确全球的土地使用责任。它能够促使各国在贸易中不仅仅要考虑传统的政治、经济和环境结果，也必须重视土地的未来生产潜力以及对本国甚至全球土地可持续利用的影响。例如，欧洲大量从巴西进口咖啡豆，这就需要巴西消耗大量的土地来种植咖啡树，同时也要使用土地来生产用于加工咖啡豆的机械所用润滑剂的油料作物。我们称这种为最终需求生产产品和服务的土地为上游土地，咖啡豆与油料作物种植所需的土地称为其直接需求与间接需求。在这一过程中，虽然作为接收系统的欧洲不能通过法律来要求巴西改变其土地利用结构。但是，由于欧洲民众对咖啡的大量需求，政府与企业需要扩大咖啡豆的进口，这就导致作为发送系统的巴西在利益的驱动下，需要扩大本国的咖啡豆生产，从而加大相应的土地利用。在这种情况下，本国的土地使用政策就会越来越多地受到国外需求而不是国内需求的影响，国家在规范土地使用方面的政策会受到局限，最直观的后果就是巴西热带雨林会遭到大规模砍伐。为了遏制这种类似的结果，需要对这种上游土地高消耗的贸易产品人为地进行政策指导甚至约束。

总之，以远程耦合框架作为理论支撑的资源环境足迹分析有利于帮助我们从新的角度看待人与自然的相互作用关系。同时，能够有效应对国际上新近泛起的单边主义挑战，维护各国利益和全球治理体制，从而引导全人类在远程耦合的世界中朝着更加开放、包容、普惠、平衡、共赢的方向发展，实现人类世的可持续发展（孙晶等，2020）。

第三章　资源环境足迹家族概述

第一节　生态足迹与土地足迹

一、生态足迹

1. 生态足迹的基本概念

生态足迹起源于可持续发展思想。可持续发展的关键在于人类社会的生产和消费需求不应给自然环境造成超出自身承载能力的伤害，理应在生态承载力范围内满足当代人的需求，同时为后代留下足够的资源。协调经济、社会和环境之间的关系是可持续发展的重点和难点，而弱可持续性与强可持续性观点常用于理解三者之间的关系。弱可持续观点认为自然资源可以用人造资源替代，只要总的资源量不变，地区就处于可持续状态。秉持这一观点，许多一味关注经济发展的国家认为本国并未造成资源环境破坏，仍处于弱可持续状态。实际上，这些国家的资源利用与环境排放量已经超出了该国的承载能力。强可持续性观点认为自然资源无法用人造资源代替，强调环境可持续性的必要性。生态足迹分析遵循强可持续性观点，通过比较土地资源环境使用量与生态承载力来评价一个地区的可持续性。

总而言之，生态足迹理论是围绕生态生产性土地（Bio-productive areas）概念开展的。生态生产性土地是指具有生态生产力，可以为资源流动和生物生存提供支持的土地或水域。全球生态生产性土地可以归结为 6 种类型：耕地、草地、林地、水域、建筑用地和化石燃料土地。

（1）耕地：耕地是最具生态生产力的土地类型，也是最主要的食物生产地。经过人类的不断开发，截止到 2020 年，全球现有 $15.62 \times 10^8 hm^2$ 耕地，其中 $13.87 \times 10^8 hm^2$ 为优质农田，$3.26 \times 10^8 hm^2$ 为临时牧场、休耕地以及其他原因荒置的耕地。受过度开垦的影响，一些耕地遭到严重退化，荒置耕地的面积在逐渐上升。

（2）草地：草地是适用于发展畜牧业的土地，可以为人类提供肉类、蛋类、奶制品等产品。由于草地积累生物量的能力不如耕地，并且受限于能量流动效率（林德曼的百分之十定律），草地的生态生产力显著小于耕地。由于人类的过度放牧，全球永久性牧场面积现已出现较为明显的退化，截止到 2020 年现有草地面积为 $31.83 \times 10^8 hm^2$。

（3）林地：林地是指用于生产木材的人工林和天然林。林地不仅可以生产木材，还具有涵养水源、防止土壤流失、维持生物多样性、吸收温室气体等功能。全球现有 40.59 亿公顷林地，其中超过一半的面积树木覆盖率不足 10%。然而人类对森林资源的过度开发使得全球多数林地的生产力较低。

（4）水域：水域是指为人类提供鱼虾贝类等水产品的水体，包括淡水水域和非淡水水域。尽管地球上海洋面积广阔，可为人类提供生态生产力的面积却较为有限。约占海洋总面积 6% 的近岸海域提供了全球超过 95% 的水产品。

（5）建筑用地：建筑用地是指人类建设住宅、交通、工厂等各类生产、生活设施所占用的土地。由于建筑用地大多占用了优质耕地，建筑用地面积的增长意味着土地生态生产力的下降。

（6）化石燃料土地：化石燃料土地，又称碳吸收地，是指用于吸收化石燃料燃烧所排放的二氧化碳的林地。化石燃料土地的提出是出于生态经济研究的谨慎性考虑，然而现实中人类并未留出这类土地。

1996 年《我们的生态足迹——减少人类对地球的影响》一书一经出版，就引起了国际社会的广泛关注和激烈讨论。从 2000 年起世界自然基金会（WWF）和 RP（Redefining Progress）两大非政府环保机构每两年发布一次关于生态足迹的报告。2020 年第十一份生态足迹报告指出，早在 20 世纪 70 年代全球生态足迹就超出了地球资源的再生速度，人类对自然资源的需求需要 1.56 个地球才能满足。虽然 2008 年出现的金融危机以及 2020 年出现的新冠疫情降低了约 10% 的人类需求，但是这并未改变人类社会对气候变化以及生物多样性损失造成的影响。全球可持续发展正面临着严峻的挑战。此外，全球生态足迹网站持续更新生态足迹相关研究成果。

2. 生态足迹的理论基础和前提假设

生态足迹的理论基础可以归为生态承载有限论，其代表论著如 Malthus 于 18 世纪发表的《人口原理》，就人口增长与土地供给的关系展开论述，为自然环境是经济发展基础的探讨埋下了伏笔。近代以来生态足迹的雏形源于 20 世纪 70 年代生态经济学范畴的"影子面积"、净初级生产力、海洋生态系统面积等研究，即生态足迹理论建立在能值分析、生命周期评价、净初级生产力计算等理论基础之上。

生态足迹分析的基本思路是根据土地的生态生产力，将地区消耗的所有生物资源换算为生产这些资源所需要的土地面积，再结合地区的实际土地面积，比较评价地区的生物承载状况。为确保计算过程简明合理，有学者提出了生态足迹分析的 6 条前提假设：

（1）人类产生的大部分资源消耗和废物排放是可追溯的。

（2）在人类社会中流动的资源和废物可以用生产和消纳这些资源或废物的生态生产性土地来衡量（难以衡量的部分资源和废物被排除在生态足迹分析以外）。

（3）不同土地类型的生态生产力（对于人类社会具有经济效益的潜在生物量）能够统

一于一个标准中，即折算为标准公顷——"全球公顷"，全球公顷的生态生产力等于该年全球土地的平均生产力。

（4）由于土地用途是独立、互斥的，并且全球公顷这一单位使得不同土地类型的生态生产力具有可比性，所以可以将其相加以表示人类的总需求。

（5）生态服务的供应也可以用全球公顷的生态生产性土地来衡量。

（6）当区域生态足迹超过区域生物承载力时，将出现生态超载现象，此时该地区的生物承载状况不佳。

基于上述假设，生态足迹分析可以实现地区生态承载状态量化、地区可持续发展评价、地区间生态承载力比较等研究目标。

3. 生态足迹理论的优点与局限性

（1）生态足迹作为衡量可持续发展的重要工具，其优点主要集中在以下几个方面：

①实现了对生态承载状态的测度。生态足迹分析以土地面积为计量单位，将人类社会消费产品以及消纳废物的需求分别折算成 6 种不同类型的生态生产性土地面积，从土地面积占用的视角量化人类经济社会活动对自然环境的影响及其可持续性，从而揭示研究区域的生态承载状态。

②概念形象，内涵丰富。Rees 形象地将生态足迹比喻成负载着人类社会的"巨足"，当地球提供的土地面积容不下这只巨足时，其承载的人类文明将毁于一旦。生态足迹思想内涵在于将人类对生态足迹的现实需求与自然系统提供的生态供给进行比较，以量化特定时间点人类的社会经济活动与地区生态承载力之间的差距，定量分析其可持续发展程度。

③计算过程简洁，可操作性强。相较能值分析、物质流分析与净初级生产力等方法，生态足迹计算方法简单、资料易获取，评价结果具有全球可比性。因而在众多可持续发展测度指标中，生态足迹指标最受生态经济学界关注。目前生态足迹指标已被广泛用于评价不同空间尺度的生态承载状况、不同经济部门对自然环境的影响，并为循环经济和生态补偿决策提供科学依据。

（2）生态足迹的局限性主要体现在：

①土地功能互斥性假设低估了生态承载力。土地功能的"空间互斥性"假设是生态足迹分析的前提条件之一，该假设认为不同类型的土地功能单一，忽略了土地功能的多样性和部分功能可被替代的现实，导致计算出的生态承载力结果偏低（屈志光等，2011；陈成忠等，2008）。例如，假设"化石燃料土地"为吸收二氧化碳排放的林地，而"林地"则表示用于生产木材的土地。在现实中，林地、草地和耕地面积上的绿色植物均具备吸收二氧化碳的功能。此外，林地还兼具涵养水源、维持大气循环、防止土壤流失等多项生态功能。因而"空间互斥性"假设严重低估了区域所具有的生态承载力。

②生态足迹分析缺乏动态性和预测性。生态足迹分析是一种基于静态数据的分析方

法。该方法假设人口、技术、消费水平等社会经济要素是不变的，其结果反映了某一时间点上的生态承载状态。因此，生态足迹常被诟病是瞬时的，不具备动态性和预测性，无法预测未来的发展趋势，也无法反映人类生活方式、技术进步和管理水平等因素对生态承载状态的影响（韩召迎，2012；谭伟文等，2012）。这在一定程度上减弱了生态足迹指标对国家或地区可持续发展政策制定的支持作用。

③具有生态偏向性。生态足迹的重点在于衡量人类社会对自然系统的影响及其可持续性，但未考虑经济、社会、技术等方面的可持续性，具有显著的生态偏向性。事实上技术进步等因素时刻影响着我们的生活方式和消费内容，从而影响人类的物质消费水平和对自然环境的压力。因而许多学者尝试将生态足迹与其他可持续发展指标相结合，如初级生产力、能值指标等（曾晓霞，2015；李剑泉等，2016），以期从更全面的视角评价地区可持续发展状态。

④生态足迹的账户覆盖有限。生态足迹分析并未将自然生态系统提供资源和消纳废物的功能描述完备，它忽略了水资源、地下资源、化学污染、水体富营养化、臭氧层空洞、土地荒漠化等问题，未考虑除二氧化碳以外的其他温室气体，忽略了除林地外其他土地类型对二氧化碳的吸收作用。同时，生态足迹分析忽视了生态产品和服务的消耗，比如酸雨、化学污染等导致的资源环境恶化，这些均会导致全球的生态生产性土地和水域面积持续减少。

二、土地足迹

1. 土地足迹的基本概念

土地足迹（Land footprint）或实际土地需求是一种公认的评估满足一个国家商品和服务最终消费所需的国内外土地总量的方法。其中，国家或地区通过贸易产生的对外部土地的依赖性也被称为"虚拟土地"。后来在生态足迹基础上定义了土地足迹，即不包括碳吸收土地的生态足迹，这与碳足迹已经捕获的 CO_2 排放直接相关。若要评估与土地足迹相关的各种环境影响，需要根据原产地的具体自然条件进行定位。同样的土地利用面积和类型在不同的国家可能会造成不同的环境影响。例如，由于在巴西的牧场通常是通过砍伐雨林形成，相较于美国的原有的草原牧场，在巴西的牧场扩张将带来更加严重的生态影响。

土地足迹往往与能源、碳或水足迹等其他指标结合起来，以更完整地评估资源效率，并能够确定各种自然资源使用类别之间的权衡和潜在协同作用。例如，已有诸多研究将土地足迹纳入水—能—粮耦合框架，从资源耦合的角度探究全球贸易中的土地流动；也有将土地利用变化与碳排放结合，研究不同的土地利用类型的碳排放与碳吸收差异大小。经济学领域有学者研究土地利用与生态经济之间的协调关系，探索生态效率和土地利用强度和集约化之间的协同作用。这些多资源联合、跨领域的研究扩展了土地足迹的研究范围，使土地足迹的研究意义得以进一步深化，未来土地足迹的概念将不断丰富，应用领域也将更为广泛。

土地足迹在资源耦合研究中有着重要意义。随着全球贸易日益密切，不断增加的粮食贸易转移了大量的虚拟水和土地，增加了一些地区水和土地资源的压力，因此诸多学者从水/土—（能）—粮食耦合视角对土地足迹进行了研究。有学者使用多区域投入产出分析计算了京—津—冀地区与粮食进出口相关的虚拟水和虚拟土地的流量，结果显示河北省作为一个严重缺水的出口型省份，为其他地区过度生产粮食，加剧了水危机和土地危机。也有学者发现东亚地区由家庭最终消费驱动最大的水—能—粮食（可用耕地）—环境压力足迹的部门分别是其他服务部门、建筑部门和农业部门，其中建筑业部门有 $8.02 \times 10^7 hm^2$ 可用耕地（19%）。此外，还有的运用投入产出模型和结构路径分析，旨在通过识别重要的最终需求来探索水、能源和粮食（农业可用耕地）资源之间的隐藏联系，结果发现，城镇居民消费和固定资本形成对水—能—粮食资源有较大影响，此外，农业、建筑和服务业的水—能—粮食足迹最大。

2. 土地利用变化和土地足迹的驱动因素

大量驱动因素能够影响土地利用变化和土地足迹。其中最主要的三大驱动因素为：社会经济发展、生物能源与生物材料、农业政策。

（1）社会经济发展对工地利用变化和土地足迹的驱动如下：

①人口的增长带来了土地消耗总量的提升。从历史上看，人口增长是土地利用变化的重要因素。据估计，未来几十年世界人口将大幅度增加，到 2050 年全球将达到 96 亿人口。在欧洲、北美、亚洲和大洋洲，人均农业面积的减少超过了人均土地总面积的减少，从而支持了农业集约化的总体趋势。只有在非洲和南美洲，人均可用土地总量的减少超过人均农业用地面积，因为更多的非农业用地被转化为农业用地。

②城市化通过刺激食物消费和饮食变化，对土地利用变化具有明显影响。2009 年，全球城市人口占世界人口的 50% 以上，发达国家为 80%，新兴经济体为 45%。到 2050 年，全球城市化水平预计将上升到人口的 70%。城市化深刻改变了食品流通模式产生，例如改善营销和分销，吸引连锁超市，改善外国供应商的市场准入，降低食品价格，最终实现食品消费模式的全球化。因此，城市化可以被视为土地足迹的结构性驱动因素。

③随着城镇化带来的饮食结构变化也是主要的经济驱动力之一。随着居民收入的增加，饮食往往向有着更高水平的动物蛋白、蔬菜和刺激类食品（如咖啡或茶）方向发展，而其产生的生态环境影响也更加严重。换句话说，一个国家的收入增长通常会推动饮食结构向肉类消费增加的方向变化，即饮食结构的变化会推动土地足迹的增长。这是由于饲养动物的过程中会消耗很多饲料，放牧需要很多草地，加之粮食转变为肉类会有能量损失，所以在消费更多的肉类或者蛋奶的时候，会引起更多的土地足迹。例如生产肉类蛋白质所需的土地是蔬菜蛋白质的 3 ~ 10 倍。消费 1kg 牛肉每年需要多达 $420m^2$ 的土地，相比之下，

基于植物的等量蛋白质的消费每年仅需要 $2 \sim 3m^2$ 的土地使用，而 2017 年新疆羊肉消费的草地足迹达到 $6.07 \times 10^6 hm^2$，占所有食物总草地足迹的 77%。因此，由于经济社会不断发展以及人口增长，城市化程度的加深会推进饮食结构向更富裕的方向转变，增加对肉类的消费从而导致总体土地足迹增加。但已有大量研究表明降低肉禽消费并转型植物性蛋白（如大豆）将极大地减少土地消耗并有利于生态系统修复。

（2）生物能源与生物材料对土地利用度变化和土地足迹的驱动如下：

①生物燃料会造成大量粮食消耗和土地扩张，并给生态环境带来负面影响。在 2019 年，全球种植农作物的面积为 $1.11 \times 10^9 hm^2$，其中有 7% 用作生物燃料生产，而对于棕榈油来说，2020 年用于能源用途的比例为 22%。在环境影响方面，东南亚地区的棕榈油种植导致了森林系统的破坏、生物多样性的丧失等问题，根据 1990 年至 2010 年间的种植园发展报告，印度尼西亚和马来西亚的森林砍伐面积分别达到了 63% 和 17%。作为生物柴油的主要使用地区之一，由于棕榈油的种植将导致森林砍伐，因此欧盟 European Green Deal 计划到 2030 年禁止将棕榈油作为生物燃料的原料。此外，生物燃料的使用也造成了粮食安全问题。比如：2019 年德国生产了 $3.8 \times 10^6 t$ 的菜籽油，其中有 66% 用作技术用途或者能源生产。

②生物柴油的生产原料具有多样性，包括油菜籽、大豆、棕榈油和向日葵等第一代粮食作物生物柴油原料；麻风树、马花、荷荷巴油、烟草籽、鲑鱼油和海芒果等非粮食能源作物，以及废弃食用油、餐厅油脂和动物脂肪等第二代生物柴油原料。粮食作物生产生物柴油会对粮食安全造成影响。作物生产生物柴油将导致土地竞争以及土地使用，在种植能源作物时对未耕地的利用以及耕地的转换将引起土地利用变化排放。德国增加 1Mtoe 生物柴油需求将引起全球土地利用变化约 $14\,000\ km^2$；此外，种植生物柴油原料作物通过氮肥、磷肥的施用导致从土壤中排放 N_2O，造成全球变暖；另外，含油原料作物的种植对生物多样性产生了威胁，在 1990 年至 2005 年间，东南亚超过 55% 的油棕作物由原始森林转变而来，导致了生物多样性的丧失并可能造成干旱地区的水枯竭。

③生物能源的使用在减少碳排放以及碳移除方面具有重要作用，尤其是生物能源碳捕获与封存（BECCS）技术作为一种负排放技术在 2℃、1.5℃目标的实现、国家能源体系转型等方面占据重要地位。但 BECCS 作为负排放技术也存在其对粮食安全、土地利用、水资源利用的影响、面临的政策支持问题、经济技术可能性诸多不确定性。同时，存在对 BECCS 能否提供可持续和资源高效的负排放的质疑，针对 BECCS 价值链进行了系统性分析，提出了提高 BECCS 可持续性的途径。另外，也有研究认为 BECCS 在 IAM 场景中的显式和隐式假设部分不切实际，会影响其能实现的 CO_2 去除量。也有学者对 BECCS 部署对碳价、全球福利、食物价格、实现稳定目标所需的全球经济成本、大宗商品价格等的经济影响进行研究。由于 BECCS 部署在环境、经济方面存在不利影响，故使用藻类、林业残

留物、城市固体废物作为 BECCS 的原料能够有效降低其不确定性，另外，垂直农业技术也有能够减少部署 BECCS 所需的土地。

④某个区域的生物能源需求会通过国际贸易产生溢出效应。包括生物质在内的农作物的贸易将带来虚拟水的贸易，给作物生产国带来一定的水压力；不同的气候缓解战略也会给国际生物能源贸易带来不同的影响。为实现碳中和目标，中国生物能源的发展在一定程度上依赖生物质的进口，从而导致进口国的土地使用变化和食物安全问题。

当前，生物能源发展的激励政策正在全球范围内大量出现，各个国家根据自身资源制定了具体的生物能源战略，如美国发布的《可再生燃料标准（RFS）》，规定了交通燃料中可再生燃料（如乙醇和生物柴油）的适用量和百分比。中国的《"十四五"生物经济发展规划》明确提出发展生物质材料，推动生物能源在工业和交通领域的应用。除此之外，还实施了大量区域政策，如欧盟的生物经济战略等，这些战略不仅刺激了国家具体生物能源战略的制定，而且促进了区域的协同发展。然而，生物燃料战略的转变也导致了美国、欧盟和中国等工业化国家的生物燃料产量大幅增加，从而导致油料作物、谷物等需求激增，进而引起了生产国土地利用的增加和改变。目前只有欧盟在其政策中明确提到建立生物经济环境影响监测系统，大多数国家或地区在其生物经济政策中仍然缺乏相应的环境影响监测和管理框架。

3. 土地足迹研究现状和趋势

随着人口增长和快速城市化，人们对粮食和住宅等需求的增加，加剧了土地的压力。目前，地球上超过 75% 的土地（不包括格陵兰和南极洲）已经被人类使用。联合国粮食及农业组织估计，世界上大约 25% 的土地已经高度退化，8% 为中度退化，36% 为轻度退化。因此，由于需求增加和资源退化，预计未来几年土地资源短缺将加剧。

近年来，许多学者使用投入产出方法对不同区域土地足迹进行量化。有的运用多区域投入产出分析在对东亚地区资源的远程连接结构分析中对三国不同产业类型的土地足迹进行了量化，发现中国的第二和第三产业分别占全国农业土地足迹的 19%（$8.02 \times 10^7 hm^2$）和 34%（$1.4 \times 10^8 hm^2$），日本的第二和第三产业农业土地足迹分别为 $8.6 \times 10^6 hm^2$（56%）和 $4.8 \times 10^6 hm^2$（31%），韩国的第二和第三产业土地足迹量分别为 $2.7 \times 10^6 hm^2$（51%）和 $1.6 \times 10^6 hm^2$（31%）。也有研究运用投入产出分析和生态网络模型研究发现中国土地资源配置极不平衡，94.2% 的土地被划为直接农业用地。有学者将全球农业生态区模型与多区域投入产出分析相结合，在评估糖类作物扩张引发的未来土地和水资源需求中提到，从 2014 年到 2040 年，拉丁美洲和加勒比地区糖料作物的土地需求预计将增加 205%，驱动增长的两个主要因素是生物能源政策和国际出口。同时，对于主要生物乙醇生产国，如巴西和阿根廷，可以通过区域间生物乙醇贸易使其他国家的土地生态系统受益。有学者应用环境扩展的多区域投入产出方法，量化用于生物乙醇生产的土地分布及其在巴西各州的环境影响，发现 2010 年巴西甘蔗生产的总土地足迹为 $1 \times 10^7 \mathrm{hm}^2$；64% 的土地用于制糖，24% 用于乙醇生产，12% 用于其他经济部门。通过将土地压力纳入结果，定义为土地压力足迹，以此来了解与土地利用相关的生物燃料生产对环境的影响，结果发现，2010 年，生物乙醇生产的土地压力足迹为 $1.6 \times 10^6 \mathrm{hm}^2$，占总土地足迹的 63%（相当于巴西水稻生产总用地的 74%）。

也有诸多学者对国际贸易中的土地利用变化进行了研究。有研究估计了国际贸易中体现的全球耕地利用，发现日本是典型的土地净进口国，2010 年其进口量达到 $3.233 \times 10^7 \mathrm{hm}^2$，是其直接耕地使用量的 7 倍。新加坡的情况更为明显，约 7500 倍的可耕地直接用于进口以满足其需求。作为一个耕地使用量巨大的经济体，美国进口占其直接耕地使用量的近 1/3。也有研究发现贸易关系的形成和土地利用变化相互影响，而且这些变化与国家财富的差异有关。研究发现国际贸易中的隐含虚拟土地贸易量已从 1986 年的 $-4.42 \times 10^6 \mathrm{hm}^2$ 增加到 2009 年的 $28.90 \times 10^6 \mathrm{hm}^2$。虚拟土地进口的主要类别已从谷物转向油料作物，占 2009 年虚拟土地进口总量的 82.2%。还发现经济发展以及相关的饮食变化和政策转变与中国虚拟土地贸易模式的变化有关。为了使全球土地使用更具可持续性，该研究指出虚拟土地的进出口国都应在其政策中考虑这些贸易流对生态和社会经济的影响。

三、生态足迹与土地足迹的区别

尽管生态足迹和土地足迹均可用于描述人类消费对土地资源造成的影响，但两者在概念、研究范围和计算方法上存在着显著差异（表 3–1）。

从概念上来看，生态足迹是指特定数量人口按某种生活方式所消费的所有产品和服务以及环境吸纳其产生的废弃物所需要的具有生态生产力的土地面积，常以土地等量单位如全球公顷表示。生态足迹的宗旨在于通过计算维持一个人、地区、国家或者全球的生存所需要消费的全部资源和吸纳其所产生的全部废弃物所需要的具有生态生产力的土地面积，来评价人类对生态生产性土地的占用情况。与其他可持续指标不同，生态足迹可以和地球的承载负荷（即生态承载力）相连。生态承载力是指给定年份资源承载力的理论最大值。通过比较生态足迹和生态承载力之间的差距，可以揭示地球资源的使用现状，以便对未来人类生存和经济社会可持续发展提出科学建议和规划（杨开忠等，2000；刘艳红和郭朝先，2018）。这一点也被提出者认为是生态足迹概念最为突出的贡献。土地足迹旨在从消费者视角量化基于商品供应链的土地占用，常用于量化为满足一个国家、地区对产品或服务的消费需求直接占用或间接占用的土地资源，常以公顷、平方公里等单位表示。因此，部分学者定义土地足迹为用于满足消费需求的、具有生态生产力的土地面积，认为土地足迹是不包括化石燃料土地（即碳吸收地）的生态足迹。

从研究范围来看，生态足迹的研究范围更广。具有生态生产力的土地是生态足迹分析的基础。生态生产性土地是指能够进行物质与能量转化的土地或水体。根据生产力大小的差异，地球表面的生态生产性土地可分为耕地、林地、草地、建筑用地、水域和化石燃料土地 6 种类型，而土地足迹所指的生态生产性土地不包含化石燃料土地。

从计算方法来看，生态足迹计算考虑土地生态生产力的差异，而土地足迹不包含不同生物生产力对土地面积的加权。在生态足迹的计算中，由于不同类型土地的生态生产力不同，需要对各类生态生产面积乘以一个均衡因子，以转化为具有相同生态生产力的面积，进而叠加计算生态足迹。各类生态生产性土地的均衡因子由全球该类土地的平均生态生产力除以全球所有生态生产性土地的平均生态生产力计算得到（柳乾坤，2016）。生态足迹常用全球公顷单位表示，也使得该类研究在全球范围内具有可比性。土地足迹的计算并未考虑不同类型土地生态生产力的差异，即土地足迹假设一公顷肥沃的耕地与一公顷用于畜牧养殖的草地具有相同的生态生产力。土地足迹反映了不同国家或地区的实际土地利用情况。简便的计算过程是土地足迹的一大优势，但也使得土地足迹难以展现全球土地资源利用的全貌。

表3-1　生态足迹与土地足迹对比表

	生态足迹	土地足迹
概念	特定数量人口按某种生活方式所消费的所有产品和服务以及环境吸纳其产生的废弃物所需要的具有生态生产力的土地面积	用于满足一个国家、地区消费需求的、具有生态生产力的土地面积
单位	全球公顷（gha）	公顷（ha）或平方公里（km²）
研究范围	六种类型的生态生产性土地：耕地、林地、草地、建筑用地、水域和化石燃料土地	五种类型的生态生产性土地：耕地、林地、草地、建筑用地和水域
计算方法	考虑不同类型土地的均衡因子	假设不同类型土地的生态生产力相同

第二节　碳足迹

一、"碳"问题伊始

目前气候变化在全球范围内造成了规模空前的影响，极端天气为我们的日常生产生活带来了诸多不便，天气模式的改变导致粮食生产面临威胁，海平面上升造成发生灾难性洪灾的风险不断增加，临海城市和国家面临巨大的生存危机，全球生态平衡时刻遭到破坏（何苗，2024）。而这些正是人类活动所造成的温室气体导致的严重后果，温室气体本来可以阻挡部分太阳光反射回太空，使地球保持在一个适合生物居住的温度下，这对人类以及其他数以百万计的物种生存至关重要。但是在经历了 150 多年的工业化发展、大规模砍伐森林以及规模化农业生产之后，大气中的温室气体的含量增长到了 300 万年以来前所未有的水平，随着人口的增长、经济的发展和人类生活水平的提高，人类活动所造成的温室气体排放总量也在不断增加。

根据政府间气候变化专门委员会的评估，从 1860 年到 1960 年的一个世纪内，全球气温上升了大约 0.4℃，平均每年上升 0.004℃；而从 1960 年至 2000 年的不到半个世纪的时间里，气温却上升了 0.4℃，平均每年上升速度提高了 2.5 倍。在科学家不断对全球气候变化进行评估和研究中，人们越来越感到问题的严峻性。全球气候变化已经成为国际关注的重要环境问题，其影响也深入到了政治、经济、文化等人类社会的各个领域。此外，政府间气候变化专门委员会指出：如果温度升高超过 2.5℃，全球所有区域都可能遭受不利影响，发展中国家所受损失尤为严重；如果升温 4℃，则可能对全球生态系统带来不可逆的损害，并造成重大经济损失。

中国拥有广袤的国土面积、复杂的地理生态环境，也是深深地受到气候变化影响的国家之一。气候变化对中国的影响主要集中在农业、水资源、自然生态系统和海岸带等方面。例如，农业生产不稳定性增加、南方地区洪涝灾害加重、北方地区水资源供需矛盾加剧、森林和草原等生态系统退化、生物灾害频发、生物多样性锐减、台风和风暴潮频发、沿海地带灾害加剧和有关重大工程建设和运营安全受到影响。可见，"碳问题"事关地球系统环境，事关人类未来发展，事关人类繁衍生息。因而，关于碳排放的研究成为当前学术研究热点和前沿。气候变化领域的研究也被视为 21 世纪的前沿科学问题。

要解决"碳问题"，首先要摸清"碳家底"，需要弄清楚地球系统排了多少碳，自然界排了多少碳，人类生产生活导致了多少额外碳排放，自然界和人类生活活动吸收了多少碳（这里的碳，广义指温室气体），即需要构建一个"碳账户"。只有把这个"碳账户"算清楚了，我们才能有理有据地治理碳排放。我们可以将其生动地比喻成给地球和大气环境做一个全方位"碳体检"。只有当我们对碳排放有一个全方位的认知，才能对温室气体减排这一问题对症下药，进而减缓气候变化。

因而，我们首先需要回答一个科学问题，即如何厘清碳排放账户。通常，最直观的碳核算方法是对排放点源进行核算——通过识别各种排放源，并对其进行碳核算。例如，对于化石燃料燃烧所导致的碳排放，首先通过测算燃烧的能源数量，再根据碳原子守恒，核算出逃逸到大气中的二氧化碳。此外还有牛羊畜牧反刍等生产生活也将直接导致二氧化碳排放。这样的核算方法在学术界称为生产侧的核算。然而，仅仅是生产侧的核算远远无法解决现实问题，其原因在于减排责任分配的矛盾。根据马克思政治经济学理论，"生产—分配—交换—消费"是一个辩证关系，生产决定消费，消费反作用于生产。将这一理论运用于碳治理，我们会发现，生产侧的碳排放责任可以传递到消费侧。因而对消费端碳排放的核算显得尤为重要，既可以把生产侧的排放责任传递到消费端，又可以依据不同商品中隐含的碳排放改变消费者偏好。减少消费，减少生产，减少污染，这也未尝不是对《罗马俱乐部》中所提到的"高生产、高污染、高消费"的一种解决方案。因此学术界提出了关于产品和服务的碳足迹核算概念。

二、碳足迹的定义

碳足迹起源于生态足迹的概念，但现在已形成其特有的含义。Rees 和 Wackernagel

（1996）采用生态足迹来描述人类生产消费活动造成的生态影响，以生态生产性土地面积表示，而碳足迹关注的是某项活动或某个组织所排放的温室气体量，以质量或面积表示。碳足迹是对某一产品或活动在生命周期内直接及间接引起的温室气体排放量的度量，以二氧化碳质量当量（CO_2 eq.）为单位。温室气体包括《京都议定书》及其后继议定书中列明的各类温室气体。其范畴包括二氧化碳（CO_2）、甲烷（CH_4）、氮氧化物（N_2O）、氢氟碳化物（HFC）、全氟化物（PFC）和六氟化硫（SF_6）。碳足迹可以用来衡量人类活动对环境的影响，按其分析尺度可以分成"国家碳足迹""组织碳足迹""产品碳足迹""个人碳足迹"等。此外，联合国政府间气候变化专门委员会按部门不同将碳足迹分为能源部门碳足迹、工业过程和产品使用部门碳足迹、农林和土地利用变化部门碳足迹、废弃物部门碳足迹等。

国内外常用的碳足迹核算方法主要包括生命周期评价法、投入产出法、IPCC方法（依据《2006年IPCC国家温室气体清单指南》）。生命周期评价法是一项自20世纪60年代开始应用的重要环境管理工具，是为了分析产品和服务而产生的，采用自上而下的计算方法，通过获取产品或服务在生命周期内（从原材料开采、生产加工、储运、使用、废弃物处理等过程）所有的输入及输出数据得出总的碳排放量。目前主要应用于产品和服务方面，适用于微观层面的碳足迹核算。采用生命周期评价法核算碳足迹时需要考虑方法和数据两方面的不确定性。第一，应选择合适的核算方法，包括建模方法的选择、资本商品的处理以及土地利用变化的处理等，它们会对最终结果产生显著影响。第二，应确保数据质量达到ISO 14044及PAS 2050的标准，包括准确性、代表性、一致性、可再现性、数据源以及信息不确定性等。

投入产出法是一种自下而上的计算方法，利用投入产出表计算，通过平衡方程反映初始投入、中间投入、总投入，中间产品、最终产品、总产出之间的关系，相比于其他方法，具有原理明确、中间过程清晰、结构完整性强等优点，能够综合反映经济系统内各部门直接和间接的碳排放关系，克服因部门间生产关系复杂而导致的重复或遗漏计算问题，减少了系统边界划定带来的不确定性，已成为中宏观层面碳足迹核算的主要方法。该方法系统性较强，计算简便。不过，由于投入产出分析法仅使用部门平均排放强度数据，因此不适合用于分析微观系统。另外，该方法难以准确反映进口产品或资本商品的温室气体排放量。

IPCC方法也称排放系数法，是由联合国政府间气候变化专门委员会编写并提供计算温室气体排放的详细方法，已成为国际公认和通用的碳排放估算方法。IPCC方法较为通用的计算公式是：碳排放量＝活动数据×排放因子。该方法可以较为全面地核算不同化石燃料燃烧导致的温室气体排放，数据获取方便，计算过程较简便，适用于各尺度的能源碳足迹核算。但是该方法仅适用于研究封闭的孤岛系统的碳足迹，无法从消费角度计算隐含碳排放。

在评估和管理温室气体排放及其对气候变化的影响时，碳足迹可以提供一个更全面的视角，用于评估和管理特定个人、企业或产品的环境影响，也为进一步的碳足迹管理提供了有力的抓手。通过编制碳足迹报告，企业可以发现温室气体排放的热源，从而结合企业的实际情况，制订合理的经济适用的减排计划和方案，有效地管理企业的碳足迹。此外，碳足迹报告也是企业与外界进行交流的有效手段，通过碳足迹报告，企业可以向相关利益方报告企业的碳足迹以及减排的计划、行动和进展。另外产品碳足迹报告向消费者传达了产品的温室气体排放信息，可以引导消费者选择产品的价值观，提升产品的自身价值，体现企业绿色发展的社会形象。

三、碳足迹研究进展

为了有效地管理和减少碳足迹，首先需要科学地对其进行计算与评估。碳足迹的计算范围通常涉及量化个人、企业或产品从原材料采集、生产、使用到废弃全过程中直接和间接产生的二氧化碳排放量。这一过程不仅需要考虑显而易见的直接排放源，如汽车尾气和工厂排放，还需考虑间接来源，如生产消费品所需能源的生产和运输过程中的排放。当探讨碳足迹的计算与评估时，生命周期评价（LCA）和投入产出分析（IOA）是两种关键的方法论，它们各自以不同的视角和技术框架来揭示和量化碳排放。

LCA 方法关注的是产品或服务从原材料获取、生产、使用到废弃处理整个生命周期内的环境影响，特别是对温室气体排放的贡献。LCA 的核心在于能够揭示隐藏在产品生命周期各环节中的碳排放，从而为制定减排策略提供依据。由于 LCA 聚焦于特定产品或服务的生命周期的特性，往往适用于个人、产品、家庭等尺度。例如，在评估一辆汽车的碳足迹时，LCA 不仅考虑其生产过程中的直接排放，还包括从矿石开采、材料加工、零部件运输到汽车的使用和最终报废回收过程中的间接排放。通过这种方法，可以识别出减少总碳足迹的关键干预点，如优化生产过程、使用更环保的材料或提高产品的能效。针对瑞士一个村庄中居民家庭消费的碳足迹进行 LCA 模型评估，发现该地区一半的温室气体排放来源于前 20% 的家庭；对于中国四大主要作物的碳足迹研究表明水稻的碳足迹最高，占四种作物总体碳足迹的 58%。此外，如果削减 30% 的氮肥使用量，将导致作物碳足迹减少 $6 \times 10^7 t$。对于整个芬兰食物相关供应链的碳足迹进行 LCA 核算，结果发现芬兰食物供应链对气候变化的贡献为 14%，其中 40% 来源于二氧化碳排放。Zhang 等（2013）基于混合生命周期评估方法，核算了户用沼气系统在 20 年运行情景下的碳足迹，发现该系统在生命周期内的二氧化碳排放为 2.6t，其中 98.46% 来源于建筑材料和劳动力投入的间接排放。

与 LCA 聚焦于特定产品或服务的生命周期不同，投入产出分析提供了一种宏观视角，通过考察经济活动之间的相互关系来评估碳足迹，更加适用于部门、城市和国家尺度。IOA 基于经济部门之间的交易数据，估算出生产任何一种商品或服务过程中直接和间接的碳排放量。在应用 IOA 时，通过分析不同行业或部门之间的投入产出表，可以计算出每个部门的能源消耗和温室气体排放。这种方法适用于评估复杂的供应链或整个经济体的碳足迹，可以帮助识别那些对碳足迹贡献最大的经济活动，以及通过供应链优化或产业结构调整可能实现的减排潜力。彭水军（2015）聚焦中国生产侧和消费侧的碳排放清单，利用投入产出分析方法编制了 1995～2009 年长时间序列的生产侧和消费侧碳排放清单，并在此基础上揭示了碳排放责任转移的现状。Christopher 和 Daniel（2011）运用 IOA 分析了美国 28 个城市、6 个家庭规模、12 个收入阶层居民的碳足迹。结果表明，除了不同地区的家庭外，即使是在同一地区内不同人口特征家庭，碳足迹大小和结构都存在很大的差异，同时城市边缘郊区相比于市中心有更高的碳足迹，揭示了城市人口密度对温室气体排放的影响。对希腊 1995～2012 年家庭的直接 CO_2 排放、电力消耗的间接 CO_2 排放以及家庭购买的国内或进口商品和服务生产过程中所使用能源的间接 CO_2 排放进行 IO 核算，发现 1995～2008 年碳足迹的变化主要是由于高经济增长的影响，但 2008 年之后家庭收入萎缩成为主要驱动因素。对于中国进出口贸易中的隐含碳排放基于投入产出分析方法进行核算，发现传统计算方法的结果高估了中国在全球减排中的责任份额。此外，中国由于大多数工业部门具有较高的碳排放系数，使得中国成为碳排放净出口国家。对于英国不同生活方式的消费行为对直接和间接碳排放的影响进行 IOA 分析，发现居民消费贡献了英国 74% 的碳排放。中国的城镇化发展对 1996～2012 年居民消费碳排放的影响研究表明，城镇化率每增加 1%，居民直接和间接碳排放量分别增加 2.9% 和 1.1%。在区域尺度上，Tian 等（2016）运用投入产出方法计算了辽宁省 1997～2007 年居民碳足迹，结果显示辽宁省居民的碳足迹逐年上升，但是在全国的占比不断下降，食品和衣着的碳足迹占比逐年降低，居住和交通的碳足迹占比逐年上升。

尽管 LCA 能够灵活地根据研究目标选择不同的边界与深度，从而提供关于产品或服务全生命周期内碳排放的详细图景，但其需要的大量生命周期数据在一定程度上将限制其使用，特别是对于复杂的产品和全球供应链。IOA 依赖的投入产出表和经济数据通常更容易获得，并且提供评估整个经济体或复杂供应链中碳足迹的能力，有助于识别宏观经济活动与碳排放之间的关系，但对于微观的缺乏特定产品或服务层面的细节分析和技术变革往往难以反映。因此，虽然 LCA 和 IOA 在方法论和应用焦点上存在差异，但它们在实际操作中往往存在互补性。LCA 提供了深入到单个产品或服务级别的细节分析，而 IOA 则描绘了整个经济系统中碳排放的宏观图景。通过结合这两种方法，可以更全面地评估和理解碳足迹的来源和减排潜力，为制定有效的气候变化对策提供坚实的科学基础。例如，在规划国家级碳减排策略时，可以利用 IOA 识别关键行业和领域，然后通过 LCA 深入分析具体产品和服务的改进潜力，从而制定出既高效又实际的减排措施。此外，新兴的方法如环境扩展投入产出分析（EEIOA）结合了 LCA 和 IOA 的优点，通过将详细的环境影响数据整合到投入产出框架中，进一步提高了碳足迹评估的准确性和相关性。

第三节　水足迹

水足迹评价理论是在虚拟水的基础上发展而来的，1993 年正式提出了虚拟水的概念以应对农业水资源消耗问题，其定义为"生产产品或提供服务所消耗的水资源量"，该概念随之扩展到其他商品和服务中。受此启示，Hoekstra 于 2002 年参考生态足迹的概念提出了水足迹，将实物水与虚拟水联系起来，随后 Hoekstra 和 Hung 计算了全球各国的水足迹。2003 年，第三届世界水论坛在日本东京举行，对虚拟水与水足迹进行了讨论，并分享了相关案例。此后开展的水足迹研究多集中于国家层面或农产品的水足迹计算，如有学者计算了中国、美国、印度等国家的水足迹，并分析了消费模式对其的影响，用基于栅格的动态水平衡模型（Grid-based Dynamic Water Balance Model）计算了全球作物的生产水足迹。2011 年，水足迹网络（Water Footprint Network，WFN）的 Hoekstra 等出版了第一本专门针对水足迹的评价手册 *The Water Footprint Assessment Manual*，为水足迹评价提供了理论参考，从此水足迹评价得到了系统化、标准化的发展。但该阶段的水足迹评价方法主要还是基于虚拟水理论，侧重于数量上的评估。随着环境管理要求的不断提高，LCA 方法论被引入了水足迹分析中，以实现水足迹影响的量化，学者们均对此开展了研究。ISO 于 2014 年发布了 ISO 14046 标准，该标准明确了采用 LCA 方法进行水足迹分析的重要性，并规范了其研究边界、内容和技术框架（ISO 14046）。SETAC 也设立基金以资助与推动 LCA 方法在水足迹评价中的应用，采用 LCA 方法进行水足迹分析已成为当前研究的前沿和热点问题，但当前符合 ISO 技术框架的水足迹影响模型仍相对较少。

一、水足迹评价的定义

水足迹是 Hoekstra 在虚拟水与生态足迹的基础上提出的，其定义为"任何已知人口（一个国家、一个地区、一个人）在一定时间内消耗或生产的所有产品和服务所需要的水资源总量，包含人类生活所必需的食品及生活用品所含虚拟水、生活用水及生态环境用水"。水足迹可在不同层次上针对过程、产品、消费者、国家 / 市 / 省 / 其他行政单元或某流域内的消费者群体、特定地理区域、企业和企业部门，乃至人体整体活动所消耗的水资源情况和其导致的水污染情况进行量化评估。Hoekstra 将水足迹划分为灰水足迹、蓝水足迹和绿水足迹三个部分。灰水足迹指以使环境水质满足允许的水质标准为目的，一定范围内稀释排放到水体中的污染物所需的水资源量；蓝水足迹是产品在其供应链中消耗的地表水和地下水量；绿水足迹主要用于评估生产过程中消耗的不会成为径流或补充地下水的那部分雨水量。值得注意的是水足迹中"消耗（Consumption）"的概念与传统意义的"取水（Withdrawal）"不同，其不包括回到取水所在流域的水资源，即当流域内可利用的水资源通过蒸发及循环至流域外或者通过人类的生产活动进入到产品中时，便产生了水资源损失，如图 3-1 所示。此外，水足迹又可分为生产水足迹、消费水足迹和贸易水足迹三大类。生产水足迹即国家或地区工业、农业、生活等生产或服务过程所需的水资源总量。消费水足迹是生产特定区域的消费者或消费群体所需的产品或服务消耗的水资源量,其又可划分为内部、外部水足迹。内部水足迹指在产品和服务在特定区域内生产且在该区域内消费所需要的水资源量,即本区域水资源消耗总量减去出口给其他区域的量,是衡量区域水资源自给水平的指标。外部水足迹是指生产于其他区域,但却在本区域消费的服务或产品所含的水资源量,其可反映该区域水资源对外依赖程度。贸易水足迹在市场活动中流通的水足迹,可对水资源的危机起到一定程度的缓解作用。

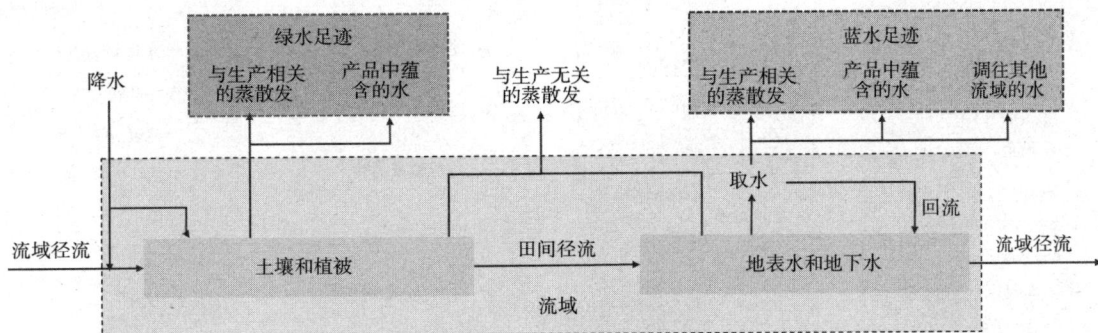

图3-1　蓝水足迹与绿水足迹

随着水足迹理论的发展,其概念也不断拓宽和发展。中国于 2017 年发布了国家标准 GB/T 33859—2017《环境管理水足迹原则、要求与指南》(中华人民共和国国家质量监督检验检疫总局,2017),该标准转化自 ISO 14000 系列标准 "ISO 14046 Environmental Management – Water Footprint – Principles,Requirements and Guidelines" [International Organization for Standardization(ISO),2014],其对水足迹的定义为"量化与水相关潜在环境影响的指标",而水足迹评价(Water Footprint Assessment)是"编制产品、过程或组织用水或影响水的输入输出清单,并评估其潜在环境影响"。即水足迹已成为一个可以评价人类活动在不同的地理和时间维度上直接和间接活动所造成的水资源消耗和污染情况的综合性指标。

二、水足迹评价的主要方法

当前,水足迹评价方法主要分为两大体系,即 WFN 的体积导向的水足迹评价方法(Volume-oriented Water Footprint Analysis,VWFA)和 ISO 的影响导向的水足迹评价方法(Impact-oriented Water Footprint Analysis,IWFA)。VWFA 主要依据 WFN 出版的 *The Water Footprint Assessment Manual*,其包含了设定目标和范围、水足迹核算、水足迹可持续性评价和制定水足迹响应方案等 4 个主要步骤,如图 3-2 所示。在进行水足迹评价时,需根据研究目的选择评价目标,并由此确定评价范围和提出相关假设,进而进行水足迹核算。进行水足迹核算时,过程水足迹是所有水足迹核算的基础,其余类型的水足迹均可在过程水足迹的基础上获得。水足迹可持续性评价主要是从不同的角度（地理、过程、产品、消费者或生产者）在不同的维度上（社会、环境和经济）比较水足迹与可利用的淡水资源，为制定相应的水足迹响应方案提供依据。

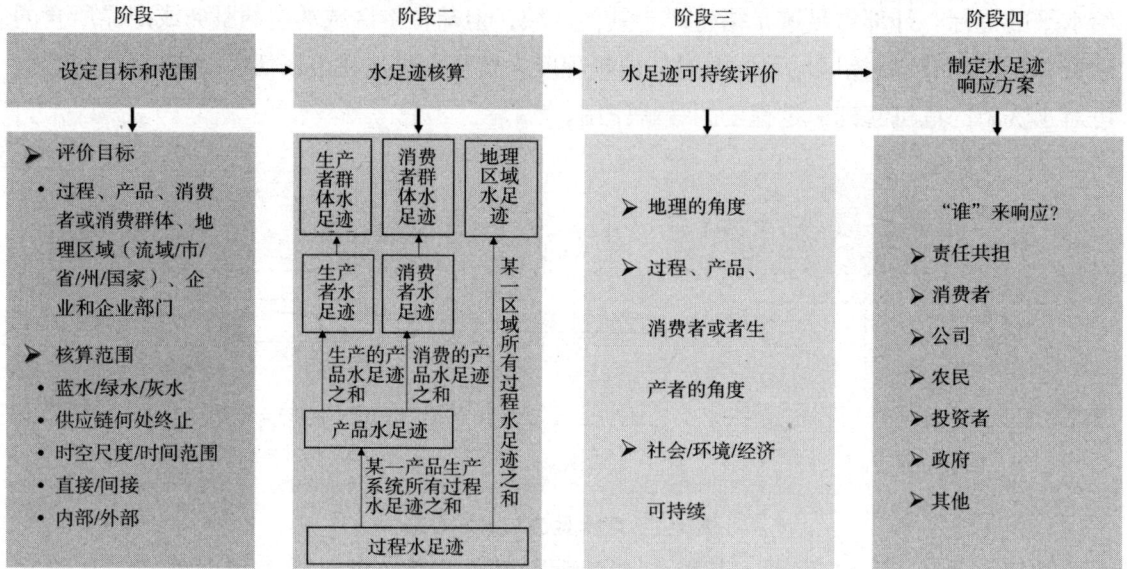

阶段一	阶段二	阶段三	阶段四
设定目标和范围	水足迹核算	水足迹可持续评价	制定水足迹响应方案

- ➤ 评价目标
- • 过程、产品、消费者或消费群体、地理区域（流域/市/省/州/国家）、企业和企业部门
- ➤ 核算范围
- • 蓝水/绿水/灰水
- • 供应链何处终止
- • 时空尺度/时间范围
- • 直接/间接
- • 内部/外部

生产者群体水足迹　消费者群体水足迹　地理域水足迹

生产者水足迹　消费者水足迹　某一区域所有过程水足迹之和

生产的产品水足迹之和　消费的产品水足迹之和

产品水足迹

某一产品生产系统所有过程水足迹之和

过程水足迹

- ➤ 地理的角度
- ➤ 过程、产品、消费者或者生产者的角度
- ➤ 社会/环境/经济可持续

- "谁"来响应？
- ➤ 责任共担
- ➤ 消费者
- ➤ 公司
- ➤ 农民
- ➤ 投资者
- ➤ 政府
- ➤ 其他

图3-2　WFN水足迹分析框架

依据水足迹的概念，过程水足迹同样可划分为灰水、蓝水、绿水足迹三个部分。农业活动、居民生活与工业活动均可产生灰水与蓝水足迹，绿水足迹仅与农业和林业产品密切相关。工业过程的蓝水足迹主要指产品在其供应链中制造各零件或原材料所消耗的水资源，其可通过直接的数据收集或者依据现有的数据库获得。当前可提供工业水资源消耗数据的数据库有 Gleick 和 Van der Leeden 等开发的数据库，同时 LCA 数据库如 Eco-invent 等也可提供工业过程水消耗数据。学者提出了基于 Eco-invent 2.2 的 Quantis 数据库，其主要面向工业利益相关者，并包含了现有影响评估方法。值得注意的是上述数据库中提供的一般为取水数据，而非耗水数据。工业过程耗水数据的最可靠来源主要为工业产品的制造商以及地区或全球的相关组织，但其获取难度较大且工作繁重。农业过程的蓝水足迹和绿水足迹一般通过经验公式或者蒸散发模型进行评价和计算。在计算过程中需严格区分蓝水（地表水和地下水）和绿水（雨水），因为二者消耗所带来的环境、经济和社会影响有着显著的差异。目前，模拟植物蒸散发的模型主要有 EPIC、联合国粮农组织（FAO）的 CROPWAT、基于地理信息系统的 GEPIC、模拟缺水条件下作物生长的 AQUACROP 等。其中应用较为广泛的是 FAO 依据彭曼公式开发的 CROPWAT 软件。该软件包含了最适宜生长条件下的作物需水量法和考虑实际灌溉供给的灌溉制度法两种方法，其均可计算特性气候条件下生长期作物的需水量、有效降水和灌溉需水。而考虑实际灌溉供给的灌溉制度法更符合实际情况，为 WFN 推荐的方法，如下所示：

$$WF_{blue} = \frac{S \times 10 \times \sum_{d=1}^{lgc} \max \quad (0, \ EF_a - P_{eff})}{Y} \qquad (3-1)$$

$$WF_{green} = \frac{S \times 10 \times \sum_{d=1}^{lgc} \min \quad (ET_a, \ P_{eff})}{Y} \qquad (3-2)$$

$$ET_a = K_s \times K_c \times \frac{0.408\Delta(R_n - G) + \gamma\frac{900}{T+273}U_2(e_c - e_d)}{\Delta + \gamma(1 + 0.34U_2)} \qquad (3-3)$$

WF_{blue}、WF_{green} 分别为植物的蓝水和绿水足迹，S 为种植面积（hm^2），10 为将水深换算为陆地面积水量（m^3/hm^2）的转化系数，lgc、Y 为植物生产期长度（天）和年产量（t）。ET_a、P_{eff} 分别为 10 天内植物蒸发量和有效降水量，其单位均为 mm，P_{eff} 的计算 FAO 推荐美国农业部土壤保持局（USDA SCS）的方法。K_s 为水胁迫对植物蒸腾的影响系数，其与土壤物理条件、肥力及生物状况密切相关，一般小于 1，若不存在水胁迫则 $K_s=1$。K_c 为作物系数，受作物种类和土壤蒸发效应的影响。R_n、G、γ、T、U_2、e_c、e_d 和 Δ 分别为植物表面净辐射量 [$MJ/(m^2 \cdot$ 天$)$]、土壤热通量 [$MJ/(m^2 \cdot$ 天$)$]、湿度计常数（$kPa/℃$）、日平均气温（℃）、距离地面两米处风速（m/s）、饱和状态下水汽压（kPa）、实测水汽压（kPa）以及饱和水汽压曲线斜率（$kPa/℃$）。畜牧产品的蓝水和绿水足迹既与饲料作物的需水量有关，又需计算活动物消耗的饮用水以及服务活动物和加工动物产品消耗的水资源。灰水足迹的计算基于临界体积稀释法，如下所示：

$$WF_{grey,\ p} = \max_{1 \leq i \leq n} \left[V_{eff,\ i} \times c_{eff,\ i} - V_{abstr,\ i} \times c_{abstr,\ i} \Big/ (c_{mpc,\ i} - c_{nat,\ i}) \right] \qquad (3-4)$$

$$WF_{grey,\ d} = \max_{1 \leq i \leq n} \left[\alpha_i \times Q_{chem,\ i} \Big/ (c_{mpc,\ i} - c_{nat,\ i}) \right] \qquad (3-5)$$

$WF_{grey,\ p}$ 和 $WF_{grey,\ d}$ 分别为点源污染和面源污染所导致的灰水足迹。$V_{eff,\ i}$ 和 $c_{eff,\ i}$ 分别为直接排放到地表水体中含污染物 i 的污水量（t/s）和污水中污染物 i 的浓度（mg/L）。$V_{abstr,\ i}$ 和 $c_{abstr,\ i}$ 分别为抽取的含污染物 i 的水体量（t/s）和其中污染物 i 的浓度（mg/L）。α 为化学物质 i 的淋溶率，$Q_{chem,\ i}$ 为生产过程在土地表面或内部化学物质 i 的使用量。值得注意的是，采用此方法计算的面源污染灰水足迹值精度较低，在实际应用过程中可根据研究精度的要求采用简化的或者复杂的模型来替代淋溶率 α，以提高计算精度。c_{mpc} 为污染物 i 在水环境中的最大容许浓度（mg/L）。c_{nat} 为自然本底浓度（mg/L），即自然条件下，不受人类活动影响的水体中某种污染物的浓度，理论上其取值应该为 0。但实际上这种水域在当前的社会经济条件下是不存在的，即其计算的灰水足迹值偏大。除此之外，采用 VWFA 方法计算的灰水足迹还存在以下问题：①当污染物没有最大容许浓度或者自然本地浓度记录时，体积导向的水足迹评价方法并不能评估其灰水足迹。②按照"最大决定"原则计算的灰水足迹认为不同污染物的稀释水量不可叠加，但这不仅易忽略部分水体受污染的严重程度，同时不利于不同产品间水足迹的比较。即使后来一系列学者对该方法进行了改进，其仍不能满足工业产品复杂过程的需要，Ridoutt 和 Pfister（2012）认为水足迹应该像联合国政府间气候变化专门委员会发布的碳足迹评估方法一样，采用特征因子将其转化为单一的评价指标（水足迹当量 H_2Oe），以实现不同产品、不同生产阶段、不同地域间的比较（徐长春和黄晶，2013）。③采用此方法获得的灰水足迹为具体的数值，其只能反映污染物的排放量，而不能量化其环境影响。虽然该方法具有较好的预警作用，但一些环境毒性大的污染物极易被忽略。如有学者曾指出空气中 3% 的多环芳烃排放就可带来 98% 的人体健康损伤，因此直觉和粗浅的数量评估并不可靠，我们需要复杂的生命周期评价。蓝水和绿水足迹计算中也存在着类似的问题，虽然这种计算方式可直观地反应人类活动所导致的水资源的消耗量，并侧重于对水资源消耗的严重程度进行预警，但是不能量化人类活动导致的水资源消耗对人体健康和生态系统的环境影响。

为解决 VWFA 存在的问题，进一步规范水足迹评价方法以实现不同产品间的比较，ISO 发布了 ISO 14046 标准建议采用 LCA 的方法针对水足迹的环境影响进行评价（即IWFA），该方法不再注重颜色（蓝水、绿水、灰水）的划分，而是与 LCA 分析类似注重在终点层次上量化水资源消耗和水环境污染对人体健康和生态系统的影响。ISO 14046 同时指出中间点层次的水足迹影响评价应包含水稀缺足迹、水体富营养化足迹、水体酸性化足迹、水体生态毒性足迹等因素。通过 LCA 进行水足迹影响评价所得评价结果为当量值，侧重于识别和理解潜在环境影响的大小、重要性和来源。同时，依据 SETAC 提出的分析框架，IWFA 应包括消耗性用水和降解性用水两部分。CWU 与蓝水和绿水类似，主要指生产过程中淡水资源的消耗。DWU 的范围则与灰水类似，与影响水质的污染物排放密切相关，但 ISO 14046 同时指出，水足迹影响评价是确定与水有关的潜在环境影响，评估应包括影响水质的空气和土壤排放，而不仅仅是直接排放到水体中的污染物，因此水足迹影响评价的边界与 LCA 有着显著的区别。即直接引用 LCA 模型进行水足迹影响评价会导致评估结果出现严重的误差，也会影响关键污染物质和关键过程的锁定。同时，VWFA 计算蓝水与绿水足迹的方法，也可用于 IWFA 清单分析阶段以收集水资源消耗数据。IWFA 的分析框架与 LCA 一致（图 3-3），也包括目标和范围的界定、清单分析、影响评价和结果解释四个部分，而且各阶段的基本要求也与 LCA 方法一致。但是在清单分析阶段，二者对数据收集的要求略有不同，因为 LCA 所需要的是取水数据，而水足迹分析则需要耗水数据。目前，关于 IWFA 的研究主要有两个方向，一是针对 CWU，通过水资源消耗所导致的水稀缺对农业灌溉、粮食生产和生态系统多样性等的影响来量化其对人体健康和生态系统的影响；二是针对 DWU，主要量化水体污染物对人体健康和生态系统的毒性影响。

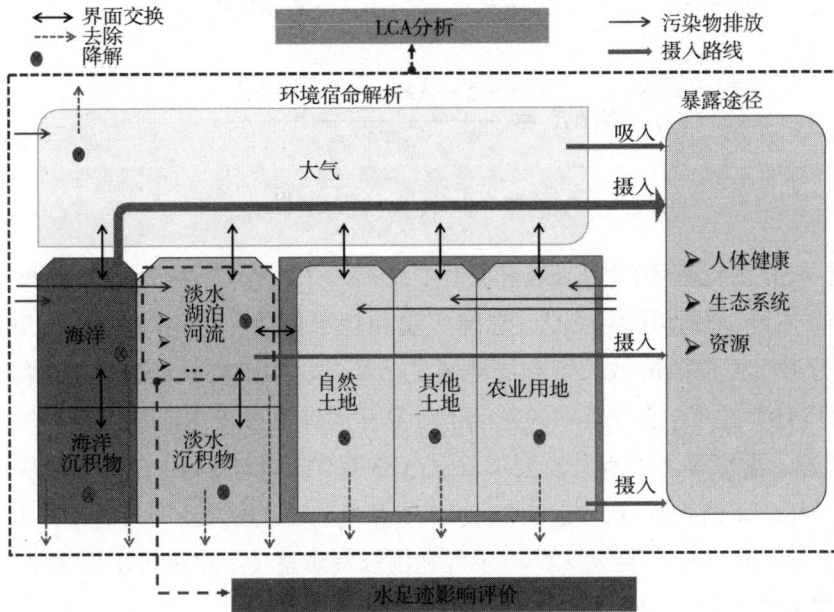

图3-3 LCA与水足迹影响评价边界比较

针对 CWU 的研究，有学者通过水胁迫指数（Water Stress Index，WSI）将淡水资源消耗的环境影响评估引入现有的 LCA 评价模型（如 Eco-indicator 99），并考虑了不同地区土地利用形式对绿水转化为地表水和地下水的影响。研究也提出了生态稀缺法（Ecological Scarcity Method）以实现水足迹影响评价。这些评价方法主要基于"取水—可用性（Withdrawal-to-Availability，WTA）"系数进行计算，但是 WTA 系数存在着一系列问题：①取水包含了大量的冷却水，其会立即返回评价区域，从而导致对工业水稀缺性的过高估计；②可用性仅包括径流，地表水和地下水储量被忽视了，但土壤、岩石含水层以及湖泊均可以缓冲暂时的缺水，因此在评估耗水量的影响时，其重要性不容忽略；③系数注重评价相对稀缺，忽略了绝对短缺，因此一些非常干旱的地区因为其人口和工业数据缺失可能会被忽略。针对以上缺陷，有学者基于"消耗—可利用性"系数提出了 WAVE 评价模型用于评价区域淡水资源稀缺所导致的环境影响，并考虑了蒸发循环的影响，并于 2018 年对模型进行了更新升级，形成了 WAVE+ 模型。同时，一系列基于 CTA 系数的水足迹影响模型（如 AWARE 模型）陆续被开发出来，水足迹影响评价指标从"取水"转向了"消耗"。与 AWARE 模型相比，WAVE+ 模型考虑了大气蒸发循环以及地表水和地下水的影响，包含了更多流域的数据，同时可提供逐月数据，而且在评估绝对水短缺时标准更为严格，更适宜于评价地区的相对缺水且不易于忽略潜在环境风险，因此本研究在进行水稀缺足迹评价时采用了 WAVE+ 模型，该模型采用水消耗量乘以影响参数来评估淡水资源耗竭的风险，其影响参数（cf）的计算如下：

$$cf_{n,m} = \left(1 - BIER_{n,m} \times \frac{R_n}{P_n}\right) \times WDI_{n,m} \qquad (3-6)$$

$$BIER = \frac{-x - \lambda \times \exp\left(\frac{-x}{\lambda}\right) + \lambda}{-x} \qquad (3-7)$$

$$CTA_{n,m} = \frac{C_{n,m}}{A_{n,m} + SWS_{n,m}} \times AF_{GWS,n} \qquad (3-8)$$

其中 n、m 分别代表不同的流域和月份，$BIER$、R、P、WDI 分别代表通过降水返回到流域的蒸散发量、长期平均径流、总降水量和耗水指数（Water Depletion Index）。x、λ 分别为主水分通量方向的流域长度和局地蒸发循环过程的平均长度，λ 通过大气湿度追踪模型 WAM2 层计算在 1.5 度分辨率的基础上计算，而计算过程中流域所需的气象水文数据（如降水、风速、湿度等）由水文模型 WaterGAP3 提供。WDI 值由 CTA 系数决定，其值在 0 至 1 之间，当 CTA 值为 0、0.125、0.25、0.375 和 0.5 时，其值分别为 0.001、0.1、0.5、0.9 和 1。而 CTA 值则由年水消耗量（C）、年可利用水资源量（A）、年可用地表水储量（SWS）和地下水储量调整因子（AF_{GWS}）决定。

此外，研究指出评估一个过程水资源的输入和输出时，还应该考虑水质状况的影响。研究也提出了包含了基于环境质量标准的水质状况的评估方法。但上述方法只是考虑了水质对水资源可利用性的影响，并未对水体污染物的毒性、富营养化、酸性化等影响进行评估。因此，学者依据 ReCiPe 模型提出了考虑毒性影响的水足迹影响评价方法，即对 DWU 的环境影响进行了量化。但采用 LCA 进行水足迹影响评估数据收集工作较繁重，且难以量化贸易对于虚拟水转移的影响。

三、水足迹评价的应用

水足迹分析在水资源管理领域，尤其是在实现水资源合理配置和改善生态环境方面已经得到了较为广泛的应用，其研究对粮食安全的保障也有一定的意义。通过 VWFA 法进行水足迹评价的研究起步较早，目前已得到了较为成熟的发展和应用，其可直观地显示人类活动对水资源的消耗程度，能够起到较好的预警作用。当前，VWFA 法主要应用在宏观层次特定区域和国家水足迹的分析中，并可将贸易与区域水足迹结合，根据对消费模式的分析来制定适宜研究区域的可持续发展模式。而在微观层次针对产品水足迹的应用分析主要集中在食物以及农业和畜牧业产品上，如荷兰学者建立的水足迹计算网站基于 FAO 统计数据给出了全球 146 种农作物及其衍生产品的水足迹；研究计算了意大利比萨和意大利面的水足迹，为水资源控制提供了有效的参考数据。当前由于工业产品的虚拟水尤其是蓝水和绿水含量较少，且其产业规模大、种类繁多、工艺复杂，因此其核算框架构建和数据收集工作难度都较大，从而 VWFA 针对工业产品的研究较少。IWFA 评价研究起步相对较晚，虽然其能够量化人类活动全过程的环境风险，从而实现水环境污染源头预防、全过程控制和高效治理，但当前应用范围相对较窄，主要集中在汽车和能源产品等领域。同时，也有部分学者对农业活动的水体富营养化足迹进行了研究，但 IWFA 当前在宏观（国家/区域）和中观（行业/城市）层次上的应用较少。IWFA 既能实现溯源分析，又能够量化水资源消耗和水环境污染的环境影响，可有效弥补 VWFA 法在工业分析中的不足，因此其可应用在一些高耗水工业行业（如造纸、煤炭发电等）的水资源管理中，以有效地解决我国产业活动全过程污染难溯源与源头难管控等技术瓶颈。

四、水足迹研究进展

为了准确核算不同行业的水足迹，国内外学者从生产、消费、贸易等不同视角出发，编制了不同尺度的水资源足迹清单，对水足迹的研究具有重要的参考价值和研究意义。研究从生产和消费视角估算全球不同国家的水足迹，结果显示全球年平均生产水足迹为 $9 \times 10^{12} m^3$，其中 92% 来自于农业部门，并且全球约五分之一的水足迹由出口贸易驱动。从消费视角来看，全球平均每人每年消费水足迹为 $1385 m^3$，并且发达国家人均水足迹远高于发展中国家。比如，美国人均消费水足迹比中国高将近 30%。在农作物生产方面，研究表明作物相关的生产水足迹平均为 $74\,040 m^3$/ 年，其中小麦、水稻和玉米是水足迹最大的三种作物，并且作物水足迹主要来自绿水，占比达到 78%。在国家层面，印度、中国和美国的作物相关水足迹最大，分别为 $1047 \times 10^8 m^3$/ 年、$967 \times 10^8 m^3$/ 年和 $826 \times 10^8 m^3$/ 年。研究构建了中国能源行业用水量的核算模型，并进一步评估了能源行业对不同地区水资源短缺的影响。研究结果表明，在 2000 ~ 2011 年期间，中国能源行业的用水量增加了 2 倍以上，而部分缺水地区超过 10% 的用水量与能源行业相关。有学者基于投入产出模型，核算了印度 130 个行业的水足迹，发现 2003 年印度水足迹总量为 $3.05 \times 10^{12} m^3$/ 年，其中最大的直接耗水部门为农业和电力行业，而建筑业、食品加工业、造纸业贡献了最多的间接用水量。上述研究从国家、区域和部门尺度核算了不同类型的水足迹，基本形成了较为完善的水足迹核算理论与方法，为开展不同地区和部门的水资源评估提供了数据参考和方法支撑。

从研究方法来看，水足迹的计算方法主要分为"自下而上"和"自上而下"两大类别。前者是将最终产品全部生产链上的各个环节的水资源消耗进行累加，从而核算其生产过程中的水足迹，主要代表为生命周期法。"自下而上"核算方法的优点在于能够详细地反映某一部门或者产品各个生产环节的耗水情况，但该方法需要明确产品的工艺流程、各环节的耗水系数以及详细流程数据。因此，"自下而上"法主要适用于农业部门特定农产品的水足迹的核算，而较少应用于工艺流程复杂、生产过程千差万别的工业产品水足迹。投入产出分析是"自上而下"法的主要代表，该方法主要用于衡量各产业部门之间资源投入与产出的关联，从而分析产业系统中部门间直接和间接的经济联系，可以计算包含于产品生产和消费中的直接和间接的资源使用。例如，研究利用投入产出模型评估了西班牙旅游业生命周期的水足迹，发现西班牙安达卢西亚地区旅游业的直接和间接水足迹加起来将达到 $617 \times 10^6 m^3$，而在马德里为 $440 \times 10^6 m^3$。按照单位消费金额计算，在西班牙旅游每花费 1 欧元，会带来 $0.1 m^3$ 的水资源消耗。

第四节　污染足迹

一、污染物排放种类、危害及现状

空气污染物由气态物质、挥发性物质、半挥发性物质和颗粒物的混合物四种物质组成，其组成成分变异非常明显（吴寿岭等，2015）。空气污染物来源可分为两类——自然源和人为源。自然源中不同的污染物和化学物质的形成和散发来自地壳的天然过程，比如：火山喷发散发的颗粒物质和气态污染物包含二氧化硫、硫化氢、甲烷和重金属。此外，森林火灾也会引发空气污染并散发烟雾、烟灰、未燃烧的碳氢化合物、一氧化碳、氧化氮以及灰尘等。人为源作为产生空气污染的主要来源，主要是由于人类的生产活动和日常生活活动过程而产生的。其产生的过程主要有工业、交通、各种燃烧和垃圾处理等。目前主要的空气污染物有颗粒物、硫氧化物、一氧化碳、重金属、挥发性有机物（Volatile Organic Compounds，VOCs）、氮氧化物（NO_x）等。由于空气污染物种类和来源纷繁复杂，本部分研究主要围绕中国能源相关大气重金属污染排放，尤其是大气汞排放展开。

二、大气重金属污染的主要来源

重金属的排放来源根据人为是否可控划分为自然来源和人为来源。自然来源主要是火山、矿物退化、地壳运动、土壤蒸发、水面蒸发等自然现象。自然现象发生的偶然性限制了自然来源排放量的可衡量性。此外，自然来源排放量在重金属的全部排放中占极少数，人为可控程度低，所以研究主要集中于人为来源的排放。

人为来源排放是指人类在进行生产活动过程中产生的排放，分为投料过程、产品制作和废物处理。投料过程排放是由于原料内含重金属杂质，在生产过程中的物理、化学反应使得重金属被释放，例如供电供热的生产活动中，煤炭在锅炉中燃烧并释放重金属污染。产品制作主要指含重金属产品的制造，例如重有色金属冶炼活动涉及镉、铊等重金属污染的排放。废物处理是工业和生活固体废物的处理，主要通过垃圾焚烧的方式进行处理，废物中的重金属杂质在燃烧的过程中被释放，具体排放源见表3-2。

表3-2　重金属的主要排放源

自然来源		火山、矿物退化、地壳运动、土壤蒸发、水面蒸发等自然现象
人为来源	投料过程	燃煤发电、供热、采矿等生产活动中重金属杂质排放
	产品制作	重金属开采、皮革生产、电镀生产、含重金属产品生产等有意提取和使用重金属
	废物处理	焚烧、堆填等

以汞排放为例，联合国环境规划署（United Nations Environment Programme）发布的2018 全球汞排放报告中提到 2015 年全球 17 个关键行业汞排放 2220t，其中手工和小规模金矿开采排放 838t，占全球排放的 37.69%，是汞排放的主要部门（图 3-4）。从全球地理位置分布看，亚洲排放了全球 48.7% 的大气汞污染，其中 38.6% 的汞污染是由东亚和东南亚造成，这与该地区小规模开采金矿行业快速发展密切相关。

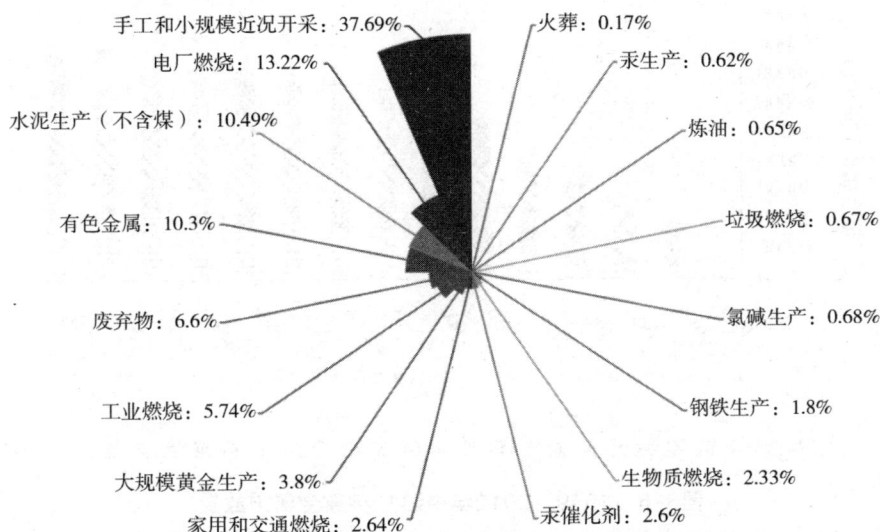

手工和小规模近况开采：37.69%   火葬：0.17%
电厂燃烧：13.22%   汞生产：0.62%
水泥生产（不含煤）：10.49%   炼油：0.65%
有色金属：10.3%   垃圾燃烧：0.67%
废弃物：6.6%   氯碱生产：0.68%
工业燃烧：5.74%   钢铁生产：1.8%
大规模黄金生产：3.8%   生物质燃烧：2.33%
家用和交通燃烧：2.64%   汞催化剂：2.6%

图3-4 全球汞排放部门占比

中国重金属的人为来源主要来自采矿、含重金属产品的制造以及其他相关的生产活动，1949 ~ 2012 年 12 种重金属排放总量见图 3-5。1949 ~ 2012 年间，12 种典型有害重金属元素的大气排放量增长了 22 ~ 128 倍。2012 年 12 种重金属大气排放共计约 79570t。2012年中国排放汞 695.1t，排放砷 2529t，排放硒 3061.7t，排放铅 14397.6t，排放镉 526.9t，排放铬 7834.1t，排放镍 3395.5t，排放锑 1251.7t，排放锰 13006.6t，排放钴 1004.6t，排放铜9547.6t，排放锌 22319.6t(Tian 等，2015)。从污染源贡献角度分析，工业燃煤锅炉、燃煤电厂、有色冶炼、钢铁冶炼和机动车刹车片磨损为主要的有害重金属大气排放源，其中工业燃煤锅炉是最大排放源，约占 34.9%。从 1978 年开始，中国实施改革开放政策，GDP年均增长率高达 9.8%，能源消耗量和工业产品产量也得到空前增加，各种人为源大气重金属（除铅外）的排放量在此时期也增长迅速，尤其是"十五"阶段，由于电力、金属冶炼、水泥等高耗能产业的快速膨胀，而同期除尘、脱硫、脱硝等大气污染治理设施的安装使用严重滞后，使得 12 种有害重金属的大气排放量从 2001 年的 268.0 ~ 11308.6t 增长到 2005年的 378.9 ~ 15987.9t，年均增长率高达 4.8% ~ 12.0%。

大气重金属排放量变化与产业政策和对重金属造成健康危害的认识不断深入有着密切联系。以重金属铅为例，因国内外对儿童血铅中毒危害的认识加深，从而推动了汽油产品铅含量标准的修订，并分别在 1991 年和 2001 年出现了两次急剧波动。归因于我国施行的低铅和无铅汽油政策，大气铅排放量从 1990 年的 17644t 急速降到 1991 年的 13029.6t；相比 2000 年，2001 年铅排放量下降了 61.6%。但随后，随着汽车保有量和燃油消耗量的迅速增加，大气铅排放量从 2001 年的 7747.2t 又逐渐增长到 2012 年 14397.6t，年均增长率为 5.8%。

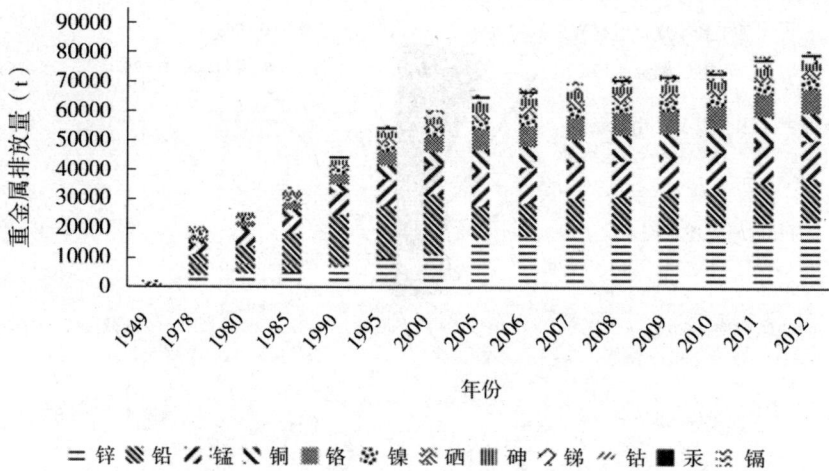

图3-5 1949～2012年中国12种重金属排放量

在地区分布上，重金属空间分布特征与不平衡的地区经济发展和工业生产结构有很强的关联性，主要表现为东部和中部省份地区重金属排放明显高于西部地区，沿海省份重金属排放强度最高，西南和中南地区部分省份由于有色冶炼行业集中，导致部分地区大气重金属排放强度和污染状况较突出。2010 年河北、山东、江苏、云南、河南和辽宁对五种重金属（汞、砷、铅、镉、铬）的排放总量贡献较大，其中河南省汞排放为 74.42t，山东省砷排放为 400.15t，云南镉排放为 61.65t，河北铅排放为 2993.57t 和铬排放为 1796.93t（Cheng 等，2015）。

到 2015 年，中国重金属排放的重要部门如图 3-6 所示，燃煤排放是大头，占据全国总排放的 43.79%，钢铁生产部门位居第二，占据总排放的 33.37%，其余部门总和占据 22.84%，累计小于钢铁部门，但是其中生物质燃烧和水泥部门不容小觑。受"十一五"以来，除尘、脱硫、脱硝等大气污染装置应用增加、燃料消耗量和工业产量增长放缓的综合影响，我国大气重金属排放正在以较为温和的速度增长，同时部门排放源结构也在有所调整。我国燃煤主要用于动力供给，其中燃煤电厂部门是最大的煤炭消耗部门，由于目前我国对电力工业在实行"上大压小"政策，能源利用从化石能源转到可持续绿色能源，燃煤排放在未来的一段时间内会呈现波动下降。有色金属冶炼过程中由于排放控制效率的提升和生产技术的提高，有色冶炼近年重金属的排放增速有所减缓。在垃圾焚烧方面，由于垃圾焚烧量的增加和垃圾焚烧企业的崛起，垃圾焚烧的排放速度有所增加。

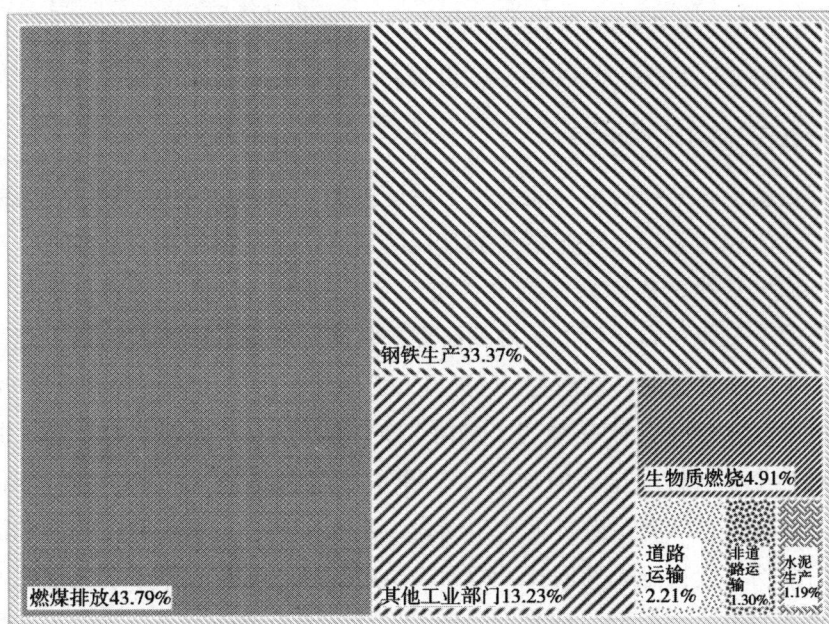

图3-6　2015年中国13种重金属排放的重要部门

三、大气污染物清单核算

目前对于一个单位的重金属核算，主要按照实测法，获得的数据准确，但是成本高，很难全国推广，因此对于大尺度的大气重金属清单核算，主要使用排放因子法（Cheng 等，2015），本书采取自下而上的方法将重金属排放清单公式分为两种排放源，公式如下：

$$E_t = CE_T(t) + PE_T(t) \tag{3-9}$$

$$= \sum_t \sum_p \sum_f \sum_d A_{i,p,f,d}(t)CEF_{i,p,f,d}(t) + \sum_i \sum_j \sum_d A_{i,j,d}(t)PEF_{i,j,d}(t)$$

$$CEF_{i,p,f,d}(t) = C_{i,f}(t)R_p[1-P_{PM(m)}][1-P_{FGD(n)}][1-P_{SCR(s)}] \tag{3-10}$$

E_t 为重金属的总排放量；CE_T 和 PE_T 分别是燃料燃烧和工业过程排放源；A 是年度活动水平数据，代表动力燃料的燃烧量或工业产品产量；CEF 是燃烧源特定重金属的排放因子；PET 是工业过程源的排放因子；C 是消耗燃料中重金属的平均浓度；R 是燃烧设施重金属的释放比率；$P_{PM(m)}$、$P_{FGD(n)}$ 和 $P_{SCR(s)}$ 是不同空气污染控制装置对重金属的去除效率；t 是日历年；i 是省市区域；p 是燃烧设施的类型；f 是消耗的燃料类型；d 是否安装了空气污染控制装置；j 为生产工艺；m、n 和 s 是不同的空气污染措施类型，可以通过式（3-10）计算得到。

以计算重金属汞为例。假设 2010 年某市煤炭汞含量 0.42g/t，去污染装置有静电除尘和湿式除尘器，去除汞效率分别是 33.17% 和 15.15%，某市生产水泥 1×10^6t，只消耗煤炭

800t，水泥窑的汞释放率是 85%，水泥的汞排放因子是 0.04g/t。

$$EF_{水泥}=0.42×85%×（1-33.17%）×（1-15.15%）=0.2024g/t$$

$$E_T=800×0.2024+1 000 000×0.04=40 161.92g=40.161 92kg$$

四、污染足迹研究进展

污染足迹是基于污染物吸纳功能的生态足迹发展而来的，它不仅能够包含能源燃烧产生的各种温室气体和污染物，还包括人类其他活动所产生的污染物，如农业生产中由于过量施用化肥和农药产生的氮磷残留物等（闵庆文等，2011）。目前污染足迹理论仍处完善阶段，主要集中于工业和农业污染足迹的研究，其实际应用需要深层次研究。国内外已经开展了较多关于污染足迹的前期研究，对核算人类活动产生的污染物具有重要的参考价值。关于污染足迹的经济理论，李昌峰等（2014）从经济增长、"公地悲剧"和"博弈论"等经济学方面对污染足迹做了全新的阐述，指明污染足迹是进行生态风险评价研究的基础。一般而言，经济增长是污染足迹扩大的驱动力，当人口和资本增长时，物质和能源产出的增长会导致污染物、废物排放的增长，即污染足迹的指数增长。基于"公地悲剧"的理论说明了污染足迹的形成和扩大，是因为每个人都可以使用地球这个公共的生态资源，对地球环境的污染没有排他性的所有权，这就会导致"悲剧"即地球生态资源和环境污染物的过度使用和排放。基于参与人所选择的策略往往是有利于自己而有损于他人的"博弈论"，可知理性人都会选择生态不可持续的利用方式，即博弈的均衡点，如此会导致生态服务的不可持续扩大利用及污染足迹的不断扩张。

目前关于污染足迹的研究方法主要包括投入产出分析中完全产污系数核算和构建特定污染足迹模型。刘剑锋和蒋瑞波（2010）利用浙江省各工业部门的对外贸易量及污染物的排放数据进行定量分析，核算出浙江省具有代表性的产业部门的产污系数，计算了进出口污染足迹及部门来源。高吉喜和范小杉（2009）运用投入产出分析法建立了工业产品进出口污染足迹计量模型，计算了中国 20 个进出口工业部门 6 类污染物排放系数及排放量等多组数据。马涛和陈家宽（2005）基于投入产出分析方法，分析了中国各工业部门的污染状况，核算了 1994～2001 年间中国工业产品国际贸易的污染成本和收益。焦雯珺等（2011）构建了太湖流域有机物、氮和磷污染足迹模型，并利用该模型对流域上游湖州市的水污染压力进行了综合评估。李静等（2014）通过构建污染足迹模型计算了常州市和宜兴市稻作农业需氧量（COD）、总氮（TN）和总磷 (TP) 的污染足迹和污染压力指数，结果均表明当地农业生产活动超出了当地水域的承载能力，对当地水环境产生了压力，区域内人类活动的维持建立在区域水环境质量恶化或污染物向下游输移的基础之上。李晓燕等（2020）利用污染足迹建立生态补偿标准模型，以我国 31 个省份为例进行实证分析，通过对比各省份的平均污染足迹和全国污染足迹的差异确定补偿主、客体，结合人均污染足迹和污染足迹效率，把各省分为高低不同的组合，最后针对不同组合提出政策建议。

当前的污染足迹研究领域，已有的工作为我们理解和管理环境污染提供了宝贵的框架和工具。然而，尽管领域研究取得了一些进展，但污染足迹理论发展仍有待完善，实际应用分析也有待进一步扩展。这导致了不同污染足迹计算方法间缺乏统一标准，使得不同研究之间的结果难以比较，阻碍了污染足迹分析的进一步发展。同时，当前污染足迹分析以地区视角居多，地区性研究为理解特定区域的污染问题提供了深入见解，但全球尺度的研究的相对缺乏限制了对全球污染转移和国际贸易影响的理解。未来的污染足迹分析有待进一步建立标准化的污染足迹计算方法，促进不同研究之间的比较和整合。同时通过扩大研究范围，深化对全球污染物流动和国际贸易影响的理解，兼顾地方和全球治理策略的互动考虑。

第五节　物质足迹

一、物质足迹的提出

自然资源是经济发展的基础，也是社会进步的支柱。联合国环境规划署2017年发布的《全球资源利用评估：提高资源效率和减少污染的系统方法》显示（联合国环境规划署，2017），全球资源开采量由1970年的270×10^8t猛增到2017年的920×10^8t，其中非金属矿物的开采量更是增加了3.4倍。然而，随着资源开采量的持续增加，环境问题也逐渐加剧。资源开发利用导致了空气污染、水污染以及温室效应等问题的恶化，同时也增加了自然资源枯竭的风险。为应对上述挑战，许多国家依次制定了自然资源安全的可持续政策，以确保资源供给充足的同时解决环境问题，而科学准确的物质资源量化是资源可持续政策制定的重要数据基础。

为衡量物质资源的可持续性，许多国家政府部门已采用如国内物质消耗等领土范围内物质消耗作为可持续性评价指标。例如，欧盟委员会提议将"物质资源生产力"定义为国内生产总值除以国内物质消耗作为其"资源效率"的主要指标，这是欧洲资源效率计划的主要组成部分之一。其中，国内物质消耗量等于国内原材料开采量加上进口货物重量减去出口货物重量。此后，联合国环境署和经济合作与发展组织（经合组织）也将"物质资源生产力"作为绿色增长战略的指标。基于该指标，研究发现近年来大多数欧洲国家和经合组织国家的资源生产率有所提高，表明经济增长与资源消耗已经实现了相对脱钩，在某些情况下甚至是绝对脱钩。

然而，上述指标仅限于经济体或区域内的直接物质材料使用，并未考虑来自国外的进口相关的上游物质材料，基于领土内物质资料消耗量指标来量化的物质资源消耗量将有可能误导对国家资源生产力和自然资源供应链的安全评估。随着全球化的推进，社会分工更为细化，为了寻求利益最大化，同一产业的不同环节分布在世界各地从而形成了全球生产网络。由于资源禀赋，制造水平等差异，各国在获取原材料方面越来越依赖国际贸易。欠发达国家因为较低的生产成本和宽松的监管政策逐渐成为物质材料外包的主要地区。为避免领土范围内的物质材料压力和环境问题，资本密集型和技术密集型的发达国家选择进口物质材料密集型产品而非在当地生产。这些外包的生产过程均有高物质材料强度、重污染和低经济效益的特点，形成了"以牺牲全世界的增长为代价的区域性下降"的现象。因此，简单地使用传统资源消耗指标计算的资源效率并不能准确描述各国、各地区消耗资源所带来的经济收益与环境影响，全面客观地评价外包带来的物质材料转移及其环境效应刻不容缓。

在上述背景下，学术界在"生态足迹"的基础上提出了"物质足迹"指标，从全生命周期和贸易视角评估国家或区域经济活动需求所带来的资源消耗。具体而言，物质足迹（Material Footprint）是一个用于衡量各经济体资源利用量的科学指标，即经济系统消耗的自然资源的总量，如化石燃料、生物质、金属矿产以及非金属矿产等资源。与传统的领土内物质资源消耗量相比，传统方法通常只考虑生产过程中的直接资源消耗，而基于消费者视角的物质足迹得以系统地追踪国家或地区经济活动的最终需求所导致的资源消耗，全面评估国家或地区经济活动的资源消耗，考虑全球贸易联系、环境责任分配和区域公平，反映在全球化背景下经济体的完整资源消耗情况。物质足迹为各国政府和政策制定者提供了全面科学的评估指标，帮助其更好地了解一个国家对全球资源利用的贡献，从而制定更科学有效的资源管理和环境保护政策。基于 Web of Science 数据库，以物质足迹为关键词搜索，删除不相关的文献（例如工程和化学领域），发现与物质足迹相关的研究从 2005 年开始，2013 年之后发文量快速增长到 130 篇。

二、物质转移

在封闭经济体中，由于没有贸易的存在，那么本地的物质足迹就等于当地所有经济活动的表观物质消耗量，物质足迹主要取决于地区或国家的经济发展水平和人们对物质材料的依赖程度。而在全球化经济中，影响物质足迹的因素还包括国家间或区域间商品和服务贸易所隐含的物质转移。

（1）国际物质转移。近几十年来全球化和市场化得到了空前的发展，各国之间的联系日趋紧密，跨国分工与合作日益频繁。为了在全球范围内寻找成本最小化的贸易格局，许多企业将产品的设计研发、原材料开采、加工组装、市场营销等环节分散至全球不同的经济体。伴随着商品和服务的贸易，隐含在商品中的上游物质材料发生了空间转移。然而，世界各国在资源禀赋、技术水平和经济基础等方面存在明显的地域差异，各国的物质足迹差别较大，导致各国领土内的物质资源消耗量与实际经济活动消费的物质足迹之间存在极大的差异。

（2）国内物质转移。物质资源不仅在各国之间转移，一国之内也有大量的物质贸易活动。以中国为例，我国幅员辽阔，地域间往往存在较大差异，包括地区资源禀赋、经济发展水平、技术水平和产业结构等，且存在发展不平衡、不充分的情况。例如：沿海地区经济发展，长三角、珠三角地区更为显著，两地在不足全国 3% 的土地上创造了近 35% 的GDP。而西部地区矿产等资源丰富，已探明矿产资源 138 种，天然气和煤炭储量分别占全国比重的 87% 和 39%，经济结构以资源型工业和传统农业为主。由于显著的区域结构差异，各省区之间物质空间联系日趋紧密，隐含在商品中的上游物质材料转移日益增多。基于此，提升物质足迹核算的空间分辨率有助于制定精细化的物质资源管理方案，为全球各经济体内部的资源管理与环境治理提供科学支撑。

三、物质足迹研究进展

物质足迹作为资源利用的一个测度指标，能够定量测度消费行为引起的全部本地和外地的原材料消耗，充分反映生产地与消费地之间的联系，逐渐成为国际关注的热点。目前，物质足迹的核算方法主要有投入产出分析法、系数分析法和混合法。其中，投入产出分析法是基于投入产出表结合资源消耗数据来核算物质足迹的，该方法为自上而下的分析方法，也是目前使用最为广泛的分析方法，主要基于宏观经济（经济系统）层次进行估算，研究尺度包括全球、国家和区域等。在全球和国家尺度上，Wiedmann 等（2015）基于全球MRIO 数据库 Eora，评估了 2008 年全球 186 个国家 40 个行业类别之间的物质足迹，研究发现当年全球物质足迹总量达到 70 Gt，其 40% 被开采和使用的原材料只是为了向其他国家出口商品和服务。在区域尺度上，Jiang 等（2019）首次研究了国家尺度内全区域的物质足迹。该研究构建了与国际核算框架一致的中国省域资源开采数据库，利用环境拓展的多区域投入产出分析框架，将中国多区域投入产出表与全球多区域投入产出高分辨率模型EXIOBASE 相链接，建立了全球背景下的中国省域和行业全口径物质足迹的核算模型。研究表明，2010 年，中国的物质足迹为 23.3 Gt，约占全球总量（76.2 Gt）的 30%。从区域看，中国的物质资源开采地区和资源消费地区存在显著的空间隔离，经济相对发达的沿海省份的大量物质资源需求需要直接或间接地通过省际间和国际贸易来满足，沿海省份由外部供给的物质足迹占比 46%。隐含在省际间贸易的物质跨区域转移量巨大，高达 9.6Gt，占全国物质足迹总量的 41%。研究期内，资本投资是中国物质足迹的主要影响因素，较发达地区约 50% 的物质足迹由资本投资驱动，而西部部分省份物质足迹的资本投资驱动比例高达 80%。

然而，尽管投入产出分析方法在评估区域多部门的物质足迹方面具有较好的优越性，但由于数据精度原因难以刻画单一技术或产业中的物质足迹流程。基于此，系数法指的是从过程分析得到供给链中的资源强度系数来测度足迹，常用的方法有生命周期评价分析，该方法为自下而上的分析方法，适合单个产品或者产品组水平上的核算，例如分析不同混凝土技术的生命周期环境影响。

混合方法指的是综合利用投入产出法和系数方法，该方法列出在核算中需要考虑的所有产品，一部分基于投入产出分析，另一部分基于资源强度系数。混合方法既可以评估各经济体总体或行业层面的物质足迹，又可以从产品层面提升核算的准确性。然而，混合方法的缺点在于对数据的要求较高，需要对进口产品进行详细分解。例如，Sen等（2019）使用 EXIOBASE v.2 数据库，采用基于 MRIO 的生命周期评估方法，分析了五种类型乘用车的全球生命周期物质足迹。结果显示，制造阶段是物质足迹的主要来源，考虑的替代燃料车辆具有更大的足迹。电动汽车的物质足迹 63% 位于美国，其中电池制造占 65% 以上。在当前环境下，电池制造是影响汽车生产物质足迹的主要因素，原材料多样化对可持续发展至关重要。

第六节　其他资源足迹

一、生物多样性足迹

生物多样性足迹的概念旨在测度由土地利用变化、自然资源开采及外来物种入侵等过程引发的生物多样性损失，通常采用受胁迫物种数量表征，也有的用受影响的土地面积或生物形态来表征。由于对生物多样性足迹的研究较少，在这里我们以 Lenzen 等的研究为例，来介绍国际贸易对发展中国家生物多样性的损害。

在此研究中，Lenzen 等发现大量的物种由于复杂路线上的国际贸易而受到威胁，特别是发达国家的消费者对发展中国家生产商品的需求这一过程对物种造成威胁。Lenzen 等将国际自然保护联盟红色名单中的 25 000 种动物物种威胁记录与 187 个国家生产的 15 000 多种商品联系起来，并评估了 50 多亿条供应链对生物多样性的影响。排除入侵物种，他们发现 30% 的全球物种面临的威胁是由于国际贸易导致的。在许多发达国家，进口咖啡、茶、糖、纺织品、鱼和其他制成品的消费在国外造成的生物多样性足迹大于国内。在净进口国中，共有 44% 的生物多样性足迹与境外产品的进口相关。与此形成鲜明对比的是，在关于发展中国家的调查中发现，为了生产出口产品，它们的栖息地正在退化，生物多样性受到威胁。在净出口国中，共有 35% 国内记录的物种威胁与出口生产有关。通过对这些贸易活动的商品内容进一步审查表明，对物种的威胁往往是由涉及两个以上国家或生产者的供应链导致，主要供应链源自生物多样性丰富并且农业、渔业和林业以出口为导向的发展中国家。比如，咖啡正在威胁着墨西哥、哥伦比亚和印度尼西亚的物种。由于咖啡需求量的增加，上述地区都加大了咖啡树的种植，对当地的原有物种造成了巨大威胁。对此，Lenzen 等提出建议，为了防止生物多样性丧失，必须同时实施针对生产者、交易者和消费者的政策，并且提高消费者对他们购买产品的生物多样性足迹的认识。

二、能源足迹

越来越多的研究人员专门关注能源足迹这一主题，能源足迹作为生态足迹的子指标表示吸收化石燃料燃烧和发电产生的 CO_2 所需的林地面积。在许多情况下，能源足迹在区域或全球层面的生态足迹总量中占主导地位。传统能源足迹计算方法主要包括 3 个步骤：首先，根据调查得到林地的研究区域平均碳吸收能力；其次，将能源按物理性质分为固态、液态、气态和电力四大类，每一类由其碳排放系数得到能源足迹因子；最后，由每一类能源的燃烧热值系数除以能源足迹因子得到单位质量的能源足迹。

有学者针对传统能源足迹计算存在的不足提出了改进的方案。首先，考虑增加除林地外其他土地的碳吸收贡献能够更全面地反映全球平均碳吸收的真实能力；其次，采用整个生态系统的实际生物生产力进行计算，将能更精确、及时地反映人类活动的生态效应。净初级生产力（Net Primary Production，NPP）是植被在一定时期内吸收的净碳量。它决定了从植物向生态系统营养网中其他层次转移的能量总量。基于此，有学者构建了基于初级净生产力的能源足迹计算框架，重新定义基于全球 NPP 的能源足迹定义为：在全球地表平均净初级生产力条件下，吸收能源消费过程中所排碳量需要占用的各类土地和水体面积。

三、化学品足迹研究

人类社会的发展离不开化学品的使用。据统计，目前市场上有超过 14 万种化学品，其相关产品更是超过 29 万种，并且还在快速地增长。虽然化学品给人类社会带来了巨大的社会经济效益，但是，由于其整个生命周期内都有可能进入自然环境，因此对生态环境造成了极大的损害。联合国环境规划署已经将化学品污染列为影响人类生存与发展的全球性重大环境问题之一。如何准确评价化学品的综合风险，是突破化学品污染困局以及引领人类社会走上可持续发展的道路的关键之一。

足迹作为表征人类活动对生态环境压力的指标，在衡量人类当前生产生活的可持续程度方面发挥了巨大作用。但是，传统的足迹指标，如水足迹、碳足迹等，并没有全面解读人类生产生活中成千上万的化学品对生态系统造成的影响。以往对于化学品对生态环境影响的研究仍然局限在酸雨、土地营养负荷（化学肥料）和其他相对简单的污染场景上。

考虑到当前国际化学品管理法规的巨大变化，人们对化学品安全性的重视程度逐渐加深，加之化学品对自然环境和人类社会可持续发展的潜在危害，2011 年提出了化学品足迹（ChF，Chemical Footprint）的概念，即在整个生命周期内由于产品的化学组分而对人类和生态造成的潜在危害。但是，此概念更多的是从商业角度对化学品足迹进行诠释，其研究范围局限于企业和产品，缺少化学品对人类社会和自然环境的影响评价框架。随着人们对化学品足迹研究的不断深入，其概念也在不断演进和优化。目前化学品足迹的定义可分为三类（表 3-3）。

表3-3 化学品足迹的分类及定义

分类	定义
环境空间占用	排放到环境中的化学品稀释到对生态系统无影响时所占用的环境空间体积
毒性压力	在一定时空范围内排放到环境中的化学品对人类和生态系统造成的潜在风险危害
质量	产品在生命周期内释放的危险化学品的总质量

与之对应，化学品足迹的计算方法也主要分为三类。对于第一类定义，人们使用复合潜在影响比例（multi-substances PAF，msPAF）来评价多种化学品对生物的联合毒性。根据 $msPAF$，人们采用环境区间体积加权来定义其联合毒性压力 $msPAF_{av}$：

$$msPAF_{av} = \frac{\sum msPAF_s \cdot Volume_s}{\sum Volume_s} \qquad (3-11)$$

式中，$msPAF_s$ 为不同环境空间的联合潜在影响比例（%）；$Volume_s$ 为不同区域的环境空间体积（km³）。然后基于生物对化学品暴露敏感性的 $msPAF_{av}$，利用下式求得其化学品足迹：

$$ChF = \frac{msPAF_{av}}{msPAF_{max}} \times ES \qquad (3-12)$$

式中，ChF 为化学品足迹（m³）；$msPAF_{max}$ 为联合潜在影响比例阈值（%），在考虑生态阈值时，人们假定政策边界下为 0.1%，自然边界下为 3%；ES 为指定范围内化学品造成毒性影响的总环境空间体积（km³）。根据此计算方法，有学者基于政策边界和自然边界，以欧洲 630 种具有代表性的有机化学品为研究对象，分别计算出其化学品足迹为 7.8×10^3 km³ 和 2.6×10^2 km³，二者分别占欧洲可获得水资源总量的 1.1% 和 0.04%。同时他们还在莱茵河、墨兹河和斯海尔德河流域内，对 274 种农用杀虫剂的化学品足迹进行了计算。从结果来看，欧洲有机化学品的生产和使用保持在目前设定的化学污染政策范围内，但是农药的使用已经超过了设定的界限。

与第一类定义相比，第二类定义计算的特点在于其利用生态毒性影响特征化因子来计算化学品足迹，在一定程度上解决了由于实际环境中化学品污染的复杂性而导致每一种化学品的潜在影响比例难以计算的问题。

目前，USEtox 模型是人们通过生命周期评价来表征化学品毒性影响的最佳模型。它的优势在于其可以很好地模拟化学品在环境介质中的动态迁移转化和降解等过程的多介质归趋过程。生态毒性影响能够利用该模型实现对一定体积环境介质的占用的转化。并且它既可以对不同污染物的生态毒性进行比较，又可以得到绝对意义的环境影响量。同时，USEtox 模型还附带约有 2500 种化学品的淡水生态毒性特征化因子（characterization factor，CF），可以表示在一定时间以及环境介质体积内，单位质量化学品所影响的物种消失比例（PAF·m³·d/kg），并且还能够估算出未知化学品的生态毒性特征化因子，在一定程度上也解决了第一类定义计算过程中毒性数据匮乏的难题。其化学品足迹计算公式为：

$$ChF = f \cdot \sum_{i,j} Q_{i,j} \cdot CF_{i,j} \qquad (3-13)$$

式中，ChF 为人体或生态毒性化学品足迹；f 为 USEtox 模型与 ChF 的修正因子，取值为 290；$Q_{i,j}$ 表示污染物 i 排放到环境介质 j 中的质量；$CF_{i,j}$ 表示污染物 i 排放到环境介质 j 中的毒性特征因子。根据上式，有学者以欧洲化学物质排放清单中的 173 种化学品为研究对象，计算出了欧洲国家及部分城市 2004 年的化学品足迹。同时，为配合化学品足迹说明可持续性程度以及确定边界条件，Bjorn 等人还提出了稀释容量（Dilution Capacity，DC）这一概念，即可用于稀释化学品污染的地表淡水体积。当 ChF/DC 小于 1 时，则判定该区域淡水生态系统为可持续；反之，当 ChF/DC 大于 1 时，则判定该区域淡水生态系统为不可持续。根据这个判定，2004 年绝大多数的欧洲国家及内陆城市的 ChF/DC 大于 1，说明其化学品污染已经超过了其生态系统本身的承载容量。这一理论对第一类与第二类定义均适用。

第三类定义的计算相较于前两种较为简单，其主要是根据现有数据来计算危险化学品的总质量以及单位质量的化学品足迹进行研究。以农用化学品足迹为例，其计算公式为：

$$ChF_{i,j} = \frac{A_i \cdot S_{i,j}}{P_{i,j}} \qquad (3-14)$$

式中，$ChF_{i,j}$ 为第 i 年单位质量 j 类植物性食品化肥足迹；A_i 为第 i 年单位面积农用地化肥施用量；$S_{i,j}$ 为第 i 年 j 类农作物种植面积；$P_{i,j}$ 为第 i 年 j 类农作物总产量。学者们往往据此来对农业食品的生产压力进行分析，例如范小杉等（2008）对 1990 ~ 2005 年我国食品生产、消费农用化学品足迹进行了分析，发现持续增长的粮食需求是我国农用化学品足迹逐年增加的根本原因。

四、产品环境足迹研究

产品环境足迹（Product environmental footprint，PEF），是欧盟于 2013 年建立的一套在生命周期评价基础上的新的产品评价体系，其可应用于对产品或服务在其整个生命周期中的环境绩效的多标准衡量，评价范围涵盖原材料提取、运输、产品加工、产品使用和处置（或再利用 / 回收）的生命周期全过程。PEF 指南是在 2020 年欧洲战略旗舰计划"资源高效的欧洲"的基础上制定的。欧盟委员会的"资源高效欧洲路线图"从生命周期的角度提出了提高资源生产率和使经济增长与资源使用和环境影响脱钩的方法。其目标之一是："建立一种共同的方法，使会员国和私营部门能够在对整个生命周期的环境影响（"环境足迹"）进行全面评估的基础上，评估、展示和基准化产品、服务和公司的环境绩效。"其发展可以分为四个阶段：

第一，筹备阶段（2008 ~ 2013 年）：提出了产品环境足迹类别规则（PEFCRs）和组织环境足迹行业规则（OEFSRs）的定义；

第二，试点阶段（2013～2019 年）：整个试点工作是完全开放的，试点单位来自欧盟成员国、跨国集团、亚洲、美国在内的生产企业、科研机构、第三方机构等单位，在调整和进一步规范的试点项目中首次实际测试 PEFCRs；

第三，过渡阶段（2019～2021 年）：一方面对已发布的 PEFCRs 的试点效果进行评估并对相关标准进行修订，另一方面继续对包括服装、鲜花及盆栽、人造草皮、海洋鱼类和软包装等 5 类产品开发对应的 PEFCRs，并大规模应用 PEFCRs 并实施统一标签；

第四，实施阶段（2021 年以后）：决定何时何地法律要求 PEF，并将结果告知公众。

PEF 对 14 种环境影响类型——气候变化、臭氧层消耗、生态毒性（淡水）、人体毒性（癌症）、人体毒性（非癌症）、可吸入无机物、电离辐射（人体健康）、光化学臭氧合成、酸化、富营养化（陆地）、富营养化（水体）、资源消耗（水）、资源消耗（矿物、化石）、土地转让进行了综合评价，详细信息如表 3-4 所示。除此之外，欧盟正在建立相应的 PEF 审核体系和市场宣传模式，并计划用其替代近些年十分流行的产品碳足迹、产品水足迹等单项评价指标以及相关方法标准。

表3-4 环境影响类型

影响评价模型	环境足迹影响类型	影响类型指标	主要清单物质
全球变暖潜能值（100年周期）	气候变化	$kgCO_2eq.$	CO_2、CH_4、N_2O
环境发展潜力指数	臭氧层消耗	kgCFC-11 eq.	CCL_4、$C_2H_2CL_3$、CH_3B_R
毒性评估模型	生态毒性（淡水）	CTUe	HF、Hg^{2+}、Be
	人类毒性（癌症）	CTUh	As、Cr、Pb
	人体毒性（非癌症）	CTUh	Hg^{2+}、HF、Ti
风险污染评估模型	可吸入无机物	kgPM2.5eq.	CO、PM_{10}、$PM_{2.5}$
人体健康效应模型	电离辐射（人体健康）	kgU235eq.	C^{-14}、Cs^{-134}
大气化学传输模型	光化学臭氧合成	kgNMVOCeg.	C_2H_6、C_2H_4
累积超标模型	酸化	molH+eq.	SO_2、NO_X、NH_3
欧洲趋势评估模型	富营养化（陆地）	molNeq.	P、N
	富营养化（水体）	kgP eq./kg N eq.	NH_4-N
瑞士生态稀缺性模型	资源消耗（水）	M3	H_2O
资源评估模型	资源消耗（矿物、化石）	kgSb eq.	Fe Mn Coal
土壤有机质模型	土地转让	kg（deficlt）	土地转让

作为一项新的环保政策，PEF 是欧盟经过十多年的技术准备和酝酿，并在多项资源环保政策法规的共同推动下应运而生的。欧盟希望通过一个统一的评价体系来对产品进行绿色评估，这样可以在避免消费者因评价方法不同而造成的环境信息混乱的同时，也能够降低企业披露产品环境信息的成本。

在评价过程中，PEF 研究要求遵循相关性、完整性、一致性、准确性和透明性的原则：

（1）相关性：为量化 PEF 而使用的方法和收集的数据应尽可能与研究相关。

（2）完整性：PEF 的量化应包括所有与环境相关的物质/能源流动和其他在界定系统边界时所需的数据相关要求，以及所采用的影响评估方法。

（3）一致性：PEF 研究的所有步骤都应严格遵守指南，以确保与类似可比性和内部一致性的分析。

（4）准确性：应采取一切合理的努力来减少产品系统建模过程和结果报告中的不确定性。

（5）透明性：PEF 的信息应为用户和利益相关方评估其产品的耐用性和可靠性，保持信息的透明性。

产品环境足迹评价具体步骤如图 3-7 所示。

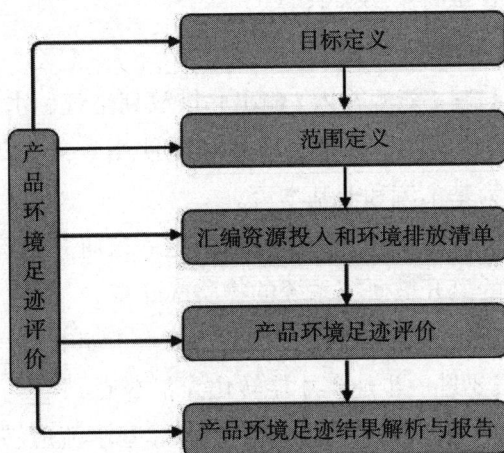

图3-7 产品环境足迹评价步骤

1. 目标定义

目标定义是 PEF 研究的第一步，为研究设定了整体背景。明确目标定义的目的是确保分析目标、方法、结果和预期应用最佳一致，并确保有一个共同的愿景来指导研究参与者。PEF 研究的目标定义应包括：预期应用、开展研究的原因和决策背景、目标受众、是否向公众披露、研究专员和审核程序（如果适用）等。

2. 范围定义

在确定 PEF 研究的范围时，将详细描述待评估的系统和相关的分析规范。其研究的范围定义应符合研究的既定目标，并应包括：

（1）分析单位和参考流量：分析单位能定性和定量地描述产品的功能和持续时间。要求根据以下方面定义分析单位：提供的功能/服务（What）、功能/服务提供程度（How much）、预期的质量水平（How well）、产品的持续时间/寿命（How long）、美国腐蚀工程师协会标准（NACE codes）。参考流量是提供规定功能所需的产品数量，分析中的所有其他输入和输出流程都与其定量相关。

（2）系统边界：系统边界定义了产品生命周期的哪些部分以及哪些相关的过程属于被分析的系统，并按照分析单位的定义，执行其功能所需要的过程。因此，必须为要评估的产品系统明确定义系统边界。同时建议包括系统边界图，即被分析系统的示意图。

（3）环境足迹影响类型：环境足迹影响类型是指 PEF 研究中考虑的特定影响类型。这些通常与资源使用、有害环境物质（如温室气体和有毒化学品）的排放有关。

（4）附加环境信息：如果环境足迹影响类型的默认设置或默认影响评估模型不能正确涵盖被评估产品的潜在环境影响，则所有相关（定性/定量）环境方面影响额外包含在"附加环境信息"中。

（5）假设与局限性：在 PEF 的研究中，进行分析可能会遇到一些限制，因此需要做出假设，假设与局限都应在报告中明确表明。

3. 汇编和记录资源使用和排放概况

对产品供应链的所有材料/能源输入/输出和排放到空气、水和土壤中的清单（概况）进行汇编是 PEF 建模的基础。在实践中，应尽可能使用直接收集的设施特定清单数据。资源使用和排放概况可分为基本流和非基本流。

（1）基本流：未经人类改造而从环境中提取的进入被研究系统的物质或能量，或未经人类改造而释放到环境中的离开被研究系统的物质或能量。

（2）非基本（复杂）流：即系统中所有剩余的输入（如电力、材料、运输过程）和输出（如废物、副产品），需要进一步建模才能转化为基本流。

在 PEF 研究中，资源使用和排放概况中的所有非基本流应转换为基本流。例如，废物流量不仅应报告为每公斤家庭废物或危险废物，还应包括因固体废物处理而排放到水、空气和土壤中的废物。只有当所有流量都表示为基本流量时，才完成了资源使用和排放概况的汇编。

同时，资源使用和排放概况中要求包含与定义的系统边界中包含的生命周期阶段相关的所有资源使用和排放。具体包括：原材料获取和预处理、资本货物、生产、产品分销和储存、使用、物流与回收。同时，PEF 研究应对照国际参考生命周期数据系统（ILCD）的命名和属性，检查资源使用和排放概况中给定流程的记录命名和属性。如果给定流的命名和属性在 ILCD 分类中不可用，研究者应创建适当的命名并记录其属性。

4. 产品环境足迹评价

在评估数据质量上，PEF 研究采用了六个质量标准，五个与数据有关，一个与方法有关。表 3-5 概述了用于过程数据质量评估的标准和用于产品系统数据质量要求的标准。除了这些标准之外，质量评估还包括三个方面，即审查和文件（符合国际劳工赔偿委员会的格式）以及符合国际劳工赔偿委员会的术语，但这些不包括在下表所述的数据质量半定量评估中。

表3-5 数据质量评估标准与产品系统数据质量要求标准

		质量评价	技术代表性（TeR）	地理代表性（GR）
过程数据质量评估	质量标准	非常好	1	特定于上下文	特定于上下文
		好	2	特定于上下文	特定于上下文
		合格	3	特定于上下文	特定于上下文
		差	4	特定于上下文	特定于上下文
		非常差	5	特定于上下文	特定于上下文
	质量评分	总体数据质量评分			
		≤1.6			
		1.6~2.0			
		2.0~3.0			
		3.0~4.0			
		>4.0			
	评价公式				
产品系统数据质量要求	涵盖每个EF影响类别至少70%的贡献	要求的最低数据质量			
		总体Good数据质量（$DQR \leqslant 3.0$）			
	数据占每个EF影响类别贡献	总体Fair的数据质量			
	假设的数据（不超过每个EF影响类别贡献的）	最佳可用数据			

注 来自亿科环境官方博客及 PEF 指南。

资源使用和排放概况编制完成后，应使用选定的环境影响类别和模型进行环境影响评估，以计算产品的环境性能。PEF 影响评估包括两个强制步骤（分类和特征描述）和两个可选步骤（标准化和加权）。

（1）分类和特征描述：分类要求将资源使用和排放概况中登记的材料/能源输入和输出分配到相关的环境足迹：影响类别。在某些情况下，一项投入/产出可能导致不止一个环境足迹影响类别，这时就需要按照组成物质将数据分类转化为现有的特征因素。

特征是指计算每个分类输入/输出对其各自的环境足迹影响类别的贡献大小，以及每个类别内贡献的汇总。以上步骤通过将资源使用和排放概况中的值乘以每个环境足迹影响类别的相关特征因子来实现的。然后将每个类别内所有输入/输出对以适当参考单位表示的单一测量的贡献相加，来计算每个环境足迹影响类别的环境足迹影响评估结果。

（2）标准化和加权：标准化是一个可选步骤，其中环境影响评估结果乘以标准化系数，以计算和比较它们相对于参考单位对环境影响类别的贡献大小（通常是整个国家或普通公民一年内的排放造成的与该类别相关的压力），来反映产品相对于参考单位的负担。

加权也是一个额外的可选步骤，可以支持分析结果的解释和交流。在此步骤中，环境足迹结果，例如标准化结果，乘以一组反映所考虑的环境足迹影响类别的感知相对重要性的权重因子。然后可以比较加权环境足迹结果，以评估它们的相对重要性。

5. 产品环境足迹结果解析

结果解析具有两个目的：第一个目的是确保 PEF 模型的性能符合研究的目标和质量要求；第二个目的是从分析中得出可靠的结论和建议。为了实现这些目标，PEF 解释阶段应包括四个关键步骤：

（1）评估 PEF 模型的稳健性：对 PEF 模型稳健性的评估包括方法选择对分析结果的影响程度，以及完整性检查、敏感性检查、一致性检查。

（2）热点识别：一旦确定 PEF 模型是稳健的，并且符合目标和范围定义阶段中定义的所有方面，下一步就是确定 PEF 结果的主要促成因素。这一步也可以称为"热点"或"弱点"分析。贡献要素可能是特定的生命周期阶段、过程或与产品供应链中的给定阶段或过程相关联的单个材料 / 能量输入 / 输出。

（3）不确定性的估计：可以估计最终 PEF 结果的不确定性来支持 PEF 研究的迭代改进。对于与选择相关和清单数据的不确定性，应至少提供 PEF 结果不确定性的定性描述，以便于全面评估 PEF 研究结果的不确定性。

（4）结论、限制和建议：用来回答 PEF 研究开始时提出的问题，并提出适合预期受众和背景的建议，同时明确考虑结果稳健性和适用性的任何限制。其应根据 PEF 研究的既定目标和范围进行描述。

6. 报告、审查与标识

一份 PEF 报告提供了一份相关的、全面的、一致的、准确的和透明的研究报告，以及与产品相关的环境影响计算。它反映了尽可能好的信息，使其对当前和未来用户的有用性最大化，同时诚实和透明地传达限制。报告至少由三部分组成：摘要、主报告和附件。摘要应能够独立存在，而不会影响结果和结论、建议，并且应满足关于透明度、一致性等的相同标准。主报告至少应包括：研究目标、研究范围、汇编和记录资源使用及排放概况、计算 PEF 影响评估结果、解读 PEF 结果。附件则用于记录主报告中技术性更强的辅助内容。机密报告是一个可选的报告元素，应包含所有机密或专有的数据（包括原始数据）和信息，并且不能从外部获得。

而对于 PEF 的审查来说，除非相关政策文书中另有规定，否则任何旨在用于外部沟通的研究应由至少一名独立且合格的外部审查人员（或审查团队）进行严格审查。旨在支持拟向公众披露的比较断言的 PEF 研究应基于相关的类别规则，并由三名合格外部审查人员组成的独立小组进行严格审查。

产品环境足迹与生命周期评估的大部分内容一致，不同之处在于产品环境足迹更清晰、详细、要求苛刻，并制定了相对统一的实施标准。PEF 的系统边界在默认情况下涵盖了产品从摇篮到坟墓的整个周期，除非在 PEFCRs 中另有规定。在 PEF 方法中，有一套标准化的生命周期影响评估（LCIA）方法，而在长期合作行动中，可以确定不同的变量，这反过来又使长期合作行动的比较复杂化。在处理报废阶段，PEF 为报废流程提供了具体的方法和公式。欧盟认为 PEF 方法及结果有许多潜在应用（黄旭茬，2014），例如：沿着生命周期的产品优化的生产流程；沿着生命周期优化产品设计，使其环境影响最小化；产品生命周期环境信息的沟通；使环境声明变得更完整以及更可信等。

对于各个国家来说，欧盟推行的产品环境足迹对欧洲市场有着巨大的冲击力。各国政府的相关部门、企业以及机构都应该及时跟踪相关进展，制定出符合本国标准的产品环境足迹评价规范。同时，也要利用这个机会，加强相关人才的培养，建立本国的产品生命周期数据库，使得本国企业获得更好的生命周期服务，以便在未来的国际市场中占据先机。

五、氮磷足迹

氮磷足迹是为了定量评价人类活动对活性氮和磷排放的影响而提出的。氮和磷的过量输入会对生态系统造成损害，导致水生植物过度生长，消耗氧气，进而导致全世界湖泊、河流与沿海地区的富营养化，对水质产生威胁，降低水生动物的多样性，损害水生生态系统。农业、污水、城市径流、工业废水和化石燃料燃烧是养分的主要来源。尤其对于农业来说，氮和磷是食物生产中必不可少的投入元素，全球人口增长导致食物需求不断增加，因此全球农业中氮肥和磷肥的使用也大量增加，对生态系统和生物多样性造成了不利影响。对于氮来说，除导致水体富营养化、生态系统损坏之外，尿液和粪便中的 NH_4^+ 会形成 NH_3，且氮元素在硝化、反硝化、硝化剂反应中被转化为 N_2O，形成温室气体排放；另外，氮如果流失到环境中，就会穿过地球的大气层、森林、草原和水域，带来了烟雾、酸雨、森林枯死、平流层臭氧消耗和温室效应增强等负面环境影响。对于磷来说，作物和食物的浪费，以及动物和人类的排泄物也会导致人为磷输入的增加。中国不仅面临着巨大的磷资源压力，以不到 6% 的全球磷矿储量，生产了全球 37% 的化学磷肥并消耗了总产量的 33%，同时大量的人为磷输入还造成了国内大量水体的富营养化问题。

贸易会导致氮磷负荷的跨区域流动。各国会从氮肥、磷肥使用效率高于本国使用效率的地区进口粮食和饲料，通过国际贸易对氮磷养分的空间再分配来进行物理转移。对于氮足迹来说，全球氮足迹的大约四分之一来自跨国商品交易，主要是农业、食品和纺织品的贸易，且出口国通常是发展中国家，发达经济体往往是净进口国。对于磷足迹，虽然国家贸易导致了磷的空间转移，但是它也使农业生产的全球磷需求总量减少。对于中国来说，中国的国际磷贸易主要涉及磷化学品的净出口和下游作物的净进口，特别是来自美国、巴西和阿根廷的大豆。在中国国内贸易中，玉米的由北向南输出以及小麦的由南向北输出，导致了 N、P 的流动。

目前对氮磷足迹的研究主要集中在农业和食品方面。贸易使得氮磷足迹大量隐含在进出口中。1961 ~ 2007 年作物和牲畜贸易的环境后果不断增加，12 个国家（澳大利亚、阿根廷、美国、巴西、法国、印度、墨西哥、肯尼亚、中国、埃及、日本、荷兰）进出口 P 总量增加了约 6 倍。另外，饲料作物贸易增加，饲料作物 P 出口从 43% 增加到了 68%，其中巴西的相对增幅最大，从 2kt 增加到 200kt。中国、印度、美国、巴西占全球 N 排放总量的 47%（中国 20%，印度 11%，美国 10%，巴西 6.1%），其次是另外六个国家（俄罗斯，巴基斯坦，印度尼西亚，澳大利亚，墨西哥和阿根廷），共占比 12%。另外，国际贸易中隐含了 4.18×10^4kt（在工业和农业总排放量中占比 26%）的 N 排放；此外，大量的隐含 N 从中国、印度、墨西哥流向美国和日本。2014 年，全球农产品贸易总额为 2.78×10^3ktP，其中作物贸易占 95%，畜产品贸易占 5%。另外，贸易作物 P 的含量占收获生物量中总磷的 16%。中国进口了超过五分之一的 P。美国是虚拟 P 流的最大接收国，其进口了 545kt 的虚拟 P，主要来自中国、印度和加拿大。中国是最大的 P 出口国，出口了 457 kt 的虚拟 P，主要目的地为美国和日本，合计占中国所有出口 P 的 38%。另外，印度、加拿大、巴西和澳大利亚也是虚拟 P 的主要出口国，出口量分别为 397kt、244kt、248kt 和 228kt；此外，国际贸易使农业生产的全球磷需求总量减少了 16%。中国的虚拟 N 流主要通过玉米和小麦从北方向华南的输出产生，而水稻则相反。在 2008 ~ 2012 年，玉米、水稻、小麦三种作物国内贸易中体现的虚拟 N 流量总量为 2656kt/ 年，其中，1395kt/ 年的虚拟 N 流隐含在从华北到华南的农作物贸易中。省际作物贸易中体现的虚拟 P 流与虚拟 N 流具有相似的模式，即玉米和小麦从北向南，水稻自南向北。总虚拟 P 流量达 638kt/ 年，其中 393kt/ 年的虚拟 P 流隐含在从北到南的作物贸易中。

第四章　资源环境足迹核算方法

第一节　环境投入产出方法

一、环境投入产出（EEIO）方法介绍

投入产出分析（IOA）方法于 1936 年由 Leontief 提出，最初用来研究一国的国民经济各个产业部门之间的联系。描述的是地区之间、产业部门之间的经济关系，体现的是各部门间生产投入和产品分配的平衡关系。投入产出的基本概念是通过使用要素投入（中间投入）来开展生产，同时生产使用的要素也是其他行业的产出，其主要目的是确定产出所使用的间接需求。投入产出表记录了"从被视为生产者的每个工业部门到被视为消费者的每个部门的产品流量"。

投入产出的理论基础是一般均衡理论，一般均衡理论认为各种经济现象之间的关系都可以表现为数量关系，并且这些数量之间存在着密切的联系，相互依存，相互影响。在商品市场和生产要素市场上，一种商品或生产要素价格的变动，同时受它自身供求以及其他商品和生产要素的供求与价格的影响。当每种商品和要素达到供求相等时，就达到了全部均衡。投入产出分析描述的是全部均衡中的生产的均衡。投入是指生产产品所需要的原材料、燃料、固定资产折旧和劳动力、资本等；产出是指产品生产的总量，包括生产用的中间产品、居民消费、政府消费、投资等。

投入产出表分为单区域投入产出表与多区域投入产出表。单区域投入产出表反映该区域范围内各部门之间的经济技术联系，其基本结构见表 4-1。

表4-1　单区域投入产出表

SRIO	部门1	部门2	部门3	最终需求	出口	总产出
部门1	z_{11}	z_{12}	z_{13}	y_1	e_1	x_1
部门2	z_{21}	z_{22}	z_{23}	y_2	e_2	x_1
部门3	z_{31}	z_{32}	z_{33}	y_3	e_3	x_1
增加值	v_1	v_2	v_3	—	—	—
进口	m_1	m_2	m_3	—	—	—
总投入	x_1	x_2	x_3	—	—	—

对于投入产出表，假定行为 i，列为 j，则有如下平衡关系：

$$x = Z+y = Ax+y \tag{4-1}$$

$$Z = \begin{pmatrix} z_{11} & z_{12} & z_{13} \\ z_{21} & z_{22} & z_{23} \\ z_{31} & z_{32} & z_{33} \end{pmatrix} \quad y = \begin{pmatrix} y_1 \\ y_2 \\ y_3 \end{pmatrix} \quad x = \begin{pmatrix} x_1 \\ x_2 \\ x_3 \end{pmatrix} \quad A = \begin{pmatrix} a_{11} & a_{12} & a_{13} \\ a_{21} & a_{22} & a_{23} \\ a_{31} & a_{32} & a_{33} \end{pmatrix} \quad e = \begin{pmatrix} e_1 \\ e_2 \\ e_3 \end{pmatrix}$$

$$u = \begin{pmatrix} u_1 \\ u_2 \\ u_3 \end{pmatrix} \quad n = \begin{pmatrix} n_1 \\ n_2 \\ n_3 \end{pmatrix} \quad m = \begin{pmatrix} m_1 \\ m_2 \\ m_3 \end{pmatrix} \quad v = \begin{pmatrix} v_1 \\ v_2 \\ v_3 \end{pmatrix}$$

其中，Z 为中间流量矩阵，代表生产过程中中间产品在各个部门之间的流动，$z_{i,j}$ 代表 i 部门提供给 j 部门的中间投入，如：z_{12} 代表 1 部门提供给 2 部门的中间投入；y 为最终需求矩阵，代表最终产品的消费，例如：居民消费、政府消费、投资，y_i 为 i 部门的最终需求，如：y_1 代表 1 部门的最终需求；x 为总产出矩阵，x_i 为 i 部门的总产出（横向）或总投入（纵向），如：x_1 代表 1 部门的总产出或总投入；A 为直接消耗系数矩阵，其中 $a_{ij} = \dfrac{z_{i,j}}{x_j}$，含义为：$j$ 部门一单位总产出需要的 i 部门的投入量，如：a_{12} 代表 2 部门一单位总产出需要的 1 部门的投入量；e 为出口矩阵，e_i 为 i 部门的出口量，如：e_1 代表 1 部门的出口量；v 为增加值矩阵，v_j 代表 j 部门的劳动者报酬、生产税净额、固定资产折旧、营业盈余等，如：v_1 代表 1 部门的劳动者报酬、生产税净额、固定资产折旧、营业盈余等；m 为进口矩阵，m_j 代表 j 部门的进口，如：m_1 代表 1 部门的进口；u 为各个部门的环境影响的矩阵，如碳排放量、水使用量、土地使用量等，u_j 为 j 部门生产引起的环境影响，如：u_1 代表 1 部门的环境影响；n 为环境系数矩阵，其中，$n_j = \dfrac{u_j}{x_j}$，代表 j 部门单位产出引起的环境影响。

多区域投入产出表能够体现各区域各部门之间的经济联系，多区域投入产出表的结构如表 4-2。

表4-2　多区域投入产出表

MRIO		中间流量				最终需求		出口	总产出
		区域1		区域2		区域1	区域2		
		部门1	部门2	部门1	部门2				
区域1	部门1	z_{11}^{11}	z_{12}^{11}	z_{11}^{12}	z_{12}^{12}	y_1^{11}	y_1^{12}	e_1^1	x_1^1
	部门2	z_{21}^{11}	z_{22}^{11}	z_{21}^{12}	z_{22}^{12}	y_2^{11}	y_2^{12}	e_2^1	x_2^1
区域2	部门1	z_{11}^{21}	z_{12}^{21}	z_{11}^{22}	z_{12}^{22}	y_1^{21}	y_1^{22}	e_1^2	x_1^2
	部门2	z_{21}^{21}	z_{22}^{21}	z_{21}^{22}	z_{22}^{22}	y_2^{21}	y_2^{22}	e_2^2	x_2^2
增加值		v_1^1	v_2^1	v_1^2	v_2^2	—	—	—	—
进口		m_1^1	m_2^1	m_1^2	m_2^2	—	—	—	—
总投入		x_1^1	x_2^1	x_1^2	x_2^2	—	—	—	—

以两区域两部门为例进行阐述：

其中，Z 为中间流量矩阵，Z_{ij}^{rs} 代表 r 区域 i 部门提供给 s 区域 j 部门的投入，如：z_{21}^{12} 代表 1 区域 2 部门提供给 2 区域 1 部门的中间投入；y 为最终需求矩阵，y_i^r 为 r 区域 i 部门的最终需求，如：y_2^1 代表 1 区域 2 部门的最终需求；x 为总产出矩阵，x_i^r 为 r 区域 i 部门的总产出或总投入，如：x_2^1 代表 1 区域 2 部门的总产出或总投入；A 为直接消耗系数矩阵，其中 $a_{ij}^{rs} = \dfrac{z_{ij}^{rs}}{x_j^s}$，含义为：$s$ 区域 j 部门一单位总产出需要的 r 区域 i 部门的投入量，如：a_{21}^{12} 代表 2 区域 1 部门一单位总产出需要的 1 区域 2 部门的投入量；e 为出口矩阵，e_i^r 为 r 区域 i 部门的出口量，如：e_2^1 为 1 区域 2 部门的出口量；v 为增加值矩阵，v_j^s 代表 s 区域 j 部门的劳动者报酬、生产税净额、固定资产折旧、营业盈余等，如：v_1^1 代表 1 区域 1 部门的劳动者报酬、生产税净额、固定资产折旧、营业盈余等；m 为进口矩阵，v_j^s 代表 s 区域 j 部门的进口，如：m_1^1 代表 1 区域 1 部门的进口；u 为各个部门的环境影响的矩阵，如碳排放量、水使用量、土地使用量等。u_j^s 为 s 区域 j 部门生产引起的环境影响；n 为环境系数矩阵，其中，$n_j^s = \dfrac{u_j^s}{x_j^s}$ 代表 s 区域 j 部门单位产出引起的环境影响。

二、环境投入产出模型

投入产出法早期应用于经济发展领域，其适合模拟经济发展以及构建用于衡量收入和就业乘数的表格。除关注经济发展外，经济学家也越来越关注经济发展的后果。1970 年代以来，投入产出方法已被应用于各种能源和资源问题。污染是经济活动的副产品，通过商品和服务的贸易，每个地区的消费都与其他地区的环境污染相关联。随着自由贸易的发展，这种关联变得更加紧密、频繁（在商品和服务贸易中隐含的环境影响大幅增加），因此，量化贸易商品和服务中隐含的环境影响对于各个经济体来说至关重要。投入产出分析能够体现区域部门之间的贸易关系，确定消费（产出）使用的所有间接需求，因此，可以结合环境影响因子来分析消费活动引起的各种环境影响以及国家间商品和服务贸易体现的环境影响及其转移情况，即环境投入产出模型。EEIO 常被用来计算与下游消费活动相关的隐藏的、上游的、间接的或隐含的环境影响，例如一个人购买和消费某种商品时发生的总环境影响；计算国家之间贸易商品中隐含的环境影响，例如美国消费所导致的中国出口的商品中蕴含了的中国本地碳排放，根据隐含碳排放的核算在各个经济体之间分配碳排放责任，用于价值链中追踪价值链各个环节隐含的环境影响等。基于多区域投入产出模型（MRIO），可以采用 EEBT 方法和 MRIO 方法核算消费者视角的资源环境足迹。

1. 单区域环境投入产出

投入产出表行平衡为：$x = Z + y = Ax + y$。设 I 为一个 $n \times n$ 的单位矩阵（主对角元素为 1，其他为 0），由此式进行运算：首先，移项得 $x - Ax = y$，然后由 $x = x \cdot I$，得（$I -$

$A)x = y$，若 $|I-A| \neq 0$，则 $(I-A)^{-1}$ 存在，方程两侧同时乘 $(I-A)^{-1}$ 得 $(I-A)^{-1}$ $(I-A)x = (I-A)^{-1}y$，最终得总产出为：$x = (I-A)^{-1}y$。其中，I 为单位矩阵；$(I-A)^{-1}$ 为完全消耗系数矩阵，即里昂惕夫逆矩阵 L；最终需求引起的各个部门的环境影响为：$\hat{n} \cdot (I-A)^{-1} \cdot y$。

2. 多区域环境投入产出

（1）两区域两部门。投入产出表行平衡为：$x = Z + y = Ax + y$，由此式子进行运算：$x - Ax = y$ $(I-A)x = y$ $(I-A)^{-1}(I-A)x = (I-A)^{-1}y$，最终得总产出为：$x = (I-A)^{-1}y$。其中，$I$ 为单位矩阵；$(I-A)^{-1}$ 为完全消耗系数矩阵，即里昂惕夫逆矩阵 L；最终需求引起的各个部门的环境影响为：$\hat{n} \cdot (I-A)^{-1} \cdot y$。

（2）EEBT 方法——多区域多部门。EEBT 方法直接使用双边贸易价值进行计算。该方法明确区域 r 与区域 s 产生双边贸易时的资源环境使用或污染排放情况，可以量化随着贸易从区域 r 流向区域 s 的资源或污染物。

EEBT 的基本框架可以表示为：

$$\hat{x}^r = A^r x^r + \left(\hat{y}^r + \sum e^{rs}\right) \tag{4-2}$$

式中，$\hat{x}^r$ 是以对角矩阵形式呈现的区域 r 的总产出；A^r 是区域 r 的技术系数矩阵，表示各部门的中间投入价值；$\hat{y}^r$ 是区域 r 内部最终需求的对角矩阵；$\sum e^{rs}$ 是区域 r 为满足其他区域 s 的最终消费需求而产生的出口量。

基于 EEBT 框架，内部资源环境足迹可以表示为：

$$ief^r = \sum \hat{d}^r \cdot (I-A^r)^{-1} \cdot \hat{y}^r \tag{4-3}$$

式中，ief^r 是区域 r 的内部资源环境足迹。$\hat{d}^r$ 是区域 r 资源利用或污染排放强度的对角矩阵，代表单位产出的资源利用量或污染排放量。$(I-A^r)^{-1}$ 是里昂惕夫逆矩阵，其中 I 是单位矩阵，A^r 是技术系数矩阵。$\hat{y}^r$ 是区域 r 最终需求的对角矩阵。

虚拟资源环境出口量可以表示为：

$$vee^r = \sum \hat{d}^r \cdot (I-A^r)^{-1} \cdot \sum \hat{e}^{rs} \tag{4-4}$$

式中，vee^r 是区域 r 的虚拟资源环境出口量，$\sum \hat{e}^{rs}$ 是区域 r 为满足区域 s 消费需求产生的出口量，以对角矩阵形式呈现。

虚拟资源环境进口量可以表示为：

$$vei^r = \sum \sum \hat{d}^s (I-A^s)^{-1} \hat{e}^{sr} \tag{4-5}$$

式中，vei^r 是区域 r 的虚拟资源环境进口量。$\hat{d}^s$ 是对角矩阵形式的区域 s 的资源利用或污染排放强度；A^s 是区域 s 的技术系数矩阵；$\hat{e}^{sr}$ 是以对角矩阵形式呈现的从区域 s 到区域 r 的出口量。

把内部资源环境足迹和虚拟资源环境进口量相加，可以得到区域 r 的资源环境足迹：

$$ef^r = ief^r + vei^r \tag{4-6}$$

（3）MRIO 方法——多区域多部门。EEBT 方法可用于核算一个区域生产出口产品过程中造成的资源环境利用或污染排放量，但是无法区分中间消费需求和最终消费需求的贡献。在实际情况中，区域 A 在生产过程中需要从区域 B 和 C 进口材料，而区域 B 和 C 为了满足 A 的消费需求可能同样需要从其他地区进口，以此类推。MRIO 方法可以区分中间消费需求和最终消费需求引发的贸易活动，适用于上述情况。

MRIO 方法的基本框架可以表示为：

$$x^r = \sum_s A^{rs} x^s + \sum_s f^{rs} \tag{4-7}$$

式中，x^r 是区域 r 的总产出；x^s 是区域 s 的总产出；A 是技术系数矩阵，$A^{rs} = x_{ij}^{rs} / x_j^s$ 由区域 r 部门 i 对区域 s 部门 j 的投入 x_{ij}^{rs} 除以区域 s 部门 j 的总产出 x_j^s 得到；f^{rs} 是区域 r 为满足区域 s 的消费而产生的最终需求量。

求解上式得到：

$$x^r = \sum_s (I - A^{rs})^{-1} f^{st} = \sum_s L^{rs} (y+e)^{st} \tag{4-8}$$

式中，$L = (I - A)^{-1}$ 是里昂惕夫逆矩阵，I 是单位矩阵；$f^{st} = (y+e)^{st}$ 是区域 s 为满足区域 t 消费而产生的最终需求量，由内部最终需求 y 和出口 e 组成。

基于 MRIO 框架，区域 r 的资源环境足迹为：

$$ef^r = \hat{d}^r \, x^r = d^r \left(\sum_t x^{rt} \right) = d^r \left[\sum_s L^{rs} (y+e)^{st} \right] \tag{4-9}$$

式中，$\hat{d}^r$ 是区域 r 资源利用或污染排放强度的对角矩阵。$\sum_t x^{rt} = \sum L^{rs} (\hat{y} + e)^{st}$ 表示区域 r 为满足区域 t 最终需求产生的产出量。

第二节　生命周期评价方法

一、生命周期评价的定义

LCA 最早出现于 20 世纪 60 年代末，因为学者们认识到直觉与肤浅的分析并不可靠，环境管理需要复杂的、包含产品整个供应链条的量化评价。目前对于其的定义有许多，其中以国际环境毒理学和化学学会（SETAC）和 ISO 提出的定义最具有代表性和权威性。SETAC 是第一个认识到 LCA 价值的国际组织，其对 LCA 的定义为"是一种通过识别和量化能源、材料的使用及向环境排放的废物，来评价一个产品、过程或活动的环境负担的方法；是对清单分析中所识别出来的环境负荷的影响进行定量和定性的技术评价和描述过程"。ISO 对生命周期的定义为"产品系统中前后衔接的一系列阶段，从自然界或从自然资源中获取原材料，直至最终处置"，而生命周期评价是"编制一个产品系统的生命周期中输入、输出清单，并评估其潜在环境影响"。即 LCA 是一种评价产品、工艺或活动从原料采集，到产品生产、运输、销售、使用、回用、维护和最终处置整个生命周期阶段有关环境负荷的过程。LCA 能够从"摇篮"到"坟墓"的全过程对产品、工艺或活动所涉及的环境影响进行识别与量化，是进行环境管理的有效工具。

　　LCA 最早起源于 1969 年可口可乐公司对其包装产品从原材料采集到最终处置全过程的环境排出量和天然资料利用量进行的跟踪与定量分析，当时称之为资源与环境状况分析（Resource and Environmental Profile Analysis，REPA）。之后，随着可持续发展思想的普及和第一次石油危机的爆发，LCA 迅速发展，其应用领域也扩展到能源、铝材、塑料、家电等领域。随着欧洲环境保护运动的活跃，1990 年 SETAC 首次提出了 LCA 的概念，定义了其技术框架，并于 1992 年提出了分类（Classification）、特征化（Characterization）、量化（Valuation）的 LCA 三步评价法。1991 年 PER 公司发布了当前进行 LCA 分析的主流软件 SimaPro。1992 年开始，莱顿大学环境科学中心（CML）和北欧各国陆续公布了地球温暖化（Global Warming Potentials）、臭氧层破坏（Ozone Layer Depletion）、光化学氧化（Photochemical Oxidation）、酸性化（Acidification）、富营养化（Eutrophication）、人体毒性（Human toxicity）、生态毒性（Ecotoxicity）等参数，并通过清单分析把生产活动对上述领域的潜在影响关联起来，实现了 LCA 环境影响评价的特征化分析。为促进 LCA 方法的实施和发展，1993 年 ISO 成立了"环境管理标准技术委员会（TC-207）"，并为 LCA 在 ISO 14000 系列标准中预留了 10 个标准号（ISO 14040 ～ ISO 14049），开始正式起草环境管理体系系列标准。截至 2014 年，10 项标准已全部发布，由于 ISO 的国际影响，标准化后的 LCA 方法此后成为众多学术和环境组织、政府机构和企业所采用的主流方法。1995 年，日本开始了 LCA 研究，其成功组织了 4 次大型研讨会，成为 LCA 研究的一个重要组成部分。1998 年，LCA 环境影响评价类型开始从中间水平（环境问题）拓展到终点水平（破坏／损伤），一系列以保护目标（即人体健康、生态系统和资源）的破坏评价为导向的 LCA 环境影响评价方法面世，如 Eco-indicator 98、IMPACT 2002+、ReCiPe 2016 等。2002 年，联合国环境规划署（UNEP）和 SETAC 联合发起"生命周期倡议（Life Cycle Initiative）"，制定了研究大纲，开展了国际多边合作研究，促进了 LCA 方法的进一步规范和发展。我国于1998 年开始引进 ISO 14000 系列标准，并将其转化为 GB/T 24040 系列国家标准，以实现LCA 研究与国际接轨。进入 21 世纪后，我国的 LCA 研究论文陆续发表，LCA 研究开始在我国落地生花、蓬勃发展。

二、生命周期评价方法的基本理论

　　ISO 14040 标准规定的技术框架已成为当前 LCA 领域国际通用的研究步骤，其主要包括目标与范围的确定、清单分析、影响评价与结果解释四个部分，且各阶段之间是一个交互作用的反复过程，如图 4-1 所示。LCA 研究的结果一般可应用于产品开发与改进、战略规划、政策制定、营销等方面。

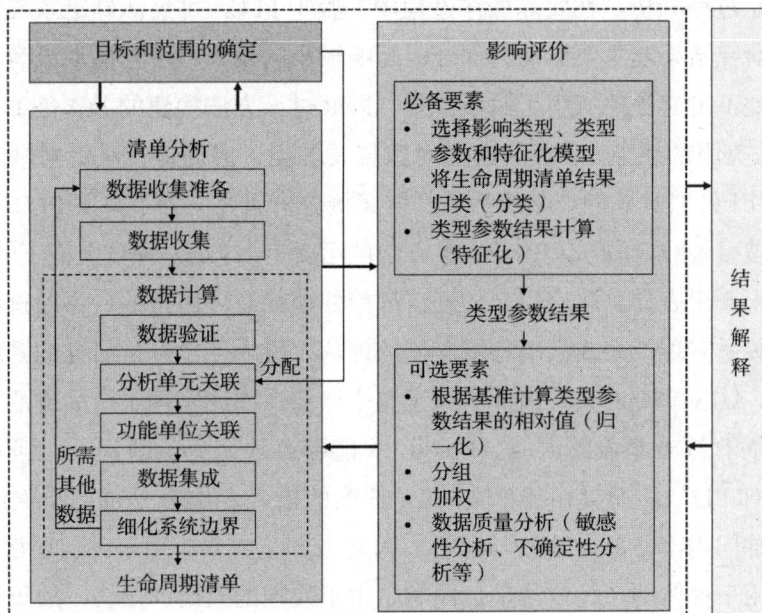

图4-1 LCA技术框架

（1）目标和范围的确定：确定了开展当前 LCA 研究的目的和意义，明确了外部输入、输出的能源和物质。此阶段要求明确研究目标的系统边界、功能单位、数据类型与质量等，以保证研究的深度与详尽程度符合研究目标的要求。由于 LCA 反复迭代的特性，系统边界不是一成不变的，在数据收集过程中需适当调整以满足研究目标的需要，这也有助于数据质量的提高。系统边界一般具有较高的灵活性，可在"摇篮（起点）"到"坟墓（终点）"中任意一个节点截断。而功能单位为输入、输出及研究结果提供了一个统一的计量基准，决定了如何进行数据组织、过程分配、结果展示与比较。选择合适的功能单位也有助于提高研究的精度、可信度及可比性。

（2）清单分析（Life cycle inventory, LCI）：是对研究对象整个生命周期中输入、输出进行数据收集与汇编，并通过分析与计算得出研究对象各生命周期阶段的产出、物质投入、能源消耗以及排放到大气、水、土壤中的污染物的量。LCI 是 LCA 研究的基础，也是一个多次反复的过程，这就要求在进行 LCI 分析时需要对数据来源与用途进行详尽说明。

依据系统边界、数据收集方式及方法学原理的不同，当前 LCI 与 LCA 研究主要分为三种方法：基于过程的生命周期评价、基于经济投入—产出数据与公开的资源消耗及环境排放数据的生命周期评价以及混合生命周期评价。PLCA 是一种自下而上的方法，是 SETAC 与 ISO 推广的当前主流的 LCA 研究方法，该方法主要通过实地调研、现场监测或二手统计资料获得数据。PLCA 理论上要求考虑研究对象全生命周期的输入输出情况，是一个向前递推的无限扩张的网络，因此需要大量的数据、时间和人力物力支持，多数情况下并不能实现全过程分析。在实际操作过程中，鉴于 PLCA 可灵活确定系统边界，该方法通常只考虑对研究结果起主要影响的部分，影响较小的投入、工艺活动或者环境排放就被排除在外，因此不可避免地产生了截断误差，即通过该方法构建的 LCI 是不完整的，这是 PLCA 方法无法克服的缺点。虽然 PLCA 对数据要求高，但因该方法针对性强、评价结果详细，通常适用于针对具体的产品或活动开展案例分析研究。为了克服 PLCA 方法的缺陷，投入产出分析被引入 LCA 研究，EIO-LCA 方法应运而生，这是一种自上而下的经济学方法。该方法利用投入产出表计算政府定义的经济部门的能耗及环境排放，再通过研究对象与经济部门的对应关系实现产品或活动环境影响的评估。投入产出分析研究的系统边界为整个国民经济系统，LCA 研究的边界借此扩大至整个产业，因此实现了产品或活动环境影响的完整核算，从而有效减小截断误差。EIO-LCA 能够有效避免截断误差，但其计算精确性和针对性却不如 PLCA。而且由于 EIO-LCA 依据的投入产出表是部门层次的数据，该方法并不能实现部门内部产品的比较与分析，因此该方法主要应用于部门层次的 LCA 研究，几乎不单独应用于具体的产品或活动。同时，由于我国的投出产出表一般每隔 5 年发布一次，因此 EIO-LCA 具有明显的时间滞后性。此外，投入产出表并不包含产品的服务、废弃处置等阶段，因此并不能够实现真正意义上的生命周期分析，其分析精细程度也远不如 PLCA。为了应对上述两种方法的缺陷，研究者们又开发了 HLCA 方法。该方法通过 EIO-LCA 指导边界和范围，对过程较为清晰的数据采用 PLCA 进行收集，对各部门影响较小、过程未知的产品和工艺过程采用 EIO-LCA 方法。但这种方法相较于 PLCA 和 EIO-LCA，起步较晚，研究相对不成熟。

（3）影响评价：是将 LCI 中的环境负荷数量与不同类型的环境影响（如富营养化、人体毒性等）联系起来，从而进行定量或定性分析。影响评价理论性较强，涉及环境学、生态学、毒理学等多门学科，是 LCA 中最复杂、最不成熟的阶段。当前影响评价主要基于 SETAC 提出的"三步走"模型进行，即分类、特征化和量化。"分类"是将 LCI 分析中所得的环境负荷数据依据其对环境的影响类型不同进行分类。影响类型分为终点和中间点两个层次，终点影响类型依据对不同保护目标的破坏进行划分，一般包括对生态系统、人体健康和资源的环境损伤三大类，每个终点又包含多个不同的中间点类别。中间点是指环境影响路径上的某个位置，中间点之后，对于分配给该影响类型的所有环境流，其环境影响机制都相同。"特征化"是将 LCI 中属于同一中间点的数据转化为某一个特征值，即依据环境影响机理进行统一单位换算，实现各种环境干扰因素的当量因子转换，从而方便比较和计算。"量化"则是通过选择特定地理范围内人均或总量污染物排放及资源消耗数据作为基准值对不同的影响类型评价结果进行转化，以实现不同影响类型间的比较，或在此基础上根据不同环境影响类型的大小进行加权计算，得到可供比较的单一值。研究可根据研究目的的要求决定是否对结果进行量化处理。

LCA 影响评价模型主要分为问题导向（Problem-oriented approach）和破坏导向（Damage-oriented approach）两大类。问题导向仅包含中间点层次的分析，其评价结果与环境污染事实相关，采用当量表示研究结果，参数的不确定性相对较低。破坏导向还包含了终点层次的分析，与社会所关注的环境问题带来的损伤（如资源耗竭）密切相关，更直观地表示了环境问题给人类社会发展带来的影响，参数的不确定性相对较高。当前比较流行的 LCA 影响评价模型有 CML、EDIP、Eco-indicator 99、IMPACT 2002+、IMPACT World+ 和 ReCiPe 等。CML 模型由莱顿大学环境科学中心开发，仅在中间点层次上对环境影响进行分析，并进行了归一化计算以实现不同影响类型间环境影响大小的比较。CML 模型包含臭氧层破坏（Ozone Layer Depletion）、人类毒性（Human Toxicity）、淡水水体生态毒性（Fresh Water Aquatic Ecotoxicity）、海洋水体生态毒性（Marine Aquatic Ecotoxicity）、陆地生态毒性（Terrestrial Ecotoxicity）、光化学氧化（Photochemical Oxidation）、全球变暖（Global Warming Potentials）、酸性化（Acidification）、非生物消耗（Abiotic Depletion）、富营养化（Eutrophication）等 10 个必选的环境影响类型，是 LCA 分析经典的且应用较为广泛的模型。该方法对水体影响的划分十分详细，包含淡水 / 海水生态毒性、淡水 / 海水沉积物生态毒性以及富营养化，但未将水作为一种资源考虑。EDIP 模型由丹麦技术大学产品开发研究所提出，该模型首次将环境影响（如全球变暖、酸性化、富营养化等）、资源消耗（如石油、铁等）与人体健康（如致癌、过敏等）归纳到同一个模型中。EDIP 模型采用因果链区分不同的环境影响类型，计算结果与环境影响的实际情况较为相符。EDIP 模型仍是中间点层次的评价方法，但该方法在进行归一化时考虑了全球性、区域性、局地性三个空间尺度的基准。Eco-indicator 99 模型是荷兰 Pré Consultants B.V 开发的经典的破坏导向的 LCA 评价方法，是此后多数 LCA 模型研究的基础，模型框架如图 4-2 所示。IMPACT 2002+ 模型主要就是在 Eco-indicator 99 与 CML 模型的基础上建立的，其中间点层次的分析主要依据 CML 模型，而从中间点到终点则与 Eco-indicator 99 模型类似。不同的是，Eco-indicator 99 模型考虑了人体健康、生态系统和资源三个保护目标，而 IMPACT 2002+ 模型还将气候变化单独作为一个终点类型，并且考虑的是气候变化 500 年内的影响，而不是 Eco-indicator 99 模型的 100 年。IMPACT 2002+ 模型还对 Eco-indicator 99 模型中人体致癌、非致癌（Human Health Carcinogenic and Non-carcinogenic）以及淡水和陆地生态毒性（Aquatic and Terrestrial Ecotoxicity）的参数进行了更新。此外，在对化石资源消耗进行评估时 IMPACT 2002+ 模型使用的是能量含量，而不是开采所需的剩余能量。但上述两个方法更适于欧洲的 LCA 研究，而 IMPACT World+ 模型是一个适用于全球的模型。IMPACT World+ 模型建立在 IMPACT 2002+ 与 EDIP 模型的基础上，其包含了人体健康、生态系统质量、资源与生态保护区、水资源与碳排放四个终点。与 IMPACT 2002+ 模型不同，该方法考虑了水资源消耗对人体健康的影响和海洋酸性化对生态系统的长期影响。ReCiPe 模型也是在 Eco-indicator 99、

CML、ISO 系列标准的基础上建立的，是当前应用最为广泛的 LCA 评价模型之一。为了解决破坏导向方法高不确定性的问题，与 Eco-indicator 99 模型一样，ReCiPe 模型包含等级主义、平均主义和个体主义三种不同的研究视角，等级主义依据不同资源的稀缺性，平均主义依据未来资源的耗竭，个体主义更关注当前供应。相较于 CML 模型，ReCiPe 模型包含了更为丰富的中间点类型（如土地占用、电离辐射等）。与 Eco-indicator 99 模型相比，ReCiPe 模型在评估人类活动对资源耗竭的影响时还考虑了水资源，而且进行破坏分析时，考虑的是资源消耗带来的经济成本的增加。ReCiPe 模型在进行归一化时包含了欧洲和全球两个空间尺度，但模型影响类型的参数计算更多的还是采用欧洲的环境数据。该模型在 2017 年更新至 ReCiPe 2016，可在全球范围内适用。

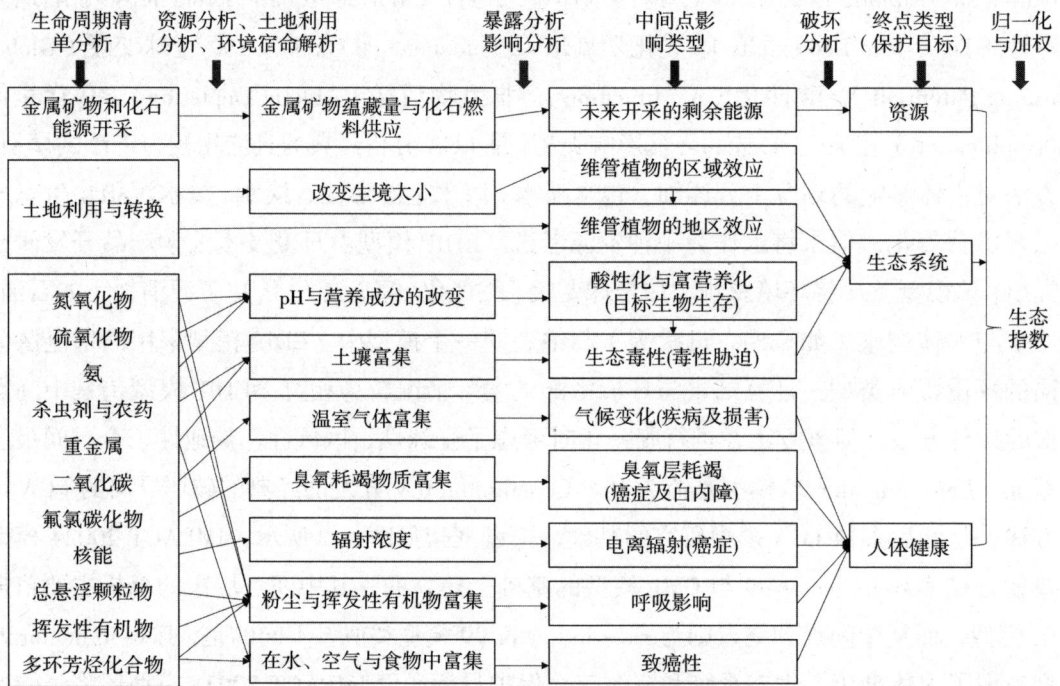

图4-2　Eco-indicator 99方法框架图

（4）结果解释：是根据确定的目标和范围，针对研究服务对象的需求对 LCI 和影响评价结果进行解释，并核实其是否符合目标和范围的要求，同时说明其局限性。识别出对影响评价结果贡献最大的数据要素，并提出相关建议。确定整个分析过程中的假设条件、方法和使用的数据是否与研究目的和范围一致。此外，结果解释一般还需进行敏感性分析的解释，探索输入因子的变化对分析结果的影响。

由于 LCA 分析庞大的计算量与繁重的数据收集工作，在进行 LCA 研究时一般需要相应背景数据库和软件的支持。目前 LCA 研究中开发比较成熟的数据库有瑞士的 Eco-invent、德国的 Gabi、英国的 Boustead、美国的 USLCI、澳大利亚的 LCI 数据库等。上述数据库中产品或活动的工艺、能源类型与消耗、投入、环境排放等数据均基于开发单位所属区域的情况，并不适用于中国的 LCA 研究。如 Eco-invent 中钢铁冶炼所消耗的电力中煤电比重就远低于我国的实际水平。我国 LCA 数据库开发较晚，目前我国公开的数据库有亿科环境科技的 CLCD、中国科学院生态环境研究中心的 RCESS、北京工业大学的中国材料环境负荷数据库 Sinocenter2.0、宝钢的 BaosteelLCA 等，但我国 LCA 数据库的丰富度和数据质量都有待提高。进行 LCA 研究的主要软件有 ECO-it、EcoManager、EcoPro、IDEMAT、LCAD、TEAM、Gabi、SimaPro 等，这些软件一般内置数据库和模型参数，其中以 Gabi 和 SimaPro 应用最为广泛。Gabi 通过建立单元过程的流和链接实现 LCI 分析，具有优良的结构树功能，该软件在汽车厂商中得到了广泛应用。SimaPro 软件由荷兰大学环境科学中心和 Pré Consultants B.V 公司开发，其容量小、易操作，却包含覆盖多国多领域的丰富的数据库与模型参数。SimaPro 不仅可灵活编辑 LCI 数据与影响评价参数，还可借助树状图表现各种输入因子的分支，清晰地识别环境负荷来源，是当前最为普及的 LCA 分析软件之一。

三、生命周期评价方法在资源环境足迹中的应用

生命周期评价一般面临庞大的计算量与繁重的数据收集工作，这也限制了其在资源环境足迹评估中的应用。目前，生命周期评价方法在碳足迹和水足迹评估中应用相对广泛，并且 ISO 颁布了 ISO 14046 Environmental Management – Water Footprint – Principles, Requirements and Guidelines 和 ISO 14067 Greenhouse gases – Carbon footprint of products – Requirements and guidelines for quantification 标准分别指导生命周期水足迹和碳足迹评估工作。其中，生命周期水足迹评价结果主要由水稀缺足迹、水可利用性足迹和水劣化足迹组成（图 4-3）。水稀缺足迹（Water Scarcity Footprint，WSF）用来描述在不考虑水质的情况下，某区域（如流域）对水的需求与补给量对比的程度，其只考虑水的数量。但当水质恶化至不足以满足用户需求的时候，水质也可影响水资源的可利用性。同时土地和水资源管理（如林业、农业、湿地保护等措施）也可通过调节河水流量和补充地下水等方式改变水资源的可利用性。考虑上述因素，用以描述人类和生态系统是否有足够水资源满足其需求的程度的指标为水可利用性足迹（Water Availability Footprint，WAF）。用以量化由于污染物排放引起的水质负面变化程度的指标为水劣化足迹（Water Degradation Footprint，WDF），其可包含毒性、酸性化、富营养化等更为具体的影响。

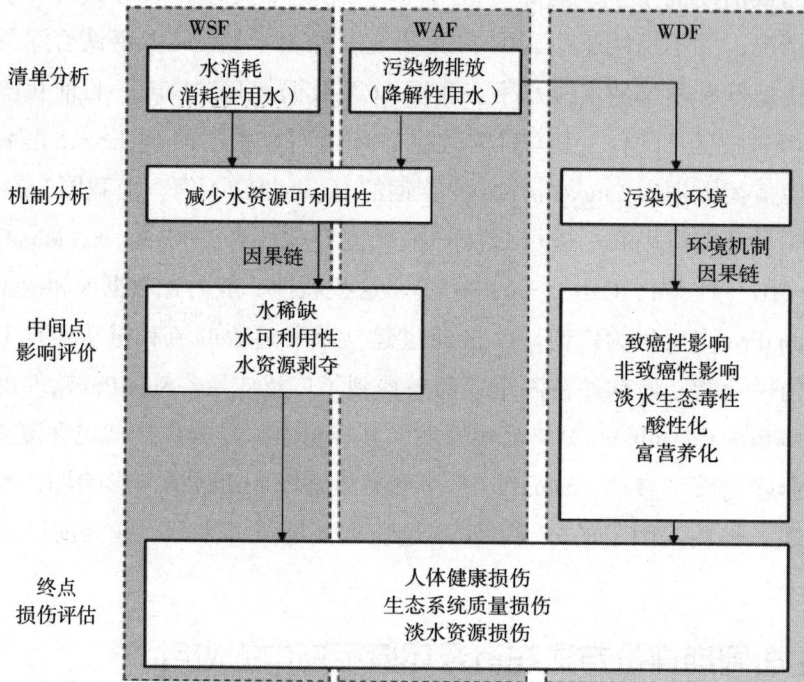

图4-3　生命周期水足迹评估研究内容（Mikosch et al.，2021）

当前对于水稀缺足迹的量化最为成熟，目前已有多个相对较为成熟的模型可用于水稀缺足迹的计算，如 AWARE 模型、WAVE/WAVE+ 模型等。上述模型为中间点模型，在终点层次上，Boulay 等 2011 年计算了淡水使用（Freshwater use）对人体健康的影响，Motoshita 等在 2010 年计算了居民水稀缺的健康损伤，其包含了家庭缺水造成的传染病损害和农业缺水造成的营养不良损害。下面以 WAVE+ 模型为例进行说明：

WAVE+ 模型是 Berger 等人在其提出的 WAVE 模型基础上进行升级得到的，其可同时提供"耗水"数据计算方法与不同时间和空间分辨率下评价区域性水消耗潜在环境影响（水稀缺）的参数。通过该模型计算的水稀缺足迹可用来评估水消耗所导致的淡水资源枯竭的风险，其是通过将超过 11000 个流域的年耗水量与可利用量联系起来确定的。该模型提供的水稀缺参数符合 ISO 14046 和 ISO 14044 国际标准，而且其综合考虑了流域内相对缺水和绝对缺水所导致的淡水资源匮乏的环境影响。同时，WAVE+ 模型将通过降水返回到初始流域的蒸散发量（BIER）和评价水资源消耗对当地潜在影响的 WDI 指数结合到一个集成的参数内，提高了模型的适用性。WAVE+ 模型中共包含 21 个地区和 234 个国家的农业、非农业和未指定用途的逐月水稀缺参数、BIER 值和 WDI 指数。值得注意的是，通过 WAVE+ 模型提供的水稀缺参数计算水稀缺足迹时，其所需的水资源消耗清单应包含取水量、废水排放量、蒸散发循环量和化学反应中合成的蒸汽循环量，如图 4-4 所示。

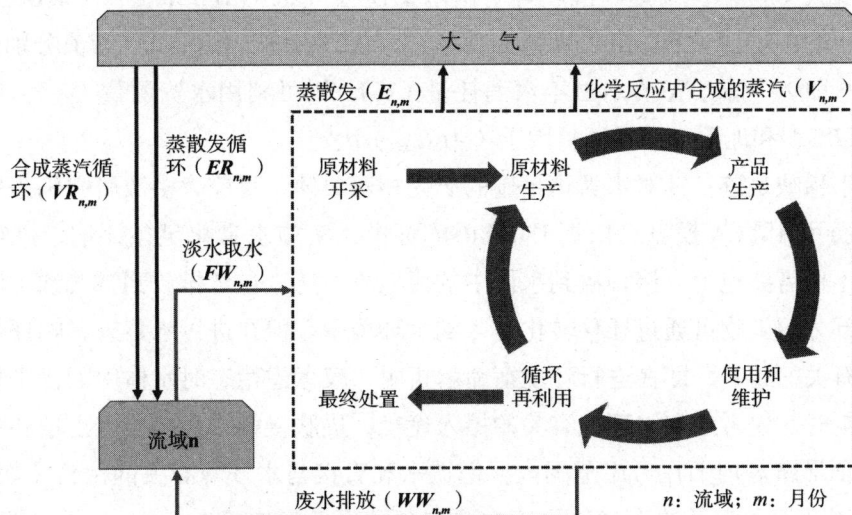

图4-4 产品全生命周期水稀缺足迹评估范围（Berger 等，2018）

在此基础上，水稀缺足迹可通过如下公式计算：

$$WF_{\text{ws}} = \sum_n \sum_m cf_{n,m} \times (FW_{n,m} - WW_{n,m} - ER_{n,m} - VR_{n,m}) \tag{4-10}$$

$$ER_{n,m} = E_{n,m} \times BIER_{n,m} \times \frac{R_{n,m}}{P_{n,m}} \tag{4-11}$$

$$VR_{n,m} = V_{n,m} \times BIER_{n,m} \times \frac{R_{n,m}}{P_{n,m}} \tag{4-12}$$

$$cf_{n,m} = \left(1 - BIER_{n,m} \times \frac{R_n}{P_n}\right) \times WDI_{n,m} \tag{4-13}$$

$$BIER_{n,m} = \frac{-x - \lambda \times \exp\left(\frac{-x}{\lambda}\right) + \lambda}{-x} \tag{4-14}$$

$$CTA_{n,m} = \frac{C_{n,m}}{A_{n,m} + SWS_{n,m}} \times AF_{\text{GWS},n} \tag{4-15}$$

WF_{ws} 为水稀缺足迹，cf 为水稀缺足迹的影响参数，n、m 分别为流域和月份，FW、WW、ER、VR、E、V 分别为淡水取水量、排放到流域中的废水量、蒸散发循环量、化学反应汇中合成的蒸汽循环量、蒸散发量和合成蒸汽量。$BIER$、R、P、WDI 分别代表通过降水返回到流域的蒸散发量、长期平均径流、总降水量和耗水指数（Water Depletion Index）。x、λ 分别为主水分通量方向的流域长度和局地蒸发循环过程的平均长度，λ 通过大气湿度追踪模型WAM2层计算在1.5度分辨率的基础上计算，而计算过程中流域所需的气象水文数据（如降水、风速、湿度等）由水文模型 WaterGAP3 来提供。WDI 值由 CTA 系数决定，其值在 0 至 1 之间，当 CTA 值为 0、0.125、0.25、0.375 和 0.5 时，其值分别为 0.001、0.1、0.5、0.9 和 1。而 CTA 值则由年水消耗量（C）、年可利用水资源量（A）、年可用地表水储量（SWS）和地下水储量调整因子（AFG_{ws}）决定。

相对于水稀缺足迹，针对水劣化足迹的研究相对欠缺，目前大多数研究仍采用浓度系数法或者直接引用 LCA 模型。依据 ISO 14046 标准，实施水劣化足迹评估，进行清单数据收集时，不仅需要包含直接排放到水体中的污染物，还应包含排放到空气和土壤中的物质，因为这部分污染物可通过迁移转化进入到水环境中。但在进行水足迹影响评价时应仅考虑与水体有关的影响，即在进行环境宿命解析时，仅考虑稳态时水体中的污染物。而在进行暴露分析时，仅考虑与水环境有关的摄入途径，皮肤接触、直接摄入土壤和灰尘、呼吸摄入、饮食暴露等均不在考虑范围内。但饮水和直接与水环境有关的饮食（如水产等）暴露应被列入计算。常见的水劣化足迹主要包含致癌性影响（Carcinogens）、非致癌性影响（Non–Carcinogens）、淡水生态毒性（Freshwater Ecotoxicity）、水体富营养化（Aquatic Eutrophication）和酸性化（Acidification）。在终点层次上，通常考虑对两个保护目标的损伤，即人体健康（Human Health）和生态系统质量（Ecosystem Quality），如图 4-5 所示。

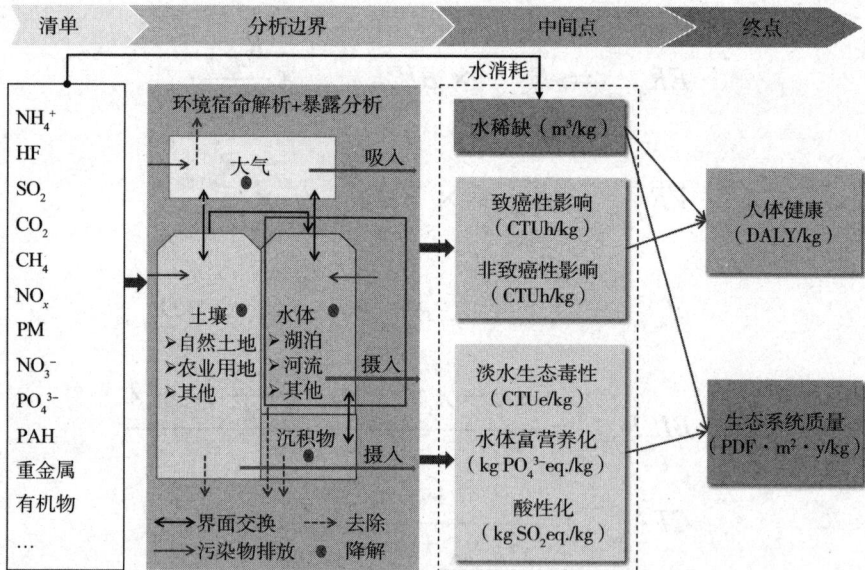

图4-5　全过程水足迹影响评价模型分析边界与框架

水劣化足迹中的毒性影响包括水体中的污染物对人体（致癌性和非致癌性疾病）和淡水生态系统的影响。毒性影响的特征化参数（cftox）可通多介质（如家庭空气、工业空气、城市空气、农村空气、淡水、海洋、农业土壤、天然土壤等）宿命解析和多种暴露途径（如空气、饮用水、叶部和块根作物、肉、乳制品和鱼类等）来评估污染物的环境暴露和毒性影响，具体过程如下所示：

$$cf_{tox,\ i} = \sum_{i=1}^{n} FF_{i,\ water} \times XF_{i,\ water} \times EF_i \tag{4-16}$$

式中，$FF_{i,water}$ 为污染物 i 在水足迹影响评价中的归宿因子，其通过 Mackay 三级逸度模型进行环境宿命解析获得，本研究仅考虑了达到稳态时水体中污染物 i 的影响。$XF_{i,water}$ 为污染物 i 的暴露因子，EF_i 为污染物 i 的影响因子。其中，人体健康毒性影响的暴露因子和影响因子通过如下公式获得：

$$XF_{i,\ H} = \sum_{j=1}^{n} \frac{BAF_i \times PROD_i \times POP}{MASS_j} \tag{4-17}$$

$$PROD_i = \frac{c_i \times exf_i \times ed_i \times IR_i}{BW \times LT_h} \tag{4-18}$$

$$EF_{H,\ i} = \sum_{i=1}^{n} UR_i \times \left(\frac{0.5}{ED_{50,\ i} \times BW \times LT_h \times N_{365}} \right) \tag{4-19}$$

式中，XF_i, H 为水足迹影响评价中污染物 i 的人体健康毒性类型（致癌性和非致癌性影响）的暴露因子，其暴露途径仅涉及与水环境有关的经口摄入（如鱼类、贝类等，皮肤暴露等并不包含在内）。BAF_i、$PROD_i$、POP、$MASS_j$ 分别为污染物 i 的生物蓄积系数（无量纲）、单位时间内污染物 i 的摄入量 $[mg/(kg \cdot d)]$、暴露区域的人口总体体重（kg）和暴露区域内食品 j 的总质量（kg）。c_i、exf_i、ed_i、IR_i 分别为污染物 i 在水介质或食品中的浓度（mg/L 或 mg/kg）及其暴露频率（d/a）、暴露持续时间（a）和摄入率（L/d 或 kg/d）。BW、LT_h 为人体平均体重（kg）和终身暴露时间（70 年）。$EF_{H,\ i}$ 为污染物 i 的人体健康影响类型的影响因子，即吸收 1kg 污染物 i 导致的发生致癌和非致癌性疾病的风险，该方程所需的相关数据可通过动物实验获取。但为了解决人体和动物间的差异，需通过流行病学研究中确定的污染物 i 的单位风险（UR_i）来进行水足迹影响评价中相关特征化参数的计算。$ED_{50,\ i}$ 为导致 50% 人类发生致癌性或非致癌性疾病的污染物 i 基准计量（mg/kg·d），N_{365} 为每年天数。淡水生态毒性的暴露因子通过物种吸收分值获得，影响因子（$E_{FFE,i}$）通过如下公式计算：

$$EF_{FE,\ i} = \frac{0.5}{HC_{50,\ i}} \tag{4-20}$$

$HC_{50,\ i}$ 为污染物 i 的危险浓度，即当物种暴露在高于该浓度的水环境中时，有 50% 的种群表现出影响。由于水劣化足迹未局地性影响，上述计算过程均可引入区域化信息以应对不同区域间的差异性。

水体富营养化是由于营养物质排放到土壤或淡水水体中导致的氮、磷等物质含量的上升，进而增加了自养生物（例如蓝细菌和藻类）以及异养物种（例如鱼类和无脊椎动物）对养分的吸收导致其大量繁殖，最终破坏物种多样性从而引起物种的相对损失的现象。水足迹影响评估中的水体富营养化的影响包含了直接进入到水环境中的磷及从土壤转移到淡水水体中的磷，二者的增加均会影响淡水生态系统。而酸性化主要是由于氮氧化物（NO_x）、氨（NH_3）、二氧化硫（SO_2）等酸性气体的排放及其随后沉积在水环境中引起的。这些物质可直接进入到水环境中，也可源于陆地环境的沉积，最终通过径流或地下水进入水环境。而水环境中酸性物质的增加可引起水体中氢离子（H^+）和盐基阳离子浓度的变化，导致水体酸度偏离了物种所需的最佳酸度水平，并影响环境中营养物质的含量以及导致可溶性有毒金属物质（如铝等）增加，进而影响物种多样性与生态系统的质量。水体富营养化和酸性化足迹采用特征化当量参数计算，即分别采用磷酸根离子（PO_4^{3-}）和SO_2作为参考物质进行统一的单位换算，其具体计算过程如下所示：

$$cf_{AE,\,j} = FF_{i,\,water} \times \frac{V_i/M_i}{V_{ref}/M_{ref}} \tag{4-21}$$

$$cf_{AC,\,i} = FF_{i,\,water} \times \frac{\eta_i}{\eta_{SO_2}} \tag{4-22}$$

式中，$cf_{AE,\,i}$，$cf_{AC,\,i}$分别为污染物i的水体富营养化足迹和酸性化足迹的特征化参数，$FF_{i,\,water}$即上述归宿因子。V_i，V_{ref}分别为1mol污染物i和PO_4^{3-}对水体富营养化影响的潜在贡献值，本研究以污染物的生物降解需氧量衡量。M_i，M_{ref}分别为污染物i和PO_4^{3-}的摩尔质量。η_i，η_{SO_2}分别为单位质量污染物i和SO_2水体中电离出H^+的数量。值得注意的是，大多数污染物不止涉及一种环境影响类型，如重金属元素砷不仅能够产生致癌性影响，同时还具有非致癌性和淡水生态毒性影响。当前研究多采用串联机制将污染物划归到不同的影响类型中，即当污染物涉及多种环境影响类型时，按1:1的比例将其划归在考虑范围内的影响类型，不进行任何分配。如在对LCI中的砷元素进行分类时，可将砷排放总量100%划归到致癌性影响，100%划归到非致癌性影响，100%划归到淡水生态毒性影响。在其他分配方式中，并联机制要求按污染物对不同影响类型的贡献代表性比例进行分配，但该方式中污染物对不同影响类型的贡献程度难以准确界定。间接机制中要求同时考虑某种影响类型的产物是否会对其他影响类型的发生产生影响，但这种方式容易出现重复计算。同时，当某一影响类型中出现多种污染物的联合作用时，SETAC欧洲工作组建议应根据其联合作用设定一种物质为背景浓度进行特征化参数的计算。因此在未来的研究中，需考虑如何利用合理可行的分类方式进行模型构建。

碳足迹衍生于生态足迹，因此部分学者认为其核算应与生态足迹类似，以面积为单位衡量吸收碳排放所需的生态承载力。但目前多数学者认为碳足迹即人类活动的碳排放量，应采用质量单位（如 kg CO$_2$ eq.）衡量。而对于碳排放的量化，国内外学者均进行了大量研究。碳足迹的核算范围以能源相关的 CO$_2$ 排放居多，当前已逐步拓展到产品、过程或活动全生命周期内温室气体的排放，以更为准确地衡量碳足迹对全球气候变化的影响。同时，供应链或贸易过程中的隐含碳排放也受到越来越多的学者的重视。对于全过程碳足迹核算方法，当前国家、区域等宏观范围的核算主要采用自上而下的投入产出法，产品、过程等微观层次则主要采用自下而上的 LCA 法，或综合二者的优缺点采用微观、宏观层次均适用的混合 LCA 方法。混合 LCA 既保留了 LCA 法针对性强、计算过程详细、便于减排机理分析等优点，又能兼具投入产出分析系统完成性好等优点，可有效避免 LCA 法的截断误差，并降低人力、物力的投入，但该方法技术难度相对较大且缺乏规范性的指导，目前在碳足迹分析中的应用有限。但不管采用何种方法，进行碳足迹核算时均需要各类输入或投入的排放因子。排放因子通常从权威数据库或公开发表的文献中获取，如 IPCC、CEADs、MEIC 等数据库。

第三节　物质流分析方法

一、物质流分析的基本定义

物质流分析（Material Flow Analysis，MFA）是对一个定义了空间和时间的系统内物质的流量和存量进行系统评估的方法（Muller 等，2014）。也就是说，对于物质流分析来说，最基本的核算即是对流量和存量的核算。应用 MFA，能够综合分析从物质来源、流动路径到中间媒介以及最终结点的整个系统过程。MFA 可以为研究者提供深入了解资源获取、使用、再生和废弃利用以及相互之间转变关系等信息的途径。在环境和资源管理领域，MFA 发挥着关键作用，通过评估资源利用效率，支持碳中和和循环经济战略的设计与实施，优化产品设计和生命周期评估，为环境政策制定提供科学依据，以及促进全球供应链的可持续管理。

首先，计算和量化物质流量和存量的前提是正确定义一个系统。这就需要理解系统定义的基本要素。系统的基本要素包括：系统边界、过程、存量和流量。

系统边界：简单地说，系统边界是用来划分系统内外的。系统边界内囊括了所要研究的对象（或者说"物质"），以及它的流量、存量和过程。

过程：过程包含物质的转变、流动和存量。过程有以下两个特点：第一，过程由流量联系起来，而这种流量分为三种类型：从一个过程向另一个过程的流量；从系统外向系统内一个过程的流量；从系统内一个过程向系统外的流量。第二，过程可以包含（也可以不包含）存量。存量可能会发生改变，所以核算存量变动也是必要的。

存量：存量指的是在一个给定时间点上的物质的现有量。

流量：流量描述了物质在一个特定的时间段内是如何从一个过程转移到另一个过程的。

其次，我们要掌握系统变量。系统变量有三个，分别是存量、存量变动和流动。它们经由参数联系起来，例如转换系数等。

总的来说，一个正确定义的系统必须满足以下条件：有不同编号的过程，而过程由不同编号的流动连接起来，以及包括带有符号说明的存量变动。并且要有明确的系统边界，标明所要研究的特定物质，明确的地理位置信息和时间信息。

过程和系统平衡。明确了系统定义之后，还需要理解如何达到过程平衡和系统平衡，这两者是物质流分析的核心要点。我们可以根据系统定义中的每一个过程来建立物质和能量平衡方程，并且定义净存量变动 = 流入 – 流出。

以下图（图4-6）为例，

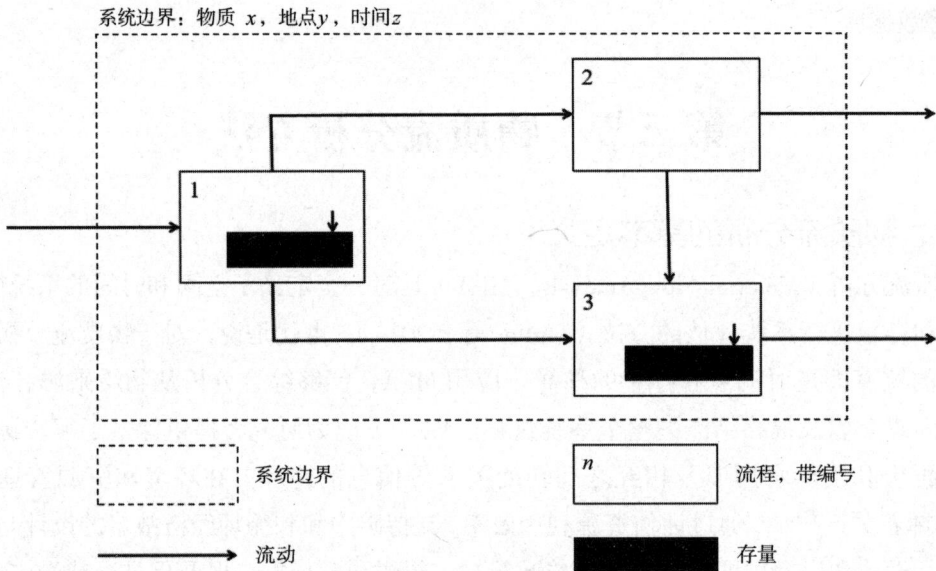

图4-6　系统边界

假设系统边界外的编号为0，F 表示过程，S 表示存量，ΔS 表示存量的变动。我们可以得到平衡方程：

对于过程1而言，过程平衡方程为 $F_{01}-F_{31}-F_{12}=\Delta S_1$

对于过程2而言，过程平衡方程为 $F_{12}-F_{23}-F_{20}=0$

对于过程3而言，过程平衡方程为 $F_{23}+F_{31}-F_{30}=\Delta S_3$

而对于整个系统而言，系统平衡方程为 $F_{01}-F_{20}-F_{30}=\Delta S_1+\Delta S_3$

一般来说，系统变量的个数 = 已知的平衡方程的个数 + 已知的参数的个数 + 已知的测量值的个数。这些是量化一个系统所必需的。

系统内的数据选择。对系统内的所有物质进行物质流分析是一个庞大且复杂的工作，它往往是没有必要的。系统的特征可以通过某个特定的化学元素的物质守恒来体现，这些化学元素被称为指标元素。物质守恒适用于系统中所有的物质，因此，指标元素可以让我们只提取系统中的关键信息，但仍然满足物质守恒。

在进行物质流分析时，我们不能忽视单位的重要性。单位的选择可以分为以下两点。一是根据系统变量选择单位。在对系统变量进行测量时，流动指的是一段时间内的流动，同样，存量变动指的也是一段时间上的存量变动。因此，流量和存量变动的测量值总是以比率的形式出现，例如 kg/y、Mt/y。而存量则与前两者不同，指的是在一个给定时间点的存量，常见的单位有 kg、Mt 等。事实上，可以根据不同的系统层次选择单位。这里引入多层次系统（Multi-layer system）的概念。在产业生态学中，常会对不同的系统层面进行定量分析。例如，想要研究能量流动和能源效率的改进，就需要对能量层面进行定量分析。而同时也可能会对物质层面进行定量分析。当研究气候变化时，也可能会对排放感兴趣。因此，排放、能量和物质流动可以在一个统一的定义下进行定量分析。

在对物质流分析的系统定义有了清楚了解之后，我们要理解物质流分析中数据的重要性。在产业生态学中，数据有以下三个特点：价值，系统定位，元数据。除此之外，数据还要具备诸如来源、源文档、作者和许可证等信息。

而数据又与系统维度和数据信息密切相关。系统维度包括：①时间维度。这是最常见的系统维度，例如，我们研究的是 2000 ~ 2010 年的数据。②位置维度。例如我们研究中国的数据，中国即是数据的系统维度。③过程维度。在我们的系统中，我们有不同的过程。④对象维度。对于不同的过程，我们有不同的研究对象。⑤层次维度。比如我们可能会研究能源层面、排放层面等。而数据信息是用来描述系统维度和数据之间的关联性。例如，存量针对的是时间点，而流动与时段相关，以及数据的来源地等。每个数据类型都有特定的数据模型，可以帮助我们将这些数据放入系统定义中。

而数据类型分为两种，一种是规模数据，例如总人数、总质量、总能量等；另一种是密集数据，例如每单位产出对能源的需求量，它是以比率的形式表示的。数据需要被整理到数据表中，数据表包含数据集、编号、数据说明和数据来源。数据表通常呈现为列表的形式，里面囊括数据信息、时间跨度、具体的数值，以及单位。

事实上，物质流分析使用的系统定量图表法与投入产出表存在一定的共通之处。一般来说，系统定量图表法分为两种：一种是直接图表法。在直接图表法里，过程被画作节点，连接这些节点的线条被称为"流"，每个"流"都由特定的物质或能源组成，它们是相互连接的关系。另一种是双向直接图表法。除了原有的转换节点，双向直接图表法还包括分布节点，它用来描述同一种类的物质或商品的分布，这些物质或商品的分布介于行业和系统外部两者之间。在双向直接图表法中，"流"只会从产业流向市场，从市场流向产业，而不会在产业和产业之间流动，也不会在市场和市场之间流动。而在物质流分析中，"流"

常常发生在不同的产业之间，因此一般只用直接图表法，不存在可以让我们得到双向图表的数据结构。而在投入产出分析中，供需表和双向图表是等同的，产业节点由"产业格子"表示，这些"格子"中的过程由从产业到市场的供应表和从市场到产业的使用表连接起来。

二、物质流分析模型

1.动态物质流分析模型原理

我们在上面提到的物质流分析模型中，系统的平衡状态不会随时间发生变化，因此被称作静态物质流模型。要想解释随时间变化的系统状态，需要用到动态物质流分析模型。通常来说，动态物质流分析模型由微分方程或差分方程表示。

我们可以同样根据系统定义中的每一个过程来建立物质和能量平衡方程，并且定义：净存量变动 = 流入 – 流出。如下图（图4-7）所示：

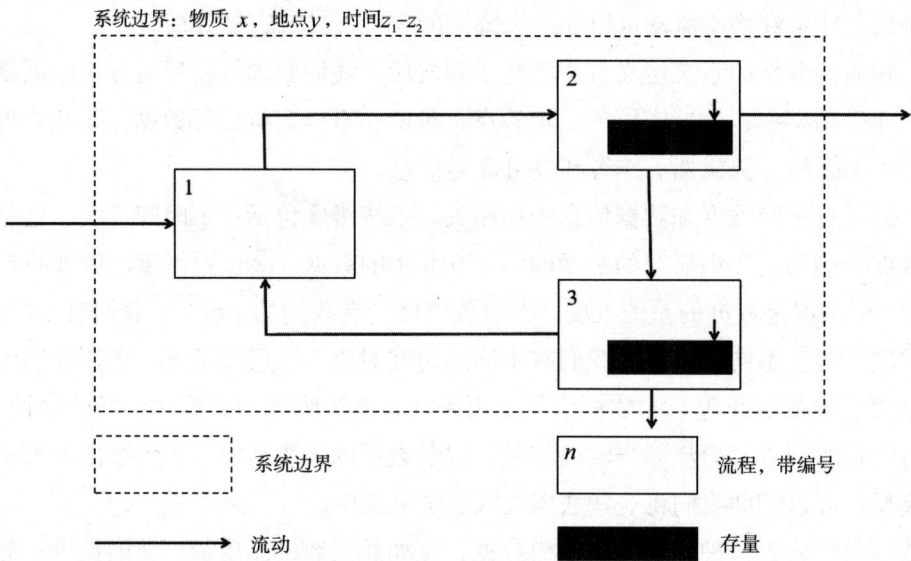

图4-7 动态物质流系统边界定义

系统变量：存量、存量变动和流量。

存量：$S_2(t)$、$S_3(t)$

存量变动：$\Delta S_2(t)$、$\Delta S_3(t)$

流量：$F_{01}(t)$、$F_{12}(t)$、$F_{20}(t)$、$F_{23}(t)$、$F_{31}(t)$、$F_{30}(t)$

我们可以引入参数，参数是通过方程将不同系统变量连接起来的附加变量，例如，我们可以假定 $F_{23}(t) = k(t) \cdot F_{12}(t)$，这里 $k(t)$ 表示转换效率。

我们可以得到系统的平衡方程如下：

对于过程 1 来说，有 $F_{01}(t) + F_{31}(t) - F_{12}(t) = 0$

对于过程 2 来说，有 $F_{12}(t) - F_{23}(t) - F_{20}(t) = \Delta S_2(t)$

对于过程 3 来说，有 $F_{23}(t) - F_{31}(t) - F_{30}(t) = \Delta S_3(t)$

对于整个系统来说，有 $F_{01}(t) - F_{20}(t) - F_{30}(t) = \Delta S_2(t) + \Delta S_3(t)$

2. 动态存量模型

动态存量模型应用十分广泛，人口平衡模型、浸出模型、脉冲响应模型等都可表示为动态平衡模型。

（1）人口平衡模型。动态存量平衡方程可以表示为如下图（图4-8）形式：

图4-8　动态存量平衡

物质平衡方程中我们引入族群的概念，I 表示出生率，O 表示死亡率。类似地，$S(t)$ 表示存量，可得：

$$\frac{\mathrm{d}S(t)}{\mathrm{d}t} = I(t) - O(t) \qquad (4-23)$$

那么动态存量模型的物质平衡方程为：

$$S(t) = \int_{t_0}^{t} \frac{\mathrm{d}S(\tau)}{\mathrm{d}\tau} \mathrm{d}t \qquad (4-24)$$

（2）浸出模型。"浸出"是指从污染物或营养物（垃圾填埋场、尾矿、土壤）的沉积物中浸出。浸出模型适用于"无记忆"的过程，即减少某一单位物质存量的概率和该物质的停留时间是相独立的。在任何给定的时间，流出量和总的储存量总是成正比的。

这时，平衡方程表现为如下形式：

$$O(t) = c \cdot S(t)$$

为了便于理解，当 $I(t) = 0$，$O(t) = c \cdot S(t)$ 时，c 表示浸出比例，$O(t)$ 是 t 时刻的流出量。

（3）脉冲响应模型。脉冲响应是其在呈现简短流入信号（脉冲）时的流出。对于一个存在存量的过程，它的脉冲响应函数是流出 $O(t)$ 作为对 $t=0$ 时的瞬时流入 $I(0)$ 的响应。

进一步地，我们从年龄组和生命周期去讨论对存量增加的响应。对于线性动态存量模型，存量的每一个流入都可以单独追踪。来源于 t 时刻给定流入的存量份额称为年龄组 t。不同年龄组 t 也可以单独追踪。

年龄组的平均寿命 $\overline{T}$ 定义（图4-9）为年龄组在存量中的平均停留时间，即：

$$\overline{T} = \frac{1}{S_0} \cdot \int_0^\infty S(t)\,\mathrm{d}t \qquad\qquad (4-25)$$

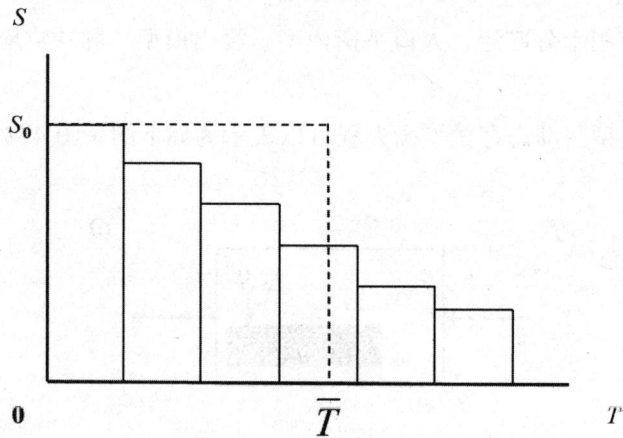

图4-9　平均寿命 $\overline{T}$ 的定义

y 轴：$S(t)$，表示 t 时刻的存量。

x 轴：不同存量的寿命。结合 x 轴和 y 轴，可以得出平均寿命。

3. 离散型和连续型动态存量模型

在动态存量模型中，概率分布表示产品在时间 t 时淘汰的概率。离散型概率分布表示不同离散事件的概率。如图 4-10 所示。

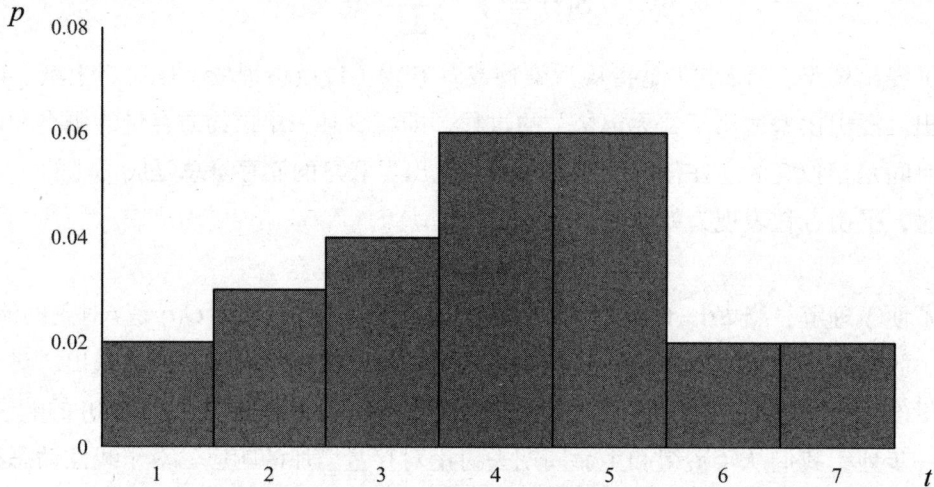

图4-10　离散型概率分布

除了离散型概率分布外，在动态存量模型中常见的还有概率密度函数，此时称为连续型概率分布，如图4-11所示：

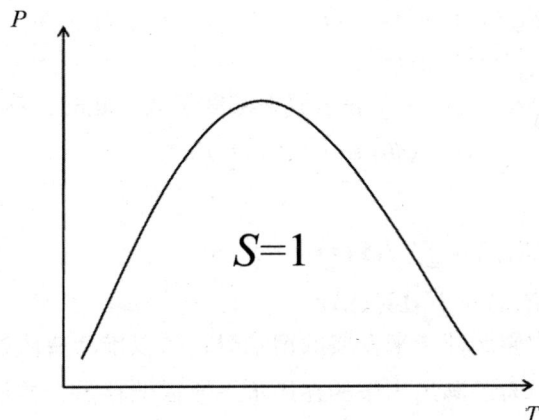

图4-11 连续型概率分布

其中，横轴表示时间，纵轴表示对应时间的流出，它呈现为连续分布，曲线和横轴之间的面积为1，这被称为生命周期模型的概率密度函数。

那么，我们可以重新计算流入脉冲的流出，如下所示：

离散情况，$O(t)=I_0 \cdot pf(t-t_0)$。

连续情况，$O(t)=I_0 \cdot pdf(t-t_0)$。

其中，I_0 是初始流入量，pf 表示概率分布函数，$pf(t-t_0)$ 描述的是从时间 t_0 到时间 t 之间发生的淘汰的概率。pdf 表示概率密度函数，$pdf(t-t_0)$ 描述的在时间区间 $t-t_0$ 内的淘汰概率密度。

4. 投入驱动模型和存量驱动模型

在进行物质流分析时，如果流量已知（流入量和流出量），我们可以应用投入驱动模型估算在用存量，即投入驱动模型。此时，我们定义这样一个系统边界（图4-12）：

系统边界：物质 x，地点 y，时间 z_1-z_2

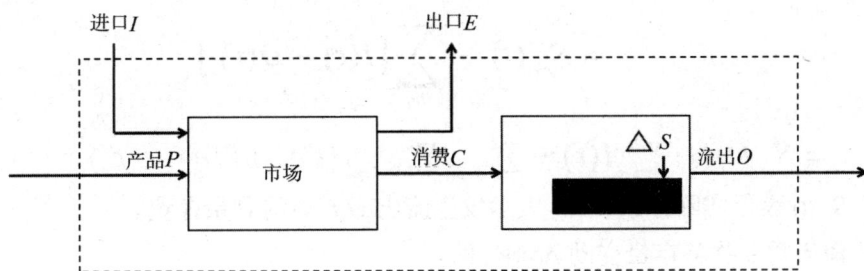

图4-12 系统边界

根据过程平衡，我们可以得到过程平衡方程：

$$C(t) = P(t)+I(t)-E(t) \tag{4-26}$$

为了区分离散情况和连续情况，可得：

离散情况，$O(t) = \sum_{t_0}^{t} I(\tau) \cdot pf(t - \tau)$

连续情况，$O(t) = \sum_{t_0}^{t} I(\tau) \cdot pdf(t - \tau)$

其中，pf 表示概率分布函数，pdf 表示概率密度函数。此时，存量的变动可表示为：

$$\Delta S(t) = C(t) - O(t) \tag{4-27}$$

最后，

离散情况，$S(t) = S(t_0) + \sum_{t_0}^{t} \Delta S(\tau)$

连续情况，$S(t) = S(t_0) + \int_{t_0}^{t} dS(\tau) d\tau$

当我们在构建某种物质循环未来发展的情景时，可以推断或假设该物质所提供的服务在未来的在用水平，推断为了满足未来的在用水平所需的存量，并计算扩大和维持这些存量所需的流入。这意味着经济活动与维持经济活动的社会经济变量——存量两者进行了动态结合。为了计算扩大和维持在用存量以使其符合给定情景所需的流入量，我们引入了存量驱动模型。

在存量驱动模型建模过程中，从动态存量平衡方程出发，主要的步骤如下：

从第一个建模年份开始，每年重复以下步骤：

使用历史流入计算现有存量的流出，具体公式为：

$$O(t) = \sum_{t_0}^{t} I(\tau) \cdot LTD(t - \tau) \tag{4-28}$$

式中，$LTD(t)$ 是离散分布，表示时间 t 时废弃的概率。τ 表示产品的使用时长。

计算存量变动，具体公式为：

$$\Delta S(t)$$
$$= S_{ext}(t) - S(t)$$
$$= S_{ext}(t) - \sum_{t_0}^{t} [I(t) - O(t)]$$
$$= S_{ext}(t) - \sum_{t_0}^{t} I(t) - \sum_{t'=t_0}^{t} \sum_{t''=t_0}^{t'} I(t'') \cdot LTD(t' - t'') \tag{4-29}$$

式中，$S_{ext}(t)$ 表示实际存量，$S(t)$ 表示发生流出 $O(t)$ 后的剩余存量。

显然，流入需要弥补存量变动 $\Delta S(t)$。即：

$$I(t) = \Delta S(t) \tag{4-30}$$

三、分析案例

（1）系统边界的定义。中国是世界上最大的稀土生产和供应国，拥有白云鄂博（包头矿）、四川微山（氟碳铈矿）和南方七省区（离子型矿）三条稀土生产链。包头矿经由露天开采后，通过弱磁、强磁选矿等物理选矿方式得到稀土精矿。在下个阶段，90%的稀土精矿通过硫酸焙烧工艺，10%通过碱处理工艺，最后得到氯化稀土。四川氟碳铈矿的前两个生产流程和包头矿类似，经由露天开采和选矿两个阶段之后得到稀土精矿。在盐酸浸出阶段，稀土精矿经过高温煅烧、第一次盐酸浸出、碱处理和第二次盐酸浸出得到氯化稀土。南方离子型稀土矿通过原地浸矿得到碳酸稀土。氯化稀土和碳酸稀土在萃取分离阶段通过盐酸体系萃取得到稀土氧化物，最后通过熔盐电解法得到金属钕和镨，通过钙热还原法得到金属镝和铽。将该系统绘制成流程图如图4-13所示。

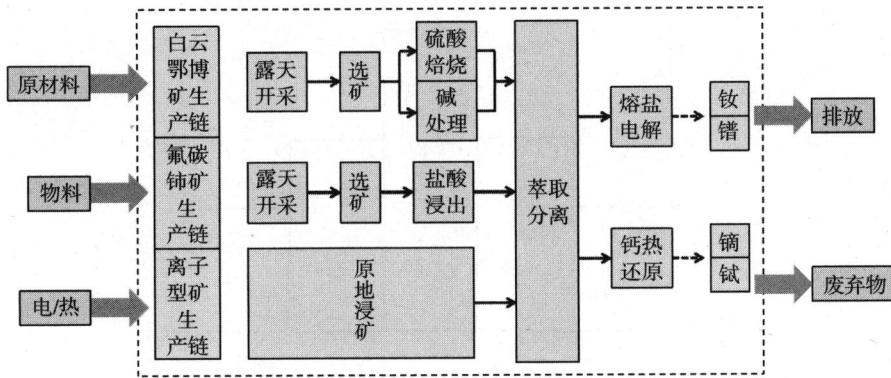

图4-13 稀土生产的系统边界

（2）投入驱动模型。稀土风力涡轮机具有发电效率高、体积重量小和运营维护成本低的优势，被视为未来风电市场的主要利用技术之一，它的生产严重依赖稀土元素钕（Nd）。考虑到"采矿—稀土金属精炼—钕铁硼永磁体制造（NdFeB）—风力涡轮机"的稀土风力涡轮机的生产过程，图4-14为2015年的生产情况，预计到2018年稀土矿区2的产量是2015年的两倍。

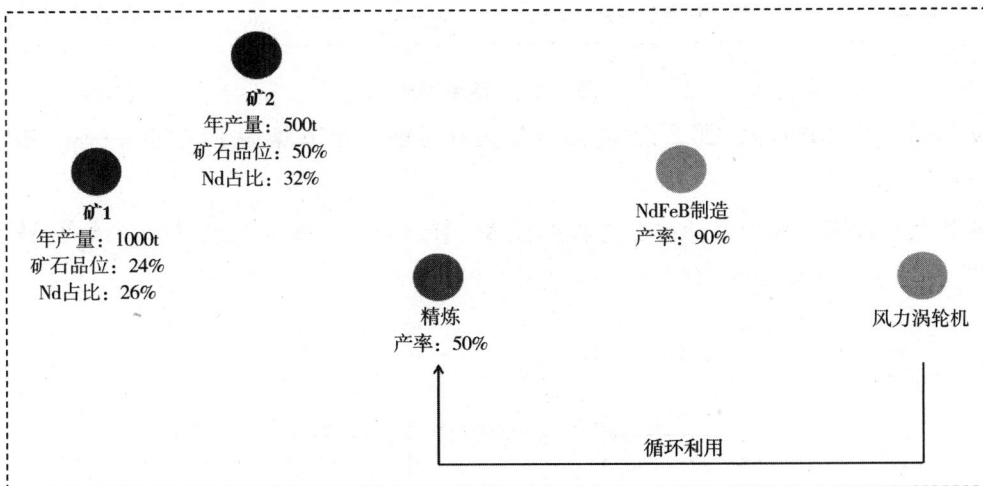

图4-14 2015年稀土风力涡轮机生产情况

为了简化计算，假定：

H1. 稀土风力涡轮机的使用周期为 3 年，寿命曲线（表现为概率密度曲线）如图 4–15 所示。

H2. 基准情景下，不考虑风电机组回收。

H3. 除了"风力涡轮机"外（图 4–15），其他阶段没有存量，并且 2015 年的初始存量为 0。

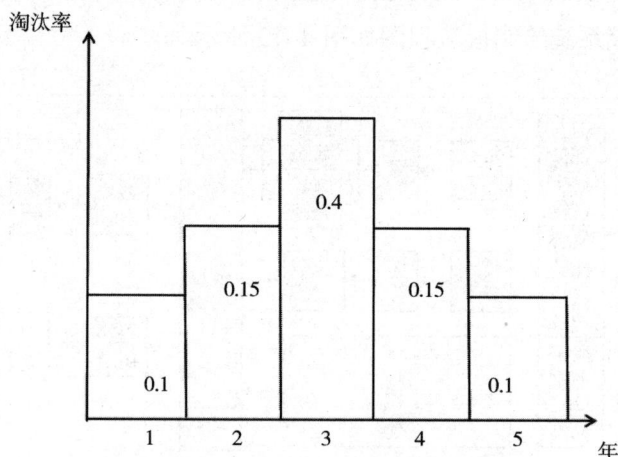

图4–15　稀土风力涡轮机寿命曲线

问题①量化 2015 ~ 2020 年"风力涡轮机"Nd 的存量和流动。

步骤一，根据以上信息，绘制该系统的系统边界（图 4–16）。

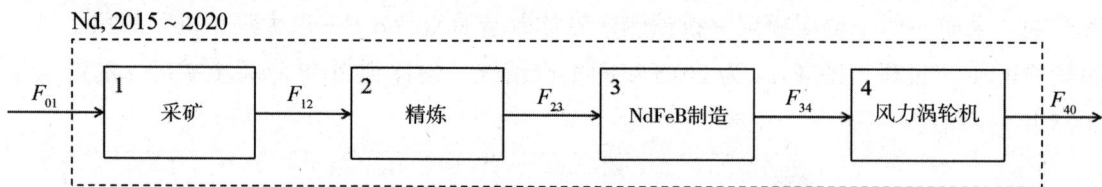

图4–16　系统边界

初始时间为 2015 年，那么设定 2015 年为 0 时期，2016 年为 1 时期，……，2020 年为 5 时期。

步骤二，计算"风力涡轮机"过程的投入（图 4–17）。单独考虑过程"风力涡轮机"，F_{34} 即为 $I(t)$，F_{40} 即为 $O(t)$，有：

图4–17　流程平衡

2015 ~ 2017 年：

$F_{01} = 1000 + 500 = 1500$

$F_{12} = 1000 \times 24\% \times 26\% + 500 \times 50\% \times 32\% = 142.4$

$F_{23} = 142.4 \times 50\% = 71.2$

$F_{34} = 71.2 \times 90\% = 64.08$

那么 $I(0) = I(1) = I(2) = 64.08$

2018 ~ 2020 年：

$F_{01} = 1000 + 500 \times 2 = 2000$

$F_{12} = 1000 \times 24\% \times 26\% + 1000 \times 50\% \times 32\% = 222.4$

$F_{23} = 222.4 \times 50\% = 111.2$

$F_{34} = 111.2 \times 90\% = 100.08$

那么 $I(3) = I(4) = I(5) = 100.08$

步骤三，进一步结合稀土风力涡轮机的寿命曲线，用投入去估算 Nd 的在用存量。首先绘制如下一个 7×6 的表格（表4-3）。时期从 0 时期到 5 时期，分别对应 2015 年到 2020 年。再根据第二步的结果补充完整表格的第三列，即"inflow"。

表4-3 计算过程（一）

时期	年份	inflow	outflow	ΔS	S
0期	2015	64.08	—	—	—
1期	2016	64.08	—	—	—
2期	2017	64.08	—	—	—
3期	2018	100.08	—	—	—
4期	2019	100.08	—	—	—
5期	2020	100.08	—	—	—

步骤四，根据风力涡轮机寿命曲线，计算风机退役量（表4-4），即上述表格的第四列"outflow"。0 时期风机淘汰率为 0，相应地，0 时期 outflow，$O(0) = 64.08 \times 0 = 0$。根据过程平衡方程，$\Delta S(0) = I(0) - O(0) = 64.08 - 0 = 64.08$，由于 0 时期初始存量为 0，那么 $S(0) = 0 + \Delta S(0) = 64.08$。

表4-4 计算过程（二）

时期	年份	inflow	outflow	ΔS	S
0期	2015	64.08	0	64.08	64.08
1期	2016	64.08	—	—	—
2期	2017	64.08	—	—	—
3期	2018	100.08	—	—	—
4期	2019	100.08	—	—	—
5期	2020	100.08	—	—	—

步骤五，1时期outflow有两个来源，其中一个来源是0时期投入产生的退役风机，另一个是1时期投入产生的退役风机。那么根据风力涡轮机寿命曲线可计算出（表4-5），$O(1)=64.08 \times 0.1+64.08 \times 0=6.408$，$\Delta S(1)=I(1)-O(1)=64.08-6.408=57.672$，$S(1)=S(0)+\Delta S(1)=64.08+57.672=121.752$。

表4-5 计算过程（三）

时期	年份	inflow	outflow	ΔS	S
0期	2015	64.08	0	64.08	64.08
1期	2016	64.08	6.408	57.672	121.752
2期	2017	64.08	—	—	—
3期	2018	100.08	—	—	—
4期	2019	100.08	—	—	—
5期	2020	100.08	—	—	—

步骤六，2时期outflow有三个来源，分别是0时期、1时期和2时期投入产生的退役风机，和步骤三到步骤五类似，那么根据风力涡轮机寿命曲线可计算出（表4-6），$O(2)=64.08 \times 0.15+64.08 \times 0.1+64.08 \times 0=6.408=16.02$，$\Delta S(2)=I(2)-O(2)=64.08-16.02=48.06$，$S(2)=S(1)+\Delta S(2)=121.752+48.06=169.812$。

表4-6 计算过程（四）

时期	年份	inflow	outflow	ΔS	S
0期	2015	64.08	0	64.08	64.08
1期	2016	64.08	6.408	57.672	121.752
2期	2017	64.08	16.02	48.06	169.812
3期	2018	100.08	—	—	—
4期	2019	100.08	—	—	—
5期	2020	100.08	—	—	—

步骤七，继续重复以上步骤，得到最终结果如下（表4-7）。

表4-7 计算过程（五）

时期	年份	inflow	outflow	ΔS	S
0期	2015	64.08	0	64.08	64.08
1期	2016	64.08	6.408	57.672	121.752
2期	2017	64.08	16.02	48.06	169.812
3期	2018	100.08	41.652	58.428	228.24
4期	2019	100.08	54.864	45.216	273.456
5期	2020	100.08	66.672	33.408	306.864

问题②若考虑循环，假设从2019年开始循环率为50%，量化2019年"风力涡轮机"Nd的存量和流动。

考虑循环之后需要重新设定系统边界，具体如下（图4-18）所示：

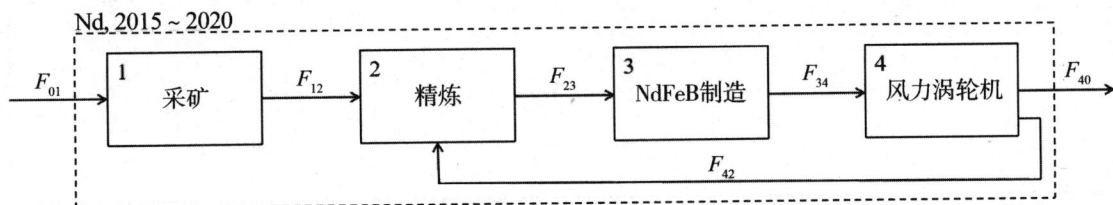

图4-18 系统边界

在4时期开始考虑循环，由于回收有时间延迟效应，那么只有5时期受到循环影响，此前各个时期和问题①一致。仅考虑如下一个3×6的表格（表4-8）。

表4-8 计算过程（六）

时期	年份	inflow	outflow	$\triangle S$	S
4期	2019	100.08	54.864	45.216	273.456
5期	2020	—	—	—	—

考虑循环之后，5时期流入 $F34$，即 $I(5)=(1000×24\%26\%+1000×50\%×32\%+54.864×50\%)×50\%×90\%=112.4244$，值得注意的是，由于根据风力涡轮机的寿命曲线，作为循环利用的这部分 Nd 在5时期不会产生退役，因此 $O(5)$ 和不考虑循环时一致，$O(5)=64.08×0.1+64.08×0.15+64.08×0.4+100.08×0.15+100.08×0.1=66.672$。根据过程平衡方程，可以计算 $\triangle S$ 和 S，$\triangle S(5)=I(5)-O(5)=112.4244-66.672=45.7524$，$S(5)=S(4)+\triangle S(5)=273.456+45.7524=319.2084$。相应地，可以填写表格的最后一行（表4-9）。

表4-9 计算过程（七）

时期	年份	inflow	outflow	$\triangle S$	S
4期	2019	100.08	54.864	45.216	273.456
5期	2020	112.4244	66.672	45.7524	319.2084

（3）存量驱动模型。以手机为例展示存量驱动模型的简单应用，并假定手机的使用周期为3年。我们考虑6个时期，在各个时期，手机的在用总量分别要达到7、9、15、21、36、60，基于以上信息计算各时期的新增手机量。

步骤一，将已有信息整理到如下一个 $7×8$ 的表格（表4-10）内。表格的第一行为时期（1，2，…，6），第一列和第二列为时期和对应时期需要达到的手机在用总量。

表4-10 计算过程（八）

时期	在用总量	1	2	3	4	5	6
1	7	—	—	—	—	—	—
2	9	—	—	—	—	—	—
3	15	—	—	—	—	—	—
4	21	—	—	—	—	—	—
5	36	—	—	—	—	—	—
6	60	—	—	—	—	—	—

步骤二，由于1时期是初始时期，在用总量要达到7需要新增为7，由此可以得出表格空白部分第一行（表4-11）。

表4-11 计算过程（九）

时期	在用总量	1	2	3	4	5	6
1	7	7	0	0	0	0	0
2	9	—	—	—	—	—	—
3	15	—	—	—	—	—	—
4	21	—	—	—	—	—	—
5	36	—	—	—	—	—	—
6	60	—	—	—	—	—	—

步骤三，2时期在用总量要达到9，因此2时期的新增为2。同理，3时期在用总量要达到15，因此3时期的新增为6(表4-12)。

表4-12 计算过程（十）

时期	在用总量	1	2	3	4	5	6
1	7	7	0	0	0	0	0
2	9	7	2	0	0	0	0
3	15	7	2	6	0	0	0
4	21	—	—	—	—	—	—
5	36	—	—	—	—	—	—
6	60	—	—	—	—	—	—

步骤四，由于手机使用3年之后报废，因此到了4时期时，1时期的手机新增量全部报废，为0。那么，4时期的新增量要达到13才可以满足21的在用总量（表4-13）。

表4-13 计算过程（十一）

时期	在用总量	1	2	3	4	5	6
1	7	7	0	0	0	0	0
2	9	7	2	0	0	0	0
3	15	7	2	6	0	0	0
4	21	0	2	6	13	0	0
5	36	—	—	—	—	—	—
6	60	—	—	—	—	—	—

步骤五，同理求得5时期和6时期的新增量（表4-14）。

表4-14　计算过程（十二）

时期	在用总量	1	2	3	4	5	6
1	7	7	0	0	0	0	0
2	9	7	2	0	0	0	0
3	15	7	2	6	0	0	0
4	21	0	2	6	13	0	0
5	36	0	0	6	13	17	0
6	60	0	0	0	13	17	30

第四节　水足迹计算的自下而上方法

一、自下而上方法介绍

自下而上方法通过详细的过程数据计算国际贸易商品和服务的虚拟含水量来估计水足迹。由于其简单和相对良好的数据可用性，它已成为水足迹研究中最受欢迎的方法之一。然而，自下而上的、基于过程的方法在水消耗方面并不区分中间用户和最终用户。因此，它无法全面描述针对最终消费者和确定驱动力至关重要的供应链。此外，自下而上的方法主要集中于农业和粮食产品，但缺乏对行业、产品和服务的详细描述。本章节聚焦基于水足迹网络方法的自下而上方法。

自下而上方法中，单一过程水足迹是所有水足迹核算的基础，如图4-19所示，通过"过程—产品—个人—群体—区域"层层递进，最终获得研究时段内的区域水足迹。产品水足迹为产品所有生产过程中水足迹的总和。消费者水足迹为消费者消费的所有产品的水足迹总和。生产者水足迹等于生产者生产的产品水足迹总和。

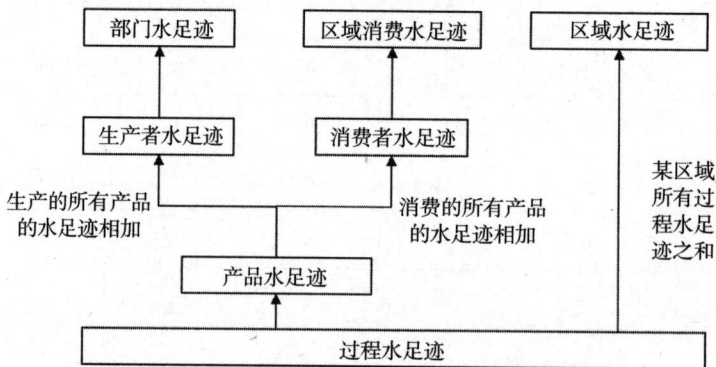

图4-19　过程水足迹是所有水足迹核算的基础

产品水足迹是自下而上方法中研究的热点。产品水足迹包括生产供应链中的直接或间接消耗淡水量。因此在量化产品水足迹时必须先确认产品的生产系统。一个生产系统由许多连续的过程组成。例如，棉衬衣的生产系统为：棉花生长、收获、脱籽、梳棉纺织、漂白、染色、印刷修整。很多产品生产时需要多种原材料，因此一个过程往往由多个子过程构成。在这种情况下，生产过程不为线性关系，而是树形结构，被称为产品树。下面举一个生产树案例：集约化饲养牲畜所需的多种饲料及相关原料的生产牲畜喂养和屠宰等。由于一个产品树往往能生产多种输出产品（如奶牛既产奶又提供肉类和皮革），因此生产系统可能包括多个产品树。实际上生产系统是由相关加工过程构成的一个复杂网络，某些情况下甚至呈现环状。

产品水足迹计算方法主要包括链式求和法和阶段累积法。链式求和法仅适用于只有一种输出产品的生产系统（图4-20）。因此，生产系统中各流程的水足迹总和就是输出产品的水足迹。计算公式如下：

$$WF_{\text{prod}}(p) = \frac{\sum_{s=1}^{k} WF_{\text{proc}}(s)}{P(p)} \qquad (4\text{--}31)$$

式中，$WF_{\text{prod}}(p)$ 为产品 p 的水足迹（体积／质量）；$WF_{\text{proc}}(s)$ 为生产流程 s 的过程水足迹（体积／时间）；$P(p)$ 为产品 p 的生产量（质量／时间）。

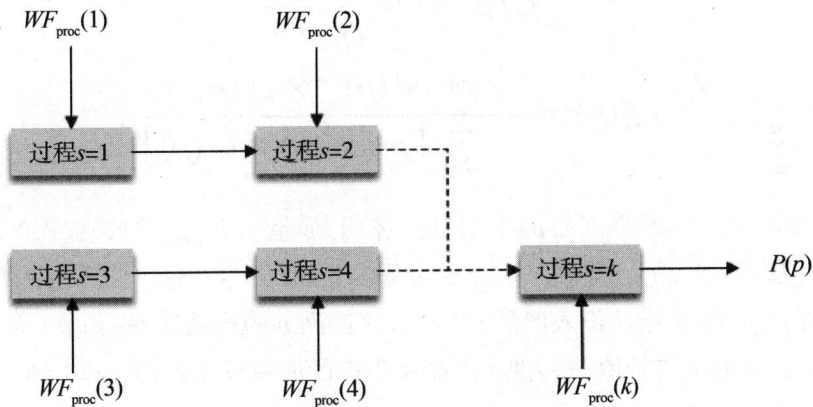

图4-20　生产 p 产品的生产系统k步流程图

由于链式求和法的局限性，现实生活中应用较少，主要应用阶段累积法。阶段累积法核算时考虑生产某产品直到最后一个流程必需的投入产品的水足迹以及每一个过程的水足迹。假设生产某产品需要多种投入产品，通过将这些原材料的水足迹及过程水足迹相加就可得到最终产品的水足迹。如果一种投入产品可以同时生产多种输出产品，就需要将原投入产品的水足迹分配到各输出产品中。通常按照各输出产品的经济价值分配，而不是按质量分配。实际上，更常见的是多种投入产品生产出多种输出产品（图4-21）。

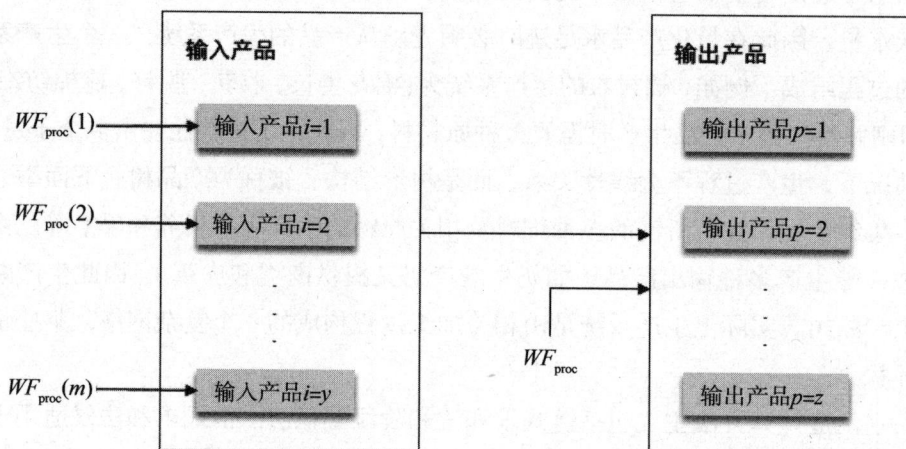

图4-21 生产p产品的生产系统流程图

计算生产系统最终产品的水足迹最好从供应链开始算起，然后一步步地计算中间产品的水足迹，直至算出最终产品的水足迹。应用阶段累积法求产品水足迹计算公式如下：

$$WF_{\mathrm{prod}}(p) = \left[WF_{\mathrm{proc}}(p) + \sum_{i=1}^{y} \frac{WF_{\mathrm{prod}}(i)}{f_p(p, i)} \right] \times f_v(p) \tag{4-32}$$

$$f_p(p, i) = \frac{\omega(p)}{\omega(i)} \tag{4-33}$$

$$f_v(p) = \frac{price(p) \times \omega(p)}{\sum_{p=1}^{z} \left[price(p) \times \omega(p) \right]} \tag{4-34}$$

式中，$WF_{\mathrm{prod}}(p)$ 为最终产品 p 的水足迹（体积/质量）；$WF_{\mathrm{prod}}(i)$ 为投入产品 i 的水足迹；$WF_{\mathrm{proc}}(p)$ 为从投入产品 y 到输出产品 z 的过程水足迹，即生产每单位产品 p 所需的水量（体积/质量）；$f_p(p, i)$ 是指从投入产品 i 生产最终产品 p 的产品比率；$f_v(p)$ 为价值比率，定义为输出产品 p 的市场价值与其投入产品所生产的所有输出产品（$p=1$ 到 z）的市场总价值的比值。

在只有一种投入产品对应一种输出产品的情况下，计算输出产品水足迹的公式如下：

$$WF_{\mathrm{prod}}(p) = WF_{\mathrm{proc}}(p) + \frac{WF_{\mathrm{prod}}(i)}{f_p(p, i)} \tag{4-35}$$

二、自下而上方法应用案例

1. 基于自下而上法的作物产品案例分析

案例基于巴利亚多利德（西班牙）精制糖生产过程，对作物产品水足迹的核算方法进行讲解。

如果将作物加工成一种作物产品（如甜菜生产成原糖），由于只有部分作物用到了生产当中，作物会损失一部分重量。作物产品的水足迹等于所使用原料的水足迹除以生产份额。生产份额指的是单位数量的投入产品得到的输出产品数量。制糖业的产品树见图 4-22。如果过程用到的投入产品生产了多个输出产品，需要把该投入产品的水足迹分配到各个输出产品中，分配比例与投入产品所占的价值比呈正比。一个产品的价值比就是该投入产品的一种输出物品的市场价值与所有输出物品的市场价值总量的比值。如果生产过程中有水资源的使用，在水足迹总量分配到各不同过程产品之前过程的水使用就应该加到最初投入产品的水足迹当中。

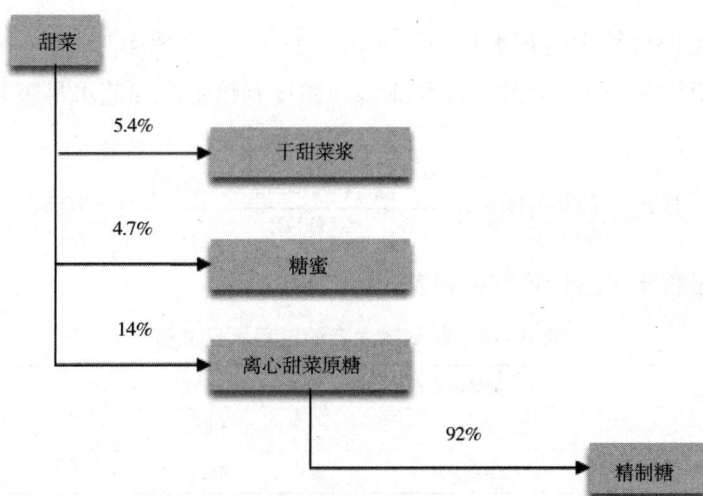

图4-22 西班牙精制糖生产图（以甜菜为原料）

精制糖工业的水足迹分为蓝水、绿水和灰水足迹，每种足迹都独立核算。核算分为两步：离心甜菜原糖的生产水足迹核算以及精制糖生产水足迹核算。巴利亚多利德甜菜生产过程水足迹值可参考表 4-15。

表4-15 巴利亚多利德甜菜生产过程水足迹参考值

甜菜生产的过程水足迹（m³/t）			
绿水足迹	蓝水足迹	灰水足迹	总水足迹
15	82	22	119

制糖厂更多的是使用甜菜中所含的水，也就是在生产过程中以蒸发形式消耗的水。甜菜的含水量大于 75%，因此在制糖业生产过程中，从甜菜中可以得到富余的水，经净化排入地表水。清洗甜菜过程中有机物释放到清洗用水当中，该部分水也会净化再利用。因此，过程水足迹 $[WF_{\text{proc}}(p)]$ 可认为是 0。根据制糖生产图，得到离心甜菜原糖产品比率 $[f_p(p,i)]$ 为 0.14。价值比率根据计算得到为 0.89，计算公式如下：

$$= \frac{f_v(\text{离心甜菜原糖})}{\text{price}(\text{离心甜菜原糖}) \times \omega(\text{离心甜菜原糖})}{\text{price}(\text{干甜菜浆}) \times \omega(\text{干甜菜浆}) + \text{price}(\text{糖蜜}) \times \omega(\text{糖蜜}) + \text{price}(\text{离心甜菜原糖}) \times \omega(\text{离心甜菜原糖})}$$

（4-36）

以蓝水足迹为例，离心甜菜原糖蓝水足迹核算公式如下：

$$WF_{\text{prod}}(p) = \left[WF_{\text{proc}}(p) + \sum_{i=1}^{y} \frac{WF_{\text{prod}} 2(i)}{f_p(p, i)} \right] \times f_v(p) \qquad （4-37）$$

$$WF_{\text{prod}}(\text{离心甜菜原糖}) = \frac{82}{0.14} \times 0.89 \cong 524 \text{m}^3/\text{t} \qquad （4-38）$$

精制糖蓝水足迹计算中过程水足迹同样认为是 0，产品比率为 0.92。因为只有一个输出产品，所以价值比率为 1。因此，巴利亚多利德精制糖生产的蓝水足迹为：

$$WF_{\text{prod}}(\text{精制糖}) = \frac{WF_{\text{prod}}(\text{离心甜菜原糖})}{0.92} \cong 570 \text{m}^3/\text{t} \qquad （4-39）$$

精制糖生产过程水足迹计算结果如表 4-16 所示：

表 4-16　精制糖生产的过程水足迹值

精制糖生产的过程水足迹（m³/t）			
绿水足迹	蓝水足迹	灰水足迹	总水足迹
107	570	152	829

2. 基于自下而上法的动物产品案例分析

整个动物生命周期的虚拟水含量被定义为用于生长和加工饲料、提供饮用水和服务用水的总水量。动物的虚拟含水量有三个组成部分：

$$VWC_a = VWC_{\text{feed}} + VWC_{\text{drink}} + VWC_{\text{serv}} \qquad （4-40）$$

式中，VWC_a 为 a 动物的虚拟水含量（m³/t 动物）；VWC_{feed}、VWC_{drink} 和 VWC_{serv} 分别为饲料、饮用水和服务用水的虚拟水含量（m³/t 动物）。

动物初级产品 i 的虚拟水含量（$VWC_p(i)$，m³/t）计算公式如下：

$$VWC_p(i) = (VWC_a + PWR_a) \times \frac{f_v(i)}{f_p(i)} \qquad （4-41）$$

$$f_p(i) = \frac{W_p(i)}{W_a} \qquad （4-42）$$

$$f_v(i) = \frac{v(i) \times f_p(i)}{\sum [v(i) \times f_p(i)]} \qquad （4-43）$$

式中，VWC_a 为加工过程需水量（m^3/t）；$f_p(i)$ 和 $f_v(i)$ 分别为初级产品 i 的产品比率和价值比率；$W_p(i)$ 和 W_a 分别为从动物 a 中获得的初级产品 i 的重量和动物 a 的重量 US$/t；$v(i)$ 为初级产品 i 的市场价值（US$/t）。

次级产品虚拟水含量由初级产品虚拟水含量和处理耗水量组成。加工过程需水量等于初级产品 i 加工成次级产品所需要的水量。生产系数为从每吨初级产品获得的次级产品的重量的比率。同样，价值系数为 1 种次级产品的市场价值与从初级产品获得的所有产品的市场价值的比值。次级产品虚拟水含量计算方法与初级产品一致，同样可由上述公式计算得到。

案例研究量化了 1995 ~ 1999 年动物和动物产品的国际虚拟水贸易，本章节以加拿大肉牛的产品虚拟水含量计算方法为例进行讲解。本案例中，假设在一个工业化养殖系统中，肉牛生产的胴体、内脏、精子和牛生皮作为主要产品，冷冻的胴体、牛切肉和腌制的肉作为胴体的次要产品，牛皮革作为牛生皮的次级产品，生产树见图 4-23。

将饲料、饮用和服务中的虚拟水整合到其生命周期中，能够得到一头肉牛的总虚拟水含量为 5252 m^3/ 头。用于计算的肉牛的活重为 0.545t，加拿大肉牛的虚拟水含量相当于 9636 m^3/t 活牛。屠宰场加工一头肉牛所使用的水量，即加工过程需水量（PWR）是 10 m^3/t 活牛。动物的主要产品是胴体、内脏、精子和牛生皮。这些初级产品的产品分数和价值分数如表 4-17 所示。

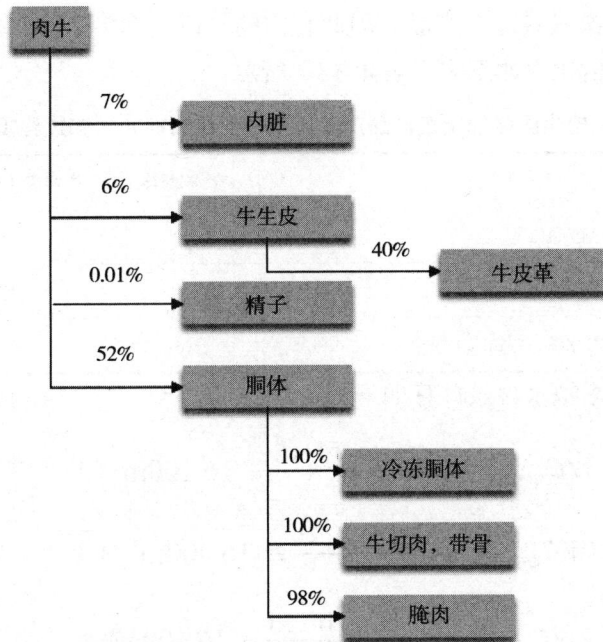

图4-23 加拿大工业化养殖系统中肉牛产品生产树图

表4-17 肉牛初级产品的产品分数和价值分数的计算

	胴体	内脏	精子	牛生皮
产品比率	0.52	0.07	0.0001	0.06
市场价值（US$/t）	3568	2013	83 968	2230
每吨动物获得的价值（US$）	0.52×3568=1855	141	8	134
每吨动物获得的总价值（US$）	=1855+141+8+134=2138			
价值比率	1855/2138 =0.87	0.066	0.0037	0.063

这些初级产品的虚拟水含量计算如下：

$$VWC_{胴体} = \frac{(9636+10)\times 0.87}{0.52} \cong 16\ 100\text{m}^3/\text{t} \tag{4-44}$$

$$VWC_{内脏} = \frac{(9636+10)\times 0.066}{0.07} \cong 9100\text{m}^3/\text{t} \tag{4-45}$$

$$VWC_{精子} = \frac{(9636+10)\times 0.0037}{0.0001} \cong 378\ 800\text{m}^3/\text{t} \tag{4-46}$$

$$VWC_{牛生皮} = \frac{(9636+10)\times 0.063}{0.06} \cong 10\ 100\text{m}^3/\text{t} \tag{4-47}$$

胴体可以进一步加工成次级产品[冷冻胴体、牛切肉（带骨）和腌制的肉]，由于这些产品是互斥的，一次只有一个产品，因此它们的价值比率为1。次级产品的加工过程需水量、产品比率和价值比率如下表（表4-18）所示：

表4-18 肉牛胴体的次级产品产品比率、价值比率和加工过程需水量值

	冷冻胴体	牛切肉（带骨）	腌肉
产品比率	1.00	1.00	0.98
价值比率	1	1	1
加工过程需水量，PWR（m³/t）	0	0	5

这些次级产品的虚拟水含量计算如下：

$$VWC_{牛切肉} = \frac{(16100+0)\times 1}{1} \cong 16\ 100\text{m}^3/\text{t} \tag{4-48}$$

$$VWC_{腌肉} = \frac{(16100+5)\times 1}{0.98} \cong 16\ 400\text{m}^3/\text{t} \tag{4-49}$$

$$VWC_{冷冻胴体} = \frac{(16\ 100+0)\times 1}{1} \cong 16\ 100\text{m}^3/\text{t} \tag{4-50}$$

1t牛生皮只生产0.40t处理过的牛皮革，这一过程需要30m³的水。因此，次级产品牛皮革的虚拟含水量计算为：

（4-51）

$$VWC_{牛皮革} = \frac{（10\,100+30）\times 1}{0.40} \cong 25\,300 \text{m}^3/\text{t}$$

上述所有步骤如图 4-24 所示：

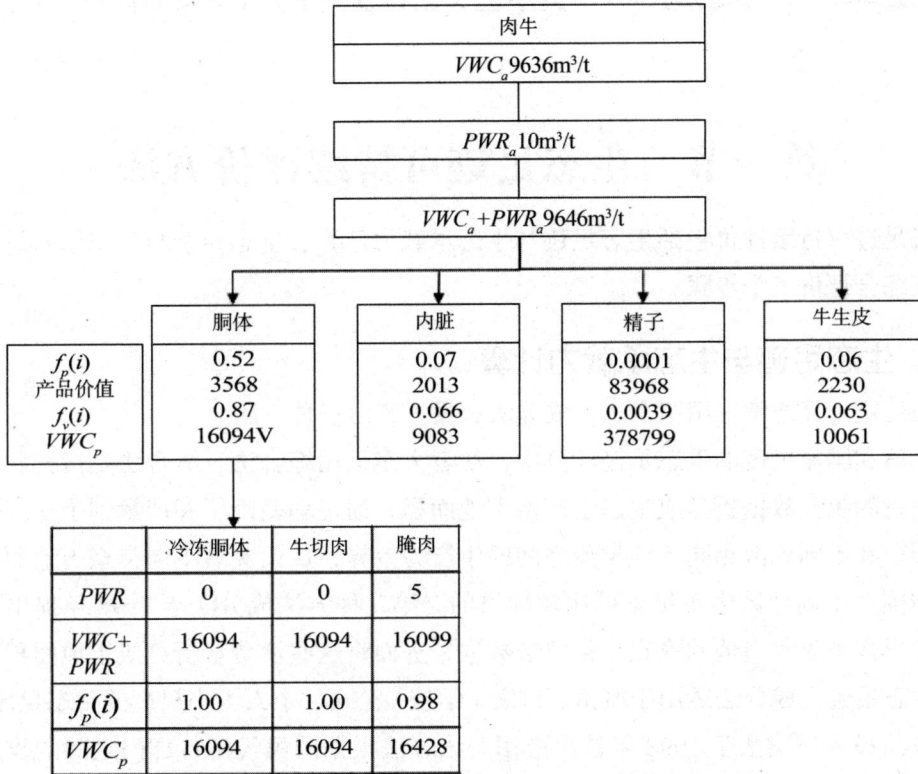

图4-24　加拿大肉牛产品虚水含量计算示意图

第五章 资源环境足迹的可持续评价方法

第一节 生态足迹可持续评价方法

生态足迹可持续评价包括生态足迹与生态承载力计算、生态赤字与生态超载量化以及生态足迹综合评价三个步骤。

一、生态足迹与生态承载力计算

生态足迹计算通常采用综合法、成分法和投入产出三种方法。

在全球和国家尺度的生态足迹计算中，学者大多采用综合法。综合法是指把各国、各地区对消费的统计数据折算成生态生产性土地面积，通过均衡因子和产量因子，来平衡不同土地类型和不同地区相同土地类型之间的生产力差异，从而实现不同类型土地面积可加和，不同国家不同地区生态足迹可比较的目的。第二种方法成分法于1998年提出，以发放问卷的形式来收集当地的家庭日常消费数据，进而将这些消费量折算成土地面积直接加总得到生态足迹。成分法适用于城镇、村庄、学校、公司、个人等小尺度的生态足迹计算。第三种方法投入产出法于1998年首次应用。该方法根据国民经济各部门之间的投入产出关系以及国内资源的需求、进出口情况，并引入土地乘数，计算得到国内消费足迹，具体的投入产出方法见第四章第一节。本节着重介绍生态足迹计算中的综合法。

基于综合法的生态足迹计算包括以下步骤：①划分消费项目，计算各消费项目的消费量；②依据平均产量数据，将各消费量折算为生态生产性土地面积；③利用均衡因子把各类生态生产性土地面积转换为等价生产力的土地面积，并将其汇总、加和，计算生态足迹的大小；④通过产量因子计算生态承载力，以便与生态足迹比较，评价可持续发展程度。

生态足迹计算的基本公式为：

$$EF = \sum r_j A_i = \sum r_j \left(P_i + I_i - E_i \right) / Y_i \quad (j = 1, 2, \cdots, 6; i = 1, 2, \cdots, n)$$

$$(5-1)$$

式中，EF 为总生态足迹，i 为消费商品的类别，j 为六种生态生产性土地类型，包括耕地、林地、草地、建筑用地、水域和化石燃料土地。r_j 为第 j 类土地的均衡因子（gha/ha），由全球该类土地的平均生产力除以全球所有生态生产性土地的平均生态生产力得到。表5-1为2010年世界自然基金会（WWF）采用的均衡因子表。A_i 为第 i 种消费项目折算出的生态生产性土地面积（hm²），$A_i=(P_i+I_i-E_i)$，P_i 为本地生产量，I_i 为资源进口量，E_i 为资源出口量（t）；Y_i 为第 i 种消费商品的全球平均产量（t/hm²）。

在六种生态生产性土地类型中，耕地、草地、林地和水域的生态足迹可以直接使用上述公式计算，而建筑用地和化石燃料土地的计算则需要在上述公式的基础上做出一些改动。另外，在计算电力的生态足迹时，由于发电方式的不同，所占用的土地类型也不同，需要分别考虑。

表5-1　不同土地类型的均衡因子表（WWF，2010）

生态生产性土地类型	均衡因子（gha/hm²）
耕地	2.51
草地	0.46
林地	1.26
水域	0.37
建筑用地	2.51
化石燃料土地	0.31

注：建筑用地是假设占用了基本农业土地，因此建筑用地和耕地具有相同的均衡因子。

生态承载力的基本计算公式为：

$$BC = \sum a_j r_j y_j \quad (j = 1,\ 2,\ \cdots,\ 6) \tag{5-2}$$

式中，BC 为总生态承载力，a_j 为第 j 类生态生产性土地的现有面积（ha）。y_j 为产量因子，表示第 j 类土地的平均生态生产力与全球同类土地平均生产力的比值。产量因子通过把不同地区各类土地的面积折算成同类土地全球平均生产力的等量面积，使得不同地区之间的生态生产性土地具有可比性（图5-1）。

	农作物净消费量	/	全球耕地平均产量	×	耕地均衡因子	=	耕地占用面积		
	畜牧产品净消费量	/	全球草地平均产量	×	草地均衡因子	=	草地占地面积		
	渔产品净消费量	/	全球水域平均产量	×	水域均衡因子	=	水域占地面积		
	林产品净消费量	/	全球林地平均产量	×	林地均衡因子	=	林地占地面积		
	建筑用地面积	×	耕地产量因子	×	耕地均衡因子	=	建筑用地占地面积		
	化石燃料排放（减去%海洋吸收的）	/	森林封存CO_2	×	林地均衡因子	=	所需封存面积		
	或		或		或	或	或		
	化石能源	/	薪材产量	×	林地均衡因子	=	所需能源面积		

左侧框：（II 本地生产量 ＋ 资源进口量 － 资源出口量） 国家净消费量

右侧框：国家生态足迹总量

耕地均衡因子	×	耕地产量因子	=	耕地现有面积	
草地均衡因子	×	草地产量因子	=	草地现有面积	
水域均衡因子	×	水域产量因子	=	水域现有面积	
林地均衡因子	×	林地产量因子	=	林地现有面积	
耕地均衡因子	×	耕地产量因子	=	建筑用地现有面积	
林地均衡因子	×	林地产量因子	=	现有封存面积	
或		或		或	
林地均衡因子	×	林地产量因子	=	现有生物能源集聚面积	

左侧框：包含为保护生物多样性而服务的地区 国家生态承载力总量

右侧框：国家现有国土面积总量

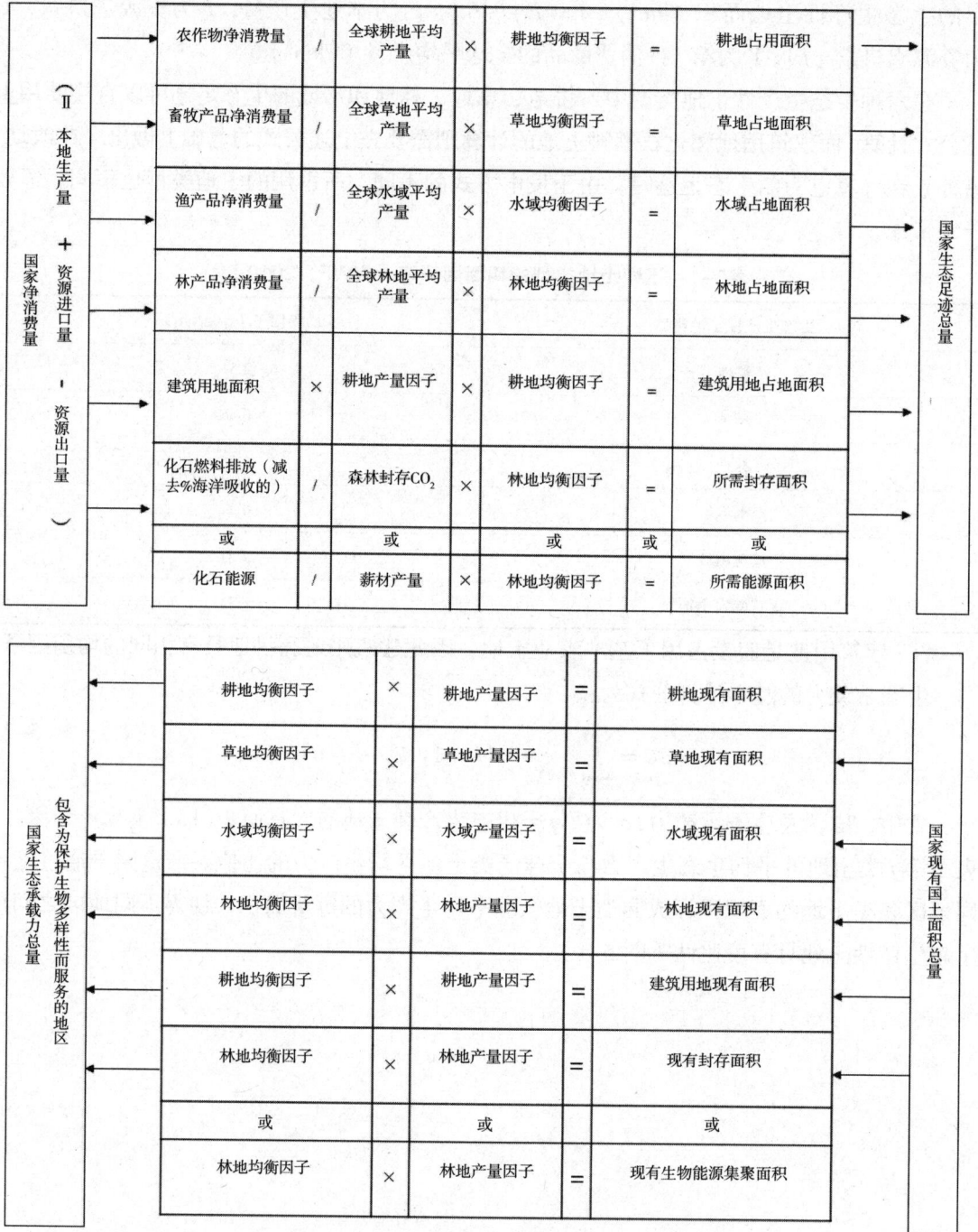

图5-1　生态足迹与生态承载力核算概念图

二、生态赤字和生态超载计算

比较生态足迹和生态承载力可以展现自然资源支持生产或消费活动的能力。一个国家的消费者生态足迹超出其承载力的行为被定义为生态赤字，代表生态承载力不足以支持该国的生产和消费模式，其经济是不可持续的。相反，负的生态赤字代表着生态盈余，即生态承载力可以满足该国在现有生活水平下的消费需求。

生态赤字 ED 的计算公式为：

$$ED = BC - EF_c \tag{5-3}$$

一个国家或地区的生态赤字可以通过两种方式得到补偿：从其他地方进口自然资源（生态贸易赤字），或过度开发本地资源（生态超载）。对于一些人口密度高、人均资源少以及气候极端、自然资源稀缺的国家而言，他们可以从其他国家进口粮食或其他资源弥补生态赤字。生态贸易赤字 ETD 表示生态生产力的净进口情况，计算为生产者生态足迹减去消费者生态足迹：

$$ETD = EF_p - EF_c \tag{5-4}$$

计算结果为正表示生态贸易赤字，为负表示生态贸易盈余。

然而，当这些国家无法通过净进口平衡生态赤字时，他们只能通过过度使用当地资源来满足需求。这种现象被称为生态超载，表示生产者生态足迹超出了生态承载力，代表一种资源的使用速度超过了生物圈再生或吸收废物的速度的状态，也意味着自然资源的枯竭。生态超载 EO 的计算公式为：

$$EO = BC - EF_p \tag{5-5}$$

计算结果为正值表示生态蓄存，即生产者生态足迹在生态承载力之内；结果为负值表示生态超载。

三、生态足迹综合评价

基于生态赤字、生态贸易赤字和生态超载三个指标，2001 年提出了生态足迹综合评价方法，即考虑生产、消费和贸易活动对自然资源的影响，并用六种情况来评价一个国家的自然资源是否受到破坏。

（1）ED>0，ETD>0，EO>0。一个国家既生态盈余又净进口资源，呈现生态蓄存状态。该国的生态可持续性通过节约使用本国资源和进口外部资源得到进一步提升。

（2）ED>0，ETD<0，EO>0，|ED|>|ETD|。一个国家在生态盈余的情况下净出口资源，其净出口量小于生态盈余，呈现生态蓄存状态。该国的自然资源完好无损。

（3）ED>0，ETD<0，EO<0，|ED|<|ETD|。一个国家在生态盈余的情况下净出口资源，其净出口量大于生态盈余，呈现生态超载状态。在本地资源可以满足本地消费的情况下，贸易导致其自然资源耗尽。

（4）ED<0，ETD<0，EO<0。一个国家存在生态赤字且净出口，呈现生态超载状态。该国的自然资源正在被本地过度消费和贸易出口所耗尽。

（5）ED<0，ETD>0，EO<0，|ED|>|ETD|。一个国家的净进口量小于生态赤字，呈现生

态超载状态。在净进口无法满足消费需求的情况下，该国的自然资源在减少。

（6）*ED*<0，*ETD*>0，*EO*>0，|*ED*|<|*ETD*|。一个国家的净进口量大于生态赤字，呈现生态蓄存状态。该国的自然资源有所增加。

第二节　水足迹可持续评价方法

水足迹可持续评价是指从不同的维度（经济、环境和社会）、不同的角度（地理、过程、产品、企业或消费者）开展水足迹和可利用淡水资源的对比分析。在开展可持续评价时，需分别开展蓝水、绿水和灰水足迹评价，进而上升为总体水足迹评价。可以从不同角度考虑水足迹的可持续性（表5-2），首先可以从地理角度评价一个区域水足迹是否可持续，其次可以从产品生产角度评价一种产品水足迹是否可持续，最后可以从消费者角度评价消费者水足迹是否可持续。

表5-2　可持续用水的三个视角

视角	问题	典型的解决方案
地理	怎样保证环境需水量及水资源消耗和污染不超过环境可持续水平？	制定每个水系统的水足迹上限，以及向用户发放水足迹许可证不得超过约定的最大值
生产	怎样调整生产过程和空间生产模式以减少总体的水需求，尤其是在缺水地区？	提高生产过程中的水分利用效率及在富水区生产水密集型产品以减少在缺水地区生产这些产品的水需求
消费	怎样通过改变消费模式减少水需求和水污染，尤其是在缺水地区？	调整消费模式以实现区域（间接）水需求更小，以及减少来自于缺水地区的产品消费量

一、区域水足迹可持续性

在正式进行区域水足迹可持续性评价之前，一般需要估算出区域最大可持续性水足迹的数值。区域最大可持续水足迹一般指区域内可供人类利用的水资源总量。一般从蓝水、绿水和灰水三个角度来分析区域最大可持续水足迹。区域最大可持续蓝水足迹，也就是区域蓝水资源可利用量等于自然径流量减去环境流量需求。环境流量需求指维系河流生态系统在其整个流域以及代际上可持续发展所需的一定时间的水量。区域最大可持续绿水足迹，也就是区域绿水资源可利用量等于土地中来自降水的蒸散发总量减去该地区自然植被的蒸散发再减去土壤蒸发中未利用于植物生产的部分。区域的最大可持续灰水足迹，指的是能够满足该区域水体受污染后完全自净化可以提供的水量，也就是该区域水体的最大纳污能力。t时间段内区域x相应水资源压力指标/水污染程度计算公式如下：

$$WS_{\text{blue}}(x, t) = \frac{\sum WF_{\text{blue}}(x, t)}{WA_{\text{blue}}(x, t)} \qquad (5-6)$$

$$WS_{\text{green}}(x, t) = \frac{\sum WF_{\text{green}}(x, t)}{WA_{\text{green}}(x, t)} \qquad (5-7)$$

$$WPL(x, t) = \frac{\sum WF_{\text{grey}}(x, t)}{R_{\text{act}}(x, t)} \qquad (5-8)$$

式中，$WS_{\text{blue}}(x,t)$、$WS_{\text{green}}(x,t)$ 和 $WPL(x,t)$ 代表 t 时间段内区域 x 的蓝水资源压力、绿水资源压力以及水污染程度；$\sum WS_{\text{blue}}(x,t)$、$\sum WS_{\text{green}}(x,t)$ 和 $\sum WF_{\text{grey}}(x,t)$ 代表区域蓝水、绿水和灰水足迹；$WA_{\text{blue}}(x,t)$ 和 $WA_{\text{green}}(x,t)$ 代表区域蓝水资源可利用量和区域绿水资源可利用量；$R_{\text{act}}(x,t)$ 是指当地实际水资源量。蓝水资源压力指数和绿水资源压力指数达到100% 时意味着当地所有可利用的蓝水 / 绿水资源都被使用了，超过 100% 则表示其水资源利用是不可持续的；水污染程度达到 100% 意味着所有水体的纳污能力已经被全部使用，超过 100% 说明水质超出了标准，表明区域灰水足迹不可持续。

区域水足迹是否可持续需要从环境、社会和经济三个维度进行评价。首先，环境可持续性要求人类生产生活造成的水质污染要保持在一定限度内，我们通常参考政府部门颁布的环境质量标准来确定水体的水质标准。其次，社会可持续性要求区域可利用水资源量必须满足人类正常生命活动（如：饮用、洗漱和做饭）所需的水量以及保证人类生存所必需的粮食生产的用水。最后，经济可持续性要求在满足生态和生活需水的基础上，通过经济有效的方式来分配和使用水资源。某种特定用途的水足迹的收益应该大于其成本，否则，就是不可持续的。

具体来说，评价一个区域的水足迹可持续性，首先是确定可持续性评价标准，然后对评价标准中所涉及的值进行量化，并据此对区域水足迹利用的可持续性进行评价。如果一个区域的用水得不到保障或者污染超过了其自然本地的纳污能力，该区域的水足迹就不可持续。

二、产品水足迹可持续性

一个产品的水足迹是生产该产品所必需的所有过程的水足迹之和，包括供应链中所有过程中水的消耗和污染。因此，产品水足迹是否可持续取决于所有过程水足迹的是否可持续。对一个产品进行可持续性评价时要同时关注该过程所发生的区域是否为热点地区以及该过程水足迹是否可持续。应用产品水足迹可持续性评价案例进行分析，如表 5-3 所示。该产品生产包括 6 个生产过程，评价过程遵循上述的两个条件，两个条件中任意一个条件不满足，该产品就是不可持续的。该表还需要分别对产品的蓝水、绿水和灰水进行评价。在完成一个产品的可持续性评价后，可以具体到产品水足迹每个步骤的不可持续性是因为两个条件中哪一个条件不满足或两者都不满足导致的以及不可持续所占比例，进而找到解决或改善相关问题的突破口。

表5-3　产品水足迹可持续性评价案例

源于产品水足迹核算的数据			检验过程所在区域的水足迹可持续性	检验过程水足迹本身的可持续性	结论		从产品角度检验相关性	检查是否需要响应
过程步骤	过程所在区域	水足迹（m³/单位最终产品）	该区域是否属于热点地区	该部分水足迹是否可以减少或避免	该步骤产品是否可持续	产品水足迹不可持续比例	贡献度是否超过1%	是否优先考虑该步骤的改进
1	A	45	否	否	是	–	是	否
	B	35	是	是	否	35%	是	是
2	A	10	否	否	是	–	是	否
3	C	6	否	否	是	–	是	否
	D	2	是	否	否	2%	是	是
	E	1.1	否	否	是	1.1%	是	否
4	F	0.5	是	否	否	0.5%	否	否
5	A	0.3	否	否	是	–	否	否
6	A	0.1	否	否	是	0.1%	否	否
总计		100				38.7%		

产品水足迹对区域造成的影响主要由两个方面决定：产品蓝水、绿水和灰水足迹大小以及该区域蓝水/绿水资源短缺程度、水资源污染程度。可以通过将产品水足迹和其水资源短缺程度/水污染程度结合实现其在某区域的可持续性影响可视化。

三、消费者水足迹可持续性

消费者水足迹是指生产消费者所消费的所有产品的水足迹之和，其值等于消费者直接水足迹和间接水足迹之和，包括水资源的消耗量和污染量。直接水足迹是指消费者直接参与的水消耗和水污染量，如淋浴、浇花等。间接水足迹是指消费者消费产品或服务而产生的水足迹，如食品、服装、工业产品等的水消耗和水污染。因此，消费者水足迹的可持续性取决于消费者消费产品水足迹的可持续性。消费者整体水足迹的评价通过消费者个体水足迹的大小与当地或全球人均水足迹进行比较得到。

消费者水足迹与供应链中生产者水足迹紧密相关，以动物产品为例进行分析，如图5-2所示，消费者的水足迹主要来源于饲料作物种植，饲料水足迹占消费者购买畜产品水足迹的98%。对于肉食主义者来说，消费者水足迹主要由其消费的畜产品组成。

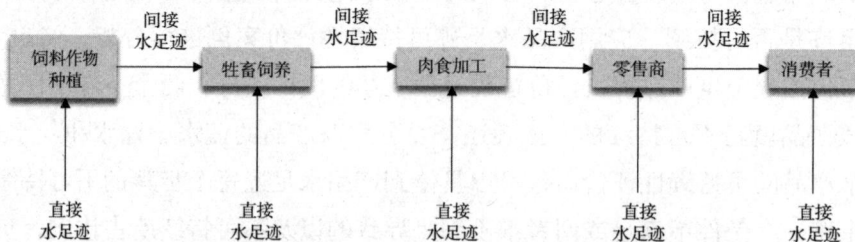

图5-2　动物产品供应链每个阶段的直接和间接水足迹

消费群体的水足迹可持续性由个体消费者的水足迹可持续性决定，因此我们每个人应该考虑自己的消费水足迹是否超出了地区或全球平均水平，若超出了全球平均水平可以从调整膳食结构（减少畜产品消费）、减少食物浪费等方面实施行动。

第三节　资源环境足迹与联合国可持续发展目标

一、资源环境足迹与可持续发展目标关联概述

2015 年 9 月 25 日，联合国可持续发展峰会在纽约总部召开，联合国 193 个成员国将在峰会上正式通过 17 个主要可持续发展目标（SDGs），即《2030 年可持续发展议程》。该议程建立在千年发展目标（MDGs）基础之上，确立了 2015 ~ 2030 年人类发展的优先领域，旨在综合方式彻底解决社会、经济和环境三个维度的发展问题，转向可持续发展道路。

资源环境足迹与可持续发展目标之间存在紧密的关联关系。资源环境足迹关注《2030 可持续发展议程》中特定的资源环境问题，衡量资源使用或污染 / 废物排放，或两者兼之。比如，水足迹既衡量淡水消耗，包括蓝水和绿水足迹，也衡量用于吸收废物的淡水使用，即灰水足迹。减少蓝水和绿水的使用，以及灰水的排放都有利于实现 SDG 6.4(可持续取水和供应淡水)。本书对于资源环境足迹与可持续发展目标的关联关系进行系统梳理（Xu et al., 2020），具体如表 5-4 所示。

表5-4　资源环境足迹与可持续发展目标之间的关联性

资源环境足迹	与资源环境足迹相关联的可持续发展目标
碳足迹	SDG 9.4：到2030年，所有国家根据自身能力采取行动，升级基础设施，改进工业以提升其可持续性，提高资源使用效率，更多采用清洁和环保技术及产业流程
	SDG 13.2：将应对气候变化的举措纳入国家政策、战略和规划
水足迹	SDG 6.3：到2030年，通过以下方式改善水质：减少污染，消除倾倒废物现象，把危险化学品和材料的排放减少到最低限度，将未经处理废水比例减半，大幅增加全球废物回收和安全再利用
	SDG 6.4：到2030年，所有行业大幅提高用水效率，确保可持续取用和供应淡水，以解决缺水问题，大幅减少缺水人数
土地足迹	SDG 2.4：到2030年，确保建立可持续粮食生产体系并执行具有抗灾能力的农作方法，以提高生产力和产量，帮助维护生态系统，加强适应气候变化、极端天气、干旱、洪涝和其他灾害的能力，逐步改善土地和土壤质量
	SDG 15.3：到2030年，防治荒漠化，恢复退化的土地和土壤，包括受荒漠化、干旱和洪涝影响的土地，努力建立一个不再出现土地退化的世界
生态足迹	SDG15.1：到2020年，根据国际协议规定的义务，保护、恢复和可持续利用陆地和内陆的淡水生态系统及其服务，特别是森林、湿地、山麓和旱地
	SDG15.4：到2030年，保护山地生态系统，包括其生物多样性，以便加强山地生态系统的能力，使其能够带来对可持续发展必不可少的益处
氮足迹	SDG14.1：到2025年，预防和大幅减少各类海洋污染，特别是陆上活动造成的污染，包括海洋废弃物污染和营养盐污染
磷足迹	SDG14.1：到2025年，预防和大幅减少各类海洋污染，特别是陆上活动造成的污染，包括海洋废弃物污染和营养盐污染
PM足迹	SDG 11.6：到2030年，减少城市的人均负面环境影响，包括特别关注空气质量，以及城市废物管理等

资源环境足迹	与资源环境足迹相关联的可持续发展目标
物质足迹	SDG 8.4：到2030年，逐步改善全球消费和生产的资源使用效率，按照《可持续消费和生产模式方案十年框架》，努力使经济增长和环境退化脱钩，发达国家应在上述工作中做出表率
	SDG 12.2：到2030年，实现自然资源的可持续管理和高效利用
能源足迹	SDG 7.3：到2030年，全球能效改善率提高一倍

二、资源环境足迹在评估可持续发展目标进展方面的优势

如何科学度量可持续性是《2030可持续发展议程》中的一个核心问题，这关系到实现可持续发展目标的进度评估与路径选择。资源环境足迹基于质量守恒和生命周期思路，可以深刻描述资源与环境排放的动态变化。并且，与直接资源消耗和环境排放指标相比，资源环境足迹能够分析贸易和循环经济对于资源与环境排放的影响，揭示不同资源/环境排放在生产和消费过程中的冲突和耦合关系，从而提供关于资源消耗和环境排放在不同水平上的关键可持续性信息。本文具体对比了直接资源消耗/环境排放与资源环境足迹在量化可持续发展目标方面的差异，突出了资源环境足迹在评估可持续发展目标进展方面的优势。

通过投入产出分析和物质流分析等方法，资源环境足迹可以追溯资源和环境排放在不同区域之间的物理或价值转移，识别跨区域资源消耗和环境排放的关键节点，同时也能够认清资源环境问题的根源所在。美国、欧洲等发达国家，一般占据全球产业链的顶端，它们更倾向于通过国际贸易从欠发达地区进口半成品或者成品来减少国内自然资源的开采和使用，从而减少本地区的环境影响，造成了其直接资源效率指标值要低于资源足迹值。比如，日本的人均直接物质效率远低于其人均物质足迹，在1990年二者之比为0.65，到2010年进一步降低到了0.46（刘刚等，2018）。资源足迹反映了发达地区更真实的可持续发展水平，而直接资源指标效率结果，使得发达地区的可持续发展水平被高估。而对于欠发达地区来说，资源环境足迹识别出了其不可持续性的资源开采大部分是来源于资源的低效率开采和出口。

三、通过资源环境足迹量化可持续发展目标进展的方法

首先，对联合国可持续发展目标进行筛选，选取出于资源环境相关的SDG指标如表5-5所示。其次，通过投入产出分析、物质流分析和生命周期等方法量化各类资源环境足迹。最后将资源环境足迹与GDP、人口等指标相结合，量化相关SDG指标得分，并进行标准化。以碳足迹为例，量化SDG 13.2（将应对气候变化的举措纳入国家政策、战略和规划）进展。依据联合国可持续发展目标进展监测框架，SDG13.2可通过人均碳足迹、单位GDP碳足迹和国家单位森林面积碳足迹三个指标来量化，并将这三个指标定义为SDG

13.2.1、SDG 13.2.2 和 SDG 13.2.3。假设有 A，B，C，D，E 五个国家，其在 2020 年的碳足迹、人口、GDP 和森林面积如表 5-5 所示。

表5-5　2020年五个经济体碳足迹、人口、GDP和森林面积

国家	碳足迹（t）	人口（人）	GDP（亿元）	森林面积（hm²）
A	100	100000	4000	60000
B	80	50000	7000	70000
C	60	30000	3000	30000
D	50	80000	8000	30000
E	20	40000	5000	10000

　　计算每个国家的人均碳足迹、单位 GDP 碳足迹和国家单位森林面积碳足迹。为了确保不同国家 SDG 指标之间的数据可比性，每个指标数据从 0 调整到 100，0 表示最差性能，100 表示最优性能。鉴于比例调整对数据分布两端的极值（离群值）非常敏感，我们遵循《2020 年可持续发展报告》提出的方法来确定每个可持续发展目标指标的上界和下界。为了去除极值的影响，我们将所有国家的可持续发展目标指标表现中位于最低 2.5 个百分点的数据定义为最小值（0），而将最高 2.5 个百分点的数据定义为最大值（100）进行归一化处理。此外，我们利用二氧化碳净排放量为可持续发展目标 SDG 13.2.1、SDG 13.2.2 和 SDG 13.2.3 设定了 100% 的上限，因为这是必须实现的。确定上界和下界后，我们将选定的各经济体可持续发展目标指标值调整到 0 ~ 100 的范围内，公式为：

$$Z' = \frac{Z - \min(Z)}{\max(Z) - \min(Z)} \times 100 \qquad (5-9)$$

　　式中，Z 表示给定 SDG 指标的原始数据值。min 和 max 分别是最差和最好性能的界限。表示给定 SDG 指标的归一化值。最后，求出每个国家 SDG 13.2.1、SDG 13.2.2 和 SDG 13.2.3 三个指标的得分均值，即为每个国家 SDG 13.2 进展的得分（如表 5-6）。

表5-6　2020年五个经济体SDG13.2指标进展得分

国家	SDG 13.2.1	SDG 13.2.2	SDG 13.2.3	SDG 13.2
A	50	0	17	22
B	20	54	43	39
C	0	20	0	7
D	69	75	10	53
E	75	84	0	53

第四节　资源环境足迹与行星边界

一、资源环境足迹与行星边界的关联性

有学者建议资源环境足迹结果应在可持续性分析的背景下提出，而作为可持续性评估的重要方法与指标，行星边界框架提升了环境足迹的政策价值。已有研究逐渐从专注于单个足迹的可持续性评估拓展到多个足迹的综合性评估，例如提出了一个整合环境足迹和行星边界的框架，该框架通过衡量当前人类活动规模与相关容量阈值之间的可持续性差距来进行综合性评估，为将环境影响评估演变为环境可持续性评估奠定了基础。

目前环境足迹与行星边界结合的研究主要分为以下几类：

1. 消费者视角下的环境足迹与行星边界关系

有学者采用基于消费的观点揭示了各国如何为其贸易伙伴造成了磷污染，并衡量了各国对磷的使用造成其超出行星边界的贡献。结果表明，2011 年，全球磷超标足迹的 27%与国际贸易流量有关。较富裕的国家倾向于减少其国内磷肥的使用量，从而保护自己的自然环境，同时通过贸易进口含磷产品增加其磷足迹，这揭示了磷污染经济体分布高度不均的格局。结论表明，缓解战略需要包括国际合作，以提高肥料的使用效率并减少导致磷含量超标的产品的需求。还有学者将生产和消费视角相结合，根据公平份额耕地限制评估基于消费的土地足迹，根据生物物理耕地限制评估基于生产的土地足迹。结果表明，大多数国家基于消费的土地足迹超过了其公平份额的耕地限制，而基于生产的土地足迹却不那么明显。相反，中国和印度的土地消费足迹已安全地处于公平份额的环境限制内（利用率分别为 80% 和 74%），而其土地生产足迹超过了生物物理限值（利用率分别为 132% 和 165%）。评估国家对耕地环境限制的利用可以为各国作为个体实体或集体制定减轻其全球耕地需求的政策提供基础，并最大程度地减少与超越行星边界相关的风险。还有学者对全球森林边界进行量化，以森林蓄积生长量代表森林边界，在此基础上判断全球各国是否存在超边界采伐现象，进一步揭示了全球消费对超边界森林采伐的驱动作用。结果表明，全球森林采伐量占全球森林边界的 58.7%，中国和美国森林蓄积量增长潜力突出，以美国、日本为代表的发达国家和以印度、中国为代表的新兴经济体是全球超边界采伐的主要驱动力。研究结果将对指导森林合理采伐、降低森林系统风险、增强国际合作具有重要意义。

2. 环境与社会可持续发展相结合的综合性边界研究

有研究旨在衡量"安全和公正"发展空间的指标，量化与满足人类基本需求相关的资源使用，并将其与 150 多个国家降尺度的行星边界进行比较，结果发现没有一个国家在全球可持续的资源利用水平上满足其公民的基本需要。有学者使用衡量"安全和公正"发展空间的指标，收集了 1992 年至 2015 年的历史数据，分析了 140 多个国家在 6 项基于消费的环境指标（相对于缩小的生物物理边界）和 11 项社会指标（相对于社会门槛值）方面

的国家表现。根据当前趋势，通过评估近几十年来是否有任何国家生活在甜甜圈内，或未来是否会生活在甜甜圈内，推进全球可持续性综合研究。结果表明，目前没有发现任何证据表明任何国家目前正在朝着甜甜圈形状的安全和公正空间迈进。目前的趋势可能会加深气候和生态危机，同时无法消除社会短缺问题。

3. 其他模型、方法结合行星边界的研究

有学者构建了一个全球尺度的多国家层面的粮食模型，并将粮食系统模型与国别的生态足迹进行匹配，识别粮食系统在未来的环境影响，以及能够将其环境影响控制在星球边界内的技术—政策组合情景。研究结果发现，在 BAU（Business As Usual）情景，也就是没有技术进步和减排措施的情景下，2010 ～ 2050 年期间由于人口和收入的增长，粮食系统的环境影响可能会增加 50% ～ 90%，超出了保障全球生态安全的安全区。有的基于内部一致模型框架中四个相互关联的行星边界（生物圈完整性、土地系统变化、淡水利用、氮流）和农业系统的过程详细、空间明确表示，结果表明目前全球近一半的粮食生产依赖于地球边界的越界。如果严格遵守这些界限，目前的食品系统只能为 34 亿人提供均衡的饮食。

研究旨在考察某一类或几类环境政策对所有行星边界的影响，将碳税政策作为分析对象，围绕行星边界变化驱动力所对应的主要生产部门（包括农业、能源、制造业、化肥、渔业、木材）建立了一个竞争均衡经济模型。研究发现，更高的全球碳价将可能起到多方面的正向作用，几乎可以帮助改善所有的行星边界问题；若碳定价政策与"适度取消生物燃料补贴"这一政策相互补充，则"行星边界"中识别的所有生态环境风险都可能降低。

还有学者尝试从行星边界与生命周期评价相结合的角度进行环境可持续性评估。有学者提出了一个程序，基于行星边界框架设置全球环境目标，并在生命周期评估内将其分配至公司或产品尺度，以减少产品对环境影响。有研究对评估人类干预所造成的环境压力和影响的程度的不同选择加以说明，采用 LCIA 模型估计影响。有学者确定了与基于行星边界的生命周期影响评估方法的开发和实施相关的挑战，并讨论了解决这些挑战和开发此类方法的可行性。研究采用五种不同的视角来评估影响，通过基于生命周期评估的指标评估欧盟 2010 年生产和消费的影响，并与行星边界进行比较。受行星边界框架的约束，整合的环境足迹或 LCA 指标有限，并且在核算方法一致性、环境影响类别匹配度等方面存在一些局限性和挑战。此外，还应探索将行星边界与其他环境评估方法相整合的方法，以进一步拓展行星边界框架的应用范围。

总体而言，目前将行星边界与资源环境足迹相关联的研究（表 5-7）主要集中在能源和供应链相关的碳足迹、农业相关的温室气体排放和水资源利用方面，需要进一步扩大足迹研究范畴，将更多环境足迹与行星边界相结合。而将基于行星边界的环境足迹家族与可持续发展目标联系起来，将成为未来环境足迹研究的重点。此外，将行星边界缩小到国家、

区域或地方层面,结合足迹指标可以帮助评估资源使用和环境问题发生给区域带来的压力,可以为决策者在地方、区域和国家层面实现可持续发展目标提供政策指导。

表5-7 资源环境足迹与行星边界框架之间的关联性

行星边界	与行星边界相关联的资源环境足迹	描述
气候变化	碳足迹	最初提议的该边界控制变量大气CO_2浓度(ppm)为状态指标,难以和各国排放量相连,因而碳边界降尺度研究中常用表征压力的温室气体排放指标。研究中多采用《巴黎协定》2℃温控目标作为边界阈值
生物圈完整性变化	生物多样性足迹	Lucas等采用平均物种丰富度指数作为该足迹参数。平均物种丰富度指数(MSA,%)是指受干扰情况下原始物种的平均丰富度相对于未受干扰生态系统中原始物种的丰富度,以表示生态系统完整程度。其取值范围在0~1之间。该指标类似于BII指标,最大区别在于即使该地区的平均物种丰富度高于参考值,其MSA值只能取1。该边界阈值为37.24亿MSA loss·hm^2
氮循环	氮足迹	采用农业过程中的工业和生物固氮作为该足迹参数。工业固氮(kg):指农业生产过程中施用到土壤中的氮肥。生物固氮(kg):农业区的生物固氮包括豆科植物(花生、大豆等)和土壤生物固氮两个方面。该边界阈值为62 Tg N /年
磷循环	磷足迹	采用农业过程中的磷肥中的磷含量使用作为该足迹参数。磷肥(P_2O_5,kg):指农业生产过程中施用到土壤中的磷肥,再乘以P_2O_5中P的化学分子含量。该边界阈值为6.2 Tg P /年
平流层臭氧消耗	臭氧足迹	臭氧足迹指的是根据《蒙特利尔议定书》控制或监管的气体排放,其潜在的臭氧消耗能力。一氧化二氮对臭氧层也存在有害影响,可作为臭氧足迹的补充。
海洋酸化	碳足迹	随着海洋吸收人类活动产生的二氧化碳,它们变得越来越酸性,这可能会对海洋生物构成压力。Vanham等(2019)注意到这两个边界的交叉,并采用碳足迹作为这两个边界的控制变量
淡水使用	蓝水足迹	采用蓝水耗水量作为该足迹参数,蓝水足迹(km^3)衡量的是一段时间内所消耗传统意义上的地表和地下水资源。该边界阈值为4000km^3/年。
土地系统变化	土地足迹	土地类型包括农田、牧场、渔场、林地和建设用地。农田面积(km^2)是食物系统研究中最常使用和完善的土地系统变化行星边界的控制变量。该边界阈值为12.6 Mkm^2 /年
大气气溶胶负载	$PM_{2.5}$足迹,PM10足迹	该边界尚未有明确的全球阈值。$PM_{2.5}$和PM 10足迹用于量化产品生产或服务过程中直接和间接的颗粒物排放
化学污染	化学足迹	由于化学品数量众多,品种繁多,生产和消费过程不同步,难以获得有关化学品排放的数据,使对化学品毒性影响的评估复杂化。该边界还未有确定的控制变量和全球阈值

二、行星边界框架在不同空间尺度上的应用

1.行星边界框架应用的四个尺度

由于环境政策的制定与调控多发生在区域尺度,因而本地化是近年来行星边界研究领域的热点议题。学者们对将该框架应用于全球以下尺度进行了大量研究(表5-8),主要分为以下四个尺度:①国家尺度,将行星边界框架应用于国家尺度的研究已经十分成熟。瑞典环境保护署第一次将行星边界框架与环境足迹结合,评估了瑞典的环境安全状况。此后,有很多研究将足迹与行星边界结合,评估单个或多个国家在单个或多个行星边界上的表现。②省域尺度,对于气候变化、臭氧消耗等全球性环境问题,各国可以自上而下构建体现"共同但有区别"的分配方案;而淡水利用、土地利用变化等区域性环境问题,则存在资源禀赋和环境容量的局地阈值,故其环境边界应体现空间异质性。③市域尺度,将行星边界指标缩小到城市级别可用于加强现有城市可持续发展议程的运营范围或设计新的城

市工具，以更好地将不断增长的经济纳入全球环境可持续性问题。有学者第一次将行星边界框架应用到城市规模。④组织尺度，研究通过对一些全球500强公司披露的可持续发展报告的实证研究，探讨了企业如何在实践中设定环境边界。结果表明，大多数报告定义了仅限于财务的环境边界，而资源效率等间接环境影响并未考虑在内。研究分析了加拿大50家可持续发展领先公司发布的可持续发展报告，以确定环境可持续发展目标与PB框架的联系，结果发现，只有少数目标确实涉及某些边界的全球/区域生态过程，这些目标仅提及框架描述的九个边界中的五个。目前行星边界框架在该尺度多为定性分析，缺乏定量分析，尚处于探索阶段。

2. 行星边界的三种降尺度方法

不同尺度的研究需要对行星边界进行降尺度，当前主要的降尺度方法有：①祖父法：根据一个国家在当前全球环境压力中所贡献的份额来分配环境压力的全球预算。②人均法：基于平等原则，每个人都对资源环境拥有同等的享用权利，即根据一个国家在全球人口中所占份额来分配全球预算。这是行星边界文献中最广泛使用的分配方法。除了特定年份的人口外，也可以根据对人口的未来预测来分配。③支付能力法：该方法不是分配全球预算，而是分配行星边界的越界量，因此该方法只适用于被逾越的行星边界。基于能力原则，根据一个国家的人均GDP相对于全球人均GDP进行分配。

有学者应用了上述三种降尺度方法研究了四个经济体（中国、美国、印度、欧盟）的2010年的四个行星边界状况，结果表明，祖父法对欧盟和美国的所有行星边界均有利，支付能力法对这两个经济体最不利。相比之下，对中国和印度而言，人均分配和支付能力法最为有利。考虑到各国国情和能力的差异，及各个行星边界具有不同的特征，多种分配方法，及在分配中综合考虑生物物理和社会经济因素都是必要的。此外还有些研究用到了人均趋同法、人均累计排放量相等法、温室发展权法、成本最优法等。

表5-8　行星边界框架在区域尺度的应用

尺度	降尺度方法	选取行星边界	研究主题
国家	人均法	气候变化、生物地球化学流动、淡水使用、土地系统变化	在哪种程度上生物物理资源的使用水平与满足人们的基本需求有关，并且可以在不超过关键行星边界的情况下扩展到所有人
国家	祖父法、人均法、支付能力法	气候变化、生物地球化学流动、生物圈完整性、土地系统变化	三种不同的行星边界降尺度方法对资源环境压力分配公平的影响
国家	人均法	气候变化、海洋酸化、生物多样性损失、生物地球化学流动	将我们行星边界转化为瑞士消费的限制，为实现绿色经济的一系列足迹限制提出建议
国家	人均法	16个环境影响类别，包括气候变化、酸化、生态毒性等	采用五种不同的视角，评估欧盟2010年生产和消费的环境影响及其环境安全状况
省份、行业	混合方法（自下而上与自上而下结合）	气候变化、生物地球化学流动、淡水利用和土地系统变化	提出了一个"自下而上"和"自上而下"相结合的行星边界降尺度方法，将上述方法应用于中国省区和行业尺度的环境边界量化

尺度	降尺度方法	选取行星边界	研究主题
国家	基于各国耕地面积	磷循环	开发了一个新的可持续性指标，即磷超标足迹，用于衡量各国对磷超出行星边界的贡献
国家	结合历史排放来计算超额排放	气候变化	提出了一种量化国家对气候变化相关损害责任的新方法
城市	人均法	气候变化、土地系统变化、生物地球化学流动、淡水使用	提供了对中东和北非地区大城市不同足迹的估计，阐明了城市消费与相关环境影响之间的关系
省份	政策与本地视角	碳、臭氧、水、土地、氮、生物多样性、海洋、空气污染、化学污染	通过创建定义南非九个省"安全和公正运营空间"的晴雨表来探索可持续发展指标的次国家级异质性
公司	混合方法（自下而上与自上而下结合）	气候变化、淡水使用、生物圈完整性和化学污染以及其他新实体	分析在公司决策中应用行星边界方法的主要科学和技术挑战
公司	定性分析	碳、生物多样性、水、土地、臭氧、化学污染	讨论了行星边界框架对企业可持续性的实际影响，包括治理和制度挑战

第六章　资源环境足迹中的科学问题

第一节　资源环境责任量化及其分配

　　资源利用或环境排放的责任量化及其分配，尤其是碳排放责任，一直是具有争议的热点问题。目前，资源环境责任的量化以及分配主要有五种方法：生产者责任法、消费者责任法、改进消费者责任法、共担责任法以及收入者责任法，它们在理论基础、核算视角和核算方法等方面均存在差异，其优缺点引发了广泛讨论。下文将介绍这五种方法的含义、理论基础、分配原则及其优劣性。

一、生产者责任法

　　生产者责任法又称为领地责任法（彭水军等，2016），是目前应用最广泛的资源环境责任核算方法。生产者责任法旨在量化一个地区各类经济活动产生的直接资源利用或污染排放，要求生产者为其生产过程中造成的资源利用或环境污染支付费用。该分配原则可以追溯到 20 世纪 70 年代国际公认的污染者付费原则，即生产者从生产中取得收益，理应对其生产过程中所产生的污染物负责。由于生产者责任法简单易懂，便于统计监测，并且对生产减排有直接的激励作用，有利于环境目标政策的实现。因此，当前国际社会对碳排放数据的统计以及对碳减排责任的量化大多是基于生产者责任法展开的，包括政府间气候变化专门委员会（IPCC）、联合国气候变化框架（UNFCC）、《京都议定书》等。

　　尽管生产者责任法以"污染者付费"为基本逻辑，简便易操作，但是在生产分散化和贸易自由化的背景下，该分配方法的弊端也日益明显。

　　（1）采用生产者责任法核算各国的资源环境责任，对产品出口国而言有失公平。在该原则下，发达国家通过进口产品代替本国生产，将生产可能造成的资源环境影响通过贸易转移到其他国家，从而以较低的资源环境代价来维持较高的生活水平。而产品出口国（主要为发展中国家）就不得不为这部分出口的资源利用或污染排放买单。以碳排放为例，研究表明中国生产活动引发的碳排放很大程度是为了满足其他国家（尤其是发达国家）的最终需求。生产者和消费者都是碳排放的受益者，都应对碳排放负责。生产者责任法忽视了国际贸易中的污染排放转移以及消费者责任，无法激励消费者减排也有失公平。

　　（2）生产者责任法助长了"碳泄漏"（carbon leakage）。在该原则下，先实施碳减排政策的发达国家可以把碳排放密集型产品或生产环节转移到没有减排约束的发展中国家，减少国内排放，再通过从非减排国进口相关产品来满足国内需求。这种转移排放的做法将会导致发展中国家排放量的大幅增加，造成碳泄漏，进而弱化减排政策的效果，甚至造成全球碳排放量上升。

（3）生产者责任法无法有效地引导低碳消费和低碳生活方式。在生产与消费活动异地的情况下，生产者责任法难以令进口国消费者察觉到其消费活动对其他国家以及全球资源环境的影响，不利于实现消费模式向低碳化转变。

为了克服生产者责任法的上述问题，学者们相继提出了基于消费者分配原则的消费者责任法、改进消费者责任法以及共担责任法。这些责任核算及分配方法考虑到了国际贸易引发的资源环境影响转移问题，使消费者责任得到了更充分的体现。

二、消费者责任法

与生产者责任法直接量化资源环境影响不同，消费者责任法是对资源利用或环境排放责任的重新分配，其核算过程揭示了区域最终消费需求是如何引发资源利用和环境排放的。消费者责任法起源于20世纪末期，最早用于量化区域碳排放责任。消费者责任视角下，产品生产过程的资源消耗或环境排放全部通过供应链归咎于消费地区的最终消费上。最终消费产生的资源环境影响不仅包括消费过程的直接资源利用或环境排放，还包括消费产品在供应链全过程中产生的间接资源利用或环境排放。消费者责任法量化分配资源环境责任的核心是 Leontief 提出的投入产出模型。基于投入产出模型和资源利用或环境排放数据可以计算出直接消耗系数矩阵、Leontief 逆矩阵和资源环境强度系数，最终得到消费者责任视角下的资源环境责任。

消费者责任法的提出凸显了贸易对资源环境责任核算的影响。基于投入产出模型，越来越多的研究揭示了消费者视角下资源环境责任转移的一般规律。例如，在全球尺度上，贸易使得发达国家通过进口高碳排放的产品将减排压力转移给发展中国家，从而引起"碳泄露"。以中国为研究区的结果表明，省间贸易使得发达省份以及产业结构单一的欠发达省份通过进口产品将资源环境压力转移到资源富集省份和工业大省（庞军等，2017；李富佳，2018）。

对于不断发展的资源环境责任量化方法，学者们以碳排放为研究对象，提出六种属性来判断责任量化方法的优劣性。一是可加性（additivity），即整体排放责任等于各部分责任之和；二是标准化性（normalization condition），即各国排放责任之和等于世界直接碳排放之和；三是间接影响性（accounting of indirect effects），即同时考虑来自供应链上游和下游的责任；四是因果性（economic causality），某一集合内分配给供应链下游（或者上游）成员的碳排放责任，应该等于该集合内从供应链上游（或者下游）获得的产品数量的比值；第五是单调性（monotonicity），即只有该地区通过本地措施降低了全球碳排放量，其碳排放责任才能减少；第六是对称性（Symmetry），生产者碳排放责任与消费者责任是对称的。Kander 等（2015）更新了部分属性，指出责任核算方法应符合可加性、单调性和敏感性（Sensitivity）。其中敏感性对应 Rodrigues 等（2006）提出的间接影响性，要求责任量化方法应对资源环境的影响因子做出回应，比如消费水平、消费结构以及资源环境效率。

依据上述判别标准，越来越多的研究指出消费者责任法在考虑贸易影响时存在局限性：①消费者责任法不符合单调性。产品从资源环境效率较高地区流向低效率地区将减少全球资源利用和环境排放，但消费者责任法不能有效激励以上贸易活动。比如，某地区从高效率地区进口产品节约了全球水资源，但是其消费者责任却是增加的 [图 6-1（a）]。②消费者责任法不符合敏感性。消费地区通过提高效率减少出口产品的资源环境影响，却无法获得相应的激励。比如，某地区提高用水效率减少了生产出口产品所需水资源量，但是其消费者责任并未减少 [图 6-1（b）]。

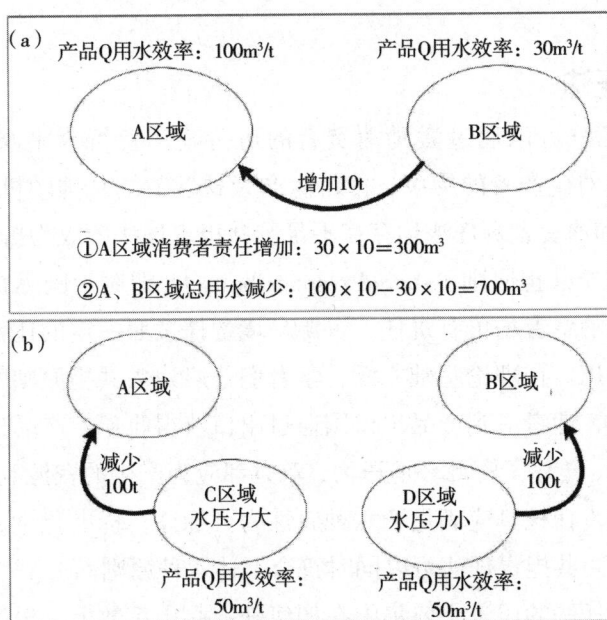

图6-1　消费者责任法核算主要问题示意图

三、改进消费者责任法

对于消费者责任法的上述局限性，学者们提出了改进消费者责任法。在消费者责任法的基础上引入出口效率修正系数，提出了技术调整的消费者责任法（TCBA 法）。TCBA 法考虑到不同国家生产出口产品的技术差异，不同国家的资源环境效率与全球平均水平进行比较以实施奖惩机制。当一个国家出口产品造成的资源利用或环境污染量高于全球平均水平时，该国应对出口产品中超出平均水平的那部分资源环境影响负责，余下的出口责任归到进口国。相反，当出口产品造成的资源利用或环境污染量低于全球平均水平时，该国则无需对出口产品造成的资源环境影响负责，并且额外免除出口产品中低于平均水平的那部分资源环境责任。TCBA 法只赋予出口项效率修正系数，使得计算后的出口项与进口项不相等，计算不具有一致性。有学者进一步对进口效率进行修正提出了 TCBA* 法。尽管上述方法满足了敏感性要求，却不满足单调性要求。

为了将国际贸易和效率差异引起的碳排放增减纳入消费者责任法，ERA 方法应运而生。ERA 方法的理论基础为经典李嘉图贸易理论（Ricardian trade theory），即一个国家应当以最优的生产技术生产出口产品或服务。在这一理论下，ERA 方法计算双边贸易造成的全球碳排放减量或增量，并奖励碳排放减量大于全球平均减量的双边贸易行为，惩罚碳排放增量大于全球平均增量的双边贸易。ERA 方法根据贸易双方的资源环境效率差异设置奖惩机制，鼓励产品从高资源环境效率国家出口到低效率国家，同时满足敏感性和单调性要求。ERA 方法为资源环境责任量化分配提供了新思路，然而目前尚未引起国内外学者的关注。

四、共担责任法

虽然消费者责任法可以通过激励消费者的可持续消费行为来减少对资源环境的影响，但是该原则缺乏对生产者的约束，使得生产者缺乏节能减排动机（王猛猛和刘红光，2021）。鉴于生产者和消费者责任法均存在不足，共担责任法便成为折衷的方案。

共担责任法立足于共担原则（shared responsibility），即对于国际贸易中的资源利用或环境污染，生产者和消费者均负有责任，资源环境责任按照一定的比例分配给生产者和消费者，由两者共同分担。在理论基础方面，学者们普遍认为共担原则的理论依据为受益原则（benefit principle），即考虑到产品出口国通过出口获得收益，产品进口国通过进口产品满足了本国消费需求、转移了资源环境压力，双方都应为产生的资源利用或环境排放负责。对应提出的资源环境责任核算应满足的六种属性为可加性、标准化性、间接影响性、因果性、单调性和对称性。共担责任法可以同时符合上述六种原则。

目前对于共担责任法的讨论主要集中在如何确定共担系数上。根据已有文献，确定系数的研究方法主要包括以下两种：

（1）加权平均法。资源环境责任共担的基本计算公式为：$E=A+qB+(1-q)C$，其中 A 是国内最终消费需求引发的国内资源利用或环境排放量，B 是资源环境虚拟出口量，C 是资源环境虚拟进口量，q 为分配因子。关于分配因子，有学者假设分配因子为 0.5。也有学者认为资源环境责任核算应具有对称性，并基于模拟谈判实验验证了生产者和消费者责任法的对称性，从理论上论证了分配因子为 0.5 的合理性。基于受益原则，有学者把经济利益与生态环境责任相连，提出将中国对某贸易国的增加值出口量占两国增加值贸易总量的比值设为分配因子，分配中国与各国贸易中隐含的碳排放责任。

（2）根据经济部门的增加值确定责任分配系数。有学者对对称性提出质疑，认为现实中生产者和消费者责任通常是非对称的，因而平均分配方法并不合理。一个部门的增加值占比越高，其对整个生产过程中造成的环境影响责任越大，因而提出分配因子为增加值与净产出的比值。通过考虑供应链效应，而分配方法更适合产业或部门间的资源环境责任分配。彭水军等（2016）基于多区域投入产出模型，系统梳理了资源环境责任核算方法，并指出当前生产者和消费者责任分担方案仍面临诸多挑战，生产者和消费者之间分配系数的确定过于粗糙。如何公平合理地权衡生产者和消费者责任不仅涉及经济学理论，还涉及伦理学、法律、政治等诸多社会科学。资源环境责任量化与分配方法在理论上的突破有待于各学科专家的通力合作。

五、收入者责任法

收入者责任法与消费者责任法互为镜像，分别从供应链的两端量化资源环境责任，收入者即要素供应者位于上游，消费者位于下游。收入者责任法依据"谁受益谁负责"原则，认为要素供应者尽管没有直接造成资源环境影响，但是通过为下游提供生产要素获得收入的同时，导致了资源利用或环境排放。要素供应者通过为下游生产者提供生产要素获得了租金、利润、工资、利息等形式的收入，因此也被定义为收入者。收入者责任法核算的核心是 Ghosh 模型和投入产出表，即基于投入产出模型和资源环境消费数据，计算出直接分配系数矩阵、Ghosh 逆矩阵、完全分配系数矩阵和资源利用或环境污染强度系数，最终得到收入者责任视角下的资源环境责任（丛建辉等，2018）。收入者责任法和消费者责任互为补充，并与消费者、生产者责任法共同形成了完整的供应链视角以量化分配资源环境责任。然而此方法对于数据要求较高，计算过程较为复杂，增加了结果的不确定性（王猛猛和刘红光，2021）。

本节介绍的责任方法推动了全球资源环境责任的量化与分配。然而上述方法的提出均是为了量化分配碳排放责任。应用上述方法量化、分配各类资源环境责任时，必须看到资源利用与碳排放的区别：任何地区等量的碳排放都会对全球升温造成相同贡献，但由于地区资源禀赋，比如水资源、土地资源的差异，不同地区消耗等量的资源，其对各地造成的资源环境压力是不同的。因此，量化分配各类资源利用责任时不同地区资源禀赋的差异应被考虑在内（表6-1）。

表6-1　资源环境责任量化及其分配方法的比较

责任视角	生产者责任	消费者责任	收入者责任
影响	直接影响	间接影响	间接影响
排放属性	直接排放	隐含排放	驱动排放
方向	领地	供应链上游	供应链下游
立足点	生产	需求	供给
承担者	生产者	最终消费者	主要供给者

第二节　资源环境足迹的公平性分析

缓解气候变化、实现可持续发展的转型措施会带来经济、技术、社会、政治等方面广泛的变革，同时需要来自不同区域、不同部门群体的共同参与。因此，一项转型措施能否取得预期效果，不仅要考虑该措施的成本和收益，还需要考虑措施的社会可行性或接受程度。

公平性影响政策措施的接受程度。一项政策如果只有少数人收益，而多数人受损害，那么政策在实施过程中可能会遭遇极大阻力，最终无法落实，即便这项政策的社会总收益为正。一个典型的例子是全球国家碳减排责任的划分问题。尽管减少碳排放已成为全球各国家的共同目标，但气候谈判各方却难以达成一致的减排方案。具体来说，发达国家支持生产责任原则，即根据一国境内的直接排放来划定减排责任，而发展中国家支持消费者原则，即由消费者来承担产品和服务生产过程造成的排放。此外，人均排放、历史排放等因素也会影响各国之间的排放责任的划分。事实上，碳排放责任的划分直接影响各国家的发展权问题。

追求公平是人类的本性，而不公平会破坏经济增长并阻碍社会凝聚力和社会稳定，因此需要密切关注公平性问题。《联合国气候变化框架公约》中明确提出将公平作为其基本原则之一，《巴黎协定》也指出"需要快速而公平地转向低碳社会"，此外，联合国将减少不平等设定为可持续发展目标之一（SGD 10：减少不平等）。然而，由于资源禀赋、产业结构、收入水平、价值链地位等方面的差异，不同区域、不同收入组群人口的资源利用和环境暴露风险并不相同。资源利用和环境条件的差异会导致居民生活水平、风险暴露水平的差异，进而造成社会不公平现象。

目前已经有越来越多的研究基于区域贸易、国际贸易数据和资源环境足迹指标来分析资源利用和环境影响的公平性问题。资源环境足迹公平性涉及不同地区不同群体人口在自然资源获取、污染物排放、污染物暴露等方面的差异。大量研究表明进口地区通过贸易将资源消费和污染物排放外包给出口地区，造成资源环境足迹的转移，从而导致区域间的不公平。例如，通过追踪国际贸易造成的大气污染物的虚拟传输，发现 2007 年西欧和美国的消费导致中国超过 10 万例过早死亡（根据世界卫生组织的统计数据，2007 年，全球有 345 万人在受污染的空气中未活至预期寿命。）。研究使用投入产出方法量化了全球国家消费造成的中国稀土生产相关的环境成本，研究表明稀土的环境成本在很大程度上抵消了中国出口获得的经济收益，而世界贸易组织判定中国提升稀土产品价格的措施违规，使中国在稀土贸易中处于不平等地位，研究提出基于稀土消费来分配稀土相关环境成本的措施。因此，关注资源环境足迹的公平性问题是一个迫切而现实的需求。

一、从环境正义到资源环境足迹公平

工业革命极大提升了生产力的发展，整体上提升了人类的物质条件水平。工业革命为人类创造巨大物质财富的同时也造成了日益严重的资源消耗、环境污染、土地退化、生物多样性减少等问题，然而，在这一过程中不同区域、不同种族人口、不同收入人群遭受的环境风险存在差异。20世纪80年代，由于企业和地方政府倾倒有毒物质，美国纽约州拉夫运河地区与北卡罗莱纳州沃伦县的居民遭受严重的健康损害，由此爆发了拉夫运河事件（Love Cannal Tragedy）和沃伦抗议（Warren County Protest）运动，环境正义运动走上了历史舞台，研究人员和政府决策者开始关注环境正义问题（刘卫先，2017）。

早期的环境正义研究集中在环境不良品分配中存在的不公平现象，即关注环境风险在不同群体中的"差异化暴露"。随着环境正义运动的发展，环境正义的内涵不断拓宽，从早期的种族环境正义，逐渐纳入区域环境正义、城乡环境正义、代际环境正义、国内环境正义、国际环境正义等。随着气候问题成为全人类面临的最严重的环境挑战，环境正义越来越多地关注在气候变化方面的公平问题——例如温室气体排放量公平、历史责任公平以及碳排放配额公平等。值得注意的是，实现环境正义的根本目的不仅仅是消除社会中不同群体遭受的环境不平等问题，而是平等地改善环境质量。

追求资源环境足迹公平这一理念在全球范围内得到了广泛认同。随着全球国际贸易和区域间贸易快速增长，世界经济愈发紧密联系在一起，形成命运共同体。同时，我们也面临着众多全球性的挑战，包括控制全球变暖、减少汞排放、保护生物多样性等。应对这些挑战，需要全球各国协同努力。在这样的背景下，考虑资源环境足迹的公平性，有利于合理划分环境责任，促进资源节约，减少政策措施实施过程中可能遭遇的阻力。资源环境足迹的不平等会破坏经济增长和社会稳定，也会影响政策措施的实施效果。因此，需要在追求经济总量增长的同时重视国家内部、国家之间的资源环境足迹的平等性问题。2015年，联合国第七十届大会通过了《改变我们的世界——2030年可持续发展议程》。这一文件定义了17个可持续发展目标（SDGs）以及169个具体目标，其中第10个目标是"减少国家内部和国家之间的不平等"，这个目标包含经济、社会和环境三个方面，文件明确指出"国家内部和国家之间的不平等是实现可持续未来的主要障碍"。

二、资源环境足迹公平相关研究的现状和趋势

1. 碳排放足迹不平等现状

由于不同国家、区域或不同收入群体的经济发展、收入水平、年龄层次、贸易程度、生活方式等差异，使得碳排放足迹存在不平等的现象。国际社会通过《巴黎气候协议》提议将全球气温升幅控制在2.0℃或1.5℃以下，这意味着全球已经达成碳减排一致性，这就使得在分配碳减排责任的时候需要考虑到上述不平等现象。因此，考察不同国家和收入组的碳排放不平等现状，以及碳排放特征，解决碳减排与脱贫一致性问题显得至关重要。

　　各国发展与收入水平所带来的消费模式差异，导致国家间碳排放存在不平等。学者研究了欧盟国家和英国不同类型能源（即电力、天然气、煤炭和石油）以及碳排放的不平等，碳排放量根据 Kaya 恒等式分解表明，不平等的主要来源是国内生产总值的差异。研究结果显示，2014 年在所研究的拉丁美洲和加勒比海国家中，区域总碳足迹和人均碳足迹存在显著差异。收入最高的 10% 人群分别占该地区总碳足迹的 29.1%，他们的人均碳足迹是收入最低 10% 人群的 12.2 倍；学者按国家和收入类别划分后的结果表明碳排放在欧盟各国之间和内部存在很大的异质性，消费模式的趋同有助于将家庭总排放量减少约 5%。关于欧盟和英国的碳排放不平等的多数研究认为：需要成员国共同采取更加统一的措施以限制差异并减少不平等问题，如平衡不同国家的能源结构、促进可持续消费模式趋同、收入再分配以减少不平等和贫困问题等。衡量发达国家和发展中国家在经济发展和碳排放方面的不平等现状越来越受到重视。例如，不仅发现各国之间的碳足迹存在巨大差异，还发现发展中国家之间的差距相比美国和欧洲等富裕国家更大。还有学者基于 8 个发展中国家不同收入群体的不同消费类别数据，应用投入产出模型模拟了共享的社会经济路径情景下的二氧化碳排放情况，结果显示发展中国家长期二氧化碳排放不平等现状将持续存在。

　　国家内部不同发展程度的地区间也存在着较大的碳排放不平等性。比如一个国家内的不同子区域之间不同的发展水平和模式也会导致碳减排责任的差异，特别是在城市群和周边城市中差异尤为显著。以中国为例，有学者评估了中国珠江三角洲城市群和周边城市人均工业碳排放总量的不平等总体呈下降趋势，并使用 Kaya-Theil 模型进一步分解确定了工业能源强度是城市群和周边城市碳不平等加剧的主要原因；学者研究揭示了长江经济带地区空间碳不平等的驱动因素，即人均最终需求、生产结构和最终需求结构；同时，确定了电力和热力生产和供应、金属冶炼以及非金属矿产品部门是扩大长江经济带不同地区之间碳排放差距的关键部门。因此，中国的目标是在气候变化行动中考虑社会平等，将减缓气候变化的更多责任分配给发展更快、更富裕的地区。政府在"十三五"期间（2016～2020年）将能源强度和碳强度的目标分别降低 15% 和 18%，东部工业化程度高的省市（如北京、上海和天津）被要求将其能源强度降低 17%，而一些较贫困的西部省区（如西藏、青海和新疆）的目标是 10%。

　　在家庭尺度，不同收入组群的消费模式差异是导致碳排放不平等性的重要原因。研究人员开展了大量有关家庭消费模式差异产生的平均碳足迹分布不均的研究，其中收入差异是家庭子群体之间温室气体排放差别的关键因素。例如，研究发现 2012 年中国家庭碳足迹的 17% 来自收入最高的 5% 人群，而收入最低的一半人群仅占 25%。研究发现 2007～2012 年，来自家庭的总足迹增长 19%，其中 75% 的增长归因于城市中产阶级和富人不断增长的消费。学者发现美国居民收入和财富不平等与家庭能源消耗的碳排放之间存在显著的正相关关系，即收入前 10% 家庭的排放量比收入后 10% 家庭的排放量多了

26% ~ 32%，最富有的 10% 家庭的排放量是最贫穷的 10% 家庭排放量的 4 倍以上，与住房相关的财富不平等造成的排放差异更加明显。越来越多的研究学者指出高收入和富裕家庭正在不成比例地产生更多的环境危害。此外，学者则进一步研究了扶贫对碳不平等的影响，发现超过 10 亿人摆脱贫困仅导致全球碳排放量相对增加 1.6 ~ 2.1% 甚至更少。因此在确保不超过气候目标的情况下要想使全球减贫取得进展，高排放国家需要大幅减少排放。家庭结构差异也被发现可能导致家庭子群体之间出现温室气体排放不平衡问题，其影响因素包括家庭规模、工作时间、年龄结构等。例如，学者发现美国各州家庭的平均工作时间和二氧化碳排放量之间存在显著正相关关系，特别是收入富裕集中的州的碳排放差距更大，其碳排放不平等主要通过增加消费的总体规模和延长工作时间而加剧；还有学者探讨了家庭年龄、家庭规模、教育程度、收入、性别、能源消耗六个变量组成的不同家庭人口特征对家庭节能和二氧化碳排放的影响。最终结果表明，除教育背景和收入水平外，其他变量均与二氧化碳排放量和节能显著相关。

人口数量增减以及年龄结构变化都对碳排放造成显著影响。随着年龄的增长，人们的消费习惯和生活方式会带来相对更高的碳排放。例如，老龄人口因行动不便，被动居家时间的增加导致产生了更多的能源使用等。因此，从没有大量新能源及脱碳技术应用的角度来看，社会老龄化是碳排放增加的重要驱动力之一。研究发现老年人在推动温室气体排放方面发挥了主导作用，2005 ~ 2015 年，老年人导致的碳排放占全国消费总排放量的比例从 25.2% 上升到 32.7%。美国和澳大利亚的老年人人均足迹最高，是西方平均水平的两倍。有学者探讨了人口老龄化对中国城乡家庭碳排放的影响，发现农村人口老龄化对北方供暖地区家庭碳排放的增加具有显著的正效应，消费结构和消费水平是影响城市人口老龄化与城市家庭碳排放之间非线性关系的中介因素。如若想要降低高年龄组人员的碳排放，公共部门需要采取更大的行动，例如资助老年住房的改造，改善公共流动性和长期护理住房。改善住房不仅有利于减少碳排放，还有利于健康，尤其是对于居住在人口密度低的老年家庭，他们可能会经常使用私家车去参加社会活动，英国的一项调查发现，相当一部分老年人可能会开车，而不选择使用公共交通工具进行社交活动。除此之外，独居老人人数增加会导致更高的人均支出，这意味着更低的碳效率。因此，鼓励独居老人搬进养老院可能有助于提高碳效率，但这更具挑战性，因为大多数老人更愿意留在自己的家。在欧洲国家，平均有 7% 的老年人住在养老院，范围从 3%（罗马尼亚）到 19%（荷兰）。这种差异归因于长期护理方面的公共投资，荷兰的长期护理支出占其国内生产总值的 3.7%，在经合组织国家中最高。因此，为降低高龄人群碳排放，使不同年龄组人群碳排放趋于公平，社会公共服务部门需采取更大的行动。

2. 能源消耗足迹不平等现状

传统上，能源消耗定义为最终消费者（家庭、政府和投资）和工业（农业、制造业和其他服务业）直接消耗的能源量。能源直接用于供暖、转化为电力或燃烧以进行运输，并将碳排放到特定区域的空气中。因此，生产产品和提供服务所消耗的能量作为内在属性体现在其中，当我们消费商品时，我们也在消费隐含在商品中的能源。联合国 2018 年报告中提到，发展中国家能源转型、能源贫困和能源不平等之间的相互联系尤其令人担忧，因为往往最贫穷的人支付的能源费用比高收入人群更高。能源消费的不平等，无论是直接的还是间接的，都会影响能源使用带来的利益分配。

经济与收入的不平等会进一步传导至居民消费，并体现为能源消费和碳排放的不平等。已有研究证明，底层人口的消费份额不到最终能源足迹的 20%，而最终能源足迹又不到顶层 5% 人口的消费份额。研究发现"一带一路"经济体的能源消费不平等程度逐渐上升，东亚在"一带一路"地区的能源消费不平等程度最高，南亚最低。除此之外，有些学者还指出了工业生产和国内消费之间的差异，富裕国家在很大程度上有意或无意地将其气候和能源危机出口或外包给中低收入国家。

能源强度不平等是造成国家间人均能源消费和碳排放不平等的决定性因素之一。各种研究分析了不同国家间能源差异和能源强度不平等的演变，研究发现经合组织国家之间能源强度不平等减少。学者发现能源强度水平的不平等在减少人均能源消费不平等方面发挥了突出作用，且最终能源强度不平等的减少可归因于各国最终能源消费效率的趋同或部门生产结构的更大相似性。在全球能源强度大幅下降的背景下，能源强度不平等的减少意味着能源使用效率的明显提高。

在清洁能源消费上同样存在不平等性。一些研究能源贫困的学者发现，对碳减排技术的补贴和各种其他激励措施，不成比例地增加了边缘化群体用于能源的家庭收入百分比，可再生能源的生产可以增加贫困地区的电力供应，整体上减少能源贫困。也有一些学者着重于可再生能源消费的不平等分析，通过研究收入不平等对可再生能源消费不对称影响，发现从长期来看，收入不平等的缓解促进了可再生能源的消费，收入不平等的正向冲击（不平等的恶化）比负向冲击（不平等的改善）对可再生能源消费的影响更大。研究发现随着不平等加剧，可再生能源消耗与排放量的大幅下降有关。当不平等加剧时，可再生能源取代了更多的化石燃料能源。

3. 水消耗足迹不平等现状

不同消费群体间水资源分配公平性问题凸显。城市化和收入提高加速了消费者需求的增长，以中国为例，1978 年至 2016 年期间，家庭最终消费支出增长了 18 倍。学者研究发现城镇家庭人均年用水量 185m³，农村家庭人均用水量 126m³，同时收入差距是导致蓝水足迹差异的关键因素。尽管蓝水足迹与收入呈正相关，但由于消费倾向的减弱和消费模式从用水转向节水，其边际增长率下降，例如，富裕家庭倾向于将大部分资金用于教育和娱乐，而不是食品。也有研究发现，埃及最富有的每户平均蓝色水足迹是最贫穷家庭的 8.3

倍，收入和支出的变化可能会阻碍其水资源在不同用途和消费者群体之间的公平分配并且其导致的饮食和生活方式差异也会影响埃及家庭的蓝色水足迹及其平等，同时这些收入和支出的变化可能会让埃及陷入困境，水危机更为严重，影响了家庭对商品和服务日常消费中所体现的虚拟水的合理使用。

各地水资源和出口不匹配导致不可持续性问题，尤其是在缺水却大量出口隐含水产品的低收入国家。全球约有 30 亿人缺水，21 亿人（其中大部分居住在低收入国家）无法获得清洁的饮用水。淡水问题受到全球变化的影响越来越需要得到解决，大部分国家主要依赖从其他地方以农业或工业产品的形式进口水资源密集型产品来缓解国内水资源消耗的压力、平衡其用水需求。有学者指出了贸易商品中包含的水对于水的可持续性管理很重要，并发现 1995 年至 2009 年全球虚拟水贸易网络相对稳定，其中中国、美国、印度尼西亚、印度、加拿大、墨西哥、巴西和澳大利亚的关系尤为密切。多项研究表明，虚拟水的分配比国家间可再生淡水资源的分配要公平得多。有研究关于以意大利为例研究发现其商品和服务进口中的水量高于出口中的水量，证实了意大利蒸发量高、流出速度快、储存能力有限以及地区间水资源分布非常不均匀的水系统特点。此外，水足迹研究也可作为水资源利用的可持续性和公平性以及全球水资源利用管理的有效指标。如在四种替代情景下首次预测到 2050 年即使人口增加，只要消费模式发生变化，全球水足迹下降至可持续水平是可能的；研究表明全球消费的 52% 的蓝色水足迹和 43% 的国际蓝色虚拟水流来自违反可持续环境流动的地方，即与国际贸易和国民消费相关的蓝水足迹是不可持续的。

三、案例研究

中国有大规模的省际贸易，而省际贸易可以带来碳足迹转移。由于各省份的收入水平、产业结构、能源结构等方面的差异，高收入地区通过贸易将碳排放转移到低收入地区，造成碳排放泄漏。本案例使用区域环境不平等指数（REI）量化了省际贸易中隐含的电力碳排放相对于所取得增加值的不平等性，考察了各省份在双边贸易中所处的地位。

本案例研究使用网络法（network approach）和多区域投入产出分析方法（MRIO）来量化 2007 年至 2012 年中国各省之间的隐含电力碳排放和增加值流动。然后，研究使用 REI 指数来衡量跨省贸易中涉及的环境不平等性。通过分析中国省际贸易中的电力相关碳排放和附加值的不平等，可以识别出国内贸易中遭受环境不平等待遇的地区，研究提出建立跨区域的环境补偿机制来提高这些省份的福利水平，促进中国各省的协调发展。

研究结果表明，增加值从东部和南部省份向北部和中西部省份流动，这是因为南部和东部省份的经济发展水平较高，其生产的产品具有更多的附加值。增加值流出意味着该地区获得经济收益。电力相关碳排放的主要流动方向是从北向南和从中部向南。其中，内蒙古、河北、山西和山东有大量与电力相关碳排放净流出。这些省份拥有大规模的能源密集型产业，当这些省份向其他省份输出产品时，电力相关碳排放大量流出。

本研究中采用跨省贸易的 REI 指数来衡量环境不平等性，*REI* 指数越大意味着出口省份遭受的环境不平等越严重，而进口省份在双边贸易中获得的环境和经济效益越多。结果表明河南、山西、内蒙古等中西部省份在双边贸易中遭受的环境不平等程度较严重，而北京、天津和东部沿海省份在双边贸易中处于相对有利的地位。例如，2012 年江苏与辽宁、山西、河南、内蒙古等省份的双边贸易的 *REI* 指数值大于 1，说明江苏不仅将电力相关碳排放转移到这些省份，还从这些省份获得了经济利益。

本案例研究使用网络法和多区域投入产出模型追踪了中国省际贸易中隐含的电力碳排放和增加值流动，并使用不平等指标 *REI* 量化了双边贸易的不平等性，揭示了中国各省份的贸易地位。在"碳中和"目标下，此案例研究为各省改善贸易条件、减少碳排放提供参考，推动区域环境公平。本研究提出以下政策建议：①建立跨省的环境监管机制，以避免省际的碳排放泄漏；②在划分区域碳排放责任、制定减排政策时，应考虑消费侧的排放；③面临严重环境不平等的西部欠发达省份（包括甘肃、贵州、宁夏等）可以通过发展可再生电力改善地区在贸易中的不平等地位；④省际贸易的不平等主要发生在内陆省份和东部发达省份之间，为促进中国的环境平等和碳减排，发达省份可以发挥技术和资金优势，帮助欠发达省份提升能源利用效率、发展可再生能源。

第三节　贸易对资源环境的影响及其评估

一、贸易对环境的影响

贸易的全球化能够提高发展中国家的生产力，利用后发优势学习发达国家的先进技术。一方面，有利于吸引外资，从而促进经济增长，但随着经济一体化的发展，发展中国家为了提高当地生产商在国际市场上的竞争地位，发展中国家相对于世界别的国家来说环境规制通常较低；另一方面，为了吸引外资，促进经济发展，发展中国家也会降低环境规制，以便于环境规制较高的国家的污染企业转移至发展中国家。许多国家通过使用进口商品取代本地生产的商品减少了本地的污染，同时却增加了进口来源国的污染；尤其是对于一些发达国家，其出口产品的污染密度小于其进口产品的污染密度，通过国家贸易，其往往能够实现污染的净转出。因此，贸易的增加加快了对这些地区资源的耗竭与环境的污染。

国际贸易的迅速发展与外国直接投资相结合促进了全球生产网络的出现。全球生产网络以及新一轮科技革命与产业变革的迅猛发展推动了新型国际分工体系国际价值链（Global Value Chain, GVC）的发展。根据比较优势原理以及各国的资源禀赋，各个国家在 GVC 中所处地位不同，发达国家由于其环境规制及技术优势处于 GVC 的上端，主要从事产品研发、品牌销售等高技术、低污染行业，而发展中国家往往因宽松的环境政策及其丰富的资源与劳动力从事生产、运输等高污染环节，因此处于价值链的中下游。在产业链中地位的不同导致不同国家所承受的污染程度有所差异，并且随着 GVC 分工地位的提升，发达经济体收入升高，环境污染大幅度增加，对生活水平的要求会使得经济体实施更严格的环境法规，使得其污染密集型产品转移到环境规制较低的经济体中。对于中国来说，改革开放以来，中国抓住了全球化的发展机遇，凭借廉价的劳动力的成本优势参与国际分工，1990～2018 年，中国全球价值链参与度从 29.55% 上升至 44.49%，但是却处于价值链的低端，在全球价值链中主要贡献大部分的能源和排放密集型最终和中间产品。参与全球价值链的生产和贸易活动促进了中国经济的发展，但是由于中国经济具有高投入、高能耗、高排放的特征，因此在中国巨大的经济收益背后是环境的破坏与温室气体的排放以及大气污染等，并且由于中国在全球价值链中主要参与生产与制造环节，获得的收益最少，故与中国在全球价值链中的增加值份额相比，中国受到的生态和环境损失份额更高。国际及各国国内贸易对环境的影响是多方面的，贸易导致的产业链在不同区域间的转移会造成不同地区的一系列生态环境问题的转移，如碳泄露、大气污染、水污染、生物多样性损失以及自然资源耗竭等。

全球贸易导致的碳泄露现象，即非减排国家（环境规制较为宽松的国家）的 CO_2 排放量的增加，是贸易自由化带来的主要影响之一，而各个国家碳排放政策的巨大差异是造成这一现象的主要原因。例如从国际产业竞争的角度来看，发达国家常制定较为严格的环境政策（如：碳税），导致这些国家的生产成本上涨，而相对的在环境规制较低的国家则更具成本竞争力，并导致了产业转移，进而发达国家的消费通过商品和服务的进口来满足，以此减少对本国的环境影响。而从国际化石燃料价格的角度来看，减排国家严格的环境政策减少了本国对化石燃料的需求，进而压低了市场上化石燃料的价格，导致环境规制较低的国家从成本考虑则可能增加生产过程中的化石燃料使用，导致产品供应链中隐含碳排放的增加，从而减排国家对商品和服务的进口引起的非减排国家的碳排放增加。以上两方面的原因导致非减排国家成为严格减排国家的"污染避难所"。

由于中间品和最终品国际贸易越来越普遍，产品的生产排放地点与消费地点之间的差异也越来越大，进行商品贸易的同时也在进行污染交易，大气运输和贸易引起了空气污染的物理迁移，产生了跨界环境影响。对于中国来说，国际贸易与省际贸易都会导致空气污染物在各省之间的再分配，通常发达地区从欠发达地区进口商品的同时，隐含大量的空气污染间接排放，进而发达地区的空气质量改善是以欠发达地区恶化的空气污染问题为代价。中国自 2001 年加入世界贸易组织以来，建立了以出口为导向的经济发展模式，但是高速的经济发展包含了较大的环境代价。2007 年，中国出口引起的细颗粒物（$PM_{2.5}$）、二氧化硫（SO_2）、氮氧化物（NO_x）和非甲烷挥发性有机化合物（NMVOC）排放占中国工业初级总排放的 15%、21%、23% 和 21%（牛志伟等，2020）。国际、国内贸易除了导致污染物排放随着产业链向中国转移而增加之外，也加剧了中国内部不同区域间的污染转移程度。由于国内各地区的资源禀赋、经济发展水平、技术水平等存在差异，导致各省之间的商品贸易存在隐性污染。对于各省份来说，省际贸易的规模远大于国际贸易的规模，因此，省际贸易对各省环境状况具有较大的影响。中国沿海发达地区生产成本增加、环境规制加强，导致工业向西部地区转移，而发达地区主要生产高附加值、低污染强度的产品，较不发达的中西部地区为了满足沿海地区及出口需求主要生产高污染强度产品。沿海发达地区不仅因其自身消费从而引起污染向中西部地区转移，而且沿海地区的国际出口需求也会消费中西部地区的中间产品，从而导致中西部地区污染的增加。

农产品贸易也会造成土地、生物多样性损失等的转移，但是，从全球角度来看，农业贸易也存在减少农业活动对环境影响的可能性。农业通过使用水、土地、肥料、杀虫剂等资源对环境造成影响，由此改变碳循环、氮循环等，影响生物多样性；另外，人口的不断增长、对生物燃料生产的需求导致用地面积的增加，也会引起栖息地的丧失，从而减少生物多样性。由于农业活动所需资源的特性，农业活动只能在某些地区进行。农业造成的环境影响取决于农业活动的地点，不同国家由于资源禀赋、技术水平等问题，农产品生产的环境影响不同，农业贸易的出口国通常相对于进口国来说对环境具有较小的影响，然而农业活动带来的化学品污染、水污染、水土流失、生物多样性损失问题由出口国来承担。通过贸易转移，农业贸易使得进口国的消费者免受农业带来的环境影响。但是，贸易除了转移农业带来的环境影响外，从全球角度来看，贸易可以优化全球农业资源配置，利用比较优势可能能够减少农业带来的环境影响，这取决于农业对贸易双方的相对影响，如：如果出口国的水生产力高于进口国，那么贸易能够减小农业对全球用水的影响。对于中国来说，贸易在农业方面带来了跨区域污染。改革开放之后，我国农业贸易规模增大，导致我国农业产出大幅增加，在增加我国农村居民收入的同时也带来了自然资源消耗的增加以及环境的破坏。农业污染具有分散、随机、隐蔽的特点，会通过从田地和农田中浸出等方式产生大面积的跨区域污染，且很难减轻。我国农业污染增加的一个重要原因是贸易一体化，国际市场的需求刺激了我国农业生产的增加，并且从国外引进的现代农业技术（如：化肥的使用）在增加农业产量的同时也增加了农业污染。中国粮食产量在增加的同时也是粮食的进口国，在粮食的进口过程中，也会一定程度降低中国的氮污染。

二、贸易对资源环境的影响——研究现状和趋势

贸易对环境产生的影响不可忽视。因此，准确确定贸易中包含的污染对环境造成的影响非常重要。部分研究对中国对外贸易中隐含的碳排放进行了核算，结果发现，中国每年很大比例的 CO_2 排放量在出口商品制造过程中产生，出口碳排放量大于进口碳排放量，是碳排放的净出口国，1997 ~ 2007 年，中国每年 10.03% ~ 26.54% 的 CO_2 排放量是在出口商品制造过程中产生的，而中国进口的 CO_2 排放量仅占其中的 4.40%（1997 年）和 9.05%（2007 年）；并且中国出口碳排放的增加可能造成世界排放总量的额外增加，1997 ~ 2007

年，中国出口造成的全球 CO_2 净 "额外" 排放量为 4894Mt。对中国与日本、俄罗斯、英国等发达经济体之间贸易隐含碳排放进行量化，表明中国为隐性污染物的净出口国，而发达国家为净出口国。比如在中日贸易中，中国 2000 年出口隐含碳排放为 540.17Mt，进口隐含碳排放为 151.27Mt，中国 2007 年对日出口贸易出口隐含碳为 2318.73Mt，进口隐含碳为 757Mt；在与发达国家的贸易中，发展中国家承受了更大的环境损失和更小的经济收益，比如从 1995 年到 2015 年，中国的出口增加值污染强度从 36.80g/ 美元迅速下降到 5.54g/ 美元，而该国的进口增加值污染强度从 8.36g/ 美元降至 3.36g/ 美元。发达经济体之间的贸易会通过进口具有环境压力的产品，从而将环境压力转移到世界其它地区。总之，通过国际贸易，非常重要的环境影响可以从一个国家转移到另一个国家，并且国际贸易可以（但不一定）导致全球温室气体排放量增加。

贸易和产业链变迁也带来了大气污染物排放的变化。发展中国家一般在国际贸易中处于空气污染贸易顺差的状态，在对中国与一带一路国家环境污染贸易的研究中发现，中国处于空气污染贸易顺差状态。Lin（2014）的研究表明中国大气污染排放的很大一部分是由国外消费引起的，中国与贸易相关的大气污染也影响了全球的空气质量，2006 年出口商品导致了中国 27% 的氮氧化物、22% 的一氧化碳和 17% 的黑碳的排放，尤其是对于美国的贸易，大约 21% 的出口引致的污染与美国相关，污染虽然由中国出口，但由于污染的跨界运输，对美国的环境也造成了影响；而美国这样的发达国家通常在国际贸易中能够实现污染的净转出，学者研究了美国出口产生的排放量以及其通过进口转移出去的排放量，结果表明，2002 年美国通过贸易避免了污染产生的损害（以货币来表示），这些避免的损害相当于美国贸易逆差的 2.7% 和美国与贸易相关的附加值的 3.4%。不仅国际贸易会造成污染在国家之间的转移，同时国际贸易以及国内的省际贸易也会影响污染在省际间的转移。2007 年生产省份以外的商品和服务消费导致了中国 50% ~ 60% 的空气污染物排放，而对于省际贸易来说，其导致沿海发达省份的空气质量得到了改善；对中国各个省份 2007 年四种主要空气污染物（初级细颗粒物、二氧化硫、氮氧化物和非甲烷挥发性有机化合物）的贸易相关排放量的评估表明中国东部地区从北部和中部地区进口的排放量很大，如京津的进口主要来自北方（包括河北和山东），其中 $PM_{2.5}$ 占 46%，SO_2 占 27%，NOx 占 28%，NMVOC 占 24%，另外，沿海地区的国际贸易中约有 50% 的排放因为出口进而通过中间产品转移到中部、西北部和西南部。

贸易尤其是农产品贸易造成生物多样性的丧失，粮食的进出口也会对农业生产的环境产生影响从而进行重新分配。然而，国际贸易也可能在全球层面减少农业生产的环境影响。在生物多样性损失等环境影响方面，关于美国与墨西哥之间玉米贸易的研究表明：一方面，由于贸易自由化，美国对墨西哥的玉米出口占美国总产量的 1.3%，因此墨西哥应当负责美国玉米生产对环境影响的 1.3% 的责任，环境影响包括化学品使用量造成的水污染、不可持续的灌溉用水、水土流失、生物多样性丧失；另一方面，对墨西哥来说从美国进口玉米而不是本国生产对墨西哥的农业生物多样性造成了威胁。研究计算国际作物贸易中因土地利用带来的生物多样性影响，结果表明，全球 83% 的物种损失总量由国内消费导致的土地使用引致，17% 是由出口生产导致，尤其是印度尼西亚对美国和中国的出口影响最大。在减少全球农业生产带来的环境影响方面，对 2010 年至 2014 年美国和墨西哥主要贸易作物的研究表明，根据两国生产不同作物的相对优势，通过对作物种植地点进行调整，美国与墨西哥之间的贸易能够降低农业的部分环境成本。中国作为主要的贸易国，粮食进出口对全球氮流产生重要的影响，在国际贸易中，美洲和亚洲是中国主要食品进口地区，占所有进口的 95%，中国食品的主要出口地区是亚洲（主要是日本）和欧洲，分别占出口的 17% 和 10%，另外约有 1440Gg 和 950 Gg 的隐含氮和虚拟氮流入中国，中国流出 177Gg 和 160 Gg 的隐含氮和虚拟氮。中国粮食净进口量使得氮素利用量和产量分别减少 720Gg 和 458Gg。

由于贸易，商品中的隐含环境影响在不同区域间进行转移，对不同区域的环境造成一定的影响。在国际贸易中，发达国家将碳排放转移到发展中国家。中国作为发展中国家，在贸易中受到的影响不容忽视。1995 ~ 2008 年间，中国对 N26（WIOD 的 WIOT 表中的 26 个发达经济体）的出口净排放量从 408.2t 增加到 1097.5t，对于中国来说，流向发达国家的碳排放的来源地主要为东部地区；另外，参与全球价值链，进行中间品贸易对中国的环境也产生了较大的影响。在对中国与其贸易伙伴之间的环境成本相对经济收益的研究中发现中国的环境成本是高于其贸易伙伴的。如：1995 年至 2015 年中国在与 45 个贸易伙伴国际贸易中，中国出口的单位附加值带来的环境损失是最大的，2015 年，中国的出口 SO_2 污染强度达 3.7 ~ 6.5g/\$US，进口污染强度为 0.4 ~ 43.2g/\$US；另外，对中国加入全球价值链的环境影响的研究表明，中国的 GVC 嵌入加剧了中国城市的空气污染。并且在针对水污染的研究中发现大多数主要水污染接收省都存在严重的水质压力。在中国的省际贸易中，环境污染（SO_2、CO_2、土地资源等）主要由沿海发达省份流向内陆欠发达省份，环境影响主要由欠发达省份承担。2007 年，从河北向上海和天津的转移碳排放量分别为 18.6Mt 和 17.2Mt，分别占上海和天津总流入量的 11.9% 和 19.4%；CO_2 流入量最大的省份浙江吸收了大部分来自河北（30.9Mt）、河南（22.9Mt）和江苏（22.4Mt）的 CO_2，均超过 20Mt。东部沿海较富裕的省份从中西部地区进口了大量的 CO_2，2012 年，西北地区的排放流出量为 533Mt，在国内贸易排放量中占比 22%。另外，西北地区有 120Mt 和 93Mt CO_2 是因为沿海地区的出口引致；而北京、天津 CO_2 排放量的 50% 都来源于其他地区。贸易隐含环境影响在不同区域之间的转移会对欠发达区域造成较大的环境压力，同时引起了对环境公平问题的思考。

三、贸易对资源环境影响的评估——实例

1. 中国各省之间的碳足迹和具体的二氧化碳转移

中国已是全球最大的二氧化碳（CO_2）排放国，已经提出"碳达峰、碳中和"的减排目标和承诺。但中国各省在经济发展状况、人口密度和规模、产业结构、资源禀赋、居住生活方式等方面差异很大，并存在各省之间的 CO_2 转移。现有研究针对中国从消费视角对 CO_2 排放的深入分析还没有建立，也缺乏对省域碳足迹变化的系统性分析。因此本文对各个省/市总的碳足迹、不同消费类别的碳足迹、隐含 CO_2 排放的省域流入流出、中国省域间隐含碳排放的转移情况以及行业层面贸易隐含 CO_2 转移的构成进行了分析，希望可以帮助政策制定者分配排放责任和减少目标。

该研究使用 2007 年与 2010 年的中国省域间投入产出表以及各省分行业的 CO_2 排放清单对各地碳排放足迹开展核算。结果表明中国的碳足迹从 2007 年的 5230Mt 增长到 2010 年的 6922Mt，年增长率为 9.8%。其中，碳足迹总量大的省份主要是经济发达、富裕的沿海省份或经济规模较大的人口省份。而全国人均碳足迹由 2007 年的 4.03t 增长到 2010 年的 5.20t。2007 年，人均碳足迹最大的为上海（11.41t），最小的海南人均碳排放（2.15t）仅为全国平均水平的 53%。而 2010 年，天津已发展成为人均碳足迹最高的省份，而内蒙古在此期间表现出显著的增长，从接近平均水平增长到全国平均水平的 2 倍以上，其余人均碳足迹高的省市为国家级中心城市（上海、北京）和高速发展省份（宁夏、吉林、内蒙古）。而中西部地区欠发达省份则低于全国平均水平（如广西、云南、四川、重庆等）。

2007 ~ 2010 年间碳排放增加的主要因素中，由资本投资（即新道路建设、新基础设施和其他资本投资）和库存变化引起碳排放是贡献最大的因素。其次是城市消费，中国城镇化率随着农村人口向城镇迁移的增加而不断上升，同时也带来理论消费量的快速增长，引起了大量的碳排放增加。而政府支出和家庭直接能源消耗对各省碳足迹增加的贡献很小。

2007 ~ 2010 年间，实际碳排放从发展中和能源丰富的省份（如河北、内蒙古）转移到发达的沿海省份。碳排放的总转移量从 2007 年全国碳足迹总量的 43.9%（2297Mt）下降至 2010 年的 41.0%（2836Mt）。从 CO_2 流出来看，河北、河南和内蒙古是 CO_2 流出最大的三个省份，占隐含排放转移总量的 29%；从流入来看，浙江、广东、江苏、上海和山东是 2007 年流入量排名前五的省份。从 2007 ~ 2010 年，CO_2 转移量增长了 539Mt，其中，隐含碳排放流入增加较大的省份主要将增加的碳排放量外包给邻近省份，而四川省是唯一从隐含排放净流入变为净流出的省份。

2007 年，碳排放流出量最大的河北省中主要来自金属冶炼和压制行业（101Mt，37%）、水泥生产（35Mt）、煤炭开采和非金属矿产品（31Mt）等部门。在碳排放总量全国第二和第三大省份的内蒙古和河南，电力和热力的生产和供应、金属冶炼和压制这两个部

门的碳排放转移分别占总量的71%（139Mt）和85%（166Mt）。从部门层面的CO_2流入来看，大部分二氧化碳流入被四个部门吸收：煤炭开采、非金属矿产、金属冶炼和压制以及电力和热力的生产和供应。

2007～2010年间，几乎所有省份的隐含CO_2排放转移量都出现了增长，其中内蒙古的总的流出、流入增量最大且主要来自电力和热力部门的增长。排放流入的部门份额增量主要来自金属冶炼和电力生产，尤其是在山东。

通过以上结果分析可以得到以下结论：各省之间的碳足迹总量和人均碳足迹存在明显差异，东部发达地区远高于中西部欠发达地区，但2007～2010年大部分省份都呈现快速增长趋势，而资本投资是其中最为重要的驱动因素。全国各省间贸易导致的隐含碳排放转移主要为能源资源丰富、经济规模较大的省份向东部沿海发达省份的转移。因此，政府在设计减缓气候变化政策和向各省分配碳强度目标时，不仅需要考虑各省的经济发展状况、消费能力和潜力，将其与实际排放总量联系起来，还需要从生产端与消费端来核算各省碳排放并考虑跨省隐含CO_2转移。

2. 国际贸易中的隐含二氧化碳：基于中日两国贸易的比较分析

随着国际贸易的蓬勃发展和国际分工的深化，贸易中隐含的碳排放也在不断增加。中国是世界上最大的贸易国，同时也是世界上最大的二氧化碳排放国。日本是亚洲最大的发达国家，其是亚洲第一个宣布建立低碳社会的国家，为减少碳排放做出了许多努力并取得了显著的成果。首先，本文考察了碳排放的核算问题，考虑了不同国家的技术差距，利用各自的进口排放系数，充分考虑了进出口碳排放。其次，对于中国和日本，选择了32个特定行业，并计算了它们的进出口隐含二氧化碳流量，以及基于生产和消费的碳排放量。最后，对2000～2014年期间中日经济体的各种指标进行了研究，以探索两国之间隐含二氧化碳排放的流量，以进行长期比较分析。对中国和日本之间的国际贸易隐含的碳排放进行研究可以使我们了解两国之间的差距并学习日本的发展低碳社会的措施等，这帮助中国在后京都时代制定节能减排政策。

该研究使用WIOD数据库的2010～2014年的多区域投入产出表与各部门碳排放账户，核算了中日两国生产端和消费端的碳排放、中日进出口贸易隐含碳排放，以及两国的直接和间接碳排放强度。结果表明，中国各行业的直接与全行业碳排放强度均远大于日本。另外，1990～2012年，虽然中国碳排放强度呈下降趋势（1.39kg/美元下降至0.64kg/美元），但碳排放总量却在增加。中国人均碳排放量呈显著增长趋势（2.22t增加到7.30t），但低于日本的人均碳排放量。日本在此期间CO_2排放总量变化不大，且人均碳排放（8.89t上升至9.29t）与碳排放强度（0.31kg/美元下降至0.28kg/美元）也变化不大。

研究结果也显示由进出口带来了碳排放不平等问题，中国是典型的碳净出口国，并且这种趋势在2000～2014年期间持续加剧。我国隐含碳排放量进出口均呈增长趋势，

2000 ~ 2014 年，出口中隐含碳排放量从 540.17Mt 增加到 2318.73Mt（增长 329.3%），进口中的隐含碳排放量从 151.27Mt 增加到 757Mt（增长 400.4%）。在此期间，中国贸易隐含碳净额也出现增长。而日本进出口所体现的碳排放增速远低于中国，2000 ~ 2014 年，出口中隐含碳排放从 188.46Mt 增加到 273.96Mt（增长 45.37%），进口隐含碳排放从 385.73Mt 增加到 450.48 Mt。

这些结果表明，中国和日本在进口隐含碳排放方面对不同部门的贡献有很大的相似之处：2009 年中国进口碳排放总量达到 418Mt，其中，电气和光学设备占比为 17%、采矿和采石业占比为 16%，基本金属和金属制品占比为 13%、化学品和化学产品占比为 12%。在日本，2009 年日本的总进口碳排放量仅为 347Mt，其中采矿和采石业占比为 18%，其次是电气和光学设备，占比为 14%，最后是基本金属和金属制品，占比为 10%。中国和日本在出口中体现的部门碳排放量存在很大差异：中国出口碳排放中，电气和光学设备行业占比为 28%，其次是基本金属和金属制品，占比为 11%，最后是纺织品、皮革和鞋类，占比为 11% 和机械占比为 9%。对于日本来说，占比最高的是水运部门，占比为 25%；其次是基本金属和金属制品，占比为 20%；最后是运输设备以及电气和光学设备，占比为 11%。

2000 ~ 2014 年中国生产端（2808.42Mt 上升至 10411.61Mt）和消费端排放（2419.51Mt 上升至 8849.37Mt）均有所增加，但生产端碳排放超过消费端碳排放。中国生产端碳排放大部分由国内需求排放引起，只有一小部分由国外消费引起；消费端碳排放量主要来自国内（90.90% ~ 93.89%）对最终生产的碳排放。对于日本，以生产为基础的碳排放主要由国内需求造成，但外部需求引起的日本的排放量从 2000 年的 185.82Mt（占生产端总排放量的 17.28%）增加到 2014 年的 270.86Mt（25.27%）。

以上结果表明，中国各行业碳排放强度（无论是直接的还是完全的）都远大于日本。近年来，随着碳排放量的增加，中国人均碳排放量呈显著增长趋势，但低于日本的人均碳排放量。其次，中国是典型的碳净出口国，2000 ~ 2014 年期间我国隐含碳排放量进出口呈增长趋势，贸易隐含碳净额也出现增长，同期，日本进出口所体现的碳排放增速远低于中国；另外，中日两国在进口体现的部门碳排放构成上有相似之处，但出口体现的碳排放存在差异。最后，中国生产型和消费型碳排放均有所增加，但生产型碳排放超过消费型碳排放。相比之下，日本的生产型和消费型碳排放没有明显变化，消费型碳排放低于中国。

3. 贸易缓解水资源超载的潜力

我国水资源空间分配不均，且与社会经济要素分布欠匹配，这是我国最主要的水安全问题之一，已经严重制约了当前经济社会发展。为此，判断我国不同地区水资源利用是否处于水资源承载能力范围之内便显得尤为重要。一方面水行星边界从地球系统观出发为评估水资源承载力提供了全新视角，但基于水行星边界框架的区域水资源承载力评价模型仍存在较大的不确定性。另一方面，贸易一直被认为能在缓解区域水资源超载中发挥重要作用，但目前缺少研究框架以全面评估贸易对区域水资源超载的影响。为此，该研究基于 ISIMIP2a 平台下的 15 种全球水文模型绘制了高空间分辨率的水资源承载力地图，通过多模型的应用降低了计算的不确定性（图 6-2）。在此基础上，这一研究提出了一种全新的框架，用来评估区域贸易对缓解本地水资源超载的影响效果和潜力。

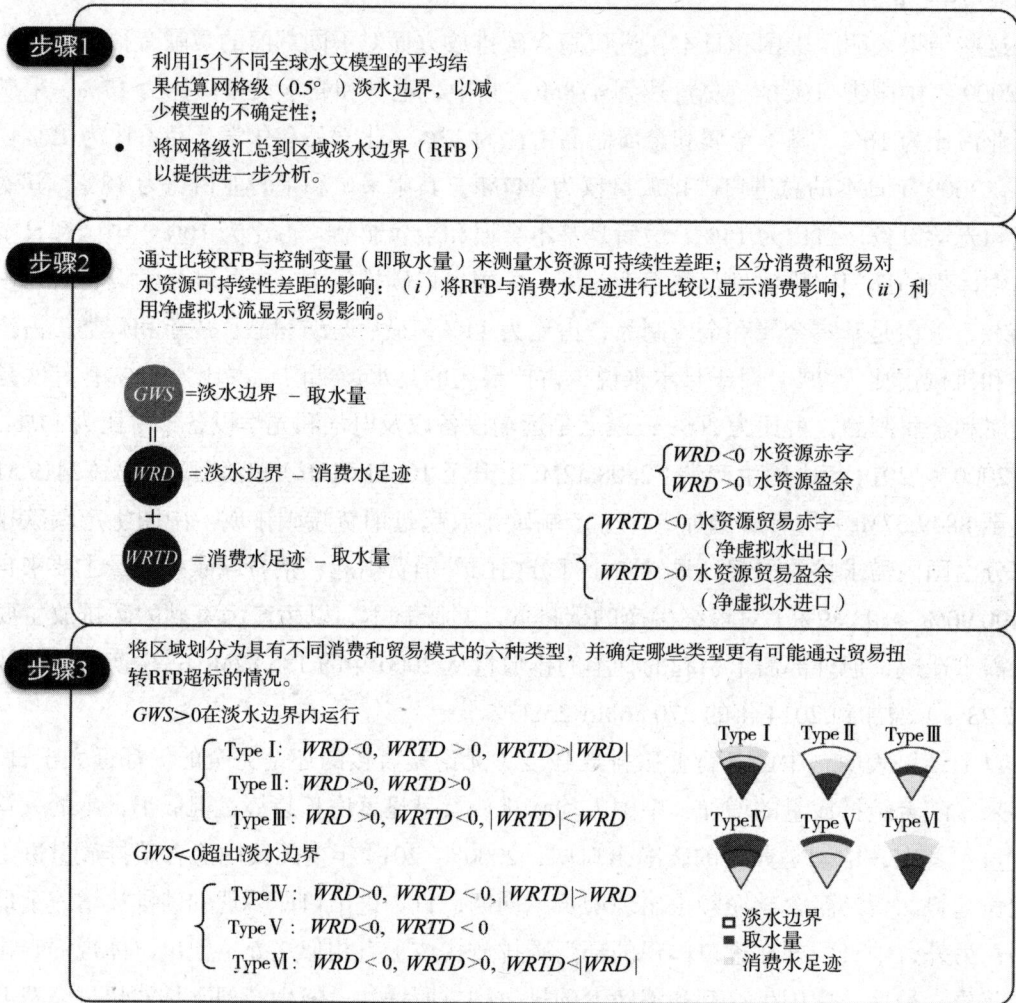

步骤1
- 利用15个不同全球水文模型的平均结果估算网格级（0.5°）淡水边界，以减少模型的不确定性；
- 将网格级汇总到区域淡水边界（RFB）以提供进一步分析。

步骤2

通过比较RFB与控制变量（即取水量）来测量水资源可持续性差距；区分消费和贸易对水资源可持续性差距的影响：（i）将RFB与消费水足迹进行比较以显示消费影响，（ii）利用净虚拟水流显示贸易影响。

GWS =淡水边界 － 取水量

$=$

WRD =淡水边界 － 消费水足迹

$\begin{cases} WRD<0 \ 水资源赤字 \\ WRD>0 \ 水资源盈余 \end{cases}$

$+$

$WRTD$ =消费水足迹 － 取水量

$\begin{cases} WRTD<0 \ 水资源贸易赤字 \\ \quad （净虚拟水出口） \\ WRTD>0 \ 水资源贸易盈余 \\ \quad （净虚拟水进口） \end{cases}$

步骤3

将区域划分为具有不同消费和贸易模式的六种类型，并确定哪些类型更有可能通过贸易扭转RFB超标的情况。

$GWS>0$ 在淡水边界内运行

$\begin{cases} Type\ I: \ WRD<0, \ WRTD>0, \ WRTD>|WRD| \\ Type\ II: \ WRD>0, \ WRTD>0 \\ Type\ III: \ WRD>0, \ WRTD<0, \ |WRTD|<WRD \end{cases}$

$GWS<0$ 超出淡水边界

$\begin{cases} Type\ IV: \ WRD>0, \ WRTD<0, \ |WRTD|>WRD \\ Type\ V: \ WRD<0, \ WRTD<0 \\ Type\ VI: \ WRD<0, \ WRTD>0, \ WRTD<|WRD| \end{cases}$

Type I Type II Type III
Type IV Type V Type VI

□ 淡水边界
■ 取水量
消费水足迹

图6-2　贸易视角下区域水资源超载评估框架

　　研究表明，省间贸易对缓解我国省级尺度水资源超载效果有限。对于水资源超载且净进口的省份来说，78% 的进口产品和服务来自于其他水资源超载省份。情景分析显示，即使将本地生产全部替换为进口，大部分水资源超载省份仍然无法回到水资源边界之内。而由于进口增加所节省的用水无法抵消出口省份所增加的水资源利用 [图 6-3（a）、（b）]，从而造成全国水资源超载情况加剧。研究进一步发现，水资源超载且净出口的省份在增加进口的同时降低用水强度能够大幅度缓解我国省级水资源超载 [图 6-3（c）]。研究指出，通过增加进口的方式缓解区域水资源超载需要考虑贸易双方的水资源超载情况及其用水强度差异，以避免产生局部水资源超载缓解但全国超载加剧的情况。该研究为实现水资源最大刚性约束作用，促进我国水资源"空间均衡"提供了理论和方法支撑。

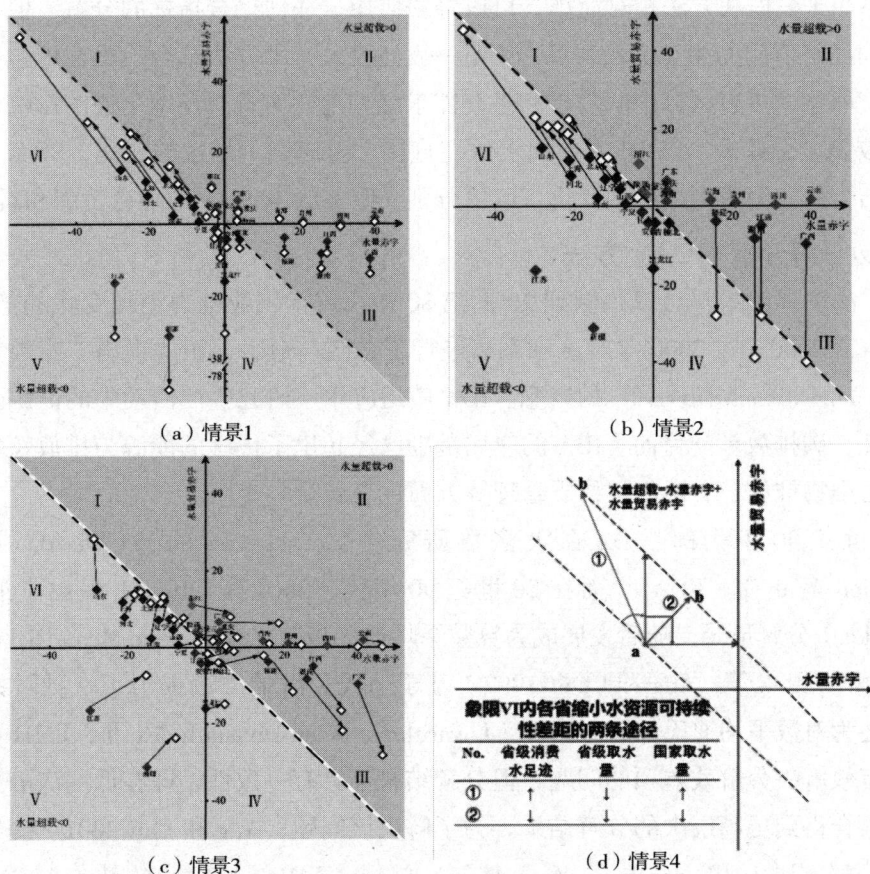

（a）情景1　　　　　　　　　　　　　　　（b）情景2

（c）情景3　　　　　　　　　　　　　　　（d）情景4

图6-3　不同情景下省间贸易变化对缓解省级水资源超载的潜力

（a）情景1，象限VI省份按当前贸易模式增加进口；（b）情景2，象限VI省份仅从象限III省份增加进口；
（c）情景3，在情景2的基础上减少各省用水强度；（d）象限VI省份回到水资源边界内的两种路径。

第四节　资源环境足迹变化的驱动因素

准确把握影响资源环境足迹变化的关键驱动因素并识别各驱动因素的演化趋势，不仅可以揭示各区域资源环境足迹变化的异质性，也可以为实施区域差异化的减排措施、控制未来资源环境足迹增长提供科学依据。

一、资源足迹变化驱动因素主要方法及研究进展

驱动因素分解分析是将所关注指标的变化分配到几个预设的社会、经济、技术因素中。这些预设的因素被称为驱动因素，这些因素的变化推动了所关注指标的变化。指数

分解分析（Index Decomposition Analysis，IDA）和结构分解分析（Structural Decomposition Analysis，SDA）是资源环境足迹相关研究中使用最广泛的驱动因素分解分析方法。其中，IDA 的优势在于数据和方法相对简单，可以轻松应用于任何聚合指标的分解，但是不能用于考察不同经济部门的相互依赖关系；SDA 一般与投入产出方法结合，内在地包含了部门之间的经济联系，可以区分中间需求和最终需求结构变化对资源环境足迹的影响，但计算所需数据较多。总体上，LMDI 主要用于研究直接（生产侧）足迹的变化，SDA 多与投入产出方法结合研究消费侧足迹的变化。以下分别介绍 IDA 和 SDA 的理论发展和具体应用。

1. 指数分解分析（IDA）方法

IDA 方法的提出最早可以追溯到 20 世纪 80 年代关于工业电力消耗变化趋势的研究，Ang 和 Zhang（2000）在 2000 年对这一方法进行了总结与命名，正式提出"指数分解分析（Index Decomposition Analysis）"的概念。IDA 广泛应用于研究生产活动中的能源强度、部门能源消耗、碳排放等。目前，IDA 的应用范围已经超出了传统的能源与排放领域，在食物生产、污染物排放、有毒化学物质管理等方面也有着众多应用。

在 20 世纪 90 年代前，IDA 在大多数研究中为 Laspeyres 的分解形式（Laspeyres Decomposition Analysis，LDA）。而在 20 世纪 90 年代，Boyd 等（1988）提出了迪氏指数（Divisia index）分解形式，随后发展成为算数平均迪氏指数（Arithmetic Mean Divisia Index，AMDI）分解。1997 年，Ang 和 Choi（1997）基于迪氏分解的方法提出了一种对数分解方法，后称之为对数平均迪氏分解方法 II（Logarithmic Mean Divisia Index II，LMDI-II）。该方法可以有效解决分解残差项的问题，但分解结果不具有一致性，即在低层次的分解结果不能直接聚合得到更高层次的分解结果。为了解决该问题，Ang 和 Liu（2001）提出了对数平均迪氏分解方法 I（Logarithmic Mean Divisia Index，LMDI-I），该方法与 LMDI-II 的区别在于使用的权重不同。LMDI-I 方法除了可以保证分解结果的一致性外，还具有以下优点：简单的公式形式，能够给出很好的分解结果；乘法分解具有可加性；在加法分解和乘法分解之间具有相关性等。随后 Ang 及其他研究者不断丰富与完善该方法，并通过实例来具体说明该方法的应用。该方法也广泛用于研究能源的消耗变化趋势、碳排放变化趋势等。LMDI 方法因具有三种变量（分解对象为数量或强度、加法分解或乘法分解、分解方法为 LMDI-I 或 LMDI-II）而总共产生了八种计算模型。同时，Ang 等（2016）也提出了 M-R（Multi-regional）空间分解模型。该模型常用于比较同一国家内不同地区间能源消耗量或污染物排放量的差异，并进一步评估由于两地总体生产活动水平、产业结构、能源结构等不同对于两地能源消耗量或污染物排放量差异的影响大小，指明某一地区在某些方面仍存在劣势或不足，有益于未来相关政策的制定与实施。该方法的一大特征是其分解结果能通过指数理论的环形测试。其在减少分解情景、避免选择基准区域时的主观性等方面具有较大优势。Su 和 Ang（2016）在此方法的理论基础上，拓展到 SDA 方法中，并运用空间分解的 SDA 方法比较不同地区在能效、能源消耗量等方面的差异。

2. 结构分解分析（SDA）方法

结构分解分析（SDA）方法通常是在投入产出理论（IOA）基础上，利用比较静态分析对投入产出模型中的一些关键参数变动进行相应的经济原因分析的一种方法。SDA 的基本思想是将经济系统中某一个因素的变动分解成为其他因素变动之和，来测度其他经济因素的变动对该因素变动的贡献大小。

结构分解分析模型最早是由投入产出模型的开创者 Leontief 提出的。在 1970 年，Carter 首先提出结构分解分析方法，并应用于投资与技术进步的动态分析之中。后来，结构分解分析模型被 Chenery、Dietzenbacher 和 Los 等相关学者进行了进一步的完善和创新。结构分解分析是将两个时期的总产出分解为经济技术因素变动（由里昂惕夫矩阵表示）和最终需求变动（由最终需求矩阵表示）两个因素，用来测量两个因素变动对经济增长的贡献方向和程度。随着结构分解分析方法和投入产出模型的发展和完善，总产出的变动可以进一步分解为直接消耗系数表示的经济技术变动、用最终需求和最终需求分布（不同种类的最终需求，也就是政府购买、投资、城市居民需求、农村居民需求和净进出口，占总最终需求的比重）和表示最终需求的变动的最终需求系数（单位各类最终需求中对各经济部门的需求数）几个部分。一般而言，能够表示为总产出函数的经济指标，结构分解分析模型都可以通过分解的方法测算出不同驱动因素对这些经济指标变化的贡献方向及大小。

为了区分生产效应和最终需求效应，补充和完善污染物控制机理研究，评估消费视角下整个供应链的直接和间接影响，在污染物控制机理研究方面，目前也有不少研究集中在消费视角下，也就是利用与投入产出表相结合的结构分解分析方法。Shao 等（2016）利用 SDA 分析了美国和中国消费侧 CO_2 排放演化机理，发现两者存在显著差别。对美国而言，经济增长是影响消费侧 CO_2 排放变化最主要的驱动因素；对中国而言，国内最终需求规模和生产部门投入结构变化是其消费侧 CO_2 排放的关键驱动因素。而对于中国"十一五"期间主要工业污染物（COD、$NH_3 - N$、SO_2 和 NO_x）排放量，Zhang 等（2015）指出技术效率提高是主要的抑制因素。另外，项目申请人尝试通过构建单区域和多区域 SDA 模型分析消费者视角下中国汞排放的减排机理，结果显示排放因子下降是拉动汞排放下降最重要的因素（Li et al.，2019）。但是现有研究仅初步阐释了单一重金属控制的机理，不同视角下多种重金属协同控制机理尚不明确。

二、驱动因素分解分析方法

1.IDA 方法

日本学者 Yoichi Kaya 在联合国政府间气候变化专门委员会（IPCC）的会议上提出了 Kaya 恒等式（Kaya identity），用于计算各相关因素对于二氧化碳排放的影响，这标志着 IDA 分解方法理论框架的初步建立：

$$CO_2 = \frac{CO_2}{E} \times \frac{E}{G} \times \frac{G}{P} \times P = f \times e \times g \times P \qquad (6-1)$$

其中，CO_2 为二氧化碳排放，E 为能源消费总量，G 为国内生产总值，P 为人口总量，f 为碳排放强度，e 为经济的能源强度，g 为人均生产总值。基于上述分析框架，可将基期到报告期的二氧化碳排放变化量 $\Delta V_{tot} = CO_2^T - CO_2^0$ 分解为四种因素的贡献和，即：

$$\Delta V_{tot} = \Delta V_f + \Delta V_e + \Delta V_g + \Delta V_p + \Delta V_{rst} \qquad (6-2)$$

其中，ΔV_{rst} 代表指数分解残差项，如何解决指数分解分析中的残差项是驱动因素分解分析模型发展的一个难题。LMDI 是应用对数变换处理的方式，满足了对数变化的对称性，能够解决残差项问题。

下面以全球发电二氧化碳排放为研究对象，说明 LMDI-I 的具体应用。

确定核算全球发电产生的二氧化碳排放 C_g 的核算公式如下：

$$C_g = \sum_{i=1}^{m} C_i = \sum_{i=1}^{m}\sum_{j=1}^{n} Q_{i,j} \times cei_{i,j} = \sum_{i=1}^{m}\sum_{j=1}^{n} A_i \times \frac{EC_i}{A_i} \times \frac{G_i}{EC_i} \times \frac{Q_{i,j}}{G_i} cei_{i,j} \qquad (6-3)$$

其中，下标 i 和 j 分别表示国家和发电技术类型。C_i 表示 i 地区发电碳排放总量，$Q_{i,j}$ 表示 i 地区发电技术 j 的发电量，$cei_{i,j}$ 表示 i 地区发电技术 j 的生产单位电力的碳排放量，A_i 表示 i 地区的不变价格国内生产总值（GDP），EC_i 是 i 地区的电力消费总量，G_i 表示 i 地区的发电总量。因此，全球发电二氧化碳排放 C_g 可以分解为 5 个因素的共同贡献：

$$C_g = \sum_{i=1}^{m}\sum_{j=1}^{n} a_i \times ee_i \times esr_i \times es_{i,j} \times cei_{i,j} \qquad (6-4)$$

其中，a_i、ee_i、esr_i、$es_{i,j}$、$cei_{i,j}$ 的具体含义见表6-2。

表6-2　变量名称及其含义

变量	计算	因素贡献	含义
a_i	A_i		区域经济规模
ee_i	EC_i/A_i		经济的能源强度
esr_i	G_i/EC_i		区域电力自给率
$es_{i,j}$	$Q_{i,j}/G_i$		发电结构
$cei_{i,j}$	$cei_{i,j}$		发电效率

根据等式（6-2），基期到研究期之间 C_g 的变化（ΔC_g）可以分解为5部分来源：

$$\Delta C_g = C_g^T - C_g^0 = \sum_{i=1}^{m} (\Delta C_i^a + \Delta C_i^{ee} + \Delta C_i^{esr} + \Delta C_i^{es} + \Delta C_i^{cei}) \qquad (6-5)$$

$$= \Delta C_g^a + \Delta C_g^{ee} + \Delta C_g^{esr} + \Delta C_g^{es} + \Delta C_g^{cei}$$

以上 5 个驱动因素的贡献值计算如下：

$$\Delta C_\mathrm{g}^a = L(C_\mathrm{g}^T, C_\mathrm{g}^0)\ln\left(\frac{a_\mathrm{g}^T}{a_\mathrm{g}^0}\right) \tag{6-6}$$

$$\Delta C_\mathrm{g}^{ee} = L(C_\mathrm{g}^T, C_\mathrm{g}^0)\ln\left(\frac{ee_\mathrm{g}^T}{ee_\mathrm{g}^0}\right) \tag{6-7}$$

$$\Delta C_\mathrm{g}^{esr} = L(C_\mathrm{g}^T, C_\mathrm{g}^0)\ln\left(\frac{esr_\mathrm{g}^T}{esr_\mathrm{g}^0}\right) \tag{6-8}$$

$$\Delta C_\mathrm{g}^{es} = L(C_\mathrm{g}^T, C_\mathrm{g}^0)\ln\left(\frac{es_\mathrm{g}^T}{es_\mathrm{g}^0}\right) \tag{6-9}$$

$$\Delta C_\mathrm{g}^{cei} = L(C_\mathrm{g}^T, C_\mathrm{g}^0)\ln\left(\frac{cei_\mathrm{g}^T}{cei_\mathrm{g}^0}\right) \tag{6-10}$$

$$L(x,y) = \begin{cases} \dfrac{x-y}{\ln x - \ln y}, & x \neq y \\ x, & x = y \end{cases} \tag{6-11}$$

其中，$L(x, y)$ 为权重函数。

2. SDA 方法

基于投入产出框架反映各经济因素产业部门碳排放贡献构成的结构分解分析（SDA）模型的基本原则是将系统中的各类变量的变化分解为各自独立的变量的变动之和，由此来测算每种变量对总体变化的贡献量。目前 SDA 方法可以细分为 4 类算法，即保留交叉项算法、两极分解算法、中点权分解算法及加权平均分解算法。不同算法的差异较小，这里以中国能源相关汞排放结构分解分析为例，介绍两级分解法。

使用多区域投入产出（MRIO）分析来计算最终需求引起的能源相关汞排放，可以表示为：

$$ME = K(I - A)^{-1} \times F \tag{6-12}$$

其中，ME 表示隐含汞排放，K 是汞排放强度向量，$(I-A)^{-1}$ 是 Leontief 逆矩阵，$(I-A)^{-1}$ 变化的影响在本研究中被称为生产结构效应，F 表示最终需求矩阵。

汞强度 K 可以进一步分解为：

$$K = e \times M \times E \tag{6-13}$$

其中，e 是不同能源的汞排放因子，表示单位能源消耗的汞排放量；M 是能源消费结构矩阵 (L)，它代表了每种能源类型的比例；E 是能源强度，即单位总产出的总能耗。

最终需求矩阵 F 可以进一步分解为：

$$F = S \times C \times P \tag{6-14}$$

其中，S 表示消费结构，C 代表人均消费，P 表示人口。

因此，隐含汞排放可以表示为：

$$ME = e \times M \times E \times L \times S \times C \times P \qquad (6-15)$$

因此，研究期和基期之间隐含汞排放的变化 ΔME 可以表示为 7 个驱动因素的共同贡献：

$$
\begin{aligned}
\Delta ME &= ME_t - ME_0 \\
&= e_t \cdot M_t \cdot E_t \cdot L_t \cdot S_t \cdot C_t \cdot P_t - e_0 \cdot M_0 \cdot E_0 \cdot L_0 \cdot S_0 \cdot \\
&\quad C_0 \cdot P_0 \\
&= w_1 \cdot \Delta e + w_2 \cdot \Delta M + w_3 \cdot \Delta E + w_4 \cdot \Delta L + w_5 \cdot \Delta S + w_6 \cdot \Delta C + w_7 \cdot \Delta P
\end{aligned}
\qquad (6-16)
$$

其中，w 表示各驱动因素的权重，$w_1 \cdot \Delta e$ 表示能源汞排放因子对 ΔME 的贡献，其余各项含义类似。

其中，根据两极分解法，$w_1 \cdot \Delta e$ 可以计算为：

$$\Delta ME = (\Delta e \cdot M_t \cdot E_t \cdot L_t \cdot S_t \cdot C_t \cdot P_t + \Delta e \cdot M_0 \cdot E_0 \cdot L_0 \cdot S_0 \cdot C_0 \cdot P_0)/2 \qquad (6-17)$$

使用同样的算法可以计算其余各项。

三、驱动因素核算案例

本节以具体实例来分析不同情况下如何应用 LMDI 和 SDA 对各类环境污染物排放进行因素分解分析。每个案例都由背景、方法和结论三部分组成。

（一）案例一：基于2005～2015年中国国家级和省级能源相关大气汞排放清单，使用LMDI方法定量分析生产视角下汞排放变化的驱动因素（Li 等，2019）

1. 案例背景

中国是全球最大的汞排放国，其中超过三分之一的汞排放来源于燃煤发电部门。本研究更新了中国省级燃煤发电汞排放清单，并在此基础上明确不同驱动因素对各省汞排放的作用方向和程度，为管理者制定更具有针对性的能源汞减排政策提供基础。

2. 研究方法

（1）时间分解分析。在时间分解分析上，由排放清单得到的某省在某年的能源汞排放可以被分解成 5 个驱动因素，即：汞排放强度（MI）、能源消耗结构（ES）、能源强度（EGI）、产业结构（S）和经济规模（G）。

$$M_i = \sum_j \sum_k \frac{M_{i,j,k}}{E_{i,j,k}} \cdot \frac{E_{i,j,k}}{E_{i,j}} \cdot \frac{E_{i,j}}{G_{i,j}} \cdot \frac{G_{i,j}}{G_i} \cdot G_i = \sum_j \sum_k MI_{i,j,k} \cdot ES_{i,j} \cdot EGI_{i,j} \cdot S_i \cdot G_i \qquad (6-18)$$

其中，下标 i、j、k 分别表示省份、经济部门、能源类型。

根据 LMDI-I 方法，从基期到研究期汞排放的变化可以分解如下：

$$\Delta M_{i,j,k} = M_{i,j,k}^T - M_{i,j,k}^B = L\left(M_{i,j,k}^T, M_{i,j,k}^B\right)\left[\ln\left(\frac{MI_{i,j,k}^T}{MI_{i,j,k}^B}\right) + \ln\left(\frac{ES_{i,j}^T}{ES_{i,j}^B}\right) + \ln\left(\frac{EGI_{i,j}^T}{EGI_{i,j}^B}\right) + \ln\left(\frac{S_i^T}{S_i^B}\right) + \ln\left(\frac{G_i^T}{G_i^B}\right)\right]$$

$$（6-19）$$

$$\Delta M_i = M_i^T - M_i^B = \sum_j\sum_k\left(M_{i,j,k}^T - M_{i,j,k}^B\right) \qquad （6-20）$$

$$= \sum_j\sum_k L\left(M_{i,j,k}^T, M_{i,j,k}^B\right)\left[\ln\left(\frac{MI_{i,j,k}^T}{MI_{i,j,k}^B}\right) + \ln\left(\frac{ES_{i,j}^T}{ES_{i,j}^B}\right) + \ln\left(\frac{EGI_{i,j}^T}{EGI_{i,j}^B}\right) + \ln\left(\frac{S_i^T}{S_i^B}\right) + \ln\left(\frac{G_i^T}{G_i^B}\right)\right]$$

其中 $L\left(M_{i,j,k}^T, M_{i,j,k}^B\right) = \dfrac{M_{i,j,k}^T - M_{i,j,k}^B}{\ln M_{i,j,k}^T - \ln M_{i,j,k}^B}$ 为权重函数。

上式各符号含义的说明见表 6-3。

表6-3　各变量的含义

变量	含义	变量	含义
M_i	省级行政区i的汞排放量（吨）	G_i	省级行政区i的生产总值（亿元）
$M_{i,j,k}$	省级行政区i部门j消耗能源k造成的汞排放量（吨）	$G_{i,j}$	省级行政区i的中部门j的产业增加值（亿元）
$E_{i,j}$	省级行政区i部门j的能源消费（以标准煤计量，万吨标准煤）	$E_{i,j,k}$	省级行政区i部门j消耗能源k的量（以标准煤计量，万吨标准煤）
$MI_{i,j,k}$	省级行政区i中的部门j中能源k汞排放系数	$ES_{i,j}$	省级行政区i的中部门j的消耗能源k的比例（%）
$EGI_{i,j}$	省级行政区i的中部门j的能源强度（万吨标准煤/亿元）	S_i	省级行政区i的产业j的增加值占总生产总值的比例（%）

汞排放强度效应（ΔM_MI）、能源结构效应（ΔM_ES）、能源强度效应（ΔM_EGI）、产业结构效应（ΔM_S）和经济规模效应（ΔM_G）可以分别由下列各式计算：

$$\Delta M\_MI_i = \sum_j\sum_k L\left(M_{i,j,k}^T, M_{i,j,k}^B\right) \times \ln\left(\frac{MI_{i,j,k}^T}{MI_{i,j,k}^B}\right) \qquad （6-21）$$

$$\Delta M\_ES_i = \sum_j\sum_k L\left(M_{i,j,k}^T, M_{i,j,k}^B\right) \times \ln\left(\frac{ES_{i,j,k}^T}{ES_{i,j,k}^B}\right) \qquad （6-22）$$

$$\Delta M\_EGI_i = \sum_j\sum_k L\left(M_{i,j,k}^T, M_{i,j,k}^B\right) \times \ln\left(\frac{EGI_{i,j,k}^T}{EGI_{i,j,k}^B}\right) \qquad （6-23）$$

$$\Delta M\_S_i = \sum_j\sum_k L\left(M_{i,j,k}^T, M_{i,j,k}^B\right) \times \ln\left(\frac{S_{i,j,k}^T}{S_{i,j,k}^B}\right) \qquad （6-24）$$

$$\Delta M\_G_i = \sum_j \sum_k L\left(M_{i,j,k}^T, M_{i,j,k}^B\right) \times \ln\left(\frac{G_{i,j,k}^T}{G_{i,j,k}^B}\right) \quad (6\text{--}25)$$

（2）空间分解。

空间分解中，基本公式仍为式（6-21）～式（6-25），其中各式中 R_i 代表目标地区，R^* 代表全国平均，且以算数平均计算全国平均汞排放量。在计算中，首先要计算各变量的全国平均值，再按照与时间分解相同的步骤进行计算即可得到各驱动因素的效应大小，各驱动因素的贡献计算如下：

$$\Delta M\_MI_i = \sum_j \sum_k L\left(M_{i,j,k}^{R_i}, M_{i,j,k}^{R^*}\right) \times \ln\left(\frac{MI_{i,j,k}^{R_i}}{MI_{i,j,k}^{R^*}}\right) \quad (6\text{--}26)$$

$$\Delta M\_ES_i = \sum_j \sum_k L\left(M_{i,j,k}^{R_i}, M_{i,j,k}^{R^*}\right) \times \ln\left(\frac{ES_{i,j,k}^{R_i}}{ES_{i,j,k}^{R^*}}\right) \quad (6\text{--}27)$$

$$\Delta M\_EGI_i = \sum_j \sum_k L\left(M_{i,j,k}^{R_i}, M_{i,j,k}^{R^*}\right) \times \ln\left(\frac{EGI_{i,j,k}^{R_i}}{EGI_{i,j,k}^{R^*B}}\right) \quad (6\text{--}28)$$

$$\Delta M\_S_i = \sum_j \sum_k L\left(M_{i,j,k}^{R_i}, M_{i,j,k}^{R^*}\right) \times \ln\left(\frac{S_{i,j,k}^{TR_i}}{S_{i,j,k}^{R^*}}\right) \quad (6\text{--}29)$$

$$\Delta M\_G_i = \sum_j \sum_k L\left(M_{i,j,k}^{R_i}, M_{i,j,k}^{R^*}\right) \times \ln\left(\frac{G_{i,j,k}^{R_iT}}{G_{i,j,k}^{R^*}}\right) \quad (6\text{--}30)$$

五种驱动因素的正负效应有不同含义。例如，经济规模的正效应代表着当地的 GDP 高于全国平均 GDP，造成当地汞排放增加；而能源强度的正效应则说明当地的能源利用效率低于全国平均水平，进而造成汞排放增加。同理，能源结构效应和产业结构效应分别指出了各地区之间的能源结构与产业结构的差异，同时也可表明当地的能源结构或产业结构与全国平均水平相比是否更为合理。

3. 研究结果分析

尽管汞排放在 2010 ～ 2012 年期间小幅增加，全国能源相关汞排放量总体上呈现出下降的趋势，从 2007 年的 249.29t 减少至 2015 年的 209.57t，下降约 16%。图 6-4 中也详细地展示了五种驱动因素对能源汞排放的影响。在 2007 ～ 2015 年期间，经济规模效应（ΔM_G）是唯一驱动中国能源汞排放增长的因素，而其他四个因素全部减少了汞排放增长，其中能源强度和汞排放强度的减排效应最为显著，两者共占减排效应的 86%。在省级尺度，各省的驱动因素的表现基本与全国趋势相同，但在个别省份中，存在除经济规模效应外的驱动因素促进当地的汞排放，例如能源结构效应导致广东、内蒙古与山西汞排放增加。

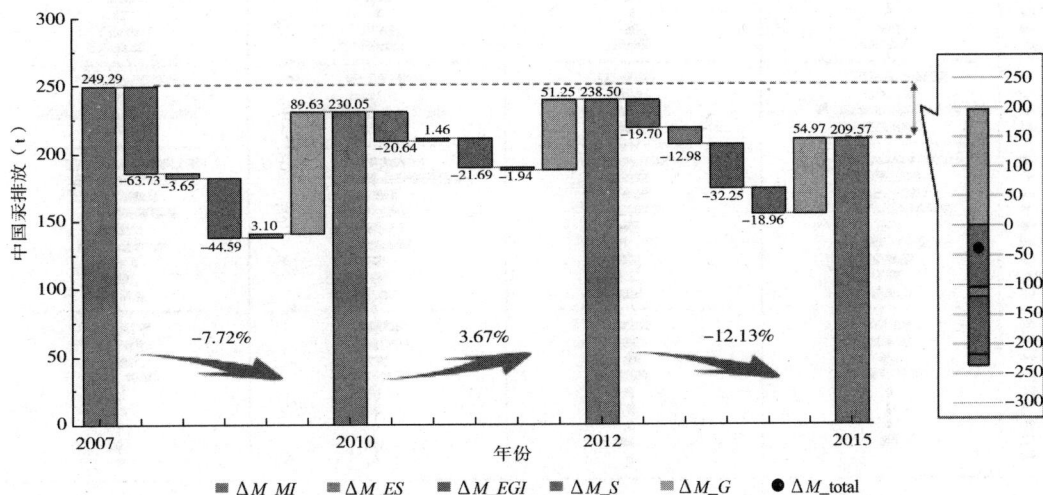

图6-4　中国的汞排放及其驱动因素

本文将中国三十个省份（或直辖市）按照它们的经济社会特征和地理位置分为五组，对该五组分别进行阐述它们的分解结果（图6-5）。第一组为地区生产总值排名全国前四的省份，即广东、江苏、山东和浙江。在研究的整个时间段内，只有江苏汞的年排放量呈增长态势，并且增长量位居全国第一，达到了2.19t。中国四个直辖市：北京、上海、天津和重庆为第二组。与北京和上海在2007～2015年期间汞的年排放量持续减少相比，天津尽管在整个阶段实现减排0.97t，但在2010～2012年期间排放量反弹0.11t。与上述城市相反，重庆在所研究的整个时间范围内未能实现减排，相反增长1.11t，但其排放量在2012年达到峰值为6.81t，并在2015年实现了减排（相较于2012年减排0.81t）。第三组包含河北、陕西、内蒙古和山西，均属于资源密集型或重工业集中型省份。该组中，只有内蒙古和陕西的汞排放小幅增长，涨幅分别为0.42t和1.07t。与此相反，山西和河北均实现了减排，其中河北的减排量为5.58t，位居全国第三。驱动因素的表现仍与全国的总体趋势相同。第四组中的省份集中位于中国的中东部，包含河南、湖北、湖南、辽宁、福建、安徽、江西、黑龙江和吉林。在2007～2015年期间，河南减排幅度最大，约为7.72t。辽宁紧随其后，减排量为5.86t。最后一组包含前面未提到的省区，包含四川、广西、云南、贵州、新疆、甘肃、宁夏和青海。这些省区多位于较为偏远的地区，且后五个省区中人为活动造成的能源汞排放量相对较小，致使驱动因素对当地汞排放变化的影响相对不明显。

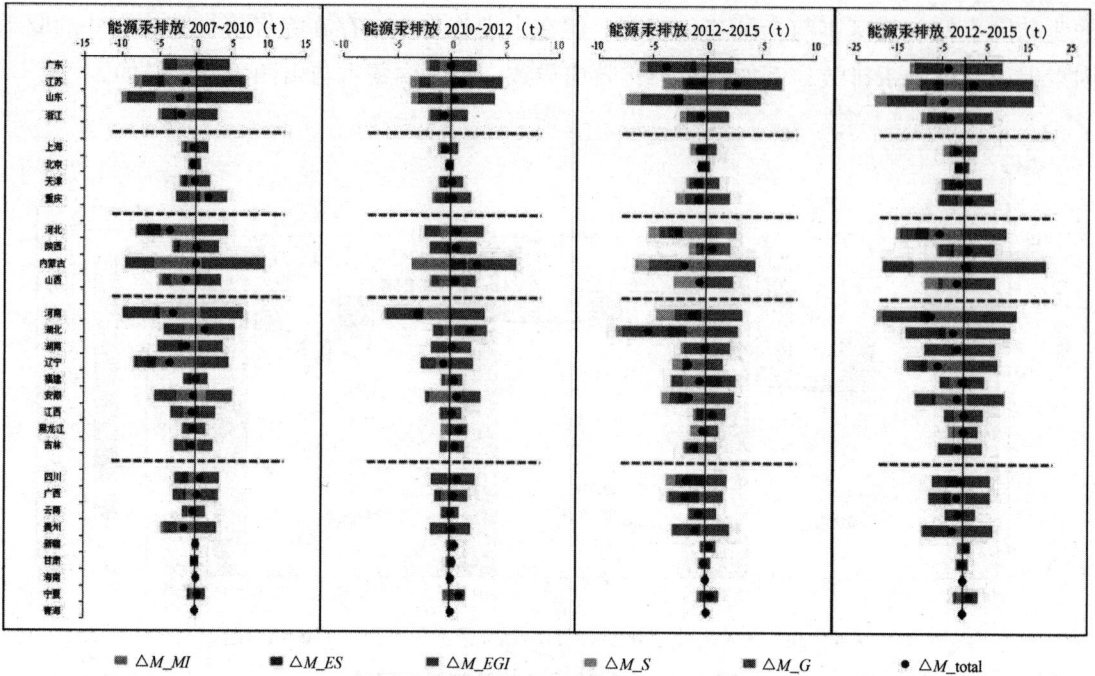

图6-5 中国省级汞排放变化驱动因素分解分析（时间分解）

在空间分解中，尽管驱动因素在各地区的表现差异明显，但在大部分经济规模效应和能源强度效应是导致每个地区排放与全国平均排放水平差异的主要因素（图6-6）。以2015年广东为例，其经济规模正效应达8.80t，并主要为–7.00t的能源强度负效应所抵消。当然，一些例外比如新疆、重庆与黑龙江，汞排放强度效应是造成这些省份与全国平均水平的排放差异的重要因素。

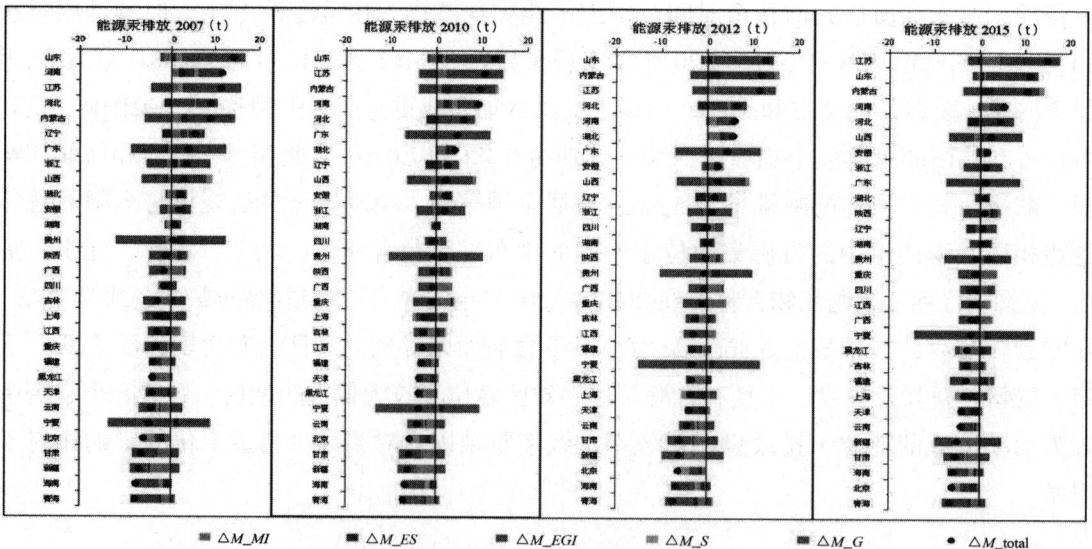

图6-6 中国省级汞排放变化驱动因素分解分析（空间分解）

大多数省区的排放与全国平均排放水平存在较为明显的差异。通常情况下，中国东部省份或者较发达地区的汞排放量远高于全国平均排放量，与此相反，排放水平远低于全国平均水平的省份则集中在西部或欠发达地区。然而仍存在一些特例如上海，其在拥有较大的经济产出的同时，其汞排放水平仍低于全国平均水平，在 2007 ~ 2015 期间上海年排放量低于同期全国平均排放约 3.2t。与上海情况相反，内蒙古的经济规模落后于全国平均水平（表现为负的经济规模效应），但其排放水平却远高于全国平均，从 2007 年的全国第五（高于全国平均水平 8.76t）最终上升至 2012 年的全国第二（高于全国平均水平 11.62t）。

（二）案例二：基于2005～2017年爱沙尼亚碳排放清单进行时间尺度的驱动因素分解分析（Xiao et al.，2022）

1. 案例背景

爱沙尼亚是环波罗的海三国中综合实力最强的国家，自 2004 年加入欧盟以来一直经历着飞速的经济发展，2006 年其经济增长率在欧盟排名第二。自加入欧盟以来，爱沙尼亚的碳排放特征以及其背后的驱动因素也发生了显著的变化。本案例通过研究爱沙尼亚自加入欧盟后的二氧化碳排放驱动因素变化，详细分析了不同社会经济因素对碳排放的影响。

2. 研究方法

根据现有研究可以将区域的二氧化碳排放（CE）分解为四个因素，即能源排放强度（CEI）、能源消耗结构（ECS）、能源消耗强度（ECI）和国家经济规模（GDP）。

分解碳排放，具体分解形式如下：

$$E = \frac{CE}{EC} \cdot \frac{EC}{TEC} \cdot \frac{TEC}{GDP} \cdot GDP = CEI \cdot ECS \cdot ECI \cdot GDP \tag{6-31}$$

其中，EC 代表了化石燃料总消费量；TEC 代表了能源消费总量；GDP 代表了国内生产总值。

步根据 LMDI-I 算法，4 个驱动因素对于 CE 变化的影响可以计算如下：

$$\Delta CE = CE^T - CE^B = \Delta CE\_CEI + \Delta CE\_ECS + \Delta CE\_ECI + \Delta CE\_GDP \tag{6-32}$$

$$\Delta CE\_CEI = L(CE^T, CE^B) \times \ln\left(\frac{CEI^T}{CEI^B}\right) \tag{6-33}$$

$$\Delta CE\_ECS = L(CE^T, CE^B) \times \ln\left(\frac{ECS^T}{ECS^B}\right) \tag{6-34}$$

$$\Delta CE\_ECI = L(CE^T, CE^B) \times \ln\left(\frac{ECI^T}{ECI^B}\right) \tag{6-35}$$

$$\Delta CE\_GDP = L(CE^T, CE^B) \times \ln\left(\frac{GDP^T}{GDP^B}\right) \tag{6-36}$$

其中 $L(CE^T, CE^B) = \dfrac{CE^T - CE^B}{\ln CE^T - \ln CE^B}$ 为权重函数。

3. 研究结果分析

图 6–7 展示了 2005～2017 年爱沙尼亚部分能源品种的二氧化碳排放趋势。在 2005 年到 2017 年之间，爱沙尼亚的碳排放在 12.58Mt 到 18.38Mt 之间波动，其中 2009 年的碳排放量最小，2014 年的碳排放量最大。整体来看，从 2005 年到 2017 年排放增加了 2.50Mt，增幅达到了 16.86%。在这段时间内碳排放有三个明显的波峰，分别是 2007 年、2010 年、2014 年，同时也有四个明显的波谷，分别是 2006 年、2009 年、2012 年、2015 年。但总体来看，爱沙尼亚在这段时间内呈现出波动中有所上升的趋势，产生这种趋势的主要原因是爱沙尼亚的能源消费量有了很大的提升。从能源品种上来看，这种波动产生主要是由于油页岩和页岩油燃烧产生的排放发生了很大的波动。油页岩是爱沙尼亚境内最主要的发电能源，2017 年油页岩燃烧产生的排放占到整体排放的 52.94%。从部门角度上看，爱沙尼亚的排放波动主要来自于电力部门排放的变化。爱沙尼亚的发电量在这段时间内在 877.9GW·h（2009 年）到 1327.5GW·h（2013 年）之间波动。爱沙尼亚 2005 年排放二氧化碳量为 14.86Mt，2007 年排放二氧化碳量为 16.42Mt，排放量增加了 10.60%。

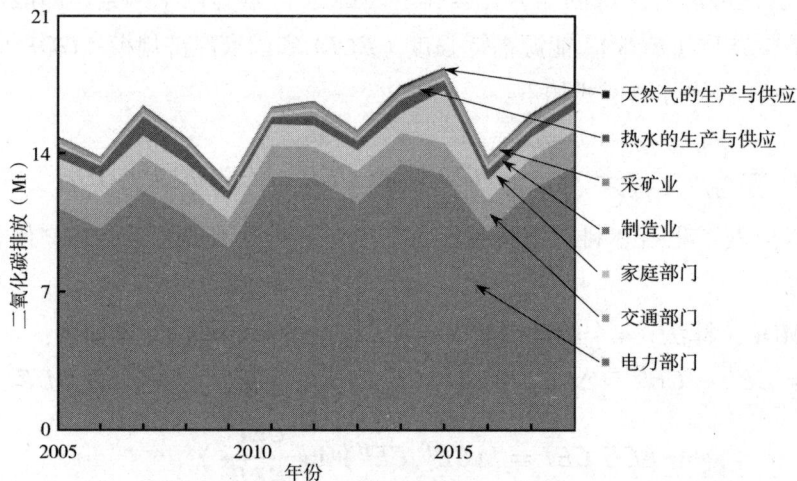

图6–7　爱沙尼亚2005年到2017年二氧化碳排放变化

爱沙尼亚的二氧化碳排放和经济的相关程度很高。爱沙尼亚在 2004 年加入欧盟，在那之后经历了一段时间飞速的经济发展，碳排放也有了一定程度的增加，但 2008 年金融危机后，爱沙尼亚的经济有了一定程度的衰退，其碳排放也从 2008 年的 14.83Mt 下降到了 2009 年的 12.58Mt，排放下降了 15.18%。之后随着经济的复苏，碳排放又迅速升高，到 2010 年排放上升到了 16.37Mt。2015 年爱沙尼亚的工业利润开始降低，2015 年工业利润降低了 8%，是近五年以来的第一次负增长。爱沙尼亚统计数据显示工商企业共销售商品和服务 491 亿欧元，同比减少 3%，总支出同比下降了 2%，这种下降直接导致了工业生产的减少和用电用热的减少。因此爱沙尼亚在 2015 年的排放下降了 24.48%，也是研究期内最大的碳排放下降幅度。但在 2016 年初，国际货币基金组织将爱沙尼亚归类为欧洲发达国别，并预测爱沙尼亚当年经济增长将达到 2% 以上，这给爱沙尼亚的经济发展注入了活力。当年爱沙尼亚的 GDP 增长了 3.48%，经济生产有了一定程度上的复苏。这也使得工业部门的能源和电力消耗不断增加，让爱沙尼亚的碳排放比上一年增加了 15.48%。此外，2010 年爱沙尼亚能源消费量的激增带来二氧化碳排放大幅增长，单年度增幅达到了 30.09%。

图 6-8 中展示了爱沙尼亚 2005 年到 2017 年的驱动因素分解分析结果，在不同的时间阶段，这些因素对排放产生了不同的影响效果。其中，经济因素是使得排放增加的最主要因素，而能源使用强度则是使得排放下降的最大因素。但是也存在着例外的情况。如 2007 年到 2009 年间，能源强度因素使得二氧化碳排放上升了 1.49Mt，而由于经济下降，使得二氧化碳排放下降了 20.64Mt。产生这种情况的主要原因是金融危机对爱沙尼亚经济的冲击使得爱沙尼亚的 GDP 在 2007 年到 2009 年间有着很大的下降。这段时间内虽然爱沙尼亚的二氧化碳排放也有一定的降低，但其减少速度远低于经济下滑的速度。此外，碳排放强度对爱沙尼亚碳排放的影响呈现出了波动的趋势。在 2007 年到 2009 年间，碳排放强度降低使得爱沙尼亚的碳排放下降了 15.51Mt，2013 ~ 2015 年的碳排放强度降低使得排放下降了 32.26Mt。除这两段时间外，碳排放强度均对二氧化碳排放起到了正向拉动的作用。

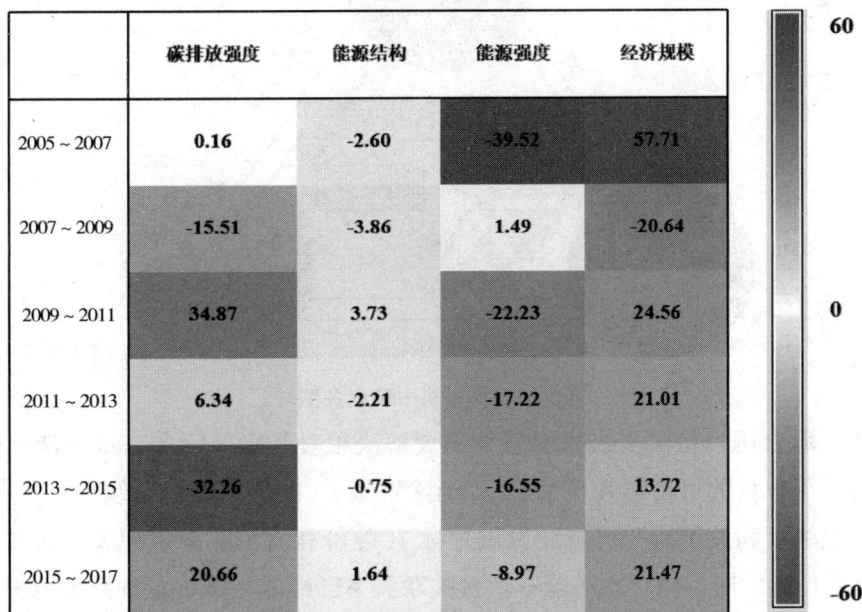

	碳排放强度	能源结构	能源强度	经济规模
2005 ~ 2007	0.16	-2.60	-39.52	57.71
2007 ~ 2009	-15.51	-3.86	1.49	-20.64
2009 ~ 2011	34.87	3.73	-22.23	24.56
2011 ~ 2013	6.34	-2.21	-17.22	21.01
2013 ~ 2015	-32.26	-0.75	-16.55	13.72
2015 ~ 2017	20.66	1.64	-8.97	21.47

图6-8　2005年到2017年爱沙尼亚二氧化碳排放驱动因素变化（单位：Mt）

第五节　资源环境相互关联问题

一、水/土—能—粮食关联

1. 水/土—能—粮食关联

（1）水/土—能—粮食关联概念阐述。

水、土地、能源和粮食是经济和社会发展的重要资源，同时水、土地、能源和粮食系统彼此紧密相连。水是能源提取、转换、运输和发电所必需的资源。所有类型的能源生产都需要耗水，水的生产和废水处理也需要能源。农产品（如牲畜、作物）的生产收获无一不需要水和土地，同时，农业生产等环节也需要能源，包括肥料生产、耕作、种植、除草、泵灌溉水、收获、运输、分配和储存等，反过来生物燃料以及来自食品生产和消费产生的废物和填埋气体均可用于发电（图6-9）。

鉴于少数几个系统的重要性以及它们之间复杂的相互依存关系，需要一种整体的方法来同时描述这三个系统及其相互作用。水—能—粮食关联的概念是在波恩2011年关系会议上提出的，被视为加强粮食、能源和水安全的一个重要途径。这种方法整合了跨部门和跨区域的城市管理和治理，以提高源头效率并实现可持续性。它已成为城市系统规划和管理的重要考虑因素。

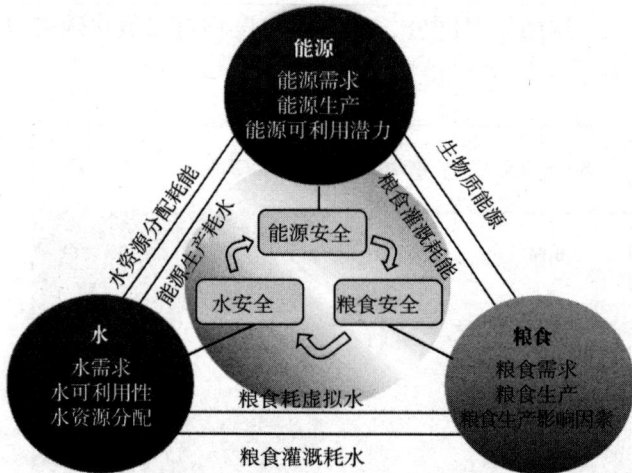

图6-9　水—能—粮食关联

2012年，联合国可持续发展大会强调需要解决粮食和水等问题。水—能—粮食关联关系不仅与关于粮食的可持续发展目标2（消除解饿）、关于水的可持续发展目标6（清洁饮水和卫生设施）和关于能源可持续发展目标7（廉价和清洁能源）相关，而且直接和间接影响所有可持续发展目标。水—能—粮食关联关系已经成为理解多种资源系统相互作用的重要方式，这有助于各国制定有效的可持续发展战略和实现可持续发展目标。水—能—

粮食关联概念基于对自然环境和人类活动之间相互作用的系统分析，以便更好地理解和努力更平衡地利用自然资源。

（2）水／土—能—粮食关联研究现状和趋势。

由于人口增长和快速城市化，世界范围内对粮食、能源、水和土地的需求不断增加。预计到 2030 年，全球对水和能源的需求将分别增长 40% 和 50%。与此同时，在这种背景下，农业生产者将面临更大的土地、水和能源竞争，到 2050 年，人口增长将使粮食需求增加 60%，据估计，为了满足人类对食物和饲料的需求，到 2050 年，农业用地必须扩大约 10%（发展中国家为 20%）。据联合国粮食及农业组织估计，世界上大约 25% 的土地已经高度退化，8% 为中度退化，36% 为轻度退化。气候变化和环境压力（如极端天气、降水、干旱等）也阻碍了可持续的水、能源和粮食生产，进一步加剧了资源稀缺的混乱局面。同时，生态系统退化会破坏能源获取、水供应和粮食生产，从而影响人类健康和生计。

相关研究显示，由于粮食需求增加和供应不足，世界饥饿人数从 2014 年的 7.837 亿增加到 2017 年的 8.208 亿。这意味着世界上大约九分之一的人存在营养不良问题。从 2012 年到 2050 年，人类对食品的需求预计将增长 60%。世界一次能源消费也呈上升趋势，2017 年平均增速为 2.2%，高于过去十年的 1.7%。预计从 2012 年到 2030 年将增长 50%。同时，自 20 世纪 80 年代以来，全球用水量以每年 1% 的速度增长。如果全球水需求继续以类似的速度增长，到 2050 年，用水量将比 2019 年增加 20%～30%。预计到 2050 年全球将增加 22 亿人口，因此，粮食、能源和水的有效利用和安全供应对于全球可持续性将变得越来越重要。

近年来，许多研究试图全面了解水—能—粮食的关联关系以支持可持续发展目标。例如，学者们提出了跨部门协调和管理联系挑战的政策框架，发现三个部门之间更大的政策一致性对于将增加的粮食生产与水和能源强度脱钩并转向可持续和高效的资源来说至关重要。有研究整合水—能—粮食关联关系以制订可持续发展目标的政策。这些研究强调了实行水—能—粮食关联相关政策与实现可持续发展目标之间复杂关系的重要性。然而上述研究主要是从政策角度进行定性分析，缺乏定量分析来描述水—能—粮关联与可持续发展目标之间的关系。

为了进一步明确水—能—粮食关联与可持续发展目标之间的联系，引入了环境扩展的投入产出分析（EE-IOA）来评估体现在水—能—粮食关联系统的产品或活动中的环境足迹。它可以将实物水—能—粮食关联与基于货币流动的跨部门贸易联系起来，进一步揭示水—能—粮关联的关联特征。例如，研究基于广东省 EE-IOA 开发了水生态网络模型，旨在分析城市生态系统内不同部门之间的用水结构和相互作用控制关系，发现经济部门之间的用水竞争削弱了内部的虚拟水循环。有学者建立了环境扩展的多区域投入产出模型，对粤、港、澳地区的水、能源、食品、有关的能源、与食品有关的能源、与能源有关的水、与食品有关的水足迹进行量化，旨在量化水—能—粮食关联关系，揭示其复杂的相互作用。结果表明，直接能源足迹是与食物相关和与水相关能源足迹的 5.3 倍，能源相关和食物相关水足迹是直接水足迹的 3.8 倍。区域间贸易在管理三个区域的水、能源和粮食关系方面发挥着重要作用。有研究运用投入产出分析，阐明东亚地区水—能—粮食关联的远程连接结构和三个子系统之间的环境联系，并跨尺度研究每个子系统之间的影响和权衡，结果显示中国目前在东亚的国家出口导向型经济增长战略是不可持续的。

同时也有诸多研究从供应链的视角入手进行分析。随着中国人口的不断增加和经济的快速发展，对自然资源的需求大幅增长，要想提高资源利用效率，需要全面了解自然资源在部门间的流动和利用情况。学者采用环境扩展投入产出分析（EE-IOA）和结构路径分析（SPA）方法，对 1997~2017 年中国 42 个行业的资源消耗流向和利用路径进行深度分析，确定关键供应链和关键部门，结果表明，最大资源消耗的关键供应链路径是"非金属矿产品制造→建筑业"，流量从 1997 年的 1371Mt 增加到 2017 年的 8173Mt，要素生产结构是这条道路上消费增长的主要驱动因素。以底特律大都市为例，有研究首先构建了水—能—粮食物理投入产出模型，对食物、能源和水的流量进行量化，接着采用结构路径分析识别关键行业最终需求驱动的关键供应链路径。结果表明，底特律大都市的粮食和能源主要依靠进口，而水则取自当地，同时供应链中间过程消耗的食物、能源和水量相对较大，应引起更多关注。学者们运用投入产出模型和结构路径分析，旨在通过识别重要的最终需求来探索水、能源和粮食资源之间的隐藏联系，并研究这些资源如何体现在供应链的上游生产和下游消费过程中，结果表明，城镇居民消费和固定资本形成对水—能—粮食资源有较大影响，此外，农业、建筑和服务业的水—能—粮食足迹最大。研究将中国国民经济作为一个整体，应用基于投入产出结构的供应链分析，识别出中国的粮食—水关联、粮食—能源关联和能源—水关联。结果表明，农业和畜牧业在供应链中对资源的利用贡献最大。有学者利用投入产出分析技术和结构路径分析，确定了英国食品、能源和水有重大影响的重要最终产品和供应链路径，揭示了旨在减轻环境影响的战略可以在供应链路径的许多阶段进行干预。由于中国的粮食和水资源生产消费的空间分离，有必要从空间供应链路径的角度研究水—能—粮食关系。这种全国性的调查有助于提高整个供应链的资源利用率，以实现中国经济的可持续发展。

部分学者对水/土—粮食关联进行了研究。粮食生产过程中需要消耗水和土地资源，其中淡水资源持续承受着支持农业集约化的压力，水旱灾害和土地退化带来的不确定性突显了研究水/土与粮食的关联的重要性和复杂性。诸多学者探究了农业可持续发展下水/土—粮食关联问题，研究以印度为例，从虚拟水流概念的视角关注水与粮食之间的关联关系，发现印度水与粮食关联关系治理的主要优先事项是地下水过度开采、水和土壤污染以及降雨的不确定性，并提到基于水足迹的虚拟水流分析对于可持续集约化农业和纠正不可持续的虚拟水流模式具有重要意义。学者们使用超网络模型，检测经济部门之间的水/土—粮食关联关系，发现中国大部分部门的资源效率低下，大部分资源系统都不可持续，同时发现中国土地资源配置极为不平衡，中国 94% 以上的土地为直接农用地，水/土—粮食关联可以通过增强经济的稳健性来获得资源节约红利。此外，农业是世界淡水资源的最大消耗部分，约占总量的 70%。在严重依赖灌溉农业的地区，农业用水的作用尤为关键。然而，有一些国家的农业用水效率很低，例如，中东和北非许多国家的灌溉用水效率表明，平均用水效率约为 51%；在撒哈拉以南非洲 3×10^8hm 的主要农田中，只要改善 25% 的水土管理方法，就可以增加 22Mt 粮食产量。世界资源研究所指出，加强水土资源管理可以有效扩大粮食生产。

水/土—粮食关联系统在减缓气候变化方面也有重要意义。通过减少人类碳排放来缓解气候变化是《巴黎协定》的核心目标，生物燃料的扩张预计将在未来的气候缓解中发挥关键作用。许多国家已采用生物替代传统化石燃料，以减少碳排放并实现减缓气候变化的目标。然而，生物燃料产量的显著增加可能是以过度使用自然资源为代价的，特别是土地和水。这意味着生物能源作物的种植面积需要扩大，以满足全球未来几十年不断飙升的生物燃料需求，这种扩张可能会导致严重的环境问题，如不可持续的淡水消费、剧烈的土地使用变化（如砍伐森林）以及化肥和农药施用造成的污染。有些学者从生物燃料视角切入探究水/土—粮食关联关系问题研究通过将全球农业生态区模型与多区域投入产出分析相结合，从粮食—能源—水/土地关系的角度评估糖类作物扩张引发的未来土地和水资源需求。结果表明，从 2014 年到 2040 年，拉丁美洲和加勒比地区糖料作物的水和土地需求预计将分别增加 198% 和 205%。对大多数拉丁美洲和加勒比地区国家当地水资源的影响有限。与可用水资源相比，用水需求有限的主要生物乙醇生产国，如巴西和阿根廷，可以进一步促进灌溉，以避免重大的土地利用变化，并通过区域间生物乙醇贸易使其他国家的土地生态系统受益。有学者使用环境扩展的多区域投入产出方法，量化用于生物乙醇生产的土地和水资源利用之间的权衡和协同作用的分布及其在巴西各州的环境影响，发现水和土地影响的权衡以及灌溉和雨养乙醇生产之间有显著差异，同时与其他作物相比，甘蔗相对于土地比相对于水具有更高的比较优势。

水/土—粮食关联系统在粮食贸易中的作用也不容小觑。水和土地是粮食生产的重要投入。预计世界人口的持续增长和预期的饮食变化将导致未来几十年对食物的需求迅速增长，不断增加的粮食贸易转移了大量的虚拟水和土地，增加了一些地区有限的水和土地资源的压力。农业用水和农业用地资源的空间分布不匹配，使粮食生产活动在保护水资源和充分利用土地之间相矛盾。例如，在中国，北方地区使用了全国近 65% 的耕地资源，但仅占全国总水资源的 20%，承担了全国 60% 的粮食生产。随着各地区贸易关系的日益密切，体现在粮食贸易中的水土流失备受关注。研究使用多区域投入产出分析估计了国际贸易中体现的全球耕地利用，并从生产和消费两个角度分析了其贸易模式，发现国际贸易中体现的全球可耕地使用估计接近全球可耕地使用的三分之一，中间使用体现的可耕地使用几乎是最终需求体现的两倍。学者发现采用特定的土地使用政策可能会对淡水资源造成不利影响。研究使用多区域投入产出分析计算了京—津—冀地区与粮食进出口相关的虚拟水和虚拟土地的流量，结果显示河北省作为一个严重缺水的出口型省份，为其他地区过度生产粮食，加剧了水危机。

水／土—粮食与饮食结构变化也有着广泛的结合，并会对农业生产及其生态环境产生重大影响。在中国，快速的城市化推动饮食变化，尤其是城市居民消费中对动物产品的偏好。例如，中国人均肉类摄入量在 1975 年至 2017 年间增加了 5.7 倍，而牛肉消费量增加了 16 倍。这种饮食转变加剧了水资源短缺，抵消了部分中国农业用水效率的提高。城市饮食中肉类含量高而蔬菜和水果含量低已被确定为中国非传染性疾病流行的主要原因。目前，约 2.26 亿中国成年人患有高血压，1.1 亿患有糖尿病，1100 万患有中风。到 2050 年，约 76% 的中国人将居住在城市，这将需要将粮食产量翻一番，以支持他们以饲料为基础的肉类摄入量。到 2030 年，预计非传染性疾病的经济负担将飙升至约 23 万亿美元。不过，健康的饮食选择可以切实地有益于人类健康和节约用水。例如，饮食结构向健康营养目标转变可以将全球相关的水足迹降低 4% ~ 21%。有学者使用家庭调查数据开发一个多成分的城市化序列，在此序列上量化了与饮食相关的水足迹，发现在中国城市化过程中，饮食结构效应主导了水足迹的变化。动物产品贡献了 92% 的饮食结构对家庭净水足迹增长。

部分学者从能／土—粮食关联角度入手进行研究。能源生产和粮食供应之间的资源相互依赖和竞争受到了相当大的关注。相对于露地农业，现代温室和垂直农业项目有望增加单位面积的粮食产量，然而，它们的高能耗需要低碳电源，如太阳能、光伏发电和风能，这增加了成本和整体土地足迹。有一些学者研究了在粮食供应与能源之间的耦合关系，研究使用地理空间和数学建模来比较在全球范围内 9 个城市地区的蔬菜生产的露地和两种室内耕作方法，这些城市地区具有不同的土地可用性、气候条件和人口密度，发现对于温室来说，满足单位能源需求的可再生电力供应成本更高，这是由于温室的能源需求波动更大。然而，温室每单位粮食产量的能源需求较低，这使它们成为大多数分析区域中土地密集程度最低的选择。

也有诸多学者在水／土—能—粮食关联的基础上进行扩展，加入了碳、饮食结构和生态环境等系统。预计到 2050 年，世界人口将增长到 94 亿 ~ 101 亿，并变得更加富裕。这会导致土地、水和能源等关键自然资源的使用持续增加，从而进一步加剧了全世界的环境退化。一个关键问题是如何在多维可持续性目标的背景下设计措施以实现水／土—能—粮食—碳—生态系统协同发展。有研究量化了在全球范围内对水—土地—粮食—气候关系不同组成部分进行干预所产生的协同效应和权衡取舍。发现在食物成分中，针对低肉类消费的健康饮食的措施与所有其他关联具有协同效应：增加天然土地改善陆地生物多样性，减少陆地温室气体排放，减少灌溉用水以保护或恢复水文环境流量，以及氮盈余的减少。学者们应用区域综合评估平台模拟探索了欧洲未来气候和社会经济情景，发现粮食生产可能是欧洲未来景观变化动态的主要驱动力，农业和土地利用分配通常由多部门相互作用驱动，并在各种情景下对林业、生物多样性和水资源等其他部门产生连锁效应。研究提出了基于多区域投入产出分析的多目标优化模型，发现以能源消费为主的产业结构调整路径是最佳解决方案，因为它可以满足各种可持续目标，促进高能耗和高排放行业的发展，以及改善区域公平。有学者采用 LMDI 模型探讨水土资源开发与农业碳排放的关系，发现农业碳排放量从 2005 年到 2013 年的增幅为 21.89%，碳排放及其强度存在较大的空间差异，同时各因素对农业碳排放的贡献效应顺序为：水资源经济产出 > 水土资源比 > 人口因素 > 人均土地利用面积 > 农业碳排放强度。

二、水—能源—碳关联研究及案例

随着全球工业化、城市化进程的快速推进，能源过度消耗、水资源严重短缺、碳排放日益增多等一系列问题也随之而来。能源消耗是温室气体排放的重要来源之一，全球巨大的高碳能源消费导致了较高的二氧化碳等温室气体的排放。近年来，能源、水资源、碳排放作为经济社会发展中紧密联系的关键要素，其所面临的严峻形势使得水、能源与碳关联的相关问题也得到了国内外学者的广泛关注。

目前资源环境足迹中有关水—能源—碳关联的研究多集中于对能源、碳、水足迹的量化研究。相对于对能源、碳、水足迹环境影响的分别量化，实现三者集成量化的研究相对较少。集成量化的难点在于将不同的指标放在同一框架下进行量化并实现不同指标间的比较。目前的集成量化概念性研究居多，且多数研究更多考虑的是数学可行性，实际环境和经济意义尚显不足。而对于系统间耦合机制的研究，目前多数研究采用投入产出方法在较大尺度上展开研究，也有部分学者针对企业内部的耦合关系进行了分析，行业层次全过程能源—碳—水足迹耦合机制及系统间协同优化的研究较为薄弱。但系统间两两耦合的研究较为丰富，其中对于能源—碳耦合分析的最为丰富，其主要对能源引起的 CO_2 排放量进行核算，并分析二者之间的相关性。与水足迹有关的耦合分析主要基于虚拟水进行，其中主要为集中于能源开采、发电、水行业等单一部门能源—水足迹的耦合研究。其耦合分析主要基于以下两个方面进行：一方面，煤炭、石油开采和电力生产过程中产生大量的水资源消耗和废水排放；另一方面水的供应、分配和废水处理过程也会消耗大量的能源。此外，部分学者也对城市内部能源—水耦合关系进行了研究。而对于碳—水足迹耦合研究相对较少，这部分研究主要分析与能源相关的碳排放与水足迹之间的关系、水行业的碳排放情况以及各经济部门之间的碳—水耦合流转路径。

在资源需求不断增加和能源、水供应的紧缺以及趋紧的碳排放约束之间矛盾不断加剧的国内背景下，中国相继推出了"最严格水资源管理制度""能源革命"以及"气候变化治理的国家自主贡献方案"等重大战略与行动，以遏制水、能源、碳领域部分指标的快速恶化，提升区域发展的可持续性。资源可持续利用管理必然离不开环境条件的约束，从水—能源关系延伸而来的"水—能源—碳"关联的视角开展的研究有助于解释社会经济发展中耗水以及能源消耗过程与碳排放的内在关系，对于理解资源可持续利用有很大帮助。总而言之，资源环境相互关联问题研究的主要目的包含提高资源使用效率、确保资源供给安全以及实现资源协同管理等。下面选取了三个城市级别的案例进行分析研究。

（一）案例一：中国城市污水处理厂排放的甲烷

水污染和碳排放是城市化面临的两大环境挑战。一方面，废水处理在人为 CH_4 排放量方面排在第五位；另一方面，快速城市化和发展中国家对更好的水环境的要求不可避免地造成城市污水处理厂的 CH_4 排放量增加。城市污水处理有减少 CH_4 排放的潜力，但这取决于经济发展、政府和技术选择等社会经济因素。在过去的几十年中，中国经历了一个前所未有的城市化进程。从 1978 年（中国经济改革开始）到 2012 年，城市人口比例从 17.9% 增加到 52.6%，随之而来的副产品之一是未经处理的污水以及伴随的 CH_4 排放量不断增加，淡水水体严重恶化。中国城市污水排放量在 2001 ~ 2014 年期间增加了 230%，污水处理效率从 18% 增长到 85%（图 6-10）。为收集和处理数量不断增加的城市污水，推动了城市污水处理厂扩建过程中的 CH_4 排放。即对于中国这类发展中国家而言，快速城市化过程伴随着高强度的城市水资源开发利用，导致了城市水系统对水能资源的需求急剧增加，城市水源系统运行过程中的碳排放问题也日益突出。

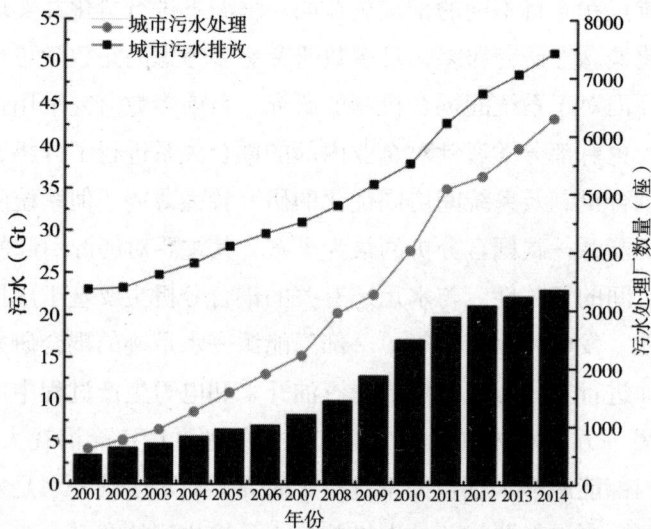

图6-10　2001 ~ 2014年中国污水排放、处理和污水处理厂数量

这里以一项研究为例。该研究采用 2006 年国家温室气体清单指南中的 IPCC 方法，首

次对中国 229 个地级市 2019 座生活污水厂的甲烷排放进行估算。结果表明,这些城市 2014 年甲烷排放总量为 1169.8kt(29.2Mt CO_2e),相当于美国城市生活污水处理厂 2016 年甲烷排放的 3 倍多。最大的 CH_4 排放发生在中国东部经济较发达的地区,其人口往往较多,因而产生更多的城市污水,进而排放更多的 CH_4。人均甲烷排放量随着城市规模的减小而减小,而人口较多的较大城市群体较为发达,对其污水处理厂采用了较多的厌氧处理方案,这可能会造成较大的甲烷排放。本书列举了不同城市群和大都市的比较情况,详见表 6–4。

表6–4 不同城市群和大都市的比较情况

	城市数量	甲烷排放 (kt)	人均污水处理能力 [L/(人·天)]	厌氧与需氧技术比例	人均GDP (千元)
城市群	—	—	—	—	—
超大城市	4	252.0	234	1.77	86.9
特大城市	8	179.0	195	1.43	96.1
I类大城市	14	239.3	163	1.73	81.6
II类大城市	91	388.7	87	0.94	47.7
中型城市	86	122.1	65	0.75	37.1
小城市	19	14.8	50	0.72	31.3
大都市	—	—	—	—	—
京津冀	13	181.4	111	1.02	60.2
长江三角洲	20	252.6	158	1.83	91.1
珠江三角洲	9	175.8	311	1.18	100.0

注 表中部分数据计算的四舍五入问题尊重原作者数据,此处不做修改。

此外,国内生产总值、家庭消费支出、家庭食品消费支出和人口等社会经济因素与城市污水处理厂产生的 CH_4 排放量也具有一定的关联(图 6–11)。研究发现,家庭消费支出与家庭食品消费支出与城市废水 CH_4 排放量高度相关。这可以解释为生活水平较高的人口所在的城市会消耗大量蛋白质含量较高的食物,如肉类、鸡蛋和乳制品,这些食物的浪费会导致污水中可降解的有机成分增加。此外,国内生产总值(GDP)和人口也与城市污水 CH_4 排放量高度相关。这是因为 GDP 反映了一个城市基础设施(包括市政污水处理厂)的高度发达程度,而随着 GDP 的增长,城市污水处理厂收集污水的能力增加。而人口较多的大城市往往更加发达,也会产生更多的城市污水。这两者都会增加城市污水 CH_4 的排放。

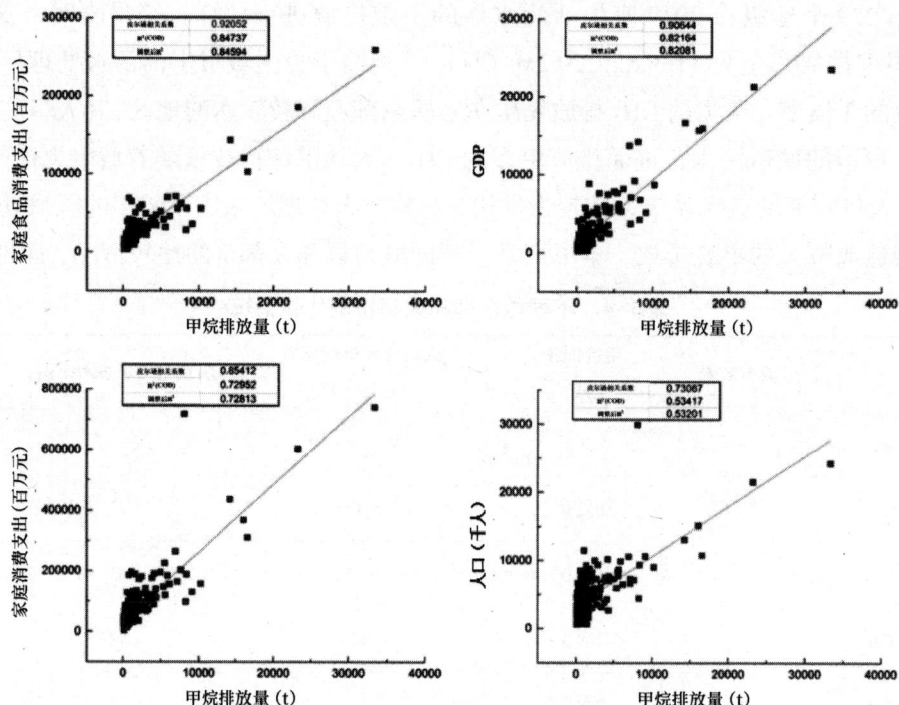

图6-11　甲烷排放量与社会经济因素之间的相关性

相关分析表明：大型城市的污水处理厂更多地使用厌氧技术，根据 IPCC 的计算方法，其甲烷排放因子也更高。国内生产总值、家庭消费支出、家庭食品消费支出和人口与城市污水处理厂 CH4 排放量高度相关。这些发现表明，通过管理城市住宅区的污水排放从而控制可降解有机物的释放及规范污水处理厂流程是减少甲烷排放的关键。

（二）案例二：揭示超大城市内外"水—电"矛盾的动态变化特征研究

城市发展所需的电力供应以消耗大量水资源为代价。同时，城市往往通过跨区输电获取电力供应，造成跨越城市边界的"水—电"矛盾。城市"水—电"矛盾的影响体现在两个方面：①城市电力消费需求会引起城市内外水资源短缺；②城市内外的水资源短缺反过来也会约束城市的电力生产供应。随着城市化进程加快，城市电力生产的供应量和空间位置不断变化。揭示"水—电"矛盾的动态变化特征，对保障水资源安全和稳定的城市电力供应具有重要意义。

本研究构建了城市内外"水—电"矛盾影响的动态变化评估指标：通过电力消费的内部和外部稀缺水足迹指标表示城市电力需求引起的水资源压力；通过电力生产的直接和间接水资源脆弱性指标表征城市内外水资源短缺对城市电力生产的约束。通过评估 2006 ~ 2016 年以上指标在中国四个直辖市（北京、天津、上海和重庆）的演化规律揭示城市内外"水—电"矛盾的动态变化特征。

图 6-12 为四个直辖市的电力消费水足迹（WFE）、电力消费稀缺水足迹（WSFE）变化趋势。可以看出，天津的 WSFE 占 WFE 份额最大，其次是北京、上海和重庆。上海大约有一半的 WFE 是属于稀缺水，而重庆的 WSFE 平均只有 $1.93 \times 10^6 m^3/$ 年。总体而言，四个特大城市的内部 WFE 总量高于外部 WFE 总量，且研究期间内部 WFE 所占份额也有所增长。拥有最大外部 WFE 份额的城市是北京，占其 WFE 的一半以上。外部 WFE 在其他三个特大城市的份额较小，即上海不到 50%，天津约 20%，重庆略高于 10%。与 WFE 相比，外部的 WSFE 在上海所占比例要小得多。

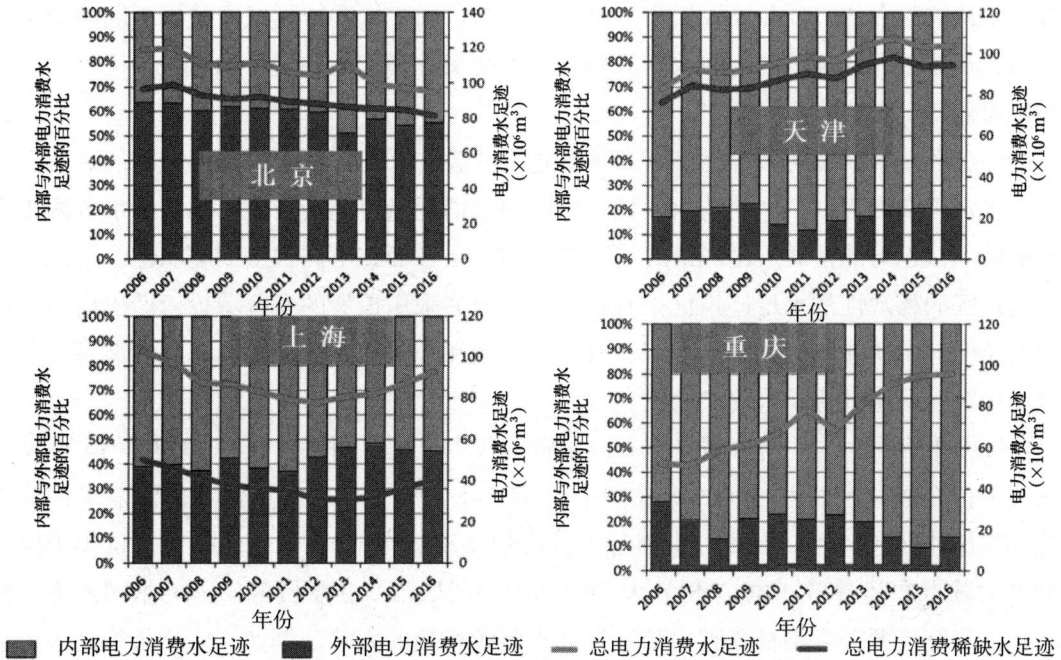

■ 内部电力消费水足迹　■ 外部电力消费水足迹　── 总电力消费水足迹　── 总电力消费稀缺水足迹

图6-12　四个直辖市的电力消费水足迹、电力消费稀缺水足迹变化趋势
（柱状图表示内部和外部电力消费水足迹占总水足迹的比例）

图 6-12 显示了四个直辖市的电力生产直接和间接水资源脆弱性。结果表明，天津、北京、上海和重庆的电力生产水资源脆弱性差异显著，分别呈现极度、重度、中度和轻度脆弱性。2006 ~ 2016 年间，天津电力消费稀缺水足迹呈上升趋势，但其电力生产水资源脆弱性变化不大。北京电力消费稀缺水足迹则呈下降趋势，但电力生产水资源脆弱性却呈上升趋势。与南方超大城市相比，北方超大城市需要更多的外部 WSFE。

通过分析 2006 ~ 2016 年中国城市内外"水—电"矛盾影响评估指标的动态变化特征，对于为缓解超大城市"水—电"冲突提供了重要政策含义，决策者需要采取综合措施，应采取措施同时降低电力消费稀缺水足迹和电力生产水资源脆弱性，从而缓解超大城市的"水—电"矛盾。

（三）案例三：中国六个特大城市能源需求的水足迹和稀缺水足迹对比

中国城市化的快速发展，形成了多个人口超过 1000 万人的特大城市。中国特大城市有北京、天津、上海、重庆、深圳和广州。这六个特大城市是中国人口最多、经济最发达（以GDP 衡量）的地区。从地理面积上看，它们只占全国面积的 1.3%，但是却拥有超过 7.80%的人口，创造了超过 17% 的 GDP。城市经济体不可避免地要依靠其地理边界以外的资源来支持其人口。为了满足日益增长的能源需求，特大城市在调入能源产品的同时，也间接消耗了隐含在能源产品的虚拟水资源。因此，特大城市的人口增长和生活水平提高给城市内外带来越来越大的资源和能源压力。更重要的是，由于这些特大城市处于不同的经济发展状态，具有不同的经济结构和水资源禀赋，因此很难确定一条统一的途径，可以解决不同城市面临的资源和能源问题。

能源需求对水资源的影响已经引起越来越多的关注。但针对中国特大城市的观察还不足。在水资源稀缺程度不同的调出区域，相同的水消耗量可能会对调出区域的水资源带来不同的影响，也可能使调入区域最终能源需求的水足迹面临不同程度的脆弱性。因此，引入调出地区的稀缺性的水足迹指标很有必要。本研究采用扩展的多区域投入产出模型，从消费的角度对中国北京、天津、上海、重庆、深圳和广州六个特大城市的最终能源需求水足迹和稀缺水足迹进行了量化和比较。

研究结果表明，这些特大城市拥有的水资源仅占全国可用水资源的 2.60%，但其 WFE（WSFE）占全国总量的近 14.00%（13.50%）。表 6-5 为六个特大城市最终能源需求中的水足迹和稀缺水足迹，可以看到，中国各大城市的 WSFE 与 WFE 有一定差别。位于中国北方的特大城市在其 WFE 中的 WSFE 大于中国南方的城市。在水资源丰富的中国南方，特大城市的最终能源需求不易受到内部和外部水资源稀缺的影响。例如，广州最终能源需求的内部和外部水足迹在六个特大城市中排名第二，重庆最终能源需求的内部水足迹排名第一。面对这样的结果，我们可能会产生一种错误印象，即这两个城市的最终能源需求会对内部或外部水资源产生重大影响，需要采取节水行动。然而，广州和重庆都位于水资源丰富的南方，尽管用水量相对较大，但对于水资源稀缺的影响可能是有限的。因此，考虑到稀缺水足迹，这两个特大城市的指标排名下降到第四位，表明它们对内部或外部水资源稀缺的贡献减少。

表6-5 六个特大城市能源部门的水足迹（WFE）与稀缺水足迹（WSFE）

	北京	天津	上海	重庆	广东	深圳
内部能源需求水足迹	16.40	14.09	27.87	48.57	8.73	1.62
外部能源需求水足迹	74.75	106.78	264.77	64.45	168.52	71.40
能源需求水足迹	91.14	120.87	292.64	113.02	177.25	73.01
内部能源需求稀缺水足迹	16.40	14.09	22.16	1.02	0.69	0.13
外部能源需求稀缺水足迹	41.04	66.04	121.59	10.45	35.37	13.23

续表

	北京	天津	上海	重庆	广东	深圳
能源需求稀缺水足迹	57.44	80.13	143.75	11.47	36.06	13.36

注 表中部分数据计算的四舍五入问题尊重原作者数据，此处不做修改。

从最终能源需求的水足迹（WFE）和能源需求的缺水足迹（WSFE）在五个能源相关经济部门的分布上来看（图6-13）。电力需求主导了水足迹的变化，占总的 WFE 的 52.00%。与之相比，稀缺水的分布有所不同，煤炭需求占 WSFE 总量的 34.00%，其次是电力（31.00%）和石油（26.00%）。综上所述，相关部门在制定政策时，建议针对不同的城市制定和实施针对特定地点和特定行业的政策，而不是"一刀切"的政策。

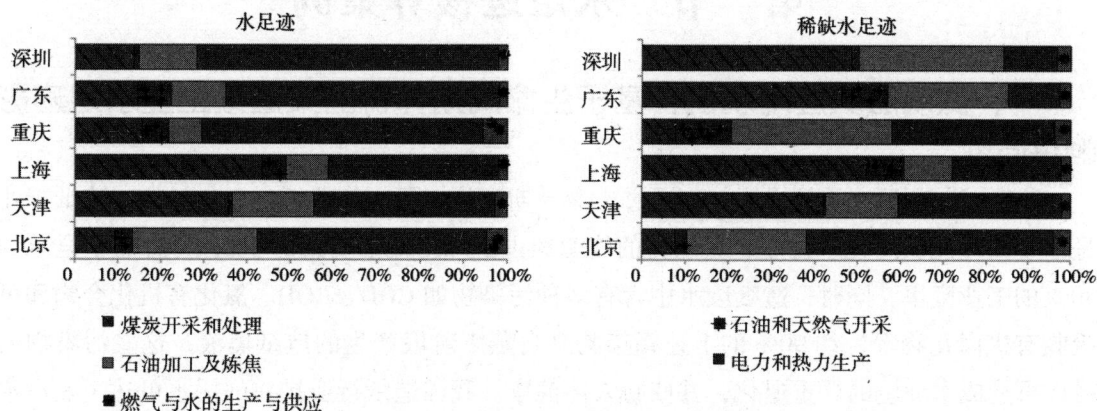

图6-13 最终能源需求的水足迹和稀缺水足迹在部门层面上的对比

第七章 资源环境足迹量化及评估典型案例

第一节 水足迹核算案例

一、微观层次应用示例：基于生命周期评价的某造纸企业水足迹影响评估

这里以一项研究为例说明如何通过生命周期评价来研究某造纸企业水足迹。造纸行业是一个高耗能、高耗水行业，其消耗的能源约占全球终端消费量的3%，并排放了全球约40%的工业废水。同时，造纸废水中含有多种污染物如COD、BOD、氯化有机化合物和可吸收有机卤化物等，约90%的上述污染物来自蒸煮阶段产生的造纸黑液，这些污染物的排放可造成水环境的严重退化，并威胁人体健康。我国造纸行业排放的污水可达工业污水排放量的18%左右，虽然造纸行业废水量位居工业行业第一名，但其产值却不及中国工业总产值的1.5%。造纸行业带来的污染与其经济贡献值极不匹配。造纸工业的快速发展可能导致严重的森林资源短缺，但同时也促进了非木材和回收纤维浆造纸的发展。我国的森林覆盖率（21.66%）低于世界平均水平（30.6%），但作为农业大国的中国产生了约占世界总量的14%秸秆（如小麦、大米和玉米残渣等）。虽然秸秆焚烧会带来大量污染物（如氮氧化物和多环芳烃）的排放，进而导致空气质量严重恶化、土壤肥力损失以及对人体健康的损害，但这仍是我国处理秸秆废弃物的重要方式。在这种情况下，秸秆制浆造纸就成为一个既能减缓森林资源退化，又能实现秸秆资源化利用的有效方式。因此，中国政府鼓励采用秸秆造纸行业的发展，中国秸秆浆产量已高居世界第一位，约占全球产量（12.4Mt）的一半。但是，与传统的木浆造纸相比，秸秆制浆造纸的高耗能、高耗水和废水大量排放等问题却更加突出。因此本案例选取了某秸秆造纸企业，依据ISO 14046标准，采用生命周期评价法对其水足迹的影响进行分析。

1. 目标和范围定义

本研究选取1t通过本色麦草浆生产的印刷书写纸产品作为功能单位。案例分析中所有的清单输入输出分析及水足迹影响评价结果均以该功能单位作为参考基准。研究的系统边界为"摇篮"到"工厂大门"型，仅考虑产品原材料的生产和运输、消耗的能源的生产、

产品生产及生产过程中废弃物的排放和处置等生命周期阶段，如图 7–1 所示。本案例的主要原材料为秸秆，辅料为制浆阶段消耗的氨水、亚硫酸铵、硫酸镁、过氧化氢等，以及造纸阶段消耗的碳酸钙、阳离子淀粉等。同时企业外购硫酸盐木浆增加造纸用浆纤维含量，以提升产品品质。秸秆收集、制浆、造纸、直接废弃物排放和生产阶段废弃物处理（即企业内部进行废水处理、脱硫、除尘和固体废弃物处置）均在系统边界内。该企业污水在企业内部经处理后达标排放，污水处理站处理能力 $3 \times 10^5 \text{m}^3/\text{d}$。同时制浆过程产生的黑液通过黄腐酸有机肥料回收的形式以实现资源化利用。麦糠和来自废水处理阶段的污泥等固体废弃物都在黑液回收系统中处理。上述所有过程均涉及原材料的生产、运输、能源消耗和土地占用等过程的环境影响。本研究运输假定通过卡车运输，运输距离假定为 100 km。本研究的直接水足迹定义为制浆、造纸和生产阶段废弃物处置过程中排放的废气、废水和固体废弃物所导致的环境影响。供应链中原材料和能源的生产、运输和废弃物处置等过程排放的污染物所导致的环境影响为间接水足迹。清单构建即根据上述系统边界采用 PLCA 法（图 7–2）进行。

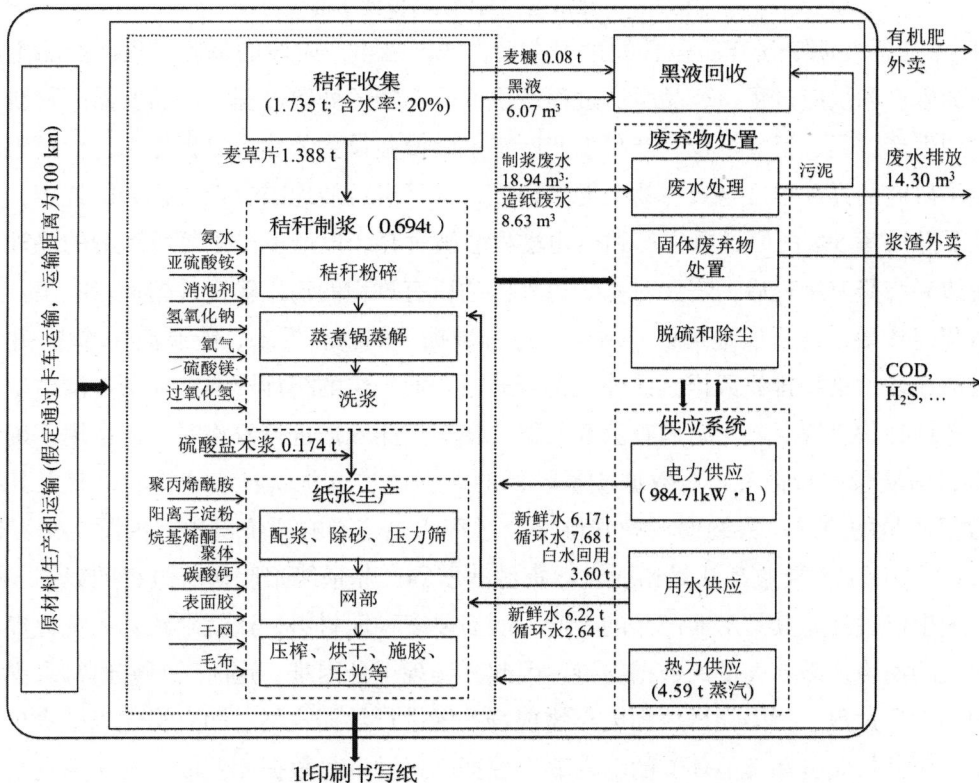

图7–1　某造纸企业水足迹影响评价系统边界图

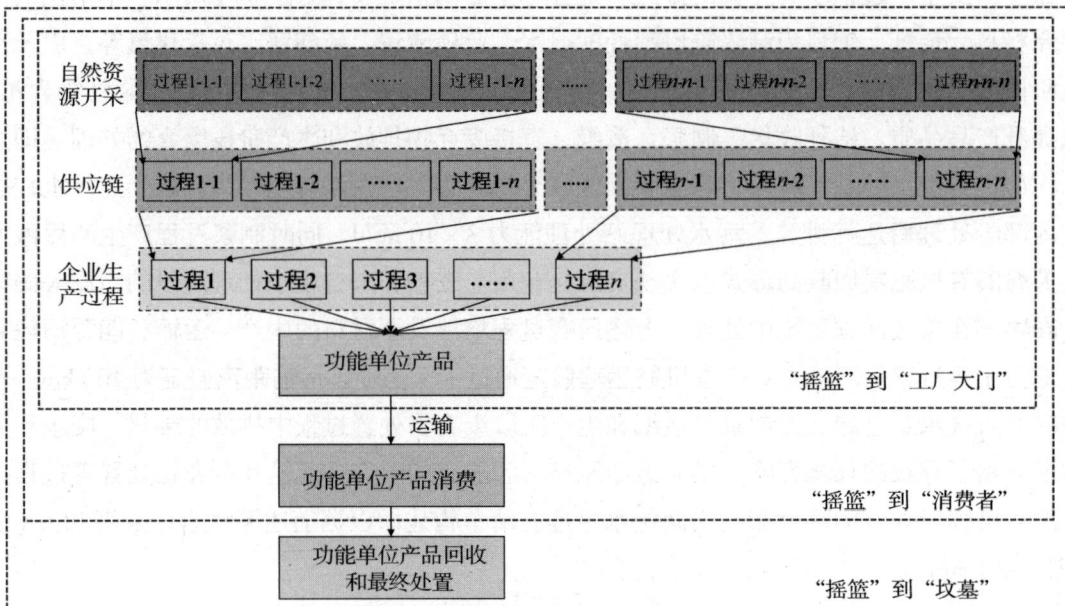

图7-2　清单边界与PLCA模型结构

PLCA 法需要明确研究所包含的过程类型，如产品生产阶段的基础过程、产品生产所需能源的生产和供应过程、产品生产过程产生的废弃物的处置过程、产品所需原材料（供应链）的生产过程、运输过程、产品生产所需基础设施设备的建设过程等。包含过程的选择决定了研究的详细程度与人力物力耗费程度，为了尽可能地减少人力物力的耗费，一般低于产品总质量 5% 的原材料生产和运输过程会被舍弃，但产生严重环境影响的除外。明确系统边界与研究过程后，需要对系统边界内的所有过程的输入输出数据进行收集。进行数据收集时主要是通过实地调研获取生产过程数据（如物料投入、能源消耗等），并通过现场监测获取污染物排放数据。此外，也可通过企业提供的统计资料（如历年清洁生产报告、财务统计信息等）或文献调查获取数据。在对企业数据进行收集时，需运用不确定性分析对数据质量进行把关，对数据质量较低的数据需进行重新收集和检验，直至其符合研究数据质量的要求，最终形成微观层次全过程水足迹影响评价清单。由图 7-2 可以看出，PLCA 理论上需要收集从最初的自然资源获取到产品最终报废所有过程的数据，而一种产品的生产过程尤其是工业产品的生产一般需要多种原材料，这就导致其系统边界成为一个庞大的网络，需要大量的数据支持，因此其实现十分困难。这时，研究通常来说只对企业内部生产过程、污染物排放和废弃物现场处置进行数据收集，即只构建表层水足迹分析清单，而其供应链和其他环节的输入输出数据则通过背景数据库获取。本研究进行水足迹分析时所采用的背景数据库为基于过程的中国生命周期水足迹分析数据库（The Chinese process-based life cycle inventory database for water footprint analysis，CPLCID-WF），如图 7-3 所示。

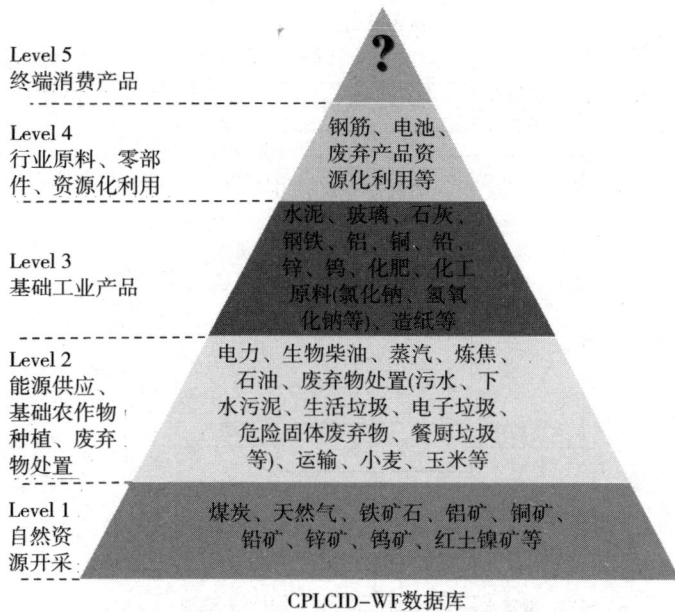

图7-3　基于过程的中国生命周期水足迹分析数据库（CPLCID-WF）

CPLCID-WF 与传统的生命周期清单数据库类似，但在清单构建时剔除了各单元未对水质产生影响的出水量。该数据库是由山东大学自主研发，其包含了 5 个层次的中国大部分重点工业行业产品及部分农产品的数据，但数据库在终端消费品层次的清单构建有待开发。CPLCID-WF 当前未投入商业化使用，但采用该数据库的相关研究成果均发表于 SCI 国际期刊上，数据的可信度得到了检验。对于数据库中缺乏的数据，本研究从 Eco-invent 数据库中获取信息，但是为了缓解区域差异的影响，研究采用了中国的能源、运输和废弃物处置等数据替代了数据库中欧洲的背景数据。

2. 清单构建

（1）秸秆收集。本研究中原料秸秆主要来自该企业周边县市区，含水率为 20%，收集到的秸秆在原料储存场暂存，其占地约为 450 亩。原料秸秆经粉碎、除尘、清洗、脱水等处理后得到洁净合格的麦草片进入制浆车间。生产 1t 印刷书写纸需要 1.735t 原料秸秆，经处理后最终有 1.388t 合格草片进入制浆车间。

（2）秸秆制浆。制浆车间经中性亚硫酸铵法在立式蒸煮锅内蒸解、纤维和黑液分离、除去砂石和未蒸解物等杂质、氧脱木素、封闭筛选及净化等工序得到本色麦草浆（图 7-4），生产能力约为 2×10^5t/ 年。其原辅料消耗情况如表 7-1 所示。

```
                    合格麦草片
                      │ 喂料系统
                      ↓
亚硫酸铵、        ┌─────────────┐      废气收
消泡剂  ─────────→│  蒸煮锅蒸解  │┄┄┄┄ 集喷淋
                  └─────────────┘      吸收
                      │
                      ↓
                  ┌─────────────┐
                  │  喷放混合器  │
                  └─────────────┘
                      │
                      ↓                    废气
                  ┌─────────────┐┄┄┄┄       黄腐酸有
                  │   挤浆机    │      黑液  机肥生产
                  └─────────────┘
                      │
                      ↓
                  ┌─────────────┐
                  │  高浓除砂器  │┄┄┄ 砂石等
                  └─────────────┘
                      │
                      ↓
未蒸解物 ─────────┌─────────────┐
                  │   除节机    │┄┄┄ 浆渣
                  └─────────────┘
                      │
                      ↓
                  ┌─────────────┐
                  │ 筛选及真空洗浆│┄┄┄ 废水
                  └─────────────┘
                      │
                      ↓
氧气、双氧水      ┌─────────────┐
氢氧化钠 ─────────→│   氧反应器   │┄┄┄ 废水、浆渣
                  └─────────────┘
                      │
                      ↓
                  ┌─────────────┐
                  │ 筛选及真空洗浆│┄┄┄ 废水、浆渣
                  └─────────────┘
                      │
                      ↓
                  ┌─────────────┐
                  │ 多圆盘浓缩机 │┄┄┄ 废水
                  └─────────────┘
                      │ 本色麦草浆
                      ↓
                  ┌─────────────┐
                  │  高浓储浆塔  │
                  └─────────────┘
```

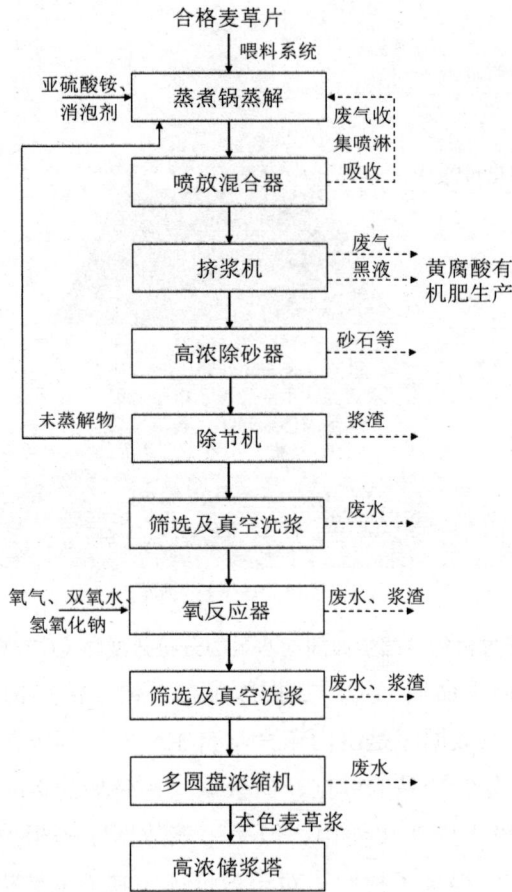

图7-4　制浆阶段工艺流程

表7-1　制浆阶段原辅料消耗量

原辅料	年消耗量（t）	备注
合格麦草片	400120	以风干计
氨水	63600	浓度27.5%
亚硫酸铵	32400	以100%计
绿米素	237	以100%计
消泡剂	229	以100%计
氧脱用碱	4590	以100%氢氧化钠计
氧气	5304	以100%计
硫酸镁	408	以100%计
过氧化氢	4080	以100%计

（3）秸秆浆造纸。造纸阶段所采用的纸浆为本色麦草浆与硫酸盐木浆的混合浆，其配比为本色麦草浆占比65%，硫酸盐木浆占比35%。其主要工序为备浆、抄纸、白水回收等，如图7-5所示。抄纸工段主要为除砂、压力筛选后进入纸机网前箱，经成形、压榨、烘干、施胶、压光等工序后，在卷纸机上卷取再经复卷切割后完成成品纸生产。造纸过程包含了

白水回用和损纸处理，经过过滤的白水首先在造纸阶段内回用，多余白水送污水处理站处理。而卷取切割产生的损纸则进入配浆工段进行再利用。该阶段生产能力为每年生产本色印刷书写纸约 $2 \times 10^5 t$。

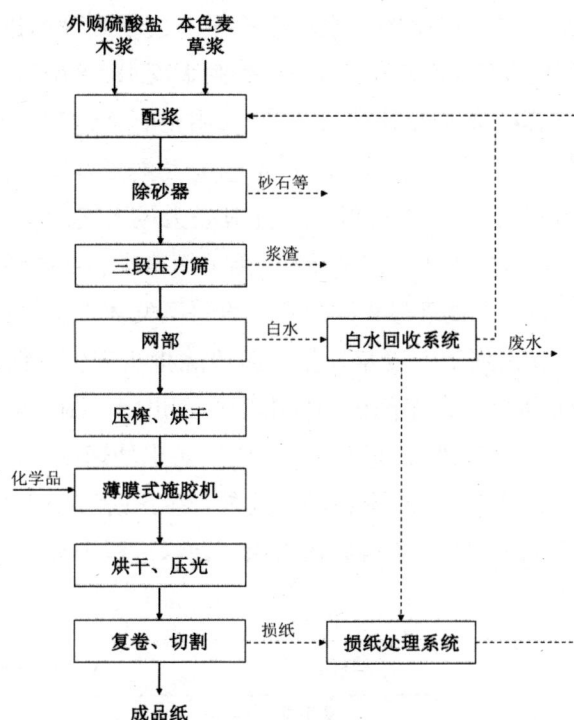

图7-5　造纸阶段工艺流程

该阶段消耗的原辅料主要为硫酸盐木浆、本色草浆、阳离子淀粉、碳酸钙、表面胶等，具体如表 7-2 所示。

表7-2　造纸阶段原辅料消耗量

原辅料	年消耗量（t）	备注
硫酸盐木浆	34800	外购
本色麦草浆	138800	制浆过程提供
阳离子淀粉	2780	—
助留剂	52	聚丙烯酰胺
烷基烯酮二聚体	2832	—
碳酸钙	52600	填料
表面胶	12000	—
聚酯网	7400	—
毛布	14	—
干网	10400	—

（4）废弃物产生与处置。废弃物主要包含废水、废气和固体废弃物，其中废水包含了生产废水和生活废水。生产废水主要来自于制浆车间的挤浆机、真空洗浆机、氧反应

器、多圆盘浓缩机等及造纸车间的纸机网部。麦草片进行脱水处理时也会排放一定量的废水。其中，挤浆机排放的黑液送入黄腐酸有机肥车间进行资源化利用，其物料投入和废弃物排放情况如图7-6所示。纸机网部产生的白水则经过白水回收系统处理后首先在本车间内回用，多余废水及其他过程产生的废水均送往企业废水处理站进行统一处理。在1t印刷书写纸生产过程中产生6.07 m³黑液、18.94 m³制浆废水、8.63 m³造纸废水，并有3.60t白水回用至秸秆制浆过程。废水经处理后7.68t回用至制浆过程，2.64t回用至造纸过程，14.30 m³排放到水环境中。制浆造纸过程中产生的废气主要为粉尘、氨气等。在秸秆收集阶段，原料场在堆垛、卸垛和日常贮存过程中，尤其是大风天气，会产生一定量的粉尘扬尘，麦草片粉碎过程也会带来粉尘排放。制浆阶段，因采用氨水和亚硫酸铵溶液进行混合蒸煮，会造成氨气的排放。此外废水处理过程中也存在着恶臭气体无组织排放。本研究的固体废弃物主要为麦糠、浆渣和污泥等。麦草片生产阶段除尘机产生麦糠，为 2.3×10^4 t/年（绝干量），被送往黄腐酸有机肥生产车间用于发酵生产有机肥。制浆造纸阶段产生大量浆渣，约为 4×10^4 t/年（风干量），被外卖进行综合利用。污水处理站每年产生10250t污泥，同样被送往黄腐酸有机肥生产车间生产有机肥。此外，生产过程中进行杂质分离时有砂石等杂质产生，收集后在厂区内回用。原料场在堆垛、卸垛过程中会有一定量的秸秆散落，收集后仍作为原材料使用。

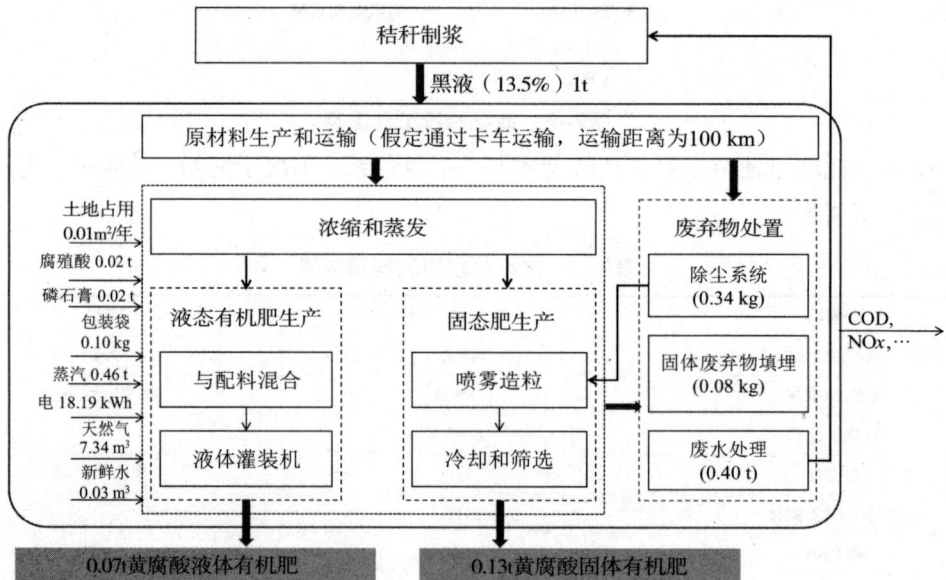

图7-6　黑液回收系统投入产出情况

（5）供应系统。供应系统主要为生产过程和废弃物处置过程提供电力、淡水和热力。根据确立的系统边界，1t印刷书写纸生产过程共消耗电力984.71kW·h。生产过程中的工业用水主要来自企业附近水库，部分为地下水。1t印刷书写纸生产过程中制浆过程消耗淡水6.17t，造纸过程消耗淡水6.22t。同时排入污水处理站的废水经过深度处理后回用至制浆造纸过程中，回用水量最高可达 $4×10^4m^3/$ 天。另外，生产过程还消耗 4.59t 蒸汽。

在针对秸秆收集、制浆、造纸、废弃物产生和处置等几个阶段开展相关数据收集工作后，最终完成某造纸企业水足迹影响评价清单的构建，如表 7-3 所示。

表7-3　造纸企业水足迹影响评价清单（功能单位：1t印刷书写纸）

项目		单位	输入/输出量
原材料投入	秸秆浆	t	0.694
	硫酸盐木浆	t	0.174
	阳离子淀粉	kg	13.9
	聚丙烯酰胺	kg	0.41
	烷基烯酮二聚体	kg	14.16
	碳酸钙	kg	263
	表面胶	kg	60
	聚酯网	g	16.65
	毛布	kg	0.07
	干网	g	23.4
	秸秆	t	1.735
	氨水	t	0.22
	亚硫酸铵	t	0.11
	消泡剂	kg	0.805
	氧脱用碱	kg	15.615
	氧气	t	0.02
	硫酸镁	kg	1.39
	过氧化氢	kg	13.88
	聚合氯化铝	kg	0.15
	淡水	t	12.39
能源消耗	电	kWh	1014.87
	蒸汽	t	4.59
水体污染物排放	废水	t	14.3
	BOD	g	38.47
	总磷	g	0.29
	总氮	g	21.74
	固体悬浮物	kg	0.2
	COD	kg	0.23
	氨氮	g	7.58

续表

项目		单位	输入/输出量
固体废弃物	麦糠	t	0.08
	浆渣	t	0.2
	污泥	t	0.02
空气污染物排放	粉尘	g	26.58
	氨气	g	1.02

由表 7-3 可知，在 1t 麦草浆（风干量）生产过程中，其淡水消耗量、废水产生量和综合能耗分别为 12.1m³、25.0m³ 和 119.1kgce。这些指标均明显低于清洁生产标准中国际清洁生产领先水平的要求，即淡水消耗量为 45m³，废水产生量为 40m³，综合能耗 300kgce，但 COD 产生量（53.7kg/t）则与标准中的 60kg/t 接近（国家发展和改革委员会，2015）。这表明研究企业的本色麦草浆生产已达到较高的清洁生产水平。此外，全过程水足迹影响评价所需的背景数据由 CPLCID-WF 数据库提供。

（6）水足迹环境影响评价结果。

本案例采用构建的水足迹影响评估模型在中间点和终点层次上对某造纸企业的全过程水足迹影响进行了评估，其评估结果及其不确定性分析结果如表 7-4 所示。

表7-4　造纸企业水足迹影响评价结果（功能单位：1t印刷书写纸）

	影响类型	单位	水足迹影响	GSD²
中间点	水稀缺	m³	62.46	1.40
	致癌性影响	CTUh	6.7×10^{-5}	1.77
	非致癌性影响	CTUh	5.8×10^{-5}	2.27
	淡水生态毒性	CTUe	23384.6	1.69
	水体富营养化	$kgPO_4^{3-}$eq.	0.23	1.30
	酸性化	$kgSO_2$eq.	5.10	1.25
终点	人体健康	DALY	9.6×10^{-4}	1.34
	生态系统质量	$PDF \cdot m^2 \cdot y$	45.57	1.65

生产 1t 印刷书写纸对水稀缺、致癌性影响、非致癌性影响、淡水生态毒性、水体富营养化和酸性化中间点的影响分别为 62.46 m³、6.7×10^{-5} CTUh、5.8×10^{-5} CTUh、23384.6 CTUe、0.23 kg PO_4^{3-} eq. 和 5.10 kg SO_2 eq.。各中间点的 GSD² 值则分别为 1.40、1.77、2.27、1.69、1.30 和 1.25。研究以水稀缺这一中间点为例对水足迹影响评价和不确定性分析结果进行说明：因受清单数据质量和评价方法的影响，研究结果存在一定的波动范围，这意味着在印刷书写纸的生命周期中，每生产 1t 纸产品对水稀缺造成的潜在环境影响范围为 44.61 ~ 87.44 m³。其余各中间点的水足迹影响范围可根据表 7-4 提供的数据计算。在终点层次上，生产 1t 印刷书写纸对人体健康和生态系统质量所造成的损伤分别为 7.2×10^{-4} ~ 12.9×10^{-3} DALY、27.62 ~ 75.19 PDF·m²·y。

当各中间点转化为终点时，各中间点对终点的影响情况如图7-7所示。在印刷书写纸生产的全生命周期中，致癌和非致癌性影响在人类健康损伤中起着至关重要的作用，其分别贡献了79.45%和16.30%人体健康损伤，而水稀缺的贡献份额仅为4.25%。淡水生态毒性是对生态系统质量影响最大的中间点，其贡献了70.30%的生态系统质量损伤。其次是水体富营养化的影响，其贡献份额为28.36%。酸性化的影响十分轻微，其仅贡献了1.34%的生态系统质量损伤。而水稀缺对生态系统质量的损伤可以忽略不计。

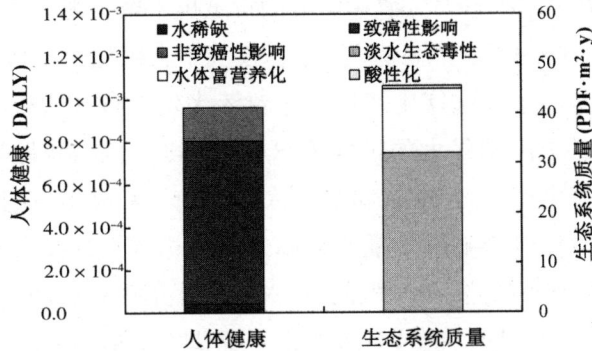

图7-7　造纸企业水足迹影响评价中间点贡献

研究同时分析了系统边界内各单元对终点的影响，结果如图7-8所示。研究发现每个单元对人类健康和生态系统质量的影响主要来自其供应链中原材料的生产，而生产过程能源消耗和其自身的废水排放的环境影响较小。但在制浆过程中废水处理和黑液回收的环境负荷对该单元的影响十分显著。此外，直接水资源消耗对于水稀缺也有一定程度的影响，其对制浆单元的贡献份额为7.9%，对造纸单元则为5.4%。

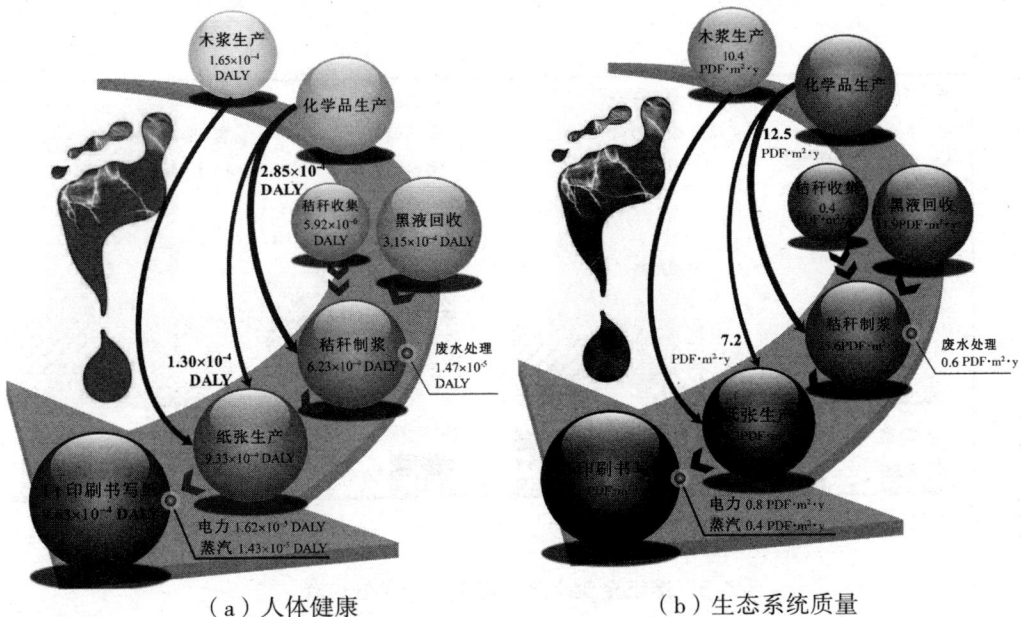

（a）人体健康　　　　　　　　（b）生态系统质量

图7-8　终点层次造纸企业单元贡献

（7）关键因子识别。

关键过程：印刷书写纸生产及其供应链中各过程对水足迹影响评价结果的贡献如图 7-9 所示，据此可识别出导致其环境影响的关键流程。在终点层次上，对保护目标的损伤最为显著的过程为有机肥回收、木浆生产和表面胶制备。同时，双氧水的生产对人体健康的损伤十分明显，其主要原因为双氧水生产过程中的致癌性影响。除此之外，有机肥回收、表面胶和木浆生产过程同样对致癌性影响显著，但其他化学物品（如氨水、烷基烯酮二聚体等）的生产以及废水处理对致癌性影响的贡献也不容忽视。对于生态系统质量，除上述三个过程外，硫酸镁的贡献值高达 20.1%，仅次于有机肥回收和木浆生产对生态系统质量的损伤。这主要是由于硫酸镁生产过程中对淡水生态毒性的影响所导致的。硫酸镁生产是对淡水生态毒性贡献值最大的过程（28.4%），随之为有机肥回收（28.3%）、表面胶制备（13.9%）、木浆生产（11.2%）和双氧水的生产（4.0%）。在其余中间点影响类型中，木浆生产对于非致癌性影响的贡献明显高于其他过程，其提供了 67.0% 的非致癌性影响，而有机肥回收、蒸汽制备和发电的贡献值分别占到了 9.07%、5.76% 和 5.0%，其影响也不可忽略。木浆生产同样也是对水体富营养化贡献最为显著的过程，其贡献值为 51.4%，有机肥回收次之，其贡献值为 20.9%。此外，表面胶和阳离子淀粉的生产对水体富营养化也表现出了一定程度的影响，其贡献值分别为 10.1% 和 4.4%。对于水稀缺，其关键过程为有机肥回收（47.2%）、木浆生产（16.4%）、生产过程直接水资源消耗（10.4%）、双氧水生产（7.0%）、表面胶制备（6.3%）和废水处理（3.9%），上述过程提供了超过90% 的贡献值。而对于酸性化，木浆生产（27.2%）和有机肥回收（25.7%）的贡献最为突出，而在剩余的贡献份额中，发电、蒸汽制备、氨水制备和亚硫酸铵生产的贡献最为显著。

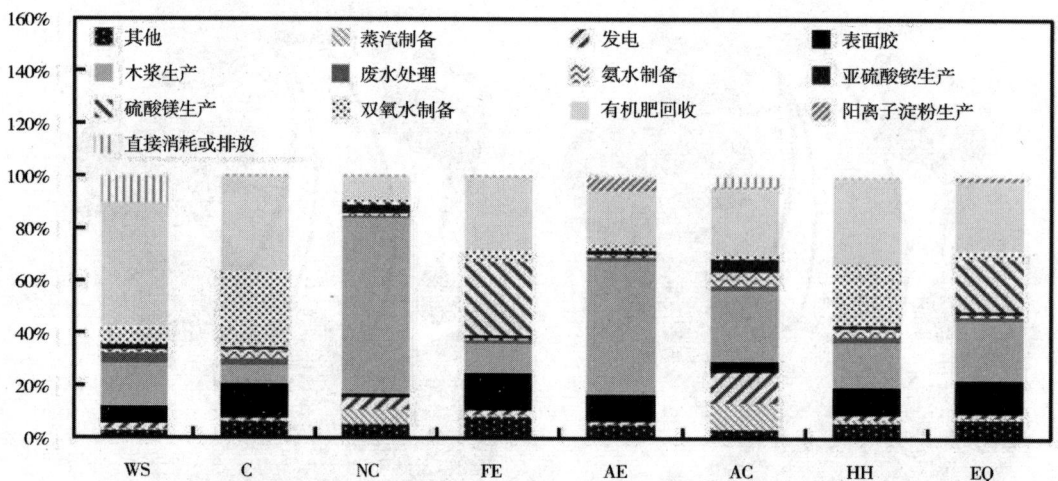

图7-9 造纸企业水足迹影响评价关键过程

综上所述，在印刷书写纸生命周期中，对水足迹影响显著的过程主要为有机肥回收、木浆制备和各种化学品（表面胶、双氧水、硫酸镁、氨水等）的生产，直接水足迹影响较小。而发电、蒸汽制备和废水处理虽也有一定的影响，但其贡献相对轻微。因此研究进一步分析了系统边界内的有机肥回收过程。研究发现，对有机肥回收水足迹影响贡献最为显著的过程为供应链中磷石膏和腐殖酸生产，其中磷石膏对人体健康和生态系统质量损伤的贡献值分别为 58.1% 和 39.8%，而腐殖酸对上述两个终点损伤的贡献值分别为 38.2% 和 55.9%。同时，蒸汽制备也表现出了一定程度的影响，其对人体健康和生态系统质量损伤的贡献值分别为 1.9% 和 1.6%。虽然在本研究内黑液的资源化利用水足迹影响较为显著，但该过程回收的黄腐酸有机肥外卖处理后能够减少其他化肥的施用，同时可有效减少黑液排放的环境影响，在本研究的系统边界外表现出了环境效益。

（8）关键物质。对印刷书写纸全过程水足迹影响有着显著贡献的污染物如图 7-10 所示，据此可对导致其环境影响的关键物质进行溯源分析。对于各人体和生态毒性中间点来说，来自间接过程（如能源和化学品生产）排放的重金属为关键物质。对于致癌性影响，其主要是由于排放到水体中的六价铬引起的，其贡献份额高达 98.2%。对于非致癌性影响，首先排放到空气和水体中的砷为关键物质，其次为排放到土壤中的汞和钛。对于水体生态毒性，铜的排放为主要原因，排放到土壤、水体和空气中的铜对水体生态毒性的贡献值分别为 32.2%、28.6% 和 10.2%。同时，排放到水体中的锶和六价铬的影响也不容忽视。但对于水体富营养化来说，总磷、总氮、COD 和 BOD_5 的贡献突出，其对水体富营养化的贡献值分别为 34.9%、34.2%、23.4% 和 5.2%，而对于酸性化来说，间接过程的二氧化硫排放为关键物质，氨氮和硫化氢的影响次之。

当上述中间点转换为对人体健康和生态系统质量的影响时，来自双氧水、氨水和有机肥回收所需化学品生产过程中排放到水体中的六价铬为人体健康损伤的关键物质，其贡献值为 78.0%，排放到水体和空气中的砷以及排放到空气中的汞的影响次之。同时，水资源消耗的影响也不容忽视，其 10.4% 来自直接消耗，89.6% 来自化学品生产、木浆生产和废水处理等间接过程的消耗。对生态系统的质量损伤，铜的排放提供了 49.9% 的贡献，总磷、总氮和 COD 的贡献也相对显著，其贡献值分别为 9.9%、9.7% 和 6.6%。此外，排放到水体中的六价铬、BOD_5 和二氧化硫也提供了一定的影响。

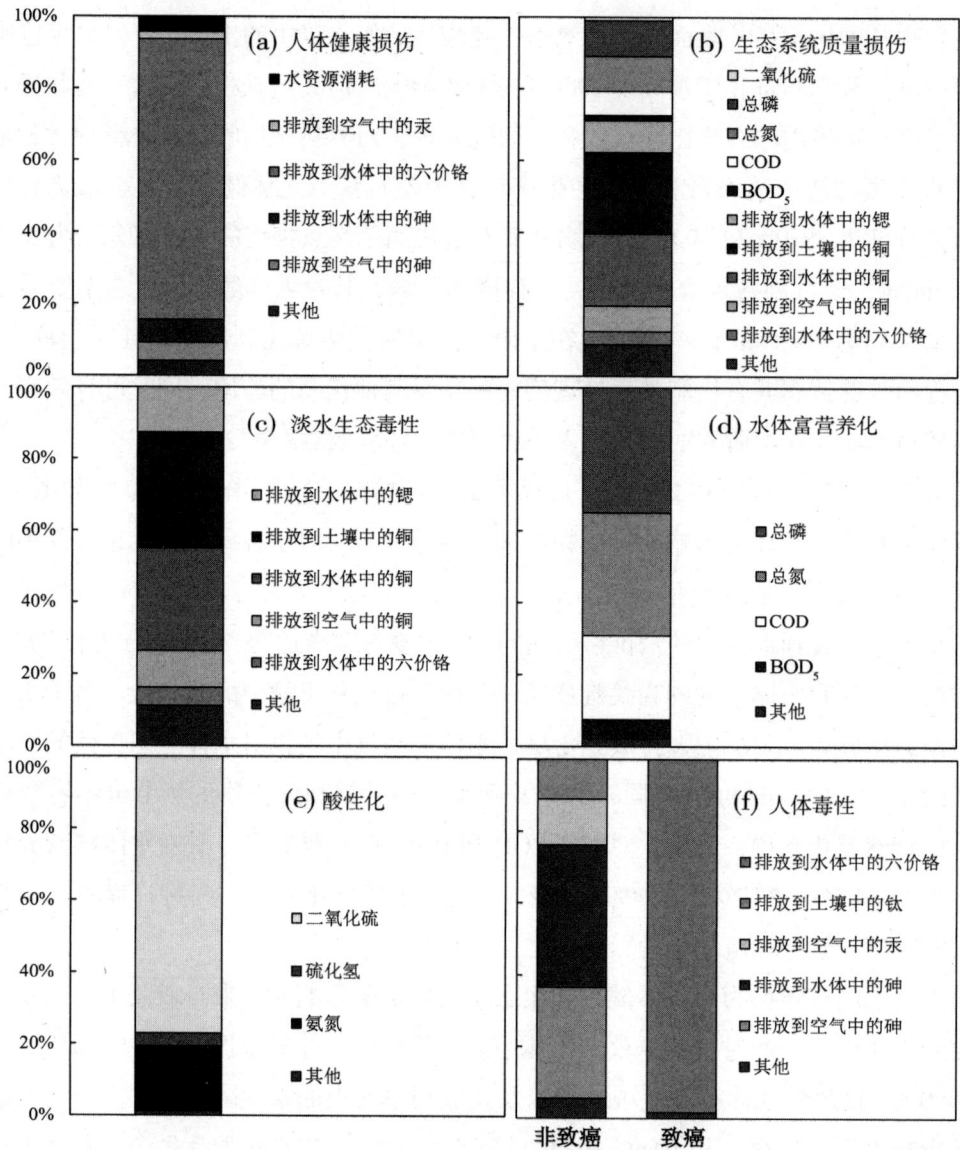

图7-10 造纸企业水足迹影响评价关键物质

（9）输入因子敏感性分析。

关键因子敏感性：为了分析输入因子变化对水足迹影响评价结果的影响，在输入因子发生5%变化的情况下，获得了每个关键过程对各影响类型的影响程度，如图7-11所示。

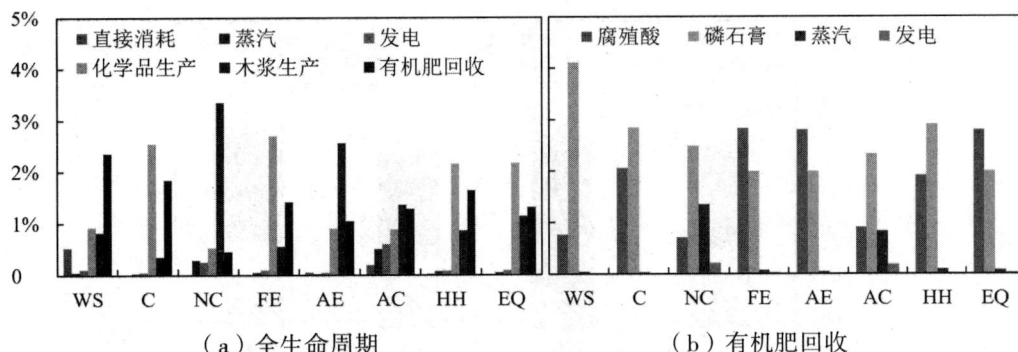

（a）全生命周期　　　　　　　　　（b）有机肥回收

图7-11　关键因子敏感性分析

化学品、木浆和有机肥回收对每个中间点和终点都有显著影响，上述三个输入因子减少或增加 5% 时，各中间点和终点类型的变化范围在 0.3% ~ 3.4% 之间。其中，化学品的变化对致癌性影响和淡水生态毒性最为敏感，而木浆生产则对非致癌性影响、酸性化和水体富营养化最为敏感。有机肥回收的增加或减少则对水稀缺影响最为显著。同时，直接水消耗效率的提升对于水稀缺也有着明显的环境效益，直接水消耗减少 5%，水稀缺影响将会削减 0.5%。此外，蒸汽消耗减少或增加 5% 会导致非致癌性影响和酸性化减少或增加 0.3% 和 0.5%，所需发电量的变化同样会导致上述中间点发生显著变化。而对于有机肥回收流程，腐殖酸和磷石膏的变化对各中间点和终点影响类型的敏感性最为明显，但蒸汽和所需发电量的变化对非致癌性影响和酸性化的影响也较为明显。

（10）木浆输入敏感性。由于木浆输入对研究的印刷书写纸水足迹影响贡献突出（图 7-9 和图 7-11），因此研究针对在印刷书写纸生命周期中对人类健康和生态系统质量影响显著的关键中间点类型（图 7-7），研究了不同工艺木浆生产过程对其的影响，如图 7-12 所示。

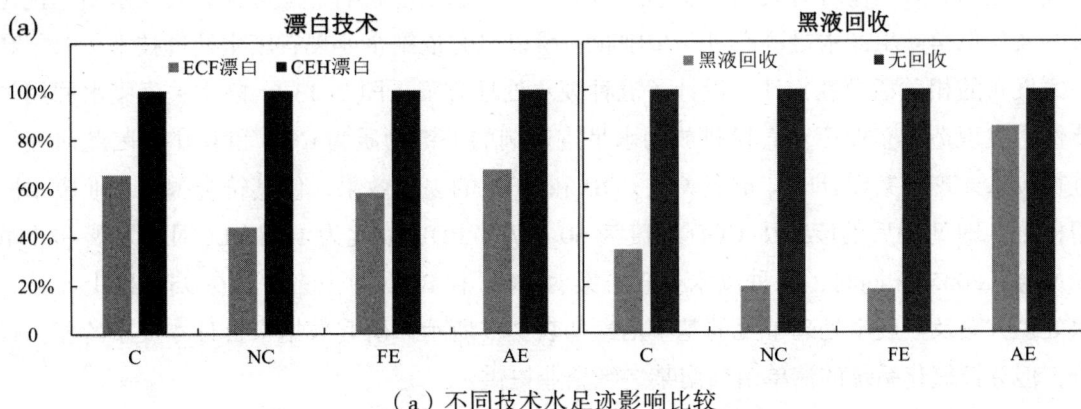

（a）不同技术水足迹影响比较

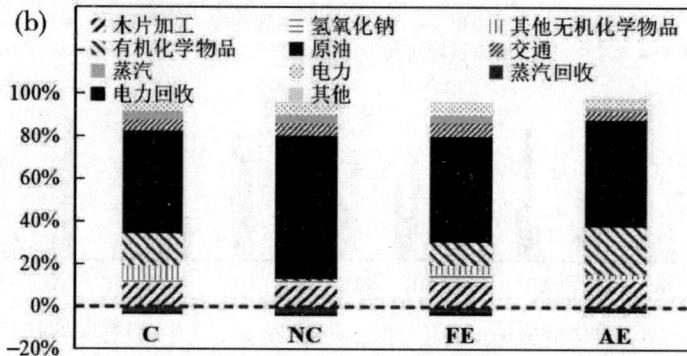

（b）关键过程

图7-12 木浆过程水足迹影响

本研究对比了氯—碱处理—次氯酸盐三段漂白（Chlorination-Alkaline extraction-Hypochlorite，CEH）和无元素氯漂白（Elemental Chlorine Free，ECF）两种漂白制浆工艺和是否进行黑液回收的水足迹影响。研究发现 CEH 漂白技术的水足迹影响明显高于 ECF 漂白技术。而对制浆黑液进行回收处理，即针对黑液中的碱回收处理并利用碱回收窑内产生的蒸汽进行发电或直接利用，可有效降低制浆造纸过程的水足迹，尤其是人体（致癌性和非致癌性影响）和淡水生态毒性的影响。因此研究建议企业购买采用 ECF 漂白技术并进行黑液回收处理生产的木浆，并分析了这种木浆生产水足迹影响的关键过程，如图 7-12(b)所示。研究发现其关键过程为碱回收窑点火时消耗的原油的生产，其次为各种化学物品（如氢氧化钠、硫酸、芒硝等）的生产，而木片生产和能源消耗的影响相对轻微。

（11）废水处理工艺敏感性。本研究中直接废水排放对于印刷书写纸生产水足迹影响的贡献并不显著，其对人体健康和生态系统质量损伤的贡献份额分别为 0.4% 和 0.3%。但废水处理过程表现出了一定程度的影响，其对两个终点的贡献分别为 2.2% 和 1.5%。废水处理工艺的提升不仅可有效减少印刷书写纸生产的水足迹影响，也可帮助实现水回用优化方案及各化学品生产水足迹的进一步削减。所以研究依据企业现有废水处理技术（S1）和国家发布的相关指导性文件，设计了五种废水处理方案（图 7-13）。前文关于废水回用敏感性中发现造纸企业废水直接排放的水足迹影响的关键物质为 COD 和 BOD。因此研究在进行废水处理方案设计时，重点关注 COD 和 BOD 的去除效果，使其符合国家工业废水回用标准，即处理后的废水中 COD 浓度为 60 mg/L，BOD 浓度为 10 mg/L（国家发展和改革委员会，2005）。同时，每种废水处理方案对 COD 和 BOD 的去除率均在 95% 以上。各废水处理方案及其废水处理单元的基本信息如表 7-5 所示，研究数据来自日本发布的相关报告，但芬顿氧化系统的清单由河南某造纸企业提供。

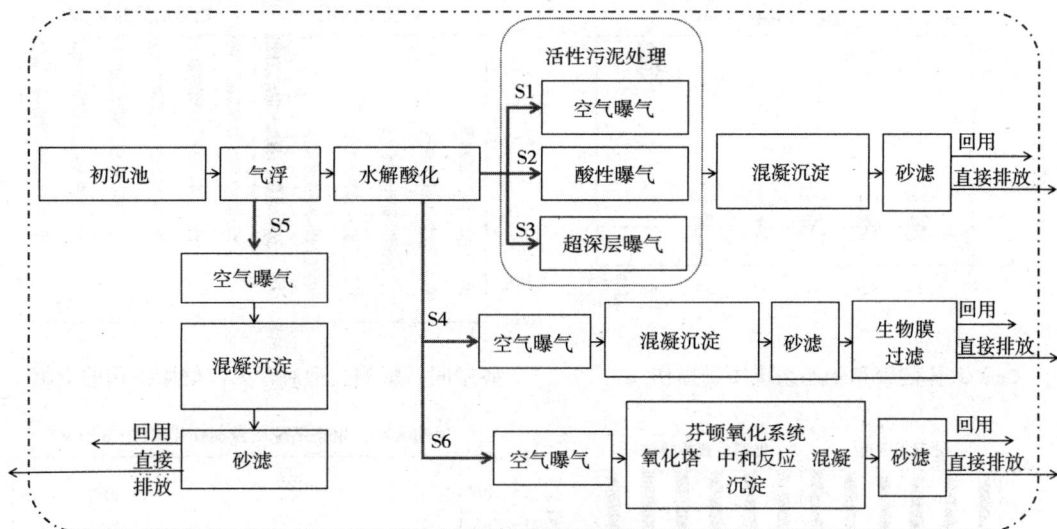

图7-13　废水处理方案

表7-5　各废水处理方案及其处理单元基本信息（功能单位：$1\,m^3$ 废水）

项目	电力消耗	化学品消耗	污泥产生量	COD去除率	BOD去除率
单位	kW·h	kg	kg	%	%
初沉池	0.23	—	1.72	24.7	10.9
气浮	0.78	0.011	2.09	50.9	45.5
混凝沉淀	0.22	0.019	1.88	51.3	50.1
砂滤	0.06	—	—	20.7	26.1
水解酸化	0.62	0.015	0.13	54.8	75.1
空气曝气	1.08	0.016	0.70	68.3	92.0
酸性曝气	0.86	0.022	0.26	64.9	92.1
超深层曝气	0.38	0.011	0.08	79.5	87.7
生物膜过滤	0.28	0.002	0.07	67.6	80.2
芬顿氧化系统	0.07	16.76	—	76.0	—
S1	3.00	0.062	6.51	98.00	99.64
S2	2.78	0.067	6.08	97.73	99.65
S3	2.29	0.057	5.90	98.68	99.45
S4	3.28	0.064	6.59	99.35	99.93
S5	2.38	0.047	6.38	95.47	98.57
S6	2.85	16.798	4.64	99.51	99.93

　　研究针对各废水处理方案进行了水足迹影响评价，$1m^3$ 污水处理的水足迹影响评价结果如图 7-14 所示。

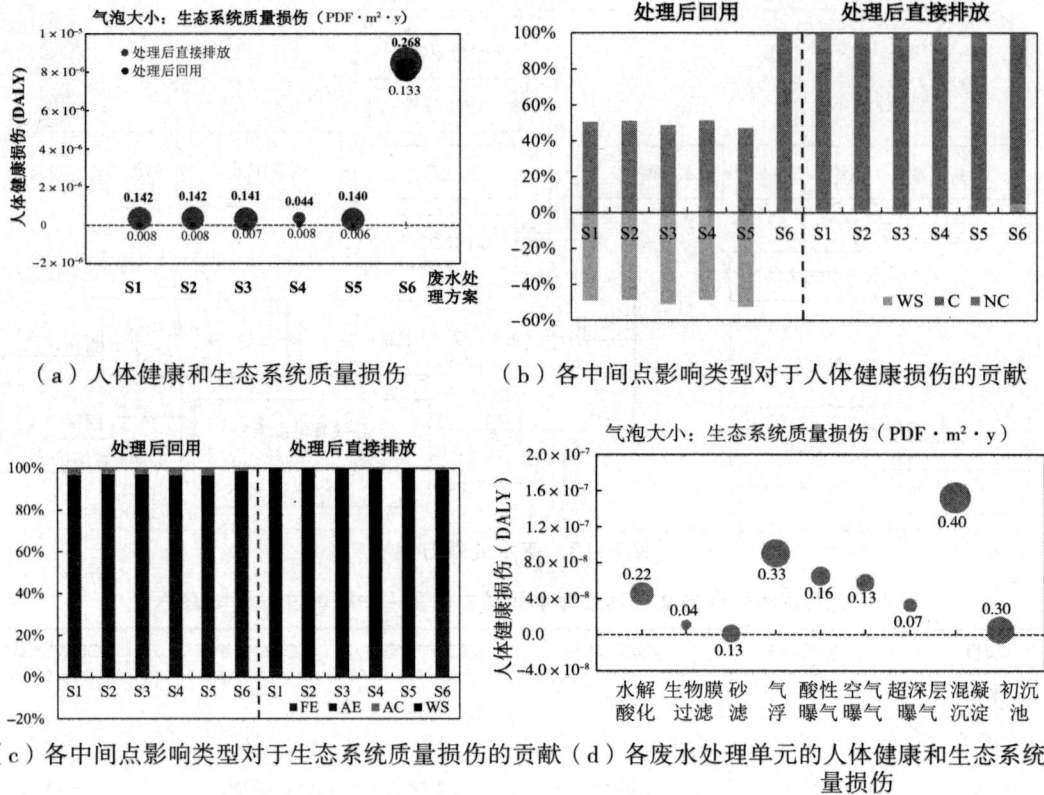

（a）人体健康和生态系统质量损伤

（b）各中间点影响类型对于人体健康损伤的贡献

（c）各中间点影响类型对于生态系统质量损伤的贡献（d）各废水处理单元的人体健康和生态系统质量损伤

图7-14　不同废水处理方案水足迹分析结果

研究发现采用芬顿氧化系统的处理方案 S6 的水足迹影响明显高于其他方案，且将处理后的废水进行回用仅可削减其生态系统质量损伤，对人体健康损伤影响不大。未将处理后的废水进行回用时，处理方案 S1 ~ S5 水足迹影响十分接近。回用后各方案均可获得显著的环境效益，特别是针对处理方案 S3 和 S5。进行水回用处理后，其人体健康损伤分别由 3.3×10^{-7} DALY 和 3.1×10^{-7} DALY 降至 -1.7×10^{-8} DALY 和 -3.7×10^{-8} DALY，即由环境负担转向表现出环境效益，同时生态系统质量的下降也均在20倍以上。进一步分析发现，人体健康损伤的环境效益主要是由于水稀缺影响的削减带来的 [图 7-14（b）]。而通过分析各中间点影响类型对于生态系统质量损伤的贡献发现，将处理后的废水进行回用后，其关键影响类型由水体富营养化变为淡水生态毒性 [图 7-14（c）]，这主要是由于 COD 排放的大量削减导致的。此外，研究进一步分析了各废水处理单元的水足迹影响，发现芬顿氧化系统的人体健康损伤（8.1×10^{-6} DALY）明显高于其他处理单元，但生态系统质量损伤（0.13 PDF · m^2 · y）接近 [图 7-14（d）]。对于活性污泥处理过程，采用超深层曝气可以获得最低的水足迹影响。此外，与芬顿氧化系统相比，在当前方案的基础上增加生物膜过滤的水足迹影响更低。同时，优化气浮和凝结沉淀单元可进一步减轻废水处理带来的水足迹影响。

（12）能源敏感性。本研究中使用的电力为煤电，2016 年煤炭发电量占我国发电量的

65.2%，随之为水电（19.7%）、风力发电（4.0%）、核电（3.6%）和太阳能发电（1.1%）（《中国电力年鉴》编辑委员会，2019）。采用不同类型的能源对印刷书写纸的水足迹也有一定影响。如报道的秸秆浆的淡水生态毒性影响明显高于学者的研究，主要原因为二者电力结构的差异。前者采用的煤电数据，而后者为混合电力，其中37%为煤电，31%为核电，16%为水力发电。因此研究进一步分析了不同类型的电力的水足迹影响，如图7-15（a）所示。研究发现，风力发电的水足迹影响值最低。水力发电的大多数影响类型的水足迹影响值低于煤电，但其水稀缺足迹明显高于其他电力生产形式，这也导致了其人体健康损伤较高。与煤电相比，太阳能发电和核电的非致癌性影响和酸性化足迹值较低，但其致癌性影响、淡水生态毒性和水体富营养化影响明显高于煤电。关于太阳能发电的研究也发现了类似的规律。采用太阳能发电和核电虽然对水足迹削减的影响有限，但其对全球变暖削减的贡献突出，若同时考虑该影响类型，则采用太阳能发电和核电替代煤电时，1t印刷书写纸生产的人体健康损伤将分别削减11.4%和13.3%。此外，中国燃煤发电的清洁生产水平已经达到世界先进水平，其水足迹影响削减的潜力十分有限，因此降低煤电在我国能源结构中的比重是进一步降低水足迹影响的有效途径。

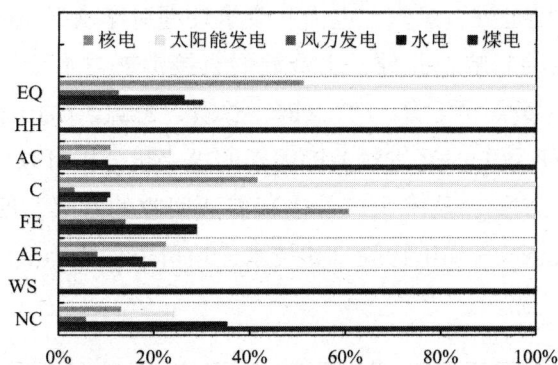

（a）电力

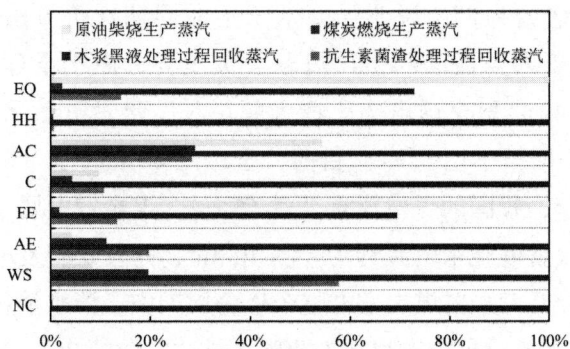

（b）蒸汽

图7-15　不同能源类型水足迹影响评价

　　同时，燃煤也是本研究中采用的蒸汽的生产形式 [图 7-15(b)]。而在造纸企业中，特别是木浆造纸企业，通常会对制浆黑液进行碱回收处理，在碱回收过程中会产生大量的蒸汽，如果这些蒸汽用于本研究中，其水足迹影响反而高于煤炭燃烧生产的蒸汽，但是如果在黑液回收系统中用水电代替煤电，回收蒸汽的环境负荷将低于煤炭燃烧生产的蒸汽。此外，在一些固体废弃物的处置过程中也会产生蒸汽，如抗生素菌渣的处置。与采用太阳能发电和核电替换本研究中煤电的情况类似，采用上述抗生素菌渣的处置过程中产生的蒸汽替代本研究中通过煤炭燃烧产生的蒸汽对水足迹削减的贡献有限，但如果考虑到对全球变暖影响削减的贡献，1t 印刷书写纸生产的人体健康和生态系统质量损伤将分别削减 24.4% 和 27.5%。而如果采用原油燃烧生产蒸汽，虽然其可有效削减水稀缺和水体富营养化的影响，但同时却可导致淡水生态毒性和酸性化影响的显著增加。这是原油燃烧生产蒸汽的生态系统质量损伤远高于燃煤生产蒸汽的主要原因。

　　本案例的研究结果表明，对于各中间点影响类型，致癌性和非致癌性影响分别占人体健康损伤总量的 79.5% 和 16.3%，淡水生态毒性和水体富营养化分别占生态系统质量损伤总量的 70.3% 和 28.4%，其余中间点类型的影响相对轻微。有机肥回收、木浆生产和化学品制备是需要优化的关键过程，蒸汽、电力和废水处理对印刷书写纸生产的全过程水足迹影响统也表现出了一定的影响。此外，水资源的直接消耗对水稀缺足迹的贡献份额可达 10.4%。同时，降低铬、砷、汞、铜、钛、锶、总磷、总氮、COD 和 BOD_5 的排放对于水足迹影响的削减是十分有效的。通过对关键因子的进一步分析可以发现降低国家能源结构中煤电的比重，采用 ECF 漂白技术生产并进行黑液回收的木浆及回收的蒸汽，同时在进行废水处理时采用超深层曝气和生物膜过滤技术，均可进一步降低印刷书写纸生产全过程的水足迹影响。

二、中观层次应用示例：基于生命周期评价的我国煤炭发电行业水足迹影响评估

　　本部分以的一项研究为例，说明如何基于生命周期评价方法核算我国煤炭发电行业的水足迹。电力对于人类活动和生产过程至关重要，由于全球经济的迅速发展和人口大幅增长，在过去 40 年里全球电力生产大幅增长，年发电量从 6.3×10^{12} kW·h 增至 2.4×10^{13} kW·h，年均增长率达 3.4%。目前，全球约 40% 的电力来自燃煤电厂，而作为全球发电量最多的国家，我国的煤电比重高达 65.2%。煤炭发电属于高耗水行业，我国每年仅燃煤电厂运行阶段就消耗水资源约为 74×10^9 m³，而且煤炭发电生命周期中各阶段对水资源的需求量都十分巨大。在煤炭发电整个生命周期中，淡水消耗量约占我国工业消耗总量的 6%，同时其废水排放量约占我国工业废水排放总量的 7%。其中发电厂的运行阶段消耗的淡水占我国工业淡水总消耗量的 4.7%，废水排放为全国总排放的 1.6%，煤矿开采和洗选阶段消耗的淡水和废水排放量分别占全国总量的 1.3% 和 5.5%。同时，在煤炭发电

行业水资源管理中应同时考虑其基础建设、废弃物处理等阶段的水资源消耗和废水排放，如煤炭开采过程的废矿通过雨水和地下水渗透会导致持续性严重水污染，而燃煤电厂进行除尘、脱硫、脱硝等处理时不仅消耗大量的水资源也带来了废水的大量排放。大量的水资源消耗和废水排放会导致显著的水稀缺影响，同时废水排放还带来了水体富营养化和生态毒性等影响。当前，由于煤炭发电的效率相对较低，以及小规模煤电对环境污染的发生率很高，我国政府提出要以更清洁、更高效的方式利用电力。而且我国有近半数燃煤电厂建设在水资源匮乏的地区（如黄河流域），这导致当地水资源短缺和工农业发展需求的矛盾进一步激化，因此对煤炭发电行业水消耗和废水排放情况进行系统的分析是十分必要的。同时，煤炭仍是我国主要的能源消费形式，鉴于我国经济发展对能源的巨大需求，"十二五"期间我国仍计划在中西部等水资源匮乏的地区建设大型煤电基地，而"十三五"期间要求加快煤电转型升级，这也是研究选择煤炭发电行业进行中观层次全过程水足迹影响评价应用示例的原因，该研究可为我国煤炭发电行业水资源问题的科学管理提供决策和数据支持。

（一）目标和范围定义

该案例主要是量化煤电行业的水足迹影响，并锁定其关键因子，进而为我国煤电行业水资源和水污染的源头预防和高效管控提供科学依据和建议。本研究的系统边界为"摇篮"到"消费者"型，但消费阶段的水足迹影响未考虑在内，仅考虑从"工厂大门"到"消费者"手中这一过程，如图7-16所示。

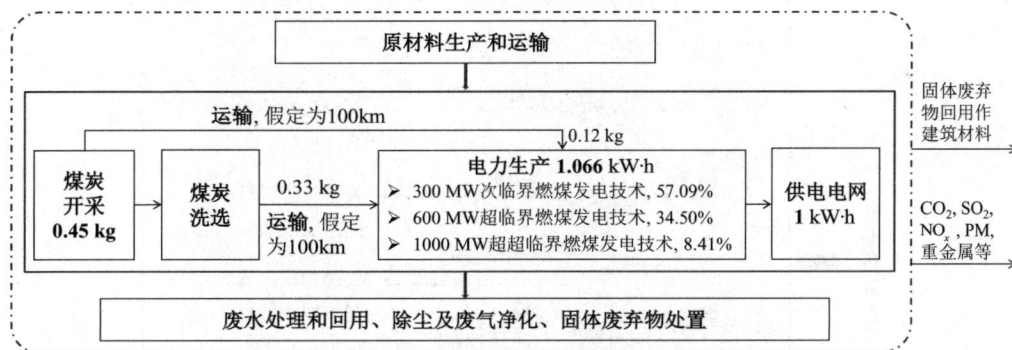

图7-16　煤炭发电行业水足迹影响评价系统边界图

研究的系统边界包含煤炭开采与洗选、运输（包含煤炭、建筑材料、化学品和固体废物等的运输）、发电、供电上网等几个主要的生命周期阶段。因此，在本研究中功能单位被定义为1kWh的电力供应，数据收集、清单构建和水足迹影响评价结果均以此为基准展示。研究考虑了当前中国三种主流的煤炭发电技术，即次临界、超临界和超超临界燃煤发电技术，三种发电技术的占比分别为57.09%、34.50%和8.41%。针对每种发电技术，研究均考虑了其原材料的生产和运输、废弃物处置、直接排放、电厂基础设施（即设备和建筑物）建设、土地占用等过程。本研究的直接水足迹指燃煤电厂发电过程中产生的废弃物

（即废水、废气和固体废物）排放和消耗的水资源对水环境的影响，而间接水足迹指供应链中原材料（如煤炭、化学品）的生产、运输及其他间接过程（如基础设施建设、煤灰填埋等）的水足迹影响。

（二）清单构建

行业层次的水足迹分析即计算某生产者群体（行业）的水足迹，其为该群体内所有生产者（企业）生产的产品的水足迹之和（图 7-17）。某工业行业的水足迹也分为直接和间接水足迹，直接水足迹为该行业水资源消耗和污染物（废水、废气和固体废弃物）排放对水环境产生的影响，间接水足迹为该行业供应链（原材料生产、运输等）中消耗的水资源和排放的污染物对水环境的影响。行业层次全过程水足迹影响评价清单的构建采用了混合清单构建法，首先根据企业层次通过 PLCA 方法构建的清单进行水足迹影响评价案例分析，遴选出关键因子。针对这些关键过程或物质开展其区域或国家层次的公开的环境排放数据和资源消耗统计数据的收集工作，并用收集到的数据替代企业案例中的关键因子，形成临时性清单。然后针对该临时性清单继续进行水足迹影响评价，观察是否有新的关键因子产生。若无新的关键因子，则该临时性清单就是行业层次全过程水足迹影响评价清单。若存在新的关键因子，则重复统计数据替代、建立临时清单、水足迹影响评价锁定关键因子等工作，直至没有新的关键因子产生，最终形成行业层次全过程水足迹影响评价清单。

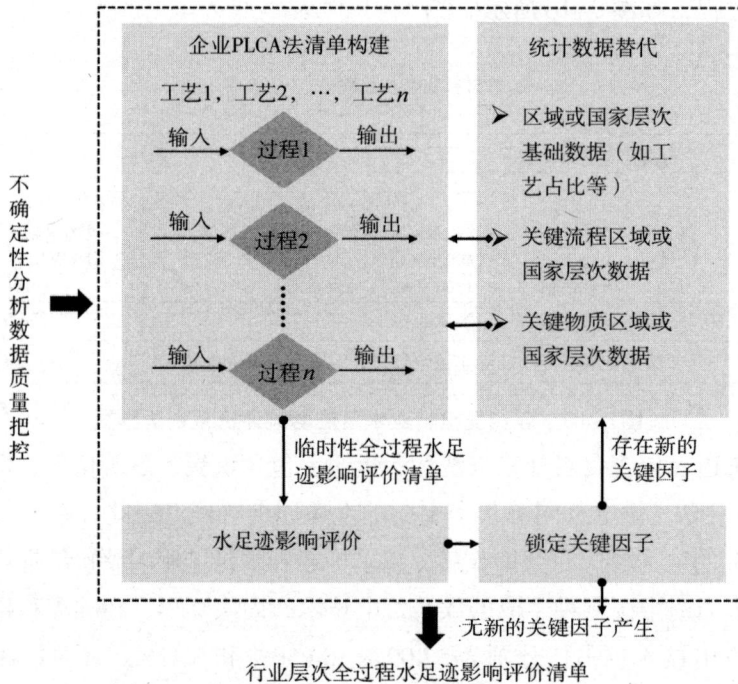

图7-17 中观（行业）层次全过程水足迹影响评价清单构建流程

研究首先采用 PLCA 方法进行企业层次的清单构建，其中煤炭发电阶段的数据来自课题组前期针对我国某电力生产集团下属企业构建的生命周期清单，该集团是中国最大、最先进的电力生产基地之一，其火电总装机容量可达 1.78TW，其在 2016 年煤炭发电量可达 210TWh。集团 600MW 及以上机组占比在 60% 以上，其中 1000MW 机组近 30 台。该集团同时拥有煤矿 90 余处，其产能超过 680Mt/ 年。煤炭开采和洗选阶段的企业数据来自于位于山西、内蒙古、四川、云南的企业。研究在此基础上运用全过程水足迹影响评价模型，锁定了关键因子，然后采用全国层次的统计数据对其进行了替换，如表 7-6 所示。

表7-6　我国煤炭发电行业水足迹影响评价清单关键因子替代

关键因子	2015年煤炭发电投出产出情况
燃煤发电量	38977 TW·h
供电标准煤耗	315 g/kW·h
水资源消耗	1.4 kg/kW·h
废水排放	0.07 kg/kW·h
烟尘排放	0.09 g/kW·h
二氧化硫排放	0.47 g/kW·h
氮氧化物排放	0.43 g/kW·h
粉煤灰利用率	86.4%
动力煤平均灰分	28.6%
脱硫石膏综合利用率	82.3%
电网输电线路损失率	6.64%

此外，研究还根据文献检索和统计年鉴数据依据物料平衡计算了固体废弃物粉煤灰和脱硫石膏的产生量，最终我国煤炭发电行业全过程水足迹影响评价清单如表 7-7 所示。

表7-7　煤炭发电行业水足迹影响评价清单（功能单位：1kWh电力供应）

	单位	煤炭开采	煤炭洗选	电力生产
原材料投入				
淡水	kg	0.30	0.03	1.49
木材	m³	1.7×10^{-4}		
砂石	kg	0.22		
钢材	g	0.17		
水泥	g	0.12		
有机化学物品	g	0.06	0.09	
盐酸	mg			93.0
硫酸	g			0.14
氢氧化钠	mg			116.78
石灰石	g			5.17
能源投入				
煤炭	kg			0.45
电力	kWh	0.01	0.002	
煤油	g		0.03	

	单位	煤炭开采	煤炭洗选	电力生产
原油	g			0.05
基础设施建设投入				
土地占用	$m^2 \cdot a$	1.9×10^{-5}	4.3×10^{-7}	5.1×10^{-4}
钢结构建筑	m^2		8.3×10^{-8}	
废弃物处置				
固体废弃物	g	0.21	0.004	23.97
废水	kg	0.08	1.1×10^{-3}	0.07
直接排放				
二氧化碳	g	450		821.91
一氧化碳	mg			532.71
甲烷	mg			47.28
非甲烷挥发性有机物	mg			13.99
颗粒物	g		0.001	0.13（PM_{10} 0.10g）
二氧化硫	g		0.009	0.50
氮氧化物	g		0.015	0.46

除上述几种常见污染物外，研究还通过文献检索收集了燃煤电厂发电过程中直接排放到大气中的多种重金属和有机污染物的排放数据，对清单进行了进一步的完善，如表 7-8 所示。这部分污染物可通过迁移转换进入到水环境中，其环境影响不容忽略。而运输则假定为通过卡车运输，运输距离为 100km，其他运输形式和距离下的水足迹影响则通过敏感性分析进行研究。此外，我国煤炭发电全过程水足迹影响评价所需的背景数据由 CPLCID-WF 数据库提供。

表7-8　燃煤电厂重金属和有机污染物直接排放（功能单位：1kWh电力供应）

重金属及有机污染物	单位	排放量
镉	ng	163.36
铬	ng	979.30
铅	μg	200.67
汞	μg	111.58
镍	μg	1.24
钒	μg	16.67
锌	μg	44.62
砷	μg	24.37
二氢苊	μg	118.50
苊烯	μg	8.78
蒽	μg	10.86
苯并[a]蒽	μg	119.65
苯并[a]芘	μg	15.60
苯并[b]荧蒽	μg	63.44

重金属及有机污染物	单位	排放量
苯并[g，h，i]苝	ng	21.22
苯并[k]荧蒽	μg	18.40
䓛	μg	63.12
二苯并[a，h]蒽	μg	33.10
荧蒽	μg	22.67
芴	μg	2.51
茚并[1，2，3-cd]芘	μg	16.71
萘	μg	18.22
菲	μg	6.59
芘	μg	317.64

（三）水足迹环境影响评价结果

本案例采用构建的水足迹影响评估模型在中间点和终点层次上进行了分析。我国煤炭发电行业中间点和终点层次的全过程水足迹影响评价结果及其不确定性分析结果如表 7-9 所示。供电上网 1 kWh 的电力对水稀缺、致癌性影响、非致癌性影响、淡水生态毒性、水体富营养化和酸性化中间点的影响分别为 1.2×10^{-3} m^3、7.4×10^{-10} CTUh、3.0×10^{-9} CTUh、0.28 CTUe、1.6×10^{-6} kg PO_4^{3-} eq. 和 6.0×10^{-4} kg SO_2 eq.。各中间点的 GSD^2 值则分别为 1.32、2.63、2.39、2.19、2.49 和 1.24。研究以水稀缺这一中间点为例对水足迹影响评价和不确定性分析结果进行说明：因受清单数据质量和评价方法的影响，研究结果存在一定的波动范围，这意味着在煤炭发电行业的生命周期中，实现供电上网 1 kWh 的电力对水稀缺造成的潜在环境影响范围为 0.9×10^{-3} ~ 1.6×10^{-3} m^3。其余各中间点的水足迹影响范围可根据表 7-9 提供的数据计算。在终点层次上，实现供电上网 1 kW·h 的电力对人体健康和生态系统质量所造成的损伤分别为 1.2×10^{-8} ~ 2.3×10^{-8} DALY、4.0×10^{-4} ~ 7.5×10^{-4} PDF·m^2·y。

表7-9　煤炭发电行业水足迹影响评价结果（功能单位：1 kW·h 电力供应）

项目	影响类型	单位	水足迹影响	GSD^2
中间点	水稀缺	m^3	1.2×10^{-3}	1.32
	致癌性影响	CTUh	7.4×10^{-10}	2.63
	非致癌性影响	CTUh	3.0×10^{-9}	2.39
	淡水生态毒性	CTUe	0.28	2.19
	水体富营养化	kg PO_4^{3-} eq.	1.6×10^{-6}	2.49
	酸性化	kg SO_2 eq.	6.0×10^{-4}	1.24
终点	人体健康	DALY	1.7×10^{-8}	1.38
	生态系统质量	PDF·m^2·y	5.5×10^{-4}	1.37

当各中间点转化为终点时，各中间点对终点的影响情况如图 7-18 所示。研究发现，在我国煤炭发电行业的生命周期中，致癌和非致癌性影响在人类健康损伤中起着至关重要的作用，其分别贡献了 49.10% 和 46.23% 人体健康损伤，而水稀缺的贡献份额仅为 4.67%。淡水生态毒性是对生态系统质量影响最大的中间点，其贡献了 70.93% 的生态系统质量损伤。其次是水体富营养化和酸性化的影响，其贡献份额分别为 16.02% 和 13.04%。而水稀缺对生态系统质量的损伤几乎可以忽略不计。

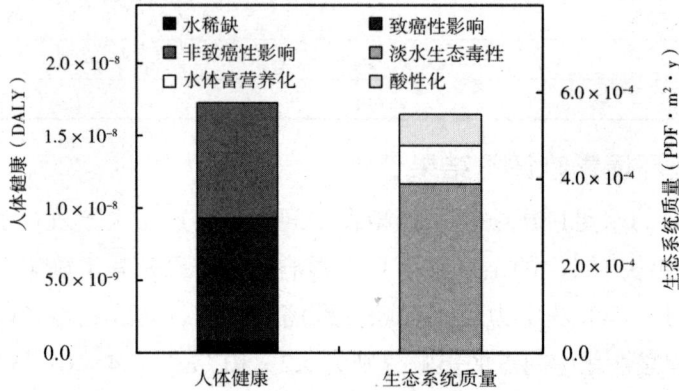

图7-18 煤炭发电行业水足迹影响评价中间点贡献

研究同时分析了系统边界内各单元对终点的影响，结果如图 7-19 所示。研究发现对于电厂发电单元，其人体健康和生态系统质量损伤主要来自其供应链中原材料的生产及运输过程，且相较于人体健康损伤，运输对生态系统质量损伤的影响更为显著。同时，对于电厂发电单元，其排放到大气中的污染物可通过迁移转化进入到水环境中，对该单元的水足迹影响较为显著。此外，水资源的直接消耗、固体废弃物填埋、能源（原油等）消耗等均对电厂发电单元的人体健康和生态系统质量损伤有一定影响，但其生产过程中废水排放的环境影响较小。而对于原煤洗选和开采等单元，其供应链原材料生产的影响相对较小，该单元本身生产过程中能源（电力、煤油等）消耗的影响突出。同时，水资源的直接消耗对原煤开采单元的健康损伤和原煤洗选环境的生态系统质量损伤影响显著。此外，废弃物处在原煤开采阶段表现出了环境效益，在 1 kWh 电力供应过程中，其对人体健康和生态系统质量损伤的效益分别为 5.3×10^{-11} DALY 和 2.2×10^{-6} PDF·m^2·y。

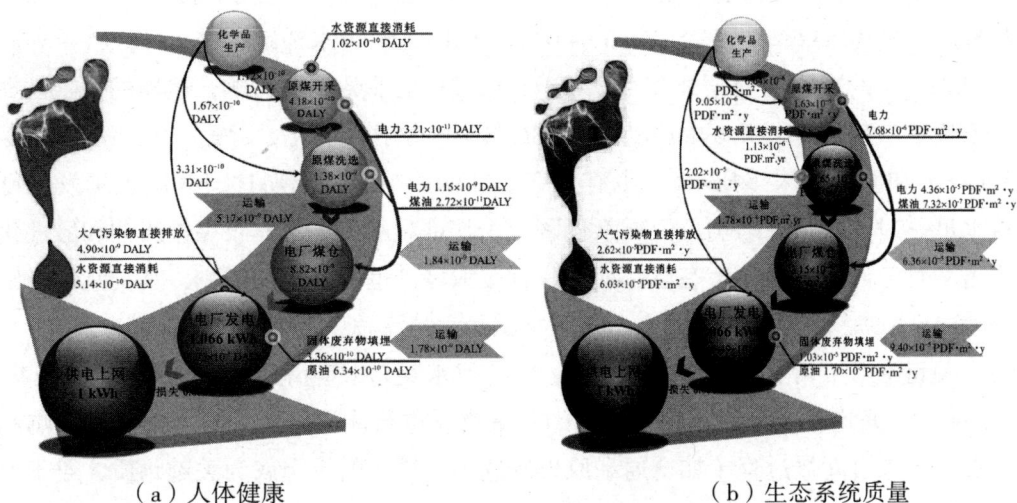

（a）人体健康　　　　　　　　　　　　（b）生态系统质量

图7-19 终点层次煤炭发电行业单元贡献

1. 关键因子识别

（1）关键过程.我国煤炭发电行业生命周期中各过程对水足迹影响评价结果的贡献如图7-20所示，据此可识别出导致其环境影响的关键流程。

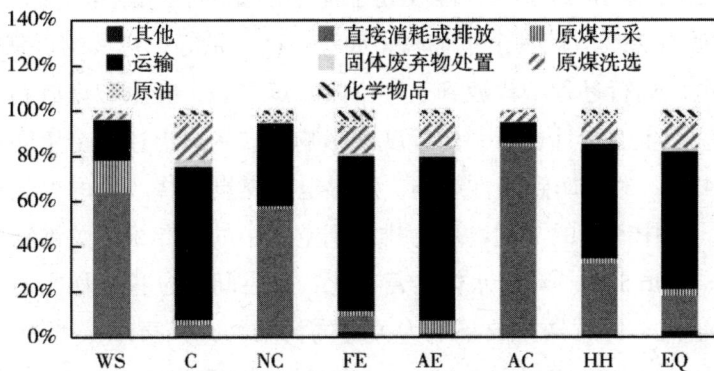

图7-20 煤炭发电行业水足迹影响评价关键过程

在终点层次上，对保护目标的损伤最为显著的过程为发电厂运营阶段直接消耗的水资源和排放的污染物以及煤炭和固体废弃物的运输。同时，化学品（盐酸、硫酸、氢氧化钠等）制备、固体废弃物处置、原油生产以及原煤的开采和洗选也有显著的影响。在中间点层次上，对于致癌性影响、淡水生态毒性和水体富营养化，运输是对其影响最为显著的过程，运输对上述三个影响类型的贡献值分别为67.64%、68.30%和72.07%，其次为原煤洗选，其贡献值分别为15.39%、11.65%和9.50%。同时，水资源的直接消耗和污染物的直接排放、原煤开采和洗选、原油生产和固体废弃物处置也表现出了一定程度的影响，其贡献额度在1.39%～6.74%之间。但水资源的直接消耗和污染物的直接排放对水体富营养化的影响几乎可忽略不计，然而该过程是对水稀缺、非致癌性影响和酸性化影响最为显著的过程，其贡献额度分别为 63.68%、56.53% 和 84.03%。同时，对于水稀缺运输（17.83%）和原煤开采（14.22%）的影响也十分显著。而对于其他过程的非致癌性影响，运输的贡献占据了大部分额度，其对致癌性影响的贡献值为 36.44%。对于酸性化，运输（9.13%）、原煤洗选（3.86%）和原煤开采（1.54%）也有一定程度的影响。综上所述，我国煤炭发电行业的直接水足迹对其水足迹影响总值贡献显著，尤其是对水稀缺、非致癌性影响和酸性化的贡献突出。对于人体健康和生态质量损伤，直接水足迹也有明显的影响，其贡献值分别为 32.32% 和 16.40%。而间接水足迹中运输是贡献最大的流程，其次为原煤洗选。

（2）关键物质。对我国煤炭发电行业全过程水足迹影响有着显著贡献的污染物如图 7-21 所示。据此可对导致其环境影响的关键物质进行溯源分析。对于致癌性影响和淡水生态毒性，来自间接过程（如交通和原煤洗选等）排放的重金属为关键物质。对于致癌性影响，铬的排放贡献最为显著，其中排放到水体中的六价铬提供了 51.41% 的影响，排放到土壤中的铬的贡献值为 36.03%，排放到空气中的铬贡献值为 3.39%。同时，排放到空气中的砷和汞也有一定程度的影响，且有 93.68% 的汞排放来自于燃煤电厂煤炭燃烧的直接排放，而对于砷、铬等空气污染物排放，该比例仅为 26.98% 和 10.54%。对于淡水生态毒性，铜的排放提供了超过半数的影响，排放到空气、土壤和水体中的铜的贡献额度分别为 20.53%、20.25% 和 13.38%。排放到水体中的锶对淡水生态毒性的贡献也十分显著，其贡献额度为 21.28%。而其余重金属（如锌、钛、汞等）排放的贡献额度均在 3% 以下。此外，燃煤电厂运行过程中排放到空气中的二苯并 [a，h] 蒽和排放到空气中的芘分别对致癌性影响和淡水生态毒性也有一定程度的影响，二者对上述两个中间点的贡献额度分别为 1.74% 和 2.41%。对于非致癌性影响，燃煤电厂煤炭燃烧产生的大气污染物的直接排放贡献较为显著，该中间点的关键物质为排放到空气中的砷和汞为关键物质，二者的贡献值分别为 46.90% 和 46.58%。对于水体富营养化，来自间接过程（如交通、原煤洗选、化学品制备和原油生产）的总磷排放是最为关键的污染物，其贡献额度为 44.21%，其次为总氮（35.68%）、COD（12.80%）和 BOD_5（5.55%）。而对于酸性化，二氧化硫的排放提供了 96.89%，其中 87.74% 的二氧化硫排放来自于燃煤电厂的直接排放。当上述中间点转换为对人体健康和生态系统质量的影响时，排放到空气中的砷、铬、汞等重金属提供了超过 45% 的影响，如果同时考虑排放到水体和土壤中的铬、钛等的影响，重金属排放对人体健康损伤的贡献超过 88%。此外，水资源的消耗对人体健康损伤也有显著的影响，其贡献值为 4.67%。对于生态系统质量损伤，铜、铬、锌等重金属的排放提供了超过 60% 的影响，其次为二氧化硫的排放，其贡献值为 12.64%。同时，总磷、总氮和 COD 也有一定程度的影响，其贡献额度分别为 7.08%、5.72% 和 2.05%。

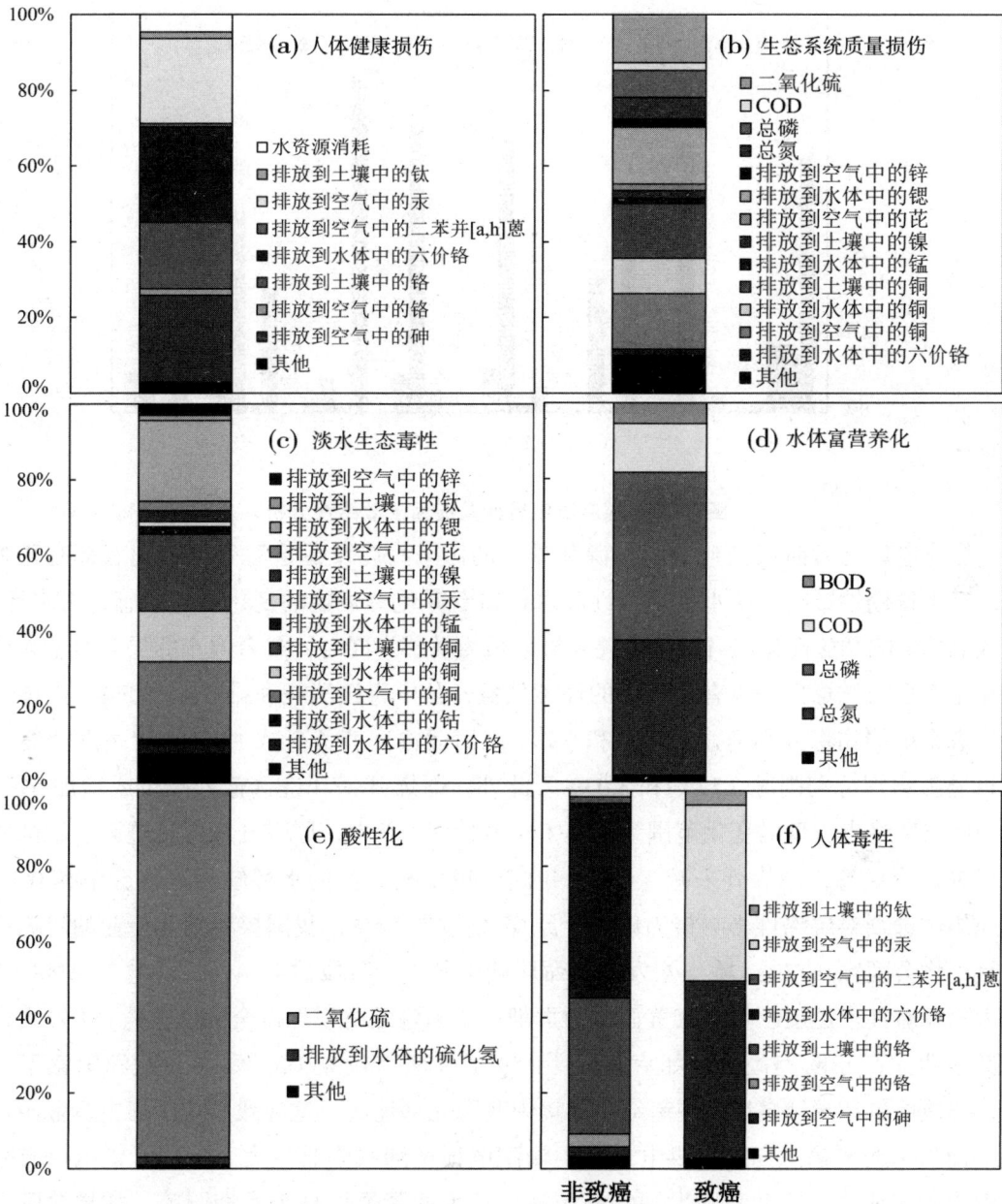

图7-21　煤炭发电行业水足迹影响评价关键物质

2. 输入因子敏感性分析

（1）关键因子敏感性。为了分析输入因子变化对水足迹影响评价结果的影响，在输入因子发生 5% 变化的情况下，获得了我国煤炭发电行业每个关键过程对各影响类型的影响程度，如图 7-22 所示。

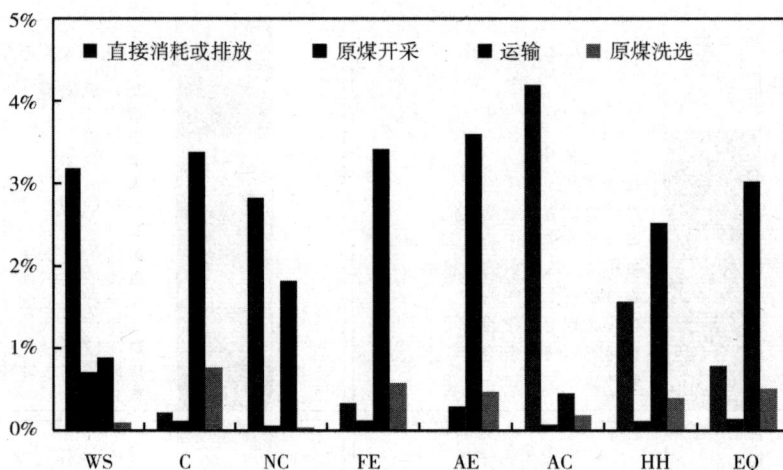

图7-22 煤炭发电行业关键因子敏感性分析

燃煤电厂运营阶段消耗的水资源和排放的污染物以及运输对每个中间点都有显著影响，其中致癌性影响、淡水生态毒性和水体富营养化对运输的变化最为敏感，而水稀缺、非致癌性影响和酸性化则对直接消耗和排放最为敏感。同时，二者效率的提升对于人体健康和生态系统质量损伤也有着明显的环境效益，其中直接消耗和排放减少5%，人体健康和生态系统损伤将分别削减1.56%和0.79%，而运输环节负荷减少5%，上述两个终点的水足迹影响则分别削减2.52%和3.03%。此外，原煤开采和洗选输入减少或增加5%时，各中间点和终点类型的变化范围为0.04%～0.77%。其中，原煤开采水足迹影响的削减对水稀缺最为敏感，原煤开采减少5%，我国煤炭发电行业的水稀缺足迹将会削减0.71%。而原煤洗选则对致癌性影响最为敏感，原煤洗选减少5%，我国煤炭发电行业的致癌性影响足迹将会削减0.77%。除煤炭发电生命周期中各生产阶段的影响外，供电上网过程中的电力损耗对其水足迹影响也有着显著的贡献。我国输配电损耗占全国发电量6%左右，这个数值明显高于欧美国家，如卢森堡（1.5%）和斯洛伐克（3.7%）。与欧洲国家不同的是，我国幅员辽阔且煤炭发电基地主要集中我国北部地区，这导致了我国煤电行业不可避免地面临长距离输电问题，供电上网的输配电损耗削减困难巨大。特高压输电可有效降低电力供应成本，因此我国发展特高压输电技术的紧迫性高于欧洲国家。如果输配电损耗降低20%，2015年我国煤炭发电行业的水足迹对人体健康和生态足迹的损伤将分别削减753.8 DALY和2.4×10^{-7} PDF·m²·y。此外，配电变压器损耗对于供电上网总损耗的贡献在40%～50%之间，因此同时提升配电变压器能效对于水足迹影响的削减也是十分必要的。

（2）运输敏感性。本研究中运输的负荷主要来自于燃煤电厂所需煤炭的运输，其对煤炭发电生命周期中运输过程人体健康和生态系统质量损伤的贡献额度分别为79.72%

和72.03%。本研究中煤炭运输的方式假定通过卡车运输到燃煤电厂，运输距离假定为100 km。然而，铁路和船运在中国煤炭运输中发挥着更加重要的作用，2015年的煤炭运输平均距离约为600km。因此研究针对不同的运输方式和距离进行了敏感性分析，如图7-23所示。研究发现，当运输距离相同时，中间点层次上船运的水足迹影响最低，铁路运输次之，公路运输损伤最高，但水稀缺和酸性化足迹除外 [图7-23（a）]。对于水稀缺，公路运输的影响低于船运与铁路运输，而对于酸性化，铁路运输的影响明显高于公路运输与船运。此外，由于对燃料油需求的增加，运输距离的增加会导致水足迹影响呈现线性增长趋势。运输距离每增加100 km，本研究中通过公路、铁路和船运进行煤炭运输的人体健康损伤将分别增加 3.8×10^{-9} DALY、2.1×10^{-9} DALY 和 1.8×10^{-9} DALY[图7-23（b）]，而生态系统质量损伤将分别增加 1.3×10^{-4} PDF·m^2·y、8.9×10^{-5} PDF·m^2·y 和 5.0×10^{-5} PDF·m^2·y[图7-23（c）]。即随着运输距离的增加，公路运输的水足迹影响增长最快，铁路运输次之，船运最慢。

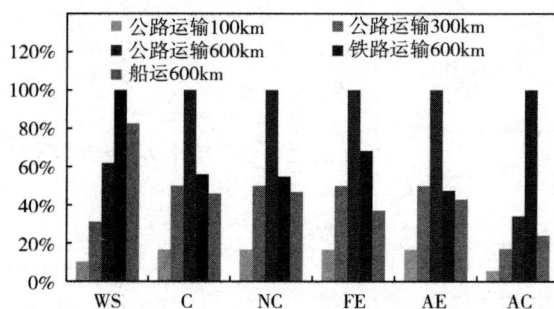

（a）中间点水足迹影响敏感性

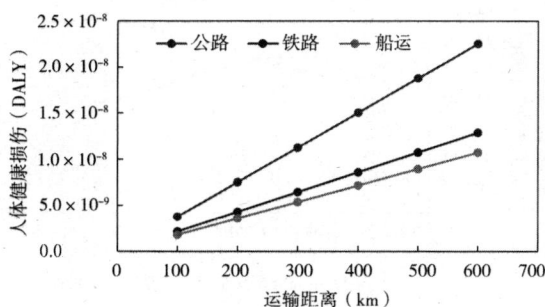

（b）人体健康损伤敏感性

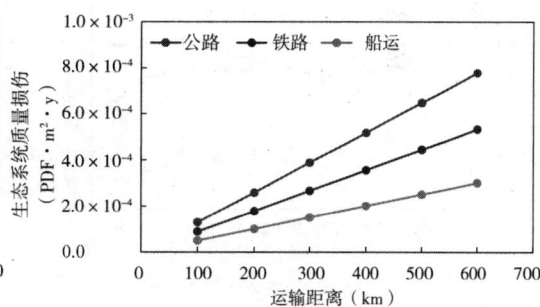

（c）生态系统质量敏感性

图7-23 运输敏感性分析

（3）时间敏感性。除2015年煤炭发电行业水足迹影响评价清单外，研究还采用了混合LCA方法收集了我国煤炭发电行业2006年至2014年的清单，并进行了水足迹影响评价，结果如图7-24所示。研究发现，实现供电1kW·h的水足迹影响对人体健康和生态系统质量的损伤在2006～2015年间分别下降了10.0%和54.8%，其中直接水足迹分别下降了16.5%和87.2%[图7-24（a）]。间接过程（如交通、化学品制备和原煤洗选等）对水环境的影响已成为我国煤炭发电行业水足迹影响的主要来源。但是随着我国发电量的逐年增长，我国煤炭发电行业全年发电量的水足迹影响对人体健康损伤在 2006 ~ 2015 年间上升了 47.3%，其中直接水足迹上升 36.8%，而其对生态系统质量的损伤则下降了 26.0%，直接水足迹下降了 79.0%[图 7-24(b)]。具体来看，人体健康损伤在 2006 ~ 2013 年间不断增长，于 2013 年达到最大值后开始下降，而生态系统质量损伤则在 2013 年前波动不大，但同样于 2013 年达到顶峰后开始下降。这与我国于 2013 年开始执行《大气污染防治行动计划》等严格的污染控制措施有关，受此影响我国二氧化硫排放量出现了大幅下降，这也导致我国煤炭发电行业全年酸性化足迹大幅下降，其影响在 2006 ~ 2015 年间降低了82.4%。但与此同时，致癌性影响、非致癌性影响和淡水生态毒性对人体健康或生态系统质量的损伤呈现出与人体健康损伤类似的发展趋势，即在 2006 ~ 2013 年间不断增长，于2013 年到达顶峰后开始下降，而水稀缺和水体富营养化的影响则波动相对较小。

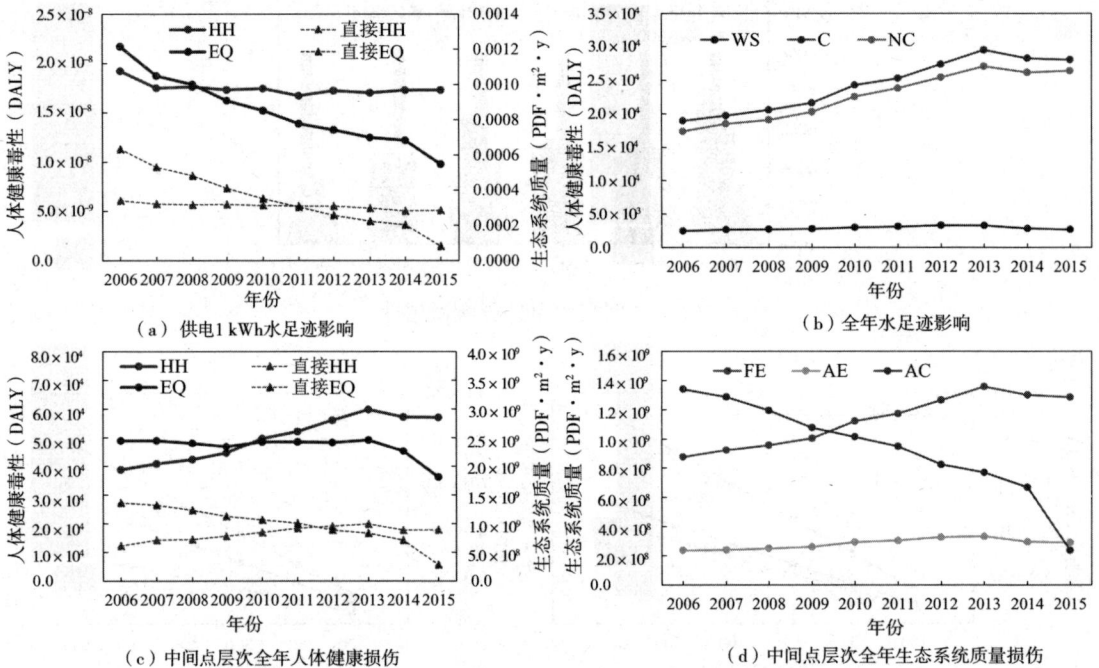

（a）供电 1 kWh 水足迹影响　　　　　　（b）全年水足迹影响

（c）中间点层次全年人体健康损伤　　　　（d）中间点层次全年生态系统质量损伤

图7-24　煤炭发电行业历年水足迹影响

为进一步探究我国煤炭发电行业水足迹影响波动的原因，研究分析了历年实现供电上网 1 kWh 的电力在中间点层次的水足迹影响，其结果如图 7-25 所示。研究发现在2006 ~ 2015 年间各中间点的影响均出现了不同程度的下降，酸性化下降最为显著，其影响下降了 89.2%，其中直接酸性化足迹降低了 90.7%。虽然直接酸性化足迹大幅下降，但其仍是我国煤炭发电行业全过程酸性化足迹的主要来源。水稀缺和水体富营养化的削减也十分显著，在 2006 ~ 2015 年间分别降低了 33.2% 和 24.6%，其中直接水稀缺和水体富营养化足迹分别降低了 53.3% 和 78.1%，且直接过程对水稀缺足迹的影响不断降低。致癌性影响、非致癌性影响和淡水生态毒性也出现了一定程度的削减，但直接非致癌性影响在 2006 ~ 2015 年间几乎保持不变，而直接致癌性影响和淡水生态毒性则分别削减了 46.9% 和 33.1%。

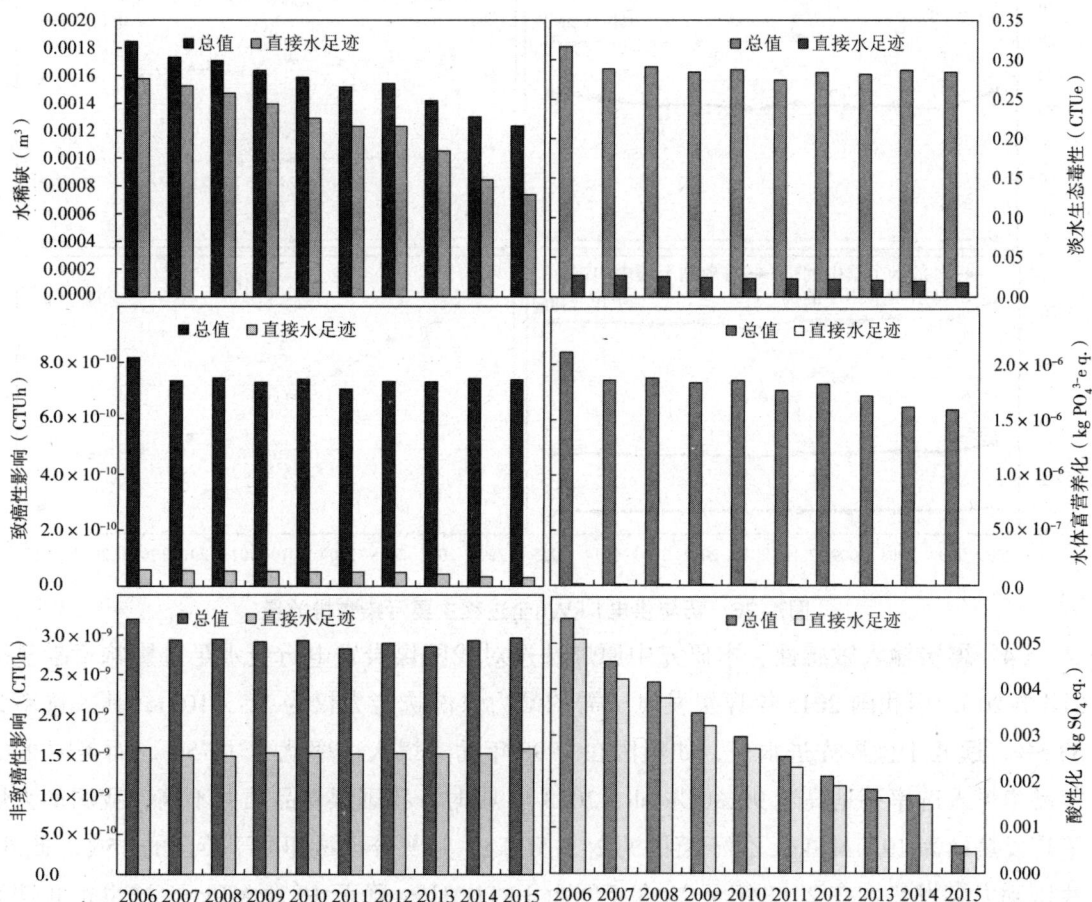

图7-25 中间点层次供电1 kWh历年水足迹影响

研究还分析了我国煤炭发电行业生命周期中主要污染物的排放情况，如图 7-26 所示。研究发现二氧化硫排放的削减最为显著，其排放量在 2006 ~ 2015 年间下降了 8.6 倍，二氧化硫的削减也是我国煤炭发电行业酸性化足迹和生态系统质量损伤削减的主要原因。同时 COD 和总氮排放的削减也较为显著，其排放量在 2006 ~ 2015 年间分别下降了 29.5% 和 32.8%，这也是我国煤炭发电行业水体富营养化足迹削减的主要原因。二氧化硫、COD 和总氮均为我国"十二五"国家总量控制约束性指标，但作为水体富营养化关键物质的总磷以及毒性影响类型（即致癌性影响、非致癌性影响和淡水生态毒性）关键物质的重金属均不在国家总量控制指标内。而总磷和重金属的排放在 2006 ~ 2015 年间削减程度明显低于上述三种污染物，这也是毒性影响类型的水足迹影响和人体健康损伤削减受限的主要原因。因此，为控制我国煤炭发电行业全过程水足迹影响，应加强对磷和重金属排放的控制。此外，控制间接过程（如运输）中污染物的排放对煤炭发电行业水足迹影响的进一步削减也是十分必要的。

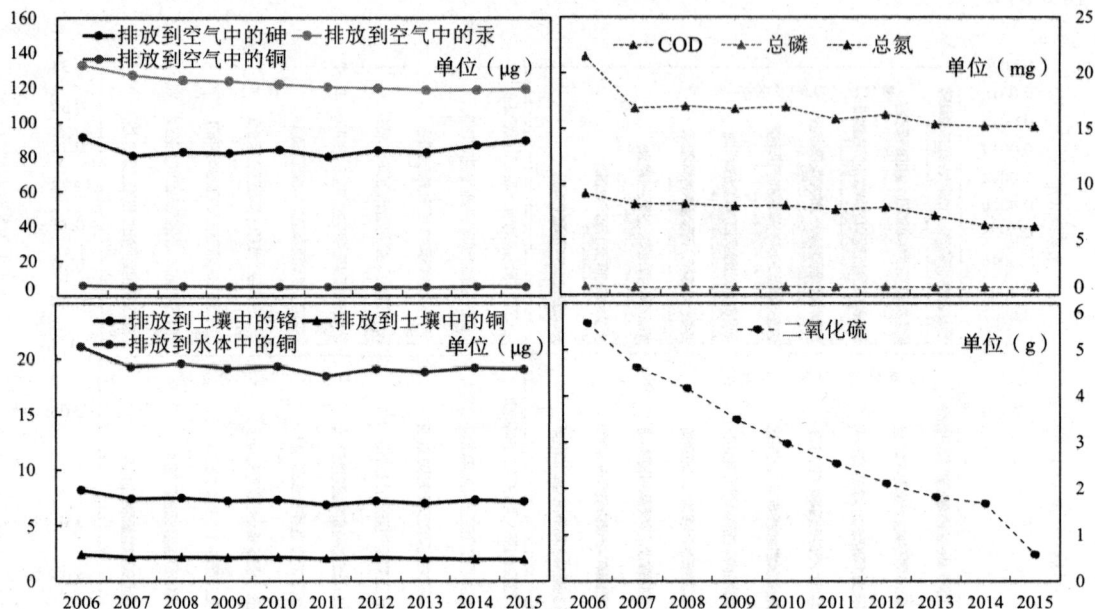

图7-26　历年供电1 kWh全过程主要污染物排放量

（4）煤炭输入敏感性。本研究中原煤洗选对我国煤炭发电行业水足迹影响贡献显著（图7-20），但我国2015年煤炭发电所需的动力煤洗选能力仅为 1.5×10^9 t，其入选率为53.5%，远低于世界先进水平，如英国在1998年动力煤入选率就高达75%，而美国2006年动力煤入选率更是高达90%（Ghosh，2013）。同时，我国煤炭品质并不高，我国动力煤平均发热量为19.3 MJ/kg，低于英国的24.5 MJ/kg，其灰分含量却高于英国的15%。此外，我国动力煤发热量在2011年至2013年间由19.11 MJ/kg降至18.78 MJ/kg，这也是此期间水足迹影响增长的重要原因。而煤炭洗选可以有效降低动力煤中灰分含量，提高其发热量，同时约78%的汞可通过洗煤技术去除煤矸石实现。有研究也报道煤矸石中汞含量（181.9 ng/g）明显高于原煤中的含量（102.5 ng/g）。我国是全球最大的汞排放国，而煤炭发电生命周期中的排放是其最主要的来源，其在2015年约排放455t汞。排放到大气中的汞不仅是我国煤炭发电行业水足迹影响对人体健康损伤的关键物质[图7-21（a）]，而且其毒性强，可破坏神经系统、阻碍胎儿脑发育等，严重危害人体健康和生态系统质量。因此尽管煤炭洗选对我国煤炭行业全过程水足迹影响贡献显著，提高原煤入选率也是必要的。当前，每针对 1×10^8 t 原煤进行洗选，可以去除约 1.8×10^7 t 的煤矸石。同时在原煤产地进行洗选可降低燃煤电厂所需煤炭的运输量，当原煤入选率提升至90%时，仅煤炭运输的水足迹对人体健康和生态系统质量的损伤在2015年可降低136.1 DALY和 4.7×10^6 PDF·m²·y。此外，我国的煤炭产地主要集中在山西、内蒙古和陕西等省份。上述地区的煤炭产量约占我国总产量的 65%，而我国电力需求则主要集中在东部沿海地区。为将我国西部地区的煤炭资源转变为经济优势同时缓解我国东部地区电力紧张的情况，我国开展了"西电东送"计划，仅山西的坑口火电厂每年就可输送约 $7.4 \times 10^{10}\,\mathrm{kW \cdot h}$ 电力，但上述煤炭产地同时也是我国水资源短缺的地区，其水资源量仅占全国总量的约 4%。"西电东送"计划在 2015 年导致了山西省约 $9.7 \times 10^{7}\,\mathrm{m^3}$ 的水稀缺影响，约占山西省工业耗水总量的 7.5%，山西省的人均水资源量仅为 $257.1\,\mathrm{m^3/}$ 年，远低于 $500\,\mathrm{m^3/}$ 年，属于水资源极度紧缺的地区，而西电东送计划将导致山西省本就紧缺的人均水资源量再降低约 1%。虽然"西电东送"计划具有显著的经济效益且缓解了东部地区的能源压力和环境恶化，但其加剧了西部地区本就严重的水资源短缺问题。绿色和平也曾指出中国有近半数燃煤电厂建设在"过度取水"地区，中国政府应"严格限制超出区域水资源、水环境承载能力的煤炭产业项目的发展，逐步淘汰过度取水地区的燃煤电厂，选择使用低耗水或不耗水的可再生能源代替煤炭"。类似的情况也发生在煤炭洗选行业，当原煤入选率达到 90% 时，原煤洗选将消耗山西、内蒙古和陕西省约 $6.5 \times 10^{7}\,\mathrm{m^3}$、$6.3 \times 10^{7}\,\mathrm{m^3}$ 和 $3.6 \times 10^{7}\,\mathrm{m^3}$ 的水资源。与当前的入选率相比，这将导致上述地区水资源消耗量增长 80%。因此在进行煤炭发电行业布局时应综合考虑原煤洗选和坑口发电带来的运输环境负荷的降低和煤炭产地水稀缺足迹的增加的影响，进而实现我国煤炭发电行业的合理布局。

案例研究结果表明，我国煤电行业实现供电上网 1 kWh 的电力的水足迹在终点层次上对人体健康和生态系统质量的损伤分别为 1.2×10^{-8} ~ 2.3×10^{-8}DALY 和 4.0×10^{-4} ~ 7.5×10^{-4} PDF·m²·y。对于人体健康，其损伤主要来自致癌性和非致癌性影响，而生态系统质量的损伤主要来自淡水生态毒性、水体富营养化和酸性化，水稀缺的影响相对轻微。同时，我国煤炭发电行业的水足迹影响主要来自供应链中原煤开采和洗选、运输、固体废弃物处置、原油和化学品生产等间接过程。直接过程的影响相对轻微，其对人体健康和生态质量损伤的贡献额度分别为 32.32% 和 16.40%。直接过程中，直接排放到水体中的污染物的影响并不突出，反而燃煤电厂发电过程中排放到大气中的污染物可通过迁移转化进入到水环境中，对水足迹影响较为显著，尤其是其非致癌性和酸性化影响。此外，直接水资源消耗对水稀缺足迹贡献突出（63.68%）。同时，控制总磷、总氮、二氧化硫、COD、重金属（如汞、铬、砷、铜、锌、锰等）等物质的排放对于我国煤电行业水足迹影响的削减有着十分重要的意义。上述物质主要来自间接过程的排放，但汞排放主要来自燃煤电厂煤炭燃烧过程。而对于我国全年发电量的水足迹影响，其人体健康损伤在 2006 ~ 2015 年间总体呈现上升趋势。受二氧化硫排放大幅下降的影响，我国煤炭发电行业酸性化足迹削减显著，这也是生态系统质量损伤下降的主要原因。此外，COD 和总氮的排放在 2006 ~ 2015 年间下降了约 30%，而作为水足迹影响关键物质的总磷和重金属排放的削减并不显著。因此，国家在进行总量控制时，应同时考虑总磷和重金属排放。敏感性分析同时表明，在煤炭运输过程中应尽量采用铁路运输和船运以降低水足迹影响。同时应尽可能提高原煤入选率以降低汞等污染物的排放以及帮助削减运输负荷。但是政府在进行原煤洗选行业以及燃煤电厂布局时，应同时考虑当地水资源量的影响，以免加剧水资源极度紧缺的地区的负担。

三、中观层次应用示例：海河流域水足迹的核算及虚拟水战略评价

本部分应用水足迹核算框架对中国海河流域（HRB）的水足迹和虚拟水贸易进行研究。通过构建海河流域 1997 年、2000 年和 2002 年的投入产出表，建立了以流域尺度计算水足迹的投入产出框架。同时，为了评估该流域的经济活动是否符合虚拟水战略，构建了水足迹强度（WFI）这一指标，并利用指数分析法对 WFI 的时间变化进行了分解。

海河流域位于东经 112°~120°，北纬 35°~43° 之间，东临渤海，南界黄河，西靠云中、太岳山，北依蒙古高原。流域总面积 320000km²，占全国总面积的 3.3%。海河流域属于温带半湿润、半干旱大陆性季风气候区，多年平均降水量 535mm，是我国东部沿海降水最少的地区。海河流域是全国政治文化中心和经济发达地区，流域地跨北京、天津、河北、山西、河南、山东、内蒙古、辽宁 8 个省（自治区、直辖市）。海河流域 2005 年总人口 1.34 亿，国内生产总值（GDP）25750 亿元，占全国的 14.1%。但流域内各地区经济发展很不平衡，北京市人均 GDP 达到 4.43 万元，天津市达到 3.51 万元，已达到中等发达国家水平，而河北、山西、河南、山东、内蒙古等省（自治区）人均 GDP 只有 1 万多元。

海河流域土地、光热资源丰富，适合农作物生长，是我国三大粮食生产基地之一。主要粮食作物有小麦、大麦、玉米、高粱、水稻、豆类等。经济作物以棉花、油料、麻类、甜菜、烟叶为主。粮食总产量约为 $4.762 \times 10^7 t$，产量占全国的 10%。沿海地区具有发展渔业生产和滩涂养殖的有利条件。20 世纪 90 年代以来，农业生产结构发生变化，在粮食增产的同时，油料、果品、水产品、肉、禽蛋、鲜奶等林牧渔产品取得了较高的增长幅度。

1. 水足迹强度指标构建

虚拟水含量能够表示单位产品产量的水资源使用量，这是一种基于生产的水资源强度评价指标。为了研究消费对水资源的影响我们将探讨基于消费的水足迹强度指标。定义水足迹强度指标为：用来评价消费者对各部门产品的消费所"体现"的水资源使用是否属于高强度的使用模式的一种指标因子。本部分从静态和动态两个方面提出水足迹强度的公式，并将其用于海河流域的水足迹强度计算当中。资源使用强度是一个广泛应用于资源评价的重要指标，其最初是应用于能源使用强度的评价当中，并被广泛应用于其他相关领域。所谓"使用强度"可用下式表示：

$$I = \frac{R}{O} \tag{7-1}$$

式中，I 为对某种资源的使用强度，R 为任意产品生产对某种资源的直接消耗量，O 为用该资源所生产的产品的输出量，一般用总产出或者 GDP 表示。

但很明显这一"强度"模型所描述的是实际资源的使用强度而不是我们想要考察的资源消费强度。所谓消费强度即是国内消费所要消耗的资源强度。为了计算水足迹强度，将上式改为以下形式：

$$\rho = \frac{WF}{f} \qquad (7-2)$$

式中，ρ 为水资源的消费强度，WF 为水足迹，f 为排除了出口的国内最终消费。

上式为一个区域的总体水足迹强度，而分部门的水足迹强度可用公式为：

$$\rho_i = \frac{WF_i}{f_i} \qquad (7-3)$$

式中，ρ_i 为部门 i 的水足迹强度，WF_i 为水足迹，f_i 为排除了出口的国内最终消费。

越大消费者对部门 i 产品的消费所引起的水资源使用的强度越大，但该模型同样存在不足，即该模型虽然能够展示部门间的水足迹强度的相对大小，但缺乏衡量其强度大小的内在标准。借鉴"区位商"的概念，提出"水足迹强度指数"的概念：

$$WFQ_i = \frac{WF_i}{\sum WF_i} \times \frac{\sum f_i}{f_i} \qquad (7-4)$$

式中，WFQ_i 为第 i 部门的水足迹强度指数，$\sum WF_i$ 和 $\sum f_i$ 分别是所有部门的水足迹之和以及国内最终消费之和。对式（7-4）进行变换，则还可以写作：

$$WFQ_i = \frac{WF_i}{f_i} \times \frac{\sum f_i}{\sum WF_i} \qquad (7-5)$$

从中可以看出，总的水足迹和国内最终消费的比值反映了该区域当年水足迹强度的一种平均状况，则将各部门的水足迹强度与这种平均状况相比就能够评价部门 i 的消费强度大小。本研究规定，$WFQ_i > 1$ 表明部门 i 的水足迹强度指数较大，$WFQ_i < 1$ 则表示部门 i 的水足迹强度指数较小，$WFQ_i = 1$ 表明部门 i 达到了该区域的平均消费强度水平。

2. 分解分析：消费强度随时间的变化

分解采用 Divisia 指数方法，具体的计算步骤如下：

首先写出综合水足迹强度的对数形式：

$$\frac{\mathrm{dln}(\rho)}{\mathrm{d}t} = \sum_i wf_i \left[\frac{\mathrm{dln}(\rho_i)}{\mathrm{d}t} + \frac{\mathrm{dln}(r_i)}{\mathrm{d}t} \right] \qquad (7-6)$$

式中，$wf_i = \dfrac{WF_i}{WF}$ 是水足迹消费权重。

对第 0 时间到第 T 时间求积分，可以得到：

$$\ln\left(\frac{\rho(T)}{\rho(0)}\right) = \int_0^T \left[\sum_i wf_i \frac{d\ln(\rho_i)}{dt}\right] dt + \tag{7-7}$$

$$\int_0^T \left[\sum_i wf_i \frac{d\ln(r_i)}{dt}\right] dt$$

$$\Rightarrow \left(\frac{\rho(T)}{\rho(0)}\right) = \exp\left[\int_0^T \left(\sum_i wf_i \frac{d\ln(\rho_i)}{dt}\right) dt\right] \cdot$$

$$\exp\left[\int_0^T \left(\sum_i wf_i \frac{d\ln(r_i)}{dt}\right) dt\right]$$

式中，等式左边即为 D_{tot}，等式右边第一项为 D_{int}，第二项为 D_{str}。

对式（7-7）进行求解存在一个问题，即 wf 的积分难于求解。则引进对数权重函数：

$$f(x, y) = (y-x)/\ln(y/x) \qquad x \neq y$$

$$f(x, x) = x \qquad\qquad\qquad x = y \tag{7-8}$$

$$f(0, y) = f(x, 0) = 0$$

根据以上函数可以定义标准化的水足迹权重（Ang，1999）：

$$\varphi_i(T) = \frac{f\left[wf_i(0), wf_i(T)\right]}{\sum_k f\left[wf_k(0), wf_k(T)\right]} \tag{7-9}$$

则最后得到求解后的 D_{int} 和 D_{str} 为：

$$D_{int}(T) = \exp\left(\sum_k \varphi_k(T) \ln\frac{\rho_k(T)}{\rho_k(0)}\right) \tag{7-10}$$

$$D_{str}(T) = \exp\left(\sum_k \varphi_k(T) \ln\frac{r_k(T)}{r_k(0)}\right) \tag{7-11}$$

3. 海河流域虚拟水含量

1997 年、2000 年、2002 年海河流域分部门的虚拟水含量见图 7-27。

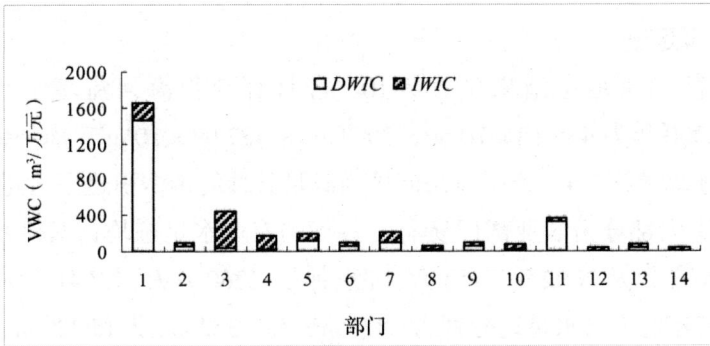

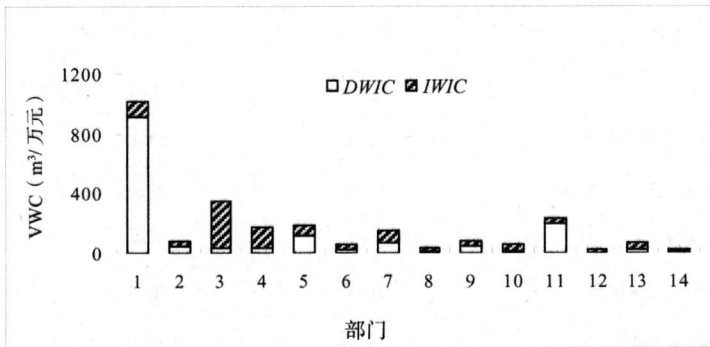

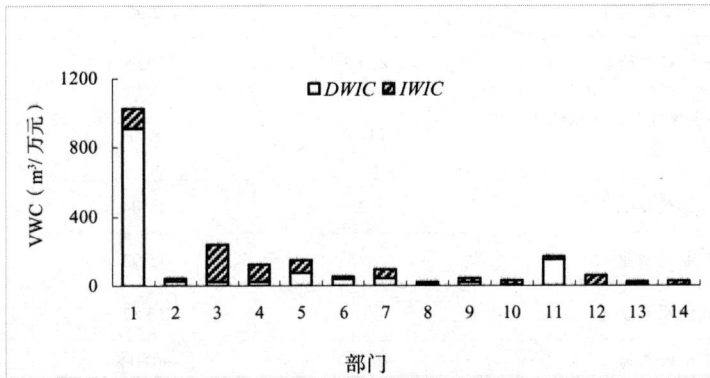

图7-27 1997年、2000年、2002年海河流域分部门的虚拟水含量

其中 DWIC 为直接用水系数、IWIC 为间接用水系数。虚拟水含量为直接用水系数与间接用水系数之和。通过以上分析可以看出，以往的研究多只考虑直接用水，因此农产品虚拟水在虚拟水的研究中广受关注，但考虑间接用水后，在考虑直接用水时几乎可以忽略不计的部门得以凸显出来。因此在节水政策的实施中，除了关注那些直接用水系数较大的部门，同样应该关注那些间接用水系数较大的部门，从整个产业链的生命周期把握水的节

约利用，才有可能达到全面节水的目的。

4. 海河流域水足迹

海河流域分部门水足迹结果见表 7-10。经计算获得海河流域水足迹：1997 年为 465.66 × $10^8 m^3$，2000 年为 445.18 × $10^8 m^3$，2002 年为 427.09 × $10^8 m^3$。海河流域各年外部水足迹约占其水足迹总量的 1/4，说明海河流域为满足其最终消费引进了大量的进口水资源。海河流域水足迹中大部分为农业部门所有。各年的农业水足迹均占其水足迹总量约 3/4。海河 1997 年、2000 年以及 2002 年三年的人口分别为 12260 万人、12641 万人和 12946 万人，可求得海河流域三年的人均水足迹分别为：379 m^3/ 人、352 m^3/ 人和 329 m^3/ 人。

表7-10　海河流域分部门水足迹（单位：× $10^8 m^3$）

编号	部门分类	97	2000	2002
1	农业	304.39	273.00	263.66
2	采掘业	2.23	1.61	2.03
3	食品制造及烟草加工	62.96	51.40	40.19
4	纺织、皮革及其他纤维制造业	11.48	9.65	7.79
5	木材及造纸	5.94	9.66	5.27
6	石油加工及炼焦业	0.98	1.53	1.33
7	化学工业	13.00	12.48	8.90
8	非金属矿物制品业	3.71	2.82	2.78
9	金属产品制造业	1.62	2.96	1.69
10	机械设备制造业	12.03	10.68	9.69
11	电力、蒸气、热水煤气及自来水的生产供应业	11.69	8.57	9.95
12	建筑业	9.25	11.04	27.56
13	商业运输业	7.23	15.92	6.35
14	其他服务业	18.17	13.87	19.90
	水足迹总量	465.66	445.18	427.09

注　表中部分数据计算的四舍五入问题尊重原作者数据，此处不做修改。

5. 海河流域水足迹强度结果

图 7-28 显示了 1997 年、2000 年和 2002 年的 WFI。最高的 WFI 出现在农业（1997 年、2000 年和 2002 年分别为 4.76、4.92 和 5.96）、食品和烟草加工（1.47、1.68、1.91）以及电力、天然气和水的生产和供应（1.29、1.11、0.92）上。木材和纸制品（0.74、1.08、1.80）以及化工产品（0.89、1.01、0.82）的 WFI 指数接近 1。其他行业则不那么密集，WFI 大大

低于 1。众所周知，农业和电力、天然气以及水的生产和供应部门是用水大户。然而，食品和烟草加工部门受到的关注较少，因为该部门只需要少量的水用于直接加工。如结果所示，食品和烟草加工部门的高 *WFI* 是由于农业的大量投入造成的。

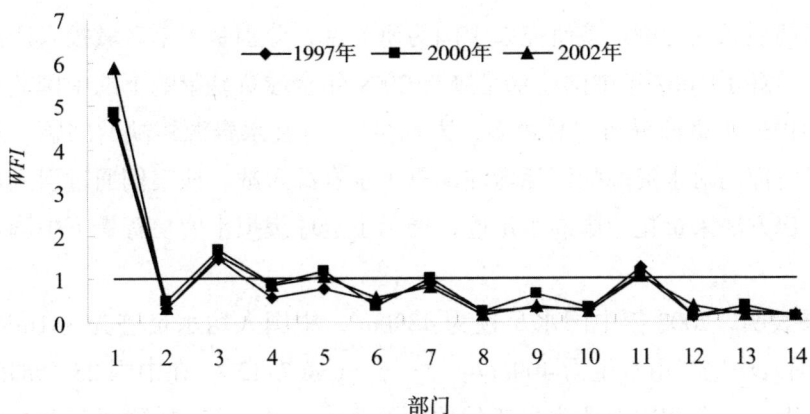

图7-28　海河流域各年水足迹强度

6. 水足迹强度分解结果

以 1997 年作为基准年，对水足迹强度进行分解（表 7-11）。可以看出，海河流域 1997 ~ 2002 年的水足迹强度总体上呈现下降的趋势，2002 年的消费强度只有 1997 年的 50%，而强度影响因子和结构影响因子也都呈现下降的趋势，但其强度影响因子降幅较大，而结构影响因子则降幅较小。可见海河流域基本是由于强度影响因子的下降而导致综合强度下降的。可以认为，海河流域的消费强度下降的主要原因是消费者对各部门消费品中所"体现"的虚拟水的消费量在逐年下降，并且也具有从消费强度较大的部门转向较小部门的趋势，但转变并不显著。

表7-11　海河水足迹强度分解

项目	1997年	2000年	2002年
综合强度 D_{tot}	1	0.62	0.5
强度影响因子 D_{int}	1	0.67	0.61
结构影响因子 D_{str}	1	0.93	0.82

注　表中部分数据计算的四舍五入问题尊重原作者数据，此处不做修改。

本研究从两部分对水足迹的计算结果进行应用：消费强度和虚拟水贸易。研究区为海河流域和国家，研究时间为 1997 年、2000 年、2002 年三年。从静态（水足迹强度）和动态（水足迹强度的分解）两个方面评价了其消费强度。通过对计算结果的初步分析可以得出如下结论：各年海河流域水足迹均大于其生产用水量甚至是总用水量，而国家水足迹则小于其生产用水量；海河流域外部水足迹约占其总体水足迹的 1/4，而国家外部水足迹只相当于其总体水足迹的 1/10；农业水足迹占据了绝大部分按部门划分的水足迹份额；各年海河流域人均水足迹略小于国家人均水足迹。

四、宏观层次应用示例：基于投入产出法的全球贸易视角下的中国水足迹研究

本部分以两项研究为例。该研究以中国为研究区，分别基于单区域投入产出和多区域投入产出模型核算了 2002 年中国蓝水足迹与 2009 年全球贸易影响下的中国蓝水、绿水和灰水足迹。中国的水资源分布"总量多，人均少"，存在水资源短缺的问题。随着经济的高速发展，经济部门对水资源的消耗增加加剧了水资源短缺。该案例通过引入水足迹概念并利用投入产出方法来量化中国的水足迹，展示了全球虚拟水贸易背景下中国水足迹的流动历程。

计算结果表明，2002 年中国水足迹为 489km³，中国人均水足迹为 381m³/（人·年），而 2002 年我国人均生产用水量为 409m³/（人·年）（表 7-12）。在中国 23 个部门中我国三大产业——农业、工业和服务业水足迹的比例约为 8∶8∶3。从我国三大产业的虚拟水消费在最终需求所占的比例来看，农业最终需求相对较小而虚拟水消费相对较大；工业的最终需求相对较大，导致其虚拟水消费量也较大；由于服务业为满足最终需求，因此需要消费相对较少的虚拟水。

2009 年中国产生了 1688.8km³ 的生产者水足迹和 1510.8 km³ 的消费者水足迹（表 7-13）。在生产者视角下，中国水足迹总量位居世界前列，三种类型的水足迹中绿水足迹（49%）的贡献最大，灰水其次（33%），蓝水贡献最小（18%）。生产者视角下的中国水足迹主要受内部需求支配，83% 的虚拟水用于生产以满足国内消费者需求。尽管大量的虚拟水用于内部消费，虚拟水出口量仍以 275.9km³ 位居全球第一，中国虚拟水主要流向美国、日本、德国等国主要经由纺织业和电子、光学设备制造部门，这与中国的生产模式和贸易出口模式基本吻合。然而，同时也将水资源"无形"地输送给了进口国家，这无疑加重了中国本土的水资源危机。消费者视角下，2009 年中国的水足迹总量位居世界第一，三种类型的水足迹中绿水足迹占比最大（54%），灰水其次（28%），蓝水消耗量最小。中国的虚拟水消费需求主要通过国内生产满足，内部水足迹占中国消费者水足迹的 92%。虚拟水进口为 126.7km³，位居世界第三。就国家分布而言，美国、巴西、加拿大是中国进口虚拟水的最大供应国。部门分布上，农业部门是虚拟水进口的首要途径（581.3km³）。中国对食物的巨大需求使得食品制造及烟草加工业成为中国第二大的水足迹消费部门（284.8 km³）。农业部门作为中国最大的虚拟水消耗部门，为中国消费者水足迹做出了 40% 的贡献。蓝水足迹中，农业部门消费量为 64.1km³；绿水足迹中，农业部门消费量为 393.7km³；灰水足迹中，农业部门消费量为 123.5km³。中国的前三位（美国、加拿大和巴西）虚拟水供应商主要通过农产品出口向中国输送虚拟水，尤其是中国对大豆等农产品的进口需求。在农产品进口的过程中，其生产和贸易所包含的虚拟水也在无形之中流入中国，一定程度上

缓解了我国严峻的水资源压力情况。

表7-12　2002年中国水足迹

项目	总量	第一产业	第二产业	第三产业
水足迹（km³）	489	204	205	80
人均水足迹（m³/年）	381	158	160	63
人均生产用水量（m³/年）	409	290	89	30

表7-13　2009年中国生产者水足迹的部门分布（单位：km³）

部门	蓝水足迹	绿水足迹	灰水足迹	水足迹总量
农业	59.81	327.49	118.11	505.41
采掘业	0.67	0.35	0.45	1.47
食品制造及烟草加工业	37.27	181.44	77.81	296.52
纺织业	14.22	48.63	34.38	97.23
服装、皮革、羽绒及其制品业	4.59	19.26	8.93	32.78
木材加工及家具制造业	0.69	2.39	1.23	4.31
造纸、印刷及文教用品制造业	0.45	0.79	2.21	3.45
石油加工、炼焦及核燃料加工业	0.23	0.12	0.27	0.62
化学工业	5.31	6.48	15.58	27.37
橡胶、塑料制品业	2.30	3.45	4.98	10.73
非金属矿物制品业	0.93	0.57	1.22	2.72
金属制品业	5.72	2.63	17.82	26.17
机械、电气制造	12.79	9.26	21.07	43.12
电子、光学设备制造	19.81	18.45	41.28	79.54
交通运输设备制造业	9.33	9.23	16.53	35.09
其他制造业和回收	2.79	7.67	5.03	15.49
电、煤气和水供应业	10.47	0.56	0.63	11.66
建筑业	61.63	65.35	91.65	218.63
机动车的销售、维修、保养;燃料零售	0.00	0.00	0.00	0.00
批发贸易和佣金贸易，不包括机动车	3.91	6.29	5.70	15.90
零售贸易（不包括机动车）;家庭用品修理	0.89	1.44	1.18	3.51
住宿和餐饮业	7.49	31.16	12.72	51.37
内陆运输	1.09	1.13	1.08	3.30
水路运输	0.56	0.79	0.91	2.26
航空运输	0.63	1.12	0.86	2.61
其他辅助运输活动;旅行社活动	0.67	2.16	1.10	3.93
邮政业	1.72	1.76	1.96	5.44
金融业	0.98	1.79	1.41	4.18
房地产业	1.70	2.71	2.47	6.88

部门	蓝水足迹	绿水足迹	灰水足迹	水足迹总量
租赁和商务服务业	3.14	5.90	5.65	14.69
公共管理和社会保障事业	8.41	16.26	12.60	37.27
教育事业	6.92	10.37	8.28	25.57
卫生与社会工作	8.65	12.71	15.47	36.83
其他团体、社会和个人服务业	3.52	7.89	6.06	17.47
家庭服务业	0.00	0.00	0.00	0.00
总量	299.29	807.60	536.63	1643.52

从虚拟水贸易的角度来看，2002 年我国呈现虚拟水净出口，虚拟水净出口占总用水量的 3%。虚拟水净进口的主要部门是农业、化学工业、通用专用设备制造业以及金属冶炼及制品业，而虚拟水的净出口则集中在轻工业和服务业上。全球贸易视角下，2009 年中国的虚拟水贸易量位于世界前列。在虚拟水进口方面，美国、巴西、加拿大是中国最大的进口虚拟水供应国，分别为中国提供了 36.9km³、34.9km³ 和 8.8km³ 的水资源（蓝水、绿水和灰水）。中国为满足国内巨大的粮食需求从这些国家进口了大量的农产品。在虚拟水出口方面，中国出口了大量的虚拟水到美国、日本、韩国、德国和英国等发达国家，主要通过纺织业，电子、光学设备制造和食品制造及烟草加工业部门。总体而言，中国的出口量超过进口量，产生虚拟水净流流向日本、德国、韩国、英国、法国等国，造成了水资源的流失，给中国带来了额外的水资源压力。

综上，本案例基于单区域投入产出方法计算了 2002 年中国水足迹与虚拟水贸易量，证实了我国虚拟水净出口国的状态，突出了农业部门对水资源利用的贡献。有学者指出缺乏全球视角分析地方水资源管理是不完善的，因为国家间的贸易联系是无处不在的。为此，本案例基于多区域投入产出模型，呈现了中国与其他国家/地区之间的虚拟水流动关系，可以为中国水资源的可持续利用提供数据支持，从而为进一步改善全球水安全提供理论依据。

第二节　碳足迹核算案例

一、基于生命周期评价的山东省济南市碳足迹核算

温室气体 (GHG) 排放导致的气候变化会对自然和社会系统产生不可逆转的影响。中国 2015 年温室气体排放量为 10.7Gt，约占全球总排放量的 30%。为减缓气候变化，中国制定了一系列减排目标，包括到 2030 年实现碳中和，2060 年实现碳达峰。考虑到城市能源消耗已成为中国碳排放的主要来源，且城市在中国的碳减排政策中发挥着重要作用。因此，建立科学、系统的城市温室气体排放计算方法，明确温室气体的主要来源，并评估温室气

体排放的影响势在必行。本案例以中国山东省政治、经济、文化中心济南市为例，在统计数据的基础上根据全市 540 家企业的相关数据计算济南市温室气体排放量及其经济负担。

（一）研究方法

1. 碳排放清单核算

本案例包含了直接和间接碳排放，如图 7-29 所示。直接碳排放包括了城市边界内六个部门的排放，分别是能源燃烧、工业、农业、废物处理、土地利用和交通运输。对于能源燃烧，案例考虑了工业生产中使用的煤、石油和天然气等化石燃料燃烧产生的温室气体排放。工业部门则包括水泥、白云石和工业脱硫等涉及的温室气体排放。能源燃烧产生的温室气体排放被排除在工业部门之外，以避免重复计算。农业部门涉及水稻种植、作物残茬、土壤施肥、肠道发酵以及家禽（即鸡、鸭）和牲畜（即猪、羊、牛和马）。对于土地利用，考虑了不同土地类型（如森林、草地、耕地、建筑物和湿地）的利用造成的温室气体排放。在运输方面，考虑了铁路、公路、飞机货运和客运。对于废物处置，由于济南市没有城市固体废弃物焚烧的企业，因此仅考虑了城市固体废弃物的安全填埋。

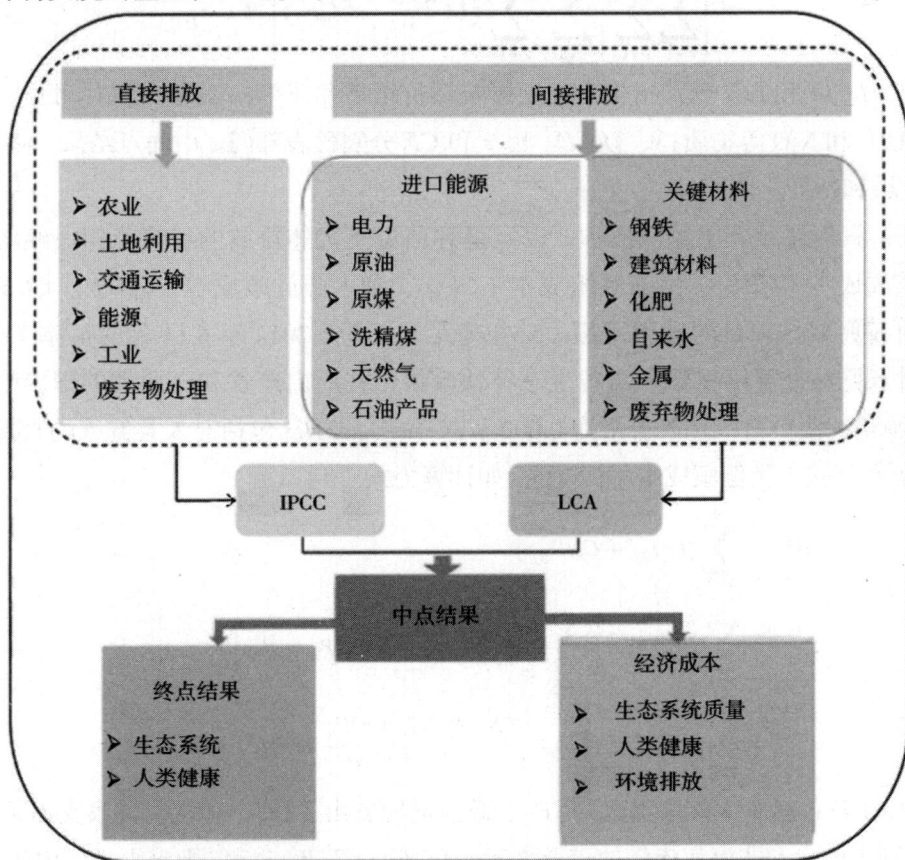

图7-29　系统边界图

间接排放清单包括进口能源和原材料上游生产产生的排放。根据 ISO 标准，碳排放核算应计算关键材料生产生命周期温室气体排放量，以量化整个供应链的完整排放量。对于济南市，主要工业产品，如钢铁、建筑材料（如钢筋和玻璃）生产、炼铁、化肥生产、废物处理（如废水和危险废物处理）、自来水、铜和铝上游原材料生产都包括在间接排放计算中。

2. 环境影响评估方法

温室气体排放的环境影响评估基于 IPCC 指南和 LCA 方法，以 CO_2 当量（即 CO_2eq.）表示。为了分析温室气体排放造成的损害，案例基于 IMPACTWorld+ 模型分析了涉及生态系统和人类健康类别的终点结果。并利用蒙特卡罗模拟进行了不确定性分析，以确认和提高研究的可信度。此外，利用 ArcGIS 软件制作了济南市温室气体排放地图，以确认其空间分布。

在这项研究中，动态生命周期影响评估公式为：

$$LCIA_T = LCIA_{T,M} \times CF_{D,C}$$

$$= \left[\sum_{i=1}^{n} \sum_{s=1}^{m} \sum_{t=2005}^{\alpha} \sum_{r-1}^{\beta} (LCI_{i,s,t,r} \times CF_i) \right] \times CF_{D,C} \quad (7\text{-}12)$$

其中，$LCIA$ 和 LCI 分别指生命周期影响评价结果和清单；i 为温室气体种类，主要包括 CO_2、CH_4 和 N_2O 等物质；s、M、D、t、r 和 CF 分别代表部门、中间点结果、终点损伤、时间、区域和特征化因子。

此外，案例还计算了经济成本，以定量评估温室气体排放的经济负担。经济成本包括环境排放成本（CEE）、生态系统成本（$CEco$）和人类健康成本（CHH）。CEE 是根据中国当前自愿减排项目的碳信用额（5.70 美元 /t，基于 2014 年 6.14 元的汇率）确定的。采用支付意愿法计算则根据江西省生态补偿政策，并用山东省和江西省的国内生产总值（GDP）调整补偿价格，补偿价格为 0.002 \$/（t·m^2）。CHH 包括对人类健康的直接经济负担（CD）和间接人类健康成本（CND），如计算公式（7-13）。

$$CHH = \sum_{i=1}^{n} (CD_{R,i} + CND_{R,i})$$

$$= \sum_{i=1}^{n} LCHA_i \times \left[\frac{CS_R + CG_R + CP_R}{a \times C + b \times NC} + GDP_R \times W_R \right] \quad (7\text{-}13)$$

$$= \sum_{i=1}^{n} (LCI_i \times CF_{i,C}) \times \left[\frac{CS_R + CG_R + CP_R}{a \times C + b \times NC} + GDP_R \times W_R \right]$$

其中，CD 包括个人健康支出（CP）、政府健康支出（CG）和社会健康支出（CS）。C 和 NC 分别为癌症和非癌症疾病的年死亡率。GDP、LCI、W、R 和 i 则分别指国内生产总值、生命周期清单、劳动生产率权重、地区和温室气体。a、b 分别为基于伤残调整生命年的转换系数，以量化致癌性和非致癌性疾病对于人类寿命的影响。

3. 数据来源

间接排放清单的原始数据和部分直接排放清单（即能源消耗、工业产品产出、城市固体废物量和运输量）来自济南统计年鉴。除了作物秸秆外，农业部门的数据同样来自统计年鉴数据。而秸秆量是根据耕地面积、秸秆产量和秸秆利用率计算的。土地利用统计数据来源于环保局提供的遥感数据，近三年数据因数据限制采用插值法计算。经济负担核算中，GDP、人口和卫生支出等相关数据来自中国统计年鉴，癌症和非癌症疾病数据是基于中国癌症统计数据获得。此外，研究还收集了济南市 540 家企业的现场排放数据。

研究结果：

（1）直接温室气体排放。表 7-14 显示了 LCIA 结果和对环境影响贡献最大的温室气体。中点结果指的是以 CO_2 当量表示的温室气体排放值。终点结果是指温室气体排放对生态系统和人类健康造成的损害影响。中点和终点结果均通过 IMPACTWorld+ 模型计算，该模型可在全球范围内使用。2015 年的中点得分和 GSD^2 分别为 6.23×10^7 t CO_2 eq. 和 2.03。这说明在 95% 置信区间内，温室气体排放量变化范围为 $3.07 \times 10^7 \sim 1.26 \times 10^8$ t CO_2 eq.。对于终点结果，生态系统和人类健康类别的总量分别为 1.15×10^{10} PDF·m^2·y 和 5.20×10^4 DALY。此外，导致全球变暖的主要物质为 CO_2，约占温室气体排放总量的 74%，其次为 N_2O 和 CH_4。

表7-14　2015年LCIA结果和主要物质

物质	中点结果	终点结果	
		生态系统	人类健康
单位	t CO_2 eq.	PDF·m^2·y	DALY
CO_2	4.64×10^7	8.59×10^9	3.87×10^4
N_2O	1.12×10^7	2.07×10^9	9346
CH_4	4.61×10^6	8.61×10^8	3879
其他 (H_2O 和 O_3)	8.73×10^4	8.01×10^6	36.11
总计	6.23×10^7	1.15×10^{10}	5.20×10^4
GSD^2	2.03	3.20	3.20

为了分析直接 GHG 排放的来源，图 7-30 展示了最重要的过程贡献者。能源燃烧是环境负担的主要贡献者，占温室气体直接排放总量的 73%。同时，城市固体废弃物处置、工业过程和运输过程对 GHG 排放产生了显著影响。由于森林和草地带来的碳汇，土地利用过程可以产生环境效益，因此农业和土地利用过程的温室气体排放量很小。土地利用产生的碳汇为 1.05×10^{10} kg CO_2 eq.，占总量的 17%。在能源消耗方面，主要贡献者是原煤和石油燃烧，它们分别占化石燃料燃烧产生的温室气体排放总量的 38% 和 35%。此外，精煤和其他洗煤在能源消耗中占有重要地位，但天然气的影响较小。

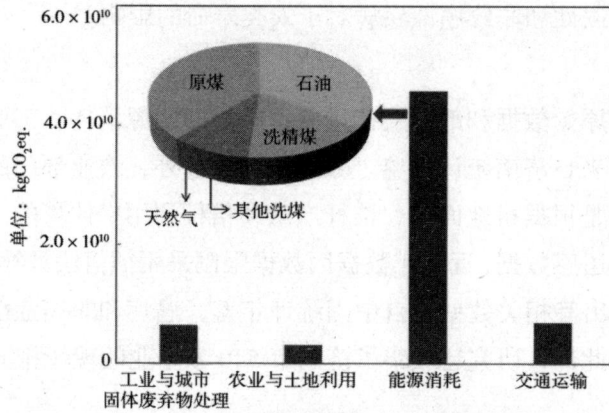

图7-30　直接温室气体排放的主要来源

（2）间接温室气体排放。为建立综合排放清单，还计算了间接排放，如图 7-31 所示。其中，进口能源和关键材料的排放分别为 3.29×10^{10} kg CO_2 eq. 和 4.14×10^{10} kg CO_2 eq.，占碳排放总量的 50% 以上。发电对进口能源的间接排放贡献最大，其次是石油开采过程。此外，煤炭开采、精煤和石油生产对排放量的影响也十分明显。钢铁生产对关键材料的间接排放做出了重大贡献。此外，建材生产发挥了重要作用，其次是炼铁过程，其他过程（例如化肥、自来水和金属生产）的影响相对较小。

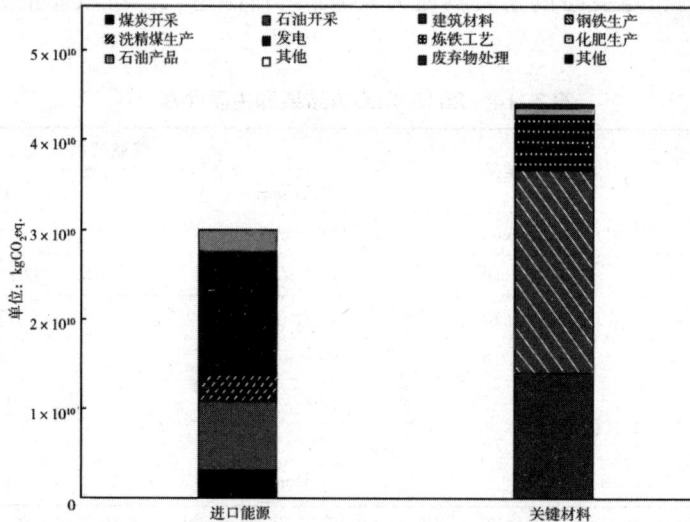

图7-31　间接排放及其关键贡献过程

（3）经济成本分析。图 7-32 显示了直接和间接排放的经济成本核算结果。人类健康成本是经济影响的最大贡献者，其次是环境排放。相比之下，生态系统质量造成的经济负担微乎其微。直接排放对人类健康、生态系统质量和环境排放成本的贡献最为明显，分别为 1.04×10^9 美元、5250 美元和 9.59×10^7 美元。此外，关键材料的间接排放造成的经济负担也十分明显，进口能源的间接排放影响则相对轻微。图 7-32 显示了对经济成本贡献最大的主要物质。CO_2 的贡献最为明显，占总成本的 70% 以上。对于直接排放，N_2O 也导致了很大一部分经济负担，而间接排放中 CH_4 的贡献比较明显。

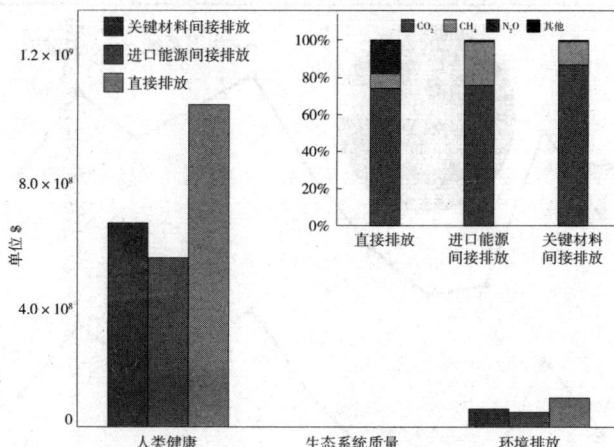

图7-32　经济成本评估及其关键影响因素

（4）济南市动态温室气体排放。对济南市 2005～2015 年排放清单进行动态变化趋势分析（图 7-33），温室气体排放总量从 2005 年的 6.02×10^{10} kgCO_2eq. 增加到 2015 年的 6.23×10^{10}kg CO_2 eq.，年均增长 0.34%。由于煤炭消费能力不同，温室气体排放量在 2011 年达到最大值，在 2008 年达到最小值。排放值在过去 11 年中虽有波动，但总体呈上升趋势，而工业化和城镇化的加速是温室气体排放增加的原因。每年对环境负担贡献最大的主要物质是 CO_2，其次是 NO_x 和 CH_4。图 7-34 显示了终点结果，包括生态系统和人类健康类别的结果。终点结果的变化趋势与中点结果一致，生态系统和人类健康类别的影响量在 2011 年达到顶峰，分别为 1.24×10^{10} PDF·m^2·y 和 5.58×10^4 DALY，在 2008 年为最低水平，分别为 1.05×10^{10} PDF·m^2·y 和 4.72×10^4 DALY。对于终点结果的生态系统和人类健康类别，主要影响是 CO_2，其次是 NO_x 和 CH_4，这些结果与中点结果同样保持一致。

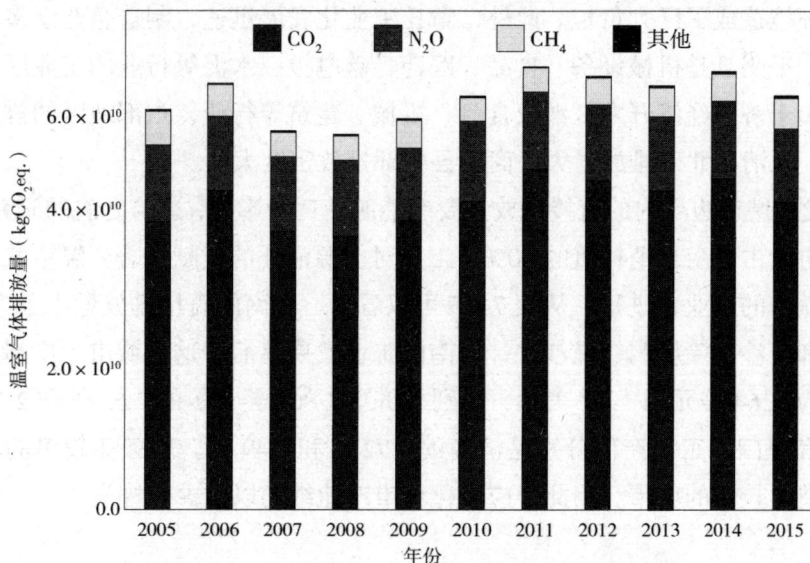

图7-33　2005～2015年济南市温室气体排放量

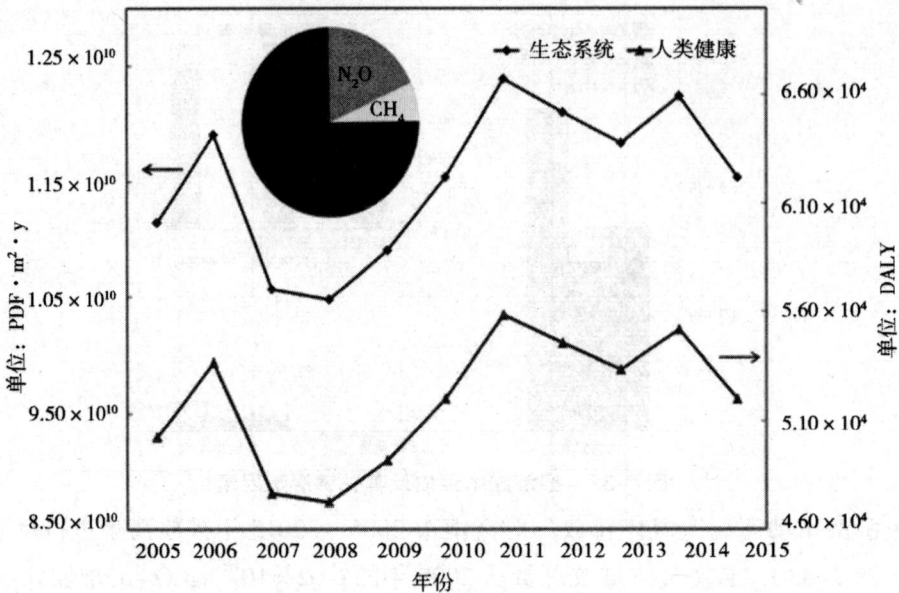

图7-34 济南市温室气体排放人体健康和生态系统质量损伤评估结果

为了分析济南市主要过程（即能源消耗和工业过程）温室气体排放的地理分布，案例制作了空间分布图。济南市包括市中区、历下区、天桥区、历城区、淮阴区和长清、章丘、商河、济阳和平阴。由于工业企业密集，尤其是石化企业（如中石化、裕兴化工）和钢铁行业（如济钢行业）的存在，城市北部地区的温室气体排放浓度最大且最密集。高新区也位于该区域，其包含了汽车零部件、电网设备生产、生物制药和医疗器械、新材料、精密制造等产业园。同时，区内小企业多，人口多，车流量大，排放密度高。章丘区排放量位居第二，主要得益于明水经济开发区以重卡、动力设备为主的制造业。属于石化行业的圣泉公司也对环境造成了巨大负担。此外，章丘工业化发展迅速，制造企业众多，温室气体排放量大增。平阴县是机械设备、食品、医药、碳电极、水泥等行业的工业区，排放值较大。济阳县由于济北经济开发区涉及食品、机械、建筑等行业，东部地区的排放量占主导地位。此外，长清区北部排放量大，商河县中部排放密度大。

总而言之，城市边界内的直接排放主要受能源消耗的影响，这与之前的研究结果一致。由于工业用电量占济南总消耗量的80%，工业对能源消耗的贡献显著。温室气体直接排放部分反映了城市的工业化进程。从表7-15可以看出，济南的直接排放量小于广州和天津，但大于厦门和长沙。除厦门、长沙外，济南的工业发展落后于这些城市。广州和天津的工业产值分别为2264美元和1911美元，分别是济南（861美元）的2.63倍和2.22倍。相比之下，长沙和厦门的工业产值分别是济南的0.72倍和0.49倍。服务业较多的城市的排放量低于重制造业较多的城市。因此，应优化城市产业结构以减少碳排放。

表7-15 济南市人均排放与其他城市的对比

城市	时间	人均排放（t CO_2eq.）			边界
		直接排放	间接排放	总计	
丹佛	2005	18.9	6.4	25.3	边界1+跨界出行、食物、水、燃料和混凝土的能源消耗
美国&城市	2005	14.9	7.0	21.9	边界1+2+跨界出行、食品、水、燃料和混凝土的能源消耗
厦门	2009	—	5.24	5.24	边界3：食品、水、钢铁、水泥和燃料
厦门	2009	5.61	3.68	9.29	边界1+2+跨界交通、燃料、水泥、水和食品的能源消耗
广州	2010	12.47	——	—	边界1：化石燃料消费和9个行业
长沙	2010	8.11	——	—	边界1：化石燃料消费和9个行业
天津	2009	9.27	——	—	边界1：农业、工业、交通运输业、商业
济南	2015	8.75	10.42	19.17	边界1+2+能源、钢铁、建材、水、有色金属等

注 直接排放是指边界1的排放；间接排放是指边界2+3的排放。

济南市政府印发了《节能低碳发展实施方案》以实现"十二五"减排目标，实施中提出调整能源消费结构，降低煤炭消费比重，增加天然气供应。因此，煤炭消费量从16t下降到 1.48×10^7 t，天然气消费量从2014年的 2.39×10^5 t增加到2015年的 2.54×10^5 t。与2014年相比，2015年能源消耗导致的温室气体排放量减少了约7%。肯尼迪等人的研究标明，温室气体减排能够通过替代碳密集型资源（例如煤炭、石油）和轻度密集型资源（例如天然气、热电联产和可再生能源）实现。因此，因地制宜发展清洁能源（风能、水能、太阳能），推进煤改气锅炉建设，降低煤炭在能源结构中的比重，是减少城市温室气体排放的必要条件。

济南市的间接温室气体排放量是直接排放量的1.19倍，占济南市总排放量的54%（表7-15）。这一结果揭示了仅包括直接排放而忽略城市消费间接排放的温室气体排放清单歪曲了城市的碳排放责任。即需要编制范围1+2+3的排放清单，全面有效地确定范围3的关键材料，选择适合中国实际情况的准确排放因子。同时，要充分考虑温室气体减排责任，确保公平。

（二）主要结论

本研究通过中国济南的案例研究量化了城市层面的直接和间接温室气体排放及其对环境和经济的影响，并对济南市碳排放的时空变化进行了分析。2015年济南市总排放量为 1.37×10^8 t CO_2 eq.，其中直接和间接排放量分别占总排放量的46%和54%。直接排放的最主要贡献者是能源消耗（例如煤炭和石油），尤其是来自工业部门的能源消耗。此外，水泥工业、交通运输和MSW处理过程在直接排放中发挥了重要作用。对于间接排放，对进口能源贡献最大的是煤电以及石油和煤炭开采过程，同时钢铁、建筑材料和铁的生产也产生了一定的影响。因此，优化能源和产业结构是减少碳排放的有效措施：一方面，优化经济结构，提高第三产业比重，发展高新技术产业淘汰落后产能，这是政策制定者出台措施的必要条件；另一方面，转变能源结构、发展清洁能源、降低火电比例是碳减排的首要建议。此外，应建立准确、完整的包含范围 3 的清单，并考虑整个供应链的排放，以实现城市层面的碳减排。

第三节　氮磷足迹核算案例

一、氮磷对环境的影响

氮和磷的过量输入会对生态系统造成损害，导致水生植物过度生长，消耗氧气，进而导致全世界湖泊、河流与沿海地区的富营养化，对水质产生威胁，降低水生动物多样性，损害水生生态系统。农业、污水、城市径流、工业废水和化石燃料燃烧是养分的主要来源。尤其对于农业来说，氮和磷是食物生产中必不可少的投入元素，全球人口增长导致食物需求不断增加，因此全球农业中氮肥和磷肥的使用也大量增加，对生态系统和生物多样性造成不利影响。对于氮来说，除导致水体富营养化、生态系统损坏之外，尿液和粪便中的 NH_4^+ 会形成 NH_3，且氮元素在硝化、反硝化、硝化剂反应中会被转化为 N_2O，形成温室气体排放；另外，氮如果流失到环境中，就会穿过地球的大气层、森林、草原和水域，导致烟雾、酸雨、森林枯死、平流层臭氧消耗和温室效应增强等负面环境影响。对于磷来说，作物和食物的浪费，以及动物和人类的排泄物也会导致人为磷输入。中国不仅面临着巨大的磷资源压力，以不到 6% 的全球磷矿储量，生产了全球 37% 的化学磷肥并消耗了总产量的 33%，同时大量的人为磷输入也造成了国内大量水体的富营养化问题。

贸易会导致氮磷负荷的跨区域流动。各国会从氮肥、磷肥使用效率高于本国使用效率的地区进口粮食和饲料，通过国际贸易对氮磷养分的空间再分配来进行物理转移。对于氮足迹来说，全球氮足迹的大约四分之一来自跨国商品交易，主要是农业、食品和纺织品的贸易，且出口国通常是发展中国家，发达经济体往往是净进口国。对于磷足迹，虽然国家贸易导致了磷的空间转移，但是它也使农业生产的全球磷需求总量减少。对于中国来说，中国的国际磷贸易主要涉及磷化学品的净出口和下游作物的净进口，特别是来自美国、巴西和阿根廷的大豆。在中国国内贸易中，玉米的由北向南出口以及小麦的由南向北出口，导致 N、P 的流动。

二、氮磷足迹核算案例

（一）案例1：基于MRIO模型的国际贸易中水氮污染转移研究

氮足迹及其对环境和健康的影响逐渐引起学者们的关注。过量的水氮可能对水生生态系统和人类健康造成潜在威胁。近年来，国际贸易中隐含的环境影响是贸易与环境关系研究的热点。从消费需求的角度核算全球贸易中隐含的污染排放和转移，对于理解贸易对环境污染的影响，划分减排责任具有重要意义，有助于有关部门制定正确的外贸政策，优化外贸结构，提高外贸质量，促进经济又好又快增长。本研究在考虑污染物转移总量和贸易流污染物排放强度的基础上，利用 2015 年全球污染物排放数据库和全球投入产出模型，计算国际贸易对全球水氮排放格局的影响。

1. 方法与数据

使用 2015 年涵盖了 188 个国家 26 个行业的多区域输入输出数据以及各行业的水氮排放数据（食品加工、纺织、服装等行业的水氮排放数据来自 Eora 全球供应链数据库），利用投入产出法来衡量国际贸易中所体现的水排放量和影响以及全球贸易中所体现的水氮转移。

2. 结果

如表 7-16 所示，2015 年全球水氮排放总量为 91.89Mt，其中 70.42% 来自农业生产活动。中国是农业生产活动中水氮排放量最高的国家，占生产链总排放量的 24.6%。据测算，2015 年国际贸易中体现的不同地区间水氮排放量为 8.43Mt，占全球氮排放总量的 9.2%。从直接水氮排放量（以生产者的角度）来看，东亚、南亚、北美、拉美和加勒比、撒哈拉和南非的直接水氮排放量相对较高，而剩余五个地区的直接氮排放量较低，它们合计占全球排放量的 25.3%。以完全水氮排放量（从消费者的角度）来看，东亚、南亚、北美、拉美和加勒比、西欧的水氮完全排放量较高，而剩余五个地区的完全排放量合计占全球排放总量的 26.1%。

表7-16　10个地区水氮污染排放情况

地区	直接排放水氮（Mt）	完全排出水氮（Mt）	进口水氮量（Mt）
北美	9.0674	9.2522	0.1848
东南亚和太平洋岛屿	3.9381	3.8135	−0.1247
东欧和独联体	3.2959	3.7992	0.5032
东亚	17.2527	17.9699	0.7172
拉丁美洲和加勒比地区	9.0535	8.3702	−0.6832
南亚	12.4829	11.4390	−1.0440
日本，澳大利亚和新西兰	2.3263	2.6512	0.3249
撒哈拉沙漠和南非	7.9100	5.7854	−2.1245
西欧	5.9616	8.1276	2.1660
中东和北非	3.3503	3.4306	0.0803

水氮排放量相对最大的贸易流是：撒哈拉和南非向西欧、东欧和独联体、北美、日本、澳大利亚和新西兰出口农产品，隐含水氮排放分别为 86.77×10^4t、37.97×10^4t、24.63×10^4t、23.48×10^4t；拉丁美洲和加勒比地区分别向西欧和北美出口农产品，隐含水氮排放分别为 39.63×10^4t、26.09×10^4t；南亚出口到西欧、东亚（36.25×10^4t、24.35×10^4t）；东南亚及太平洋岛国出口到东亚（29.77×10^4t）；中东和北非向西欧出口

（ 28.97×10^4 t）；北美出口到东亚（ 24.88×10^4 t）。

水氮排放量较大的贸易流，大部分是污染物从发达地区向欠发达地区的转移。此外，水氮排放的方向和数量与这些地区的距离、农业资源丰富程度和经济发展水平有关。具有相似农业资源禀赋且距离远的地区之间的污染物转移通常较小，例如：东南亚和太平洋岛屿之间、东欧和独联体之间（分别为 6600t 和 28300t）；东南亚和太平洋岛屿、拉丁美洲和加勒比地区（222000t 和 7700t）；南亚、拉丁美洲和加勒比地区（5200t 和 26300t）。同样，从经济发展水平低的地区向经济发展水平高的地区转移也相对较少。例如，南亚向其他地区转移的水氮排放量为 13.46×10^4 t，占全国氮排放总量的 1.2%；从撒哈拉和南非向其他地区转移的水氮量为 9.66×10^4 t，占全国氮排放总量的 1.7%。同时，经济发展水平较高的地区对经济欠发达地区的污染物排放水平也明显较高。例如，这些地区从撒哈拉以南非洲进口农产品所含的水氮量为 222.11×10^4 t，占撒哈拉和南非直接水氮排放量的 28.1%；西欧和日本、澳大利亚、新西兰地区通过进口农产品向其他地区转移的水氮排放量分别为 33.3% 和 32.5%。最后，农业资源的丰富程度也会对水氮排放转移产生影响。例如，西欧、东亚等地区，由于耕地资源短缺，进口水氮排放量较高。

通过进一步探索区域间农产品双边贸易流的污染强度，发现从发达经济体流向欠发达经济体的出口贸易流中的污染强度较低，而从欠发达经济体流向发达经济体的情况则相反。北美从撒哈拉和南非进口农产品的贸易流的污染强度最高，为 223.89 kg Nwp/t，其次是南亚（117.87 kg Nwp/t）。此外，来自东南亚和太平洋岛国、西欧、拉美和加勒比地区以及日本、澳大利亚和新西兰的进口贸易流的污染强度较低。在北美的出口贸易流中，污染强度最高的是流向欧洲的出口贸易流，为 36.65 kg Nwp/t 农产品。

表7-17　北美与其他地区的贸易流中体现的污染强度

地区	出口贸易流的污染强度	进口贸易流的污染强度
东南亚和太平洋岛屿	3.28	10.02
西欧	36.65	25.66
东亚	3.68	73.94
拉丁美洲和加勒比地区	8.16	28.68
南亚	0.94	117.87
日本，澳大利亚和新西兰	8.40	35.95
撒哈拉沙漠和南非	1.11	223.89
中东和北非	17.13	112.35

注　污染强度 = 水氮（kg）/ 农产品（t）。

3. 中国水氮排放进出口情况

我国水体氮排放量达 1685×10^4 t，其中国内需求造成的水体氮排放 1607×10^4 t，其他国家进口贸易对中国造成的氮排放 78×10^4 t。我国进口水氮排放的主要国家是日本、美国、韩国和德国，进口水氮排放量分别为 8.89×10^4 t、8.69×10^4 t、4.66×10^4 t 和 2.48×10^4 t。中

国的水氮排放主要来自餐饮住宿业、食品饮料制造业、教育、卫生等服务业对中国农产品的需求。

中国基于最终需求的氮排放总量为 $1701 \times 10^4 t$，其中 $94 \times 10^4 t$ 水氮进口到其他国家。进口量前五位的国家为缅甸、美国、巴基斯坦、印度和澳大利亚，分别为 $10.73 \times 10^4 t$、$10.26 \times 10^4 t$、$8.8 \times 10^4 t$、$5.16 \times 10^4 t$ 和 $4.94 \times 10^4 t$。如表 7-18 所示，根据行业相关性分析，水氮的进口主要来自建筑、食品饮料、农产品、纺织服装等消费需求。中国出口到其他地区的贸易流的平均污染强度为每吨农产品 9.06 kg 水氮，低于北美出口到其他地区的贸易流污染强度（42.05 kg 水氮 /t 农产品）。中国出口到其他地区的贸易流的平均污染强度（34.94 kg 水氮 /t 农产品）则高于进口贸易流的平均污染强度。

表7-18 中国水氮污染排放转移的产业联动

国家	相关行业（10000t）	污染投入-产出关系
缅甸	建筑（34.6）；食品和饮料产品（20.4）；农产品（14.2）	净进口
美国	建筑（26.6）；食品和饮料产品（21.7）；农业（13.0）；纺织和服装（7.9）	净进口
巴基斯坦	纺织和服装（30.0）；建筑（12.6）；食品和饮料产品（8.7）；教育、卫生和其他服务部门（6.5）	净进口
印度	建筑（12.2）；纺织和服装（8.1）；食品和饮料产品（6.5）	净进口
澳大利亚	食物（11.1）；建筑（9.4）；纺织（6.2）；农业（5.7）	净进口
印度尼西亚	建筑（10.7）；食物（4.2）；纺织和服装（1.8）	净进口
日本	食品和饮料产品（39.4）；餐饮和住宿（30.2）；教育、卫生和其他服务部门（9.5）；金融和其他商业活动（8.0）	净出口
美国	公共管理（13.0）；教育、卫生和其他服务部门（11.5）；食品和饮料产品（11.1）；交通运输设备制造（9.5）	净出口
韩国	食品和饮料产品（31.0）；纺织和服装（7.9）；交通运输（7.0）	净出口
德国	食品和饮料产品（11.1）；纺织和服装（3.73）；电气设备制造（3.68）	净出口
意大利	纺织和服装（7.63）；食品和饮料产品（2.94）；电气设备制造（2.30）	净出口

4. 结论

无论是生产端排放还是消费端排放，西欧和东亚地区水氮排放量均呈上升趋势；而撒哈拉、南非和南亚地区的水氮排放量急剧下降。北美农业管理水平较高，出口贸易流的污染排放强度较低，是农产品的主要出口国之一。此外，在保持较高农产品贸易顺差的基础上，北美水氮污染物进出口量基本实现平衡。

由于谷物进口急剧增加和农产品贸易逆差扩大，中国由水氮净出口国转变为净进口国。2015 年水氮污染排放量前五位的国家分别是日本、俄罗斯、德国、韩国和意大利，占全球水氮进口量的 47.9%。我国水氮污染排放形势由 2010 年的净出口国转变为目前的净进口国，逆差 $16 \times 10^4 t$，占全球水氮进口量的 2.72%，主要是大豆、玉米、水稻进口大幅增加所致。我国水氮主要出口地区包括东亚、欧洲和北美，主要国家包括日本、美国、德国、意大利等。此外，主要进口地区位于东南亚、北美、非洲和南亚，如缅甸、美国、巴基斯坦、印度和澳大利亚。

我国农产品进出口结构失衡，农作物生产能力低下，加剧了国内资源环境压力。另外，虽然中国已成为水氮净进口国，但国内的环境压力并未因大量食品进口而得到缓解。随着粮食进口的增加，中国国内的粮食储备不断增加。经计算，无效农作物生产能力导致水氮污染达 410.45×10^4 t，占国内排放总量的 24.4%。同时，中国主要出口氮含量高的蔬菜、水果等农产品，进口氮含量低的农作物，进出口结构失衡进一步加剧了国内资源环境压力。

在农产品贸易中，也存在发达经济体向欠发达经济体转移环境压力的现象。研究表明，发达地区倾向于通过国际贸易将高污染农业产业转移到其他地区，即进口重污染农产品以满足自身生产和消费需求。通过对比北美与其他地区双边贸易流中的污染强度，发现从北美出口到欠发达经济体的产品污染强度较高。

（二）案例2：由 EU-27 的作物生产和消费引起的人为氮和磷排放以及相关的灰水足迹

不断增长的全球人口、作物生产、污水排放和化石燃料燃烧显著改变了全球氮（N）和磷（P）循环。全球营养循环的改变产生了积极与消极两方面影响。一方面，农作物产量的增加可归因于农业中氮磷肥用量的增加；另一方面，农业生产中养分的施用（人工肥料或粪肥）与作物吸收的差异导致大部分氮磷进入淡水系统，从而导致水质恶化和沿海海洋生态系统富营养化，农产品国际贸易的显著增加也间接导致了农业污染的全球化。农产品进口国正在将农业生产对环境的破坏转移到生产和出口产品的地区，从而导致农产品消费者不必承担环境成本，并且对其消费所引起的环境损害知之甚少。为了提高意识并正确地将环境影响责任分配给负责任的最终消费者，该研究对贸易农产品供应链中产生的氮磷排放开展了精细化的足迹核算。

1. 方法与数据

（1）向淡水中的氮和磷排放。利用回归模型根据年降水量、黏土含量、分解率、土壤有机质中的 N 量、收获作物和从田间清除的作物残留物对 N 的吸收、土壤中的总氮等数据计算浸出的氮损失；使用总浸出量、肥料和粪便形式的 N 输入比例估算人为浸出量；假设排放到水系统的 P 量是肥料和肥料施用的 P 输入量的 12.5% 来估算 P 排放；使用牲畜密度、动物特定排泄量计算粪便输入率；使用作物产量以及特定作物的 N 和 P 含量来估算收获作物的 N 和 P 去除量；使用作物残余物以及作物残余物的 N 和 P 含量、残余物去除因子来计算作物残余物的 N 和 P 去除量。

（2）灰水足迹的计算。

①计算 N 和 P 的灰水足迹。使用最大可接受浓度、在接收水体中的自然浓度（总氮和总磷的最大可接受浓度值分别为 3.1 mg N/L 和 0.95 mg P/L，总氮和总磷的自然浓度值为 1.5mg N/L 和 0.52mg P/L）计算 N 和 P 的灰水足迹。

②计算与 EU-27 商品和服务消费相关的 GWF。通过 EXIOBASE 2.2 的 48 个不同国家和地区的 146 种不同作物的生产相关的 GWF 值模型将 GWF 分配给生产特定作物的部门，将 GWF 与作物的贸易流 "相关联"。

③确定优先流域和产品。根据 EU-27 消耗的 GWF 规模和水污染水平（WPL）确定与 EU-27 消耗 WF 相关的优先流域和产品。

2. 结果

与 EU-271 作物生产相关的淡水中的人为氮和磷排放：

2007 年全球农业生产中氮和磷的总排放量分别为每年 31Mt 和 2.9Mt。全球淡水中人为 N 和 P 排放量存在显着空间差异。一方面，在中国东南部和印度东北部，N 负荷可达到 100kg N/hm^2 以上，其他具有较大 N 负载的地方包括西欧、美国中部和中美洲。在欧洲，主要是集中在德国、荷兰、比利时、英国、丹麦和波兰，观察到的氮负荷高达 75kg N/hm^2，另一方面，西班牙东北部埃布罗河流域的人为磷负荷最大，达到 50 kg / hm^2，在中国东北部和印度北部，观察到略高于 5kg P/ha 的人为磷负荷。

2007 年欧盟 27 国人为 N 和 P 排放量分别为每年 0.9Mt 和 0.4Mt。如表 7-19 所示，爱尔兰对 EU-27 贡献了最大的人为 N 负荷份额（23%），其次是德国（19%）、英国（14%），荷兰和波兰各占 10%。欧盟 27 国中约 50% 的人为磷负荷由西班牙贡献，其次是法国（11%）和波兰（6%）。

表7-19　选定欧洲国家和欧盟 27 国的人为排放到水中的氮和磷排放总量

产品	人为氮排放		人为磷排放	
	kt/年	kg/hm^2	kt/年	kg/hm^2
比利时	25	41	6	9
保加利亚	11	4	6	2
法国	70	5	45	3
德国	176	19	22	2
希腊	13	4	6	2
爱尔兰	214	690	8	26
意大利	19	3	21	3
荷兰	90	157	10	17
波兰	91	8	26	2
葡萄牙	6	5	5	4
西班牙	58	5	212	17
英国	139	33	22	5
其他国家	21	1	38	2
欧盟27国合计	933	11	425	5

就单位收获面积而言，最大的人为排放发生在爱尔兰，为 690kg N/hm^2 和 26kg P/hm^2，其次是荷兰（157kg N/hm^2 和 17kg P/hm^2），比利时（41kg N/hm^2 和 9kg P/hm^2），以及英国（33

kg N/hm^2 和 5kg P/hm^2）。

3. EU-27 的灰水足迹与作物生产数据相关

如表 7-20 所示，欧盟 27 国与农业生产相关的 GWF 为每年 1065Gm^3。该 GWF 的大约 78% 是由于人为 P 排放，而其余 22% 由于农田（主要是谷物、水果和蔬菜）的人为 N 负荷。谷物（小麦、大米和其他谷物）在 GWF 中所占份额最大，为 30%。其他对 GWF 贡献最大的作物是水果（17%）、蔬菜（14%）和油料作物（13%）。谷物（小麦、大米和其他谷物）占收获面积的 65%，其次是油料作物，占收获面积的 18%，蔬菜、水果和坚果占 11%。

表7-20　2007年欧盟27国生产的灰水足迹（每年百万立方米）

产品	氮	磷	总体
其他谷物	105093	190130	190130
水果	22631	175891	175891
蔬菜	30962	144285	144285
油料作物	139674	95105	139674
小麦	106408	115376	115376
豆类	11775	85151	85151
饲料作物	62581	63121	63121
根和块茎	51324	32720	51324
糖类作物	41003	27681	41003
坚果	9580	31330	31330
水稻	15	12869	12869
其他作物	1849	11775	11775
纤维	43	2985	2985
总计	582938	988419	1064914

不同国家对 EU-27 与作物生产相关的整体 GWF 的贡献如图 7-20 所示：总 GWF 的大约 40% 来自西班牙，主要是由于农田的人为磷负荷。对欧盟 27 国 GWF 产量贡献很大的其他主要国家是爱尔兰（11%）、德国（9%）、法国（9%）和英国（7%）。在爱尔兰、德国和英国，较大的 GWF 是由 N 负荷引起的，而在法国，人为负荷是主要负荷。

如表 7-21 所示，各国将其 WF 外部化的程度差异很大。就整个欧盟 27 国而言，外部 WF 的份额为 41%。选定国家的外部 GWF 份额从西班牙的 26% 到爱沙尼亚的 84% 不等。单个 EU-27 国家将其 GWF 外部化到其他 EU-27 国家或世界其他地区的程度也各不相同。如对于西班牙，其 GWF 的 42% 是外部的，只有 4% 是外部化到欧盟 27 国的，22% 是外部化到世界其他地区的。而爱沙尼亚将其 GWF 的 26% 转移到欧盟 27 国，将 57% 转移到世界其他地区。

表7-21　2007年欧盟27国及一些选定国家与农产品消费有关的灰水足迹

国家	总灰水足迹（Gm³/年）				人均灰水足迹 [m³/(人·年)]
	内部灰水足迹	外部灰水足迹		总计	
		欧盟27国内部	世界其他地区		
欧盟27国	1080	—	754	1834	3694
爱沙尼亚	0.3	0.6	1.2	2.1	1608
德国	76	74	178	328	3924
荷兰	17	17	46	80	4839
波兰	46	11	20	77	2023
西班牙	294	15	90	399	8931
英国	72	64	129	265	4322

欧盟27国的外部GWF虽然分布在世界其他地区，但其范围集中在几个地方。欧盟27国的大部分大型GWF外部化到密西西比河流域（美国）、巴拉那河流域（阿根廷、玻利维亚和巴西共有）、印度河流域、中国东南部淮河流域、黄河中游及长江流域，以及埃及的尼罗河三角洲。

不同作物对欧盟平均GWF消费量的贡献表明：四分之一的GWF与油料作物（包括棉花、大豆、油棕、向日葵、油菜籽等）的消费量有关。不同作物之间GWF的差异主要来源于化肥和肥料的施用率以及作物的氮去除率。此外，从农田渗出的氮的比例取决于降水量和土壤的黏土含量。对于低黏土和高降水量的地区，浸出比例会更大。油料作物的大的GWF主要来自中国，其肥料施用量和人为N和P排放量相对较大。其他对欧盟GWF消费贡献较大的产品是其他谷物（14%）、水果（12%）、小麦（11%）和蔬菜（10%）。

对欧盟27国与农产品消费相关的GWF的详细分析表明，大约87%的GWF发生在WPL超过1.0的流域，即违反环境水质标准的流域。

长江流域（中国）和埃布罗河流域（西班牙）是两个最重要的优先流域，分别占欧盟27国GWF的8.5%和6.9%。在长江流域，油料作物生产占GWF的很大比例（39%），其次是水稻（14%）和块茎（12%）。在埃布罗河流域，水果是主要作物，占该流域GWF份额最大（28%），其次是蔬菜（18%）和其他谷物（16%）。

杜罗河（西班牙和葡萄牙共有）和淮河（中国）是其他优先流域，分别占欧盟27国GWF的4.2%和3%。占杜罗盆地GWF很大份额的主要作物是水果（24%）、其他谷物（20%）和蔬菜（17%）。在淮河流域，油料作物（主要是棉花生产）对GWF的贡献率约为38%，其次是小麦（19%）和其他谷物（16%）。优先流域顺序中的下一个是瓜达尔基维尔河和多瑙河，它们分别占欧盟27国消费的GWF的2.9%和2.8%。瓜达尔基维尔河流域的GWF主要来自油料作物、水果和蔬菜的生产。在多瑙河流域，造成大GWF的主要作物主要是其他谷物、小麦和油料。

这种流域优先排序的结果使欧盟 27 国明确关注作物生产和采购的两个优先区域：欧盟 27 国内部和东亚（主要是中国）。在 20 个优先流域中 11 个在欧盟 27 国之内，6 个主要在中国。

流域之间的重点作物存在多样性。然而，主要有五种作物和作物类别：油料作物、其他谷物、水果、小麦和蔬菜。这五种产品也占欧盟 27 国 GWF72% 左右。油料作物（包括棉花）是欧盟 27 国 GWF 中最重要的作物。它们被列为所有优先流域的优先作物。

4. 结论

（1）过去几十年农产品国际贸易的增长也加剧了虚拟水流的全球化以及农业污染。世界某一地区的消费者正在将施肥带来的环境损害转移到生产和出口产品的地区，而这些地区往往没有意识到环境损害。

（2）本案例通过追踪欧盟的全球 GWF，将欧盟的 GWF 与其他地方的水污染问题联系起来。通过确定优先流域和产品，进一步评估了欧盟将其环境损害外部化的地理特定程度。优先考虑或确定水污染严重的流域以及导致大型 GWF 的相关产品，可以帮助欧盟政策制定者和政府制定政策和战略，以在最需要的地方分担减少 GWF 的责任。

（3）本案例中提出的分析可能会进一步鼓励欧盟政策制定者制定考虑河流流域同化能力的 GWF 减少目标。这些目标可以转化为每个流域的最大可接受负荷，以缩小到特定作物生产的规模。在世界的许多地区，农作物获得了过量的养分，在这些地区，可以在不影响农业生产力的情况下减少过量施肥。

第四节   污染足迹核算案例

一、基于水质可持续性评价框架的江苏省工业部门水污染超标量化研究

本案例基于水功能区限制纳污能力构建区域水质可持续评估框架（图 7-35）。首先将水功能区限制纳污能力设置为水质边界的最小单元；其次建立水功能区限制纳污能力与企业水污染排放的空间关联，核算企业、部门的超标排放量，揭示水质超载的部门和空间分布规律；最后借助多区域投入产出分析将超标排放部门与我国省间贸易和消费相关联，揭示消费对于区域水质超载的贡献。以工业产值最高的江苏省为研究对象，比较 1338 个水功能区的水质边界与 11094 个工业企业的水污染排放量识别超标水功能区，采用祖父法将水功能区超标量分配到排污企业和部门，明确水质超载的空间和部门分布；基于省间多区域投入产出模型量化中国省间贸易对区域水质超载的作用，探究导致江苏省工业水污染超标的主要贸易省份和部门，从而为污染物削减目标的制定提供数据支持。

步骤 1 **区域水质边界计算**
- 水功能区限制纳污能力 → 水质边界

步骤 2 **污染物排放量核算**
- 水功能区纳污量 = Σ企业排污量

步骤 3 **水质超载量化指标**
- 水功能区污染超载量
  = 水质边界 − 水功能区纳污量；
- 企业超标量
  = 水功能区超标量 × $\dfrac{\text{企业排污量}}{\text{水功能区纳污量}}$
- 部门超标量 = Σ企业超标量

步骤 4 水质可持续评价

区域 r 部门 p　　区域 s 部门 p

区部域门 r p

区部域门 s p

Z_{pq}^{rs}　　y　　X

多区域投入产出模型

量化中国省间贸易对区域水质超载的作用

辽宁：：401
内蒙古：329
河北：362
陕西：316
河南：564
安徽：726
湖南：315
上海：837
浙江：994
广东：1006

步骤 5 预测部门超标排放风险
- 部门超标比例 = 部门超标量/部门排放量

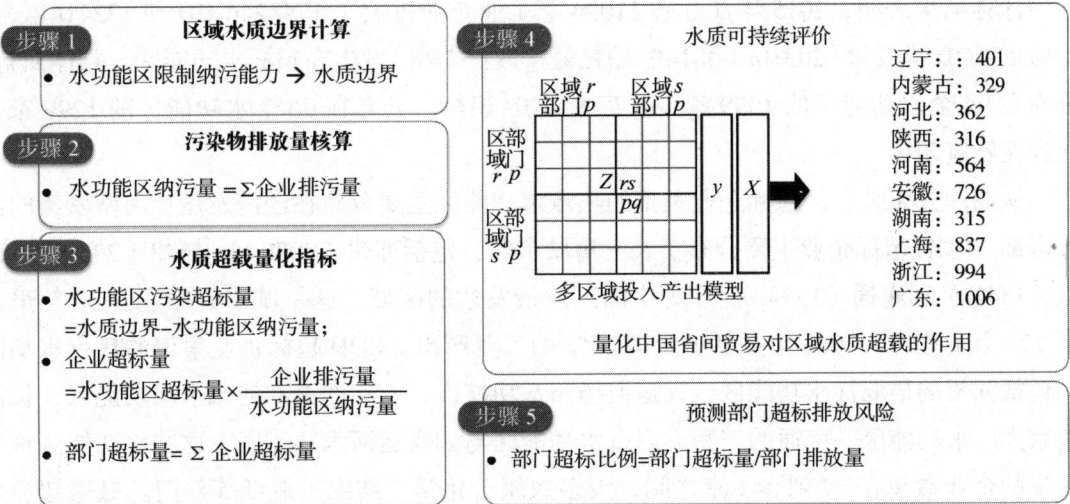

图7-35 水质可持续评价框架示意图

江苏省位于中国大陆东部沿海区域（30°45'-35°08'N，116°21'-121°56'E），地处长江经济带，下辖13个地级行政区（简称市），与浙江、上海共同构成的长江三角洲城市群已成为六大世界级城市群之一。江苏省依靠长江三角洲的天然地理优势，工业企业迅猛发展。2015年全省工业产值达到152968亿元，连续六年在省级行政区中排名第一，其中以电子信息等为代表的高新技术产业产值占比约40%。工业的高速发展同时给江苏带来了严重的水污染问题。2015年全省废水排放总量达6.2Gt，其中工业废水排放占33%。废水中COD排放量为1.05Mt，其中工业污染源贡献了19%；废水中氨氮排放量为0.14Mt，其中工业污染源排放占比为9%。就水质状况而言，2015年全省1666个水质断面中36.7%的断面优于三类水质标准，43.8%的断面呈四到五类水质，仍有19.5%的断面呈劣五类水质，主要超标项目为COD和氨氮（江苏省水资源公报，2015）。受工业布局影响，江苏"重化围江"现象突出，水污染风险高。江苏长江沿岸地区开发强度大，岸线利用率达41.7%，其中生产型岸线比重高达80%。江苏省沿江地区以全省46%的国土面积，承载了全省80%的经济总量和90%的进出口额。过度开发使得江苏沿江地区趋近水环境承载极限，COD和氨氮排放量远超全国平均水平，沿岸湖库呈现富营养化，生物多样性遭破坏；水源地与工业园区、排污口交错分布，化工污染等安全隐患突出。工业发展与水环境保护之间的矛盾亟待化解。

2012年国务院发布"最严格水资源管理制度"，要求根据水功能区确立限制纳污红线，控制进入水体的排污总量。江苏省积极响应，根据《江苏省地表水（环境）功能区划》核定了全省1338个地表水功能区的限制纳污能力，并要求各级政府将限制纳污量作为水污染防治的重要依据。然而由于江苏工业企业数量多、排污情况复杂，污染物总量控制制度尚未得到有效执行。为此，应加快建立工业企业排污与水功能区纳污能力的关联，及时掌握水功能区污染情况，明确各方超标责任，制定污染物削减方案以改善水环境质量。

计算结果表明，2015 年江苏省 11094 家工业企业排放了 174824tCOD 和 12241t 氨氮。12% 的 COD 排放量（20330t）和 14% 的氨氮排放（1749t）发生在超标水功能区。具体而言，分布在 94 个水功能区的 1599 家企业存在 COD 超标。分布在 96 个水功能区的 1299 家企业存在氨氮超标。

从地理分布来看，超标企业集聚的热点水功能区主要分布在经济发达、河网密集的江苏南部。COD 超标企业主要分布于长三角城市群，包括苏州（8076t）、扬州（2936t）、南京（1542t）和南通（1374t）。作为中国工业最发达的区域，这一城市群在过去 30 年里建了 174 个工业园，2015 年贡献了全国 13% 的工业产出。COD 超标企业集聚的热点水功能区包括苏州的吴淞江水功能区、大运河扬州水功能区、南京的秦淮河溧水水功能区、长江南京大厂水功能区、南通的三和港启东水功能区与如泰运河水功能区。这些水功能区每个聚集的企业数量在 57 到 341 家之间，大多数属于化学、纺织、造纸等部门。氨氮超标企业主要位于苏州（574t）、扬州（318t）和淮安（146t）。氨氮超标企业聚集的热点区域除了苏州的吴淞江水功能区、扬州的大运河水功能区以外，还有扬州宝射河水功能区与淮安的清安河水功能区。宝射河水功能区内超过三分之一的排污企业为食品制造业，而化工企业占清安河水功能区企业的三分之一以上。

就超标企业而言，86% 超标企业的 COD 超标量小于 10t，88% 的氨氮超标量小于 1t。高排污的企业数量较少，但是对超标排放的贡献显著。比如 2 家化工企业和 1 家食品加工企业的 COD 超标量超过了 1000t。这三家企业均位于长三角城市群（1 家位于吴淞江水功能区的化工企业、1 家位于汉浦塘水功能区的食品加工企业以及 1 家位于京杭运河（邗江段）水功能区的化工企业）加起来贡献了 18% 的 COD 超标量。上述两家化工企业以及 1 家位于洪泽湖流域（清安河水功能区）的染业企业的氨氮超标量均超过了 50t，加起来贡献了 23% 的氨氮总超标量。

就部门分布而言，化学工业的 TEIP 最大（7459t 超标 COD，653t 超标氨氮），接着是纺织业（2943t 超标 COD，267t 超标氨氮）和食品加工业（2880t 超标 COD，337t 超标氨氮）。全省 65% 的 COD 超标量以及 72% 的氨氮超标量是由这三个部门排放引起的。其次是造纸业部门导致了 1955t 的 COD 超标。上述部门均为中国高污染排放的基础工业部门。

污染物超标比例反映了部门潜在的超标风险。比如，煤炭开采、通信电子设备和仪器仪表制造业，这些部门的 COD 和氨氮超标比例最大而排放量较小（图 7–36）。它们的排放量均低于全省工业部门的平均排放量（5827t COD，408t 氨氮），但是 COD 超标比例却高出全省工业部门平均水平 6 ～ 17 个百分点，氨氮超标比例高出 5 ～ 20 个百分点（COD 平均水平为 12%，氨氮 14%）。相比之下，COD 和氨氮排放量最大的部门，它们的超标比例相对较低。比如高排污部门纺织、食品加工和冶金业的 COD 超标比例低于全省平均水平，而纺织、造纸和冶金业的氨氮超标比例低于平均水平。

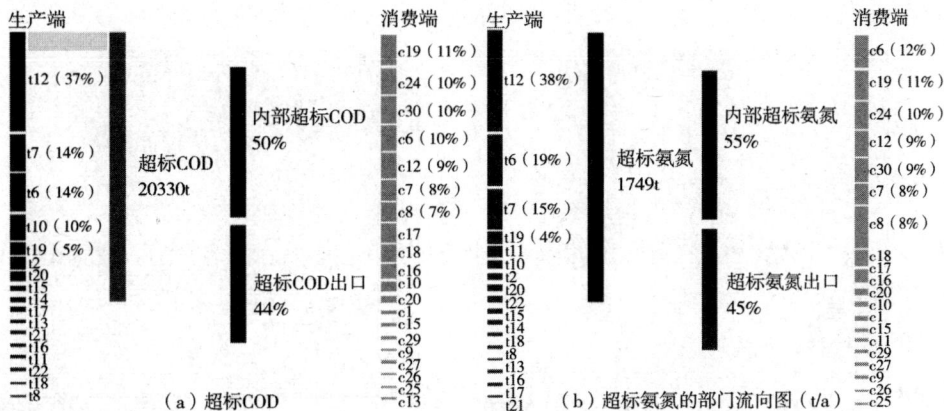

1-农林牧渔业 2-煤炭开采和洗选业 3-石油和天然气开采业 4-金属矿采选业 5-非金属矿及其他矿采选业 6-食品制造及烟草加工业 7-纺织业 8-纺织服装鞋帽皮革羽绒及其制品业 9-木材加工及家具制造业 10-造纸印刷及文教体育用品制造业 11-石油加工、炼焦及核燃料加工业 12-化学工业 13-非金属矿物制品业 14-金属冶炼及压延加工业 15-金属制品业 16-通用、专用设备制造业 17-交通运输设备制造业 18-电气机械及器材制造业 19-通信设备、计算机及其他电子设备制造业 20-仪器仪表及文化办公用机械制造业 21-其他制造业 22-电力、热力的生产和供应业 23-燃气及水的生产与供应业 24-建筑业 25-交通运输及仓储业 26-批发零售业 27-住宿餐饮业 28-租赁和商业服务业 29-研究与试验发展业 30-其他服务业

图7-36　江苏省超标COD和超标氨氮的部门流向图（t/a）

部门排放量小而超标严重主要与产业的空间集聚有关。最常见的空间集聚形式就是工业园。为了达到产业集聚效应，相同产业的企业往往被规划到同一个工业园区，产生的污染物排向同一个水功能区。比如，超标最严重的吴淞江水功能区（图7-36）就汇集了56家通信电子设备制造企业和37家仪器仪表制造业。虽然每个企业的排放量较小，但是累积起来超出了水功能区的纳污能力。另外一种空间集聚是因为资源分布，即工厂在资源周围建厂。由于江苏的煤炭资源几乎全部位于徐州沛县，该县汇集了9家烟煤和无烟煤开采企业，产生的污染物排向相同的水功能区（图7-37）。在水功能区纳污能力较低的情况下，产业集聚带来的集中排污造成了该部门的高超标比例。其他部门的超标比例见表7-22。

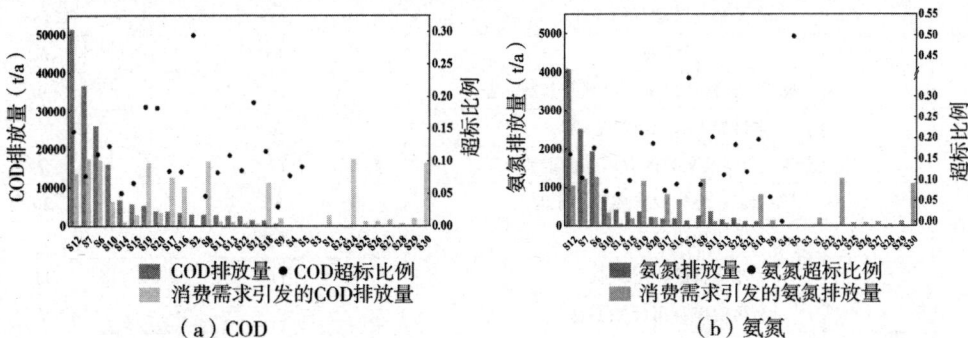

1-农林牧渔业 2-煤炭开采和洗选业 3-石油和天然气开采业 4-金属矿采选业 5-非金属矿及其他矿采选业 6-食品制造及烟草加工业 7-纺织业 8-纺织服装鞋帽皮革羽绒及其制品业 9-木材加工及家具制造业 10-造纸印刷及文教体育用品制造业 11-石油加工、炼焦及核燃料加工业 12-化学工业 13-非金属矿物制品业 14-金属冶炼及压延加工业 15-金属制品业 16-通用、专用设备制造业 17-交通运输设备制造业 18-电气机械及器材制造业 19-通信设备、计算机及其他电子设备制造业 20-仪器仪表及文化办公用机械制造业21-其他制造业 22-电力、热力的生产和供应业 23-燃气及水的生产与供应业 24-建筑业 25-交通运输及仓储业 26-批发零售业 27-住宿餐饮业 28-租赁和商业服务业 29-研究与试验发展业 30-其他服务业

图7-37　分部门水污染排放量、消费需求引发的水污染排放量以及污染物超标比例对比图

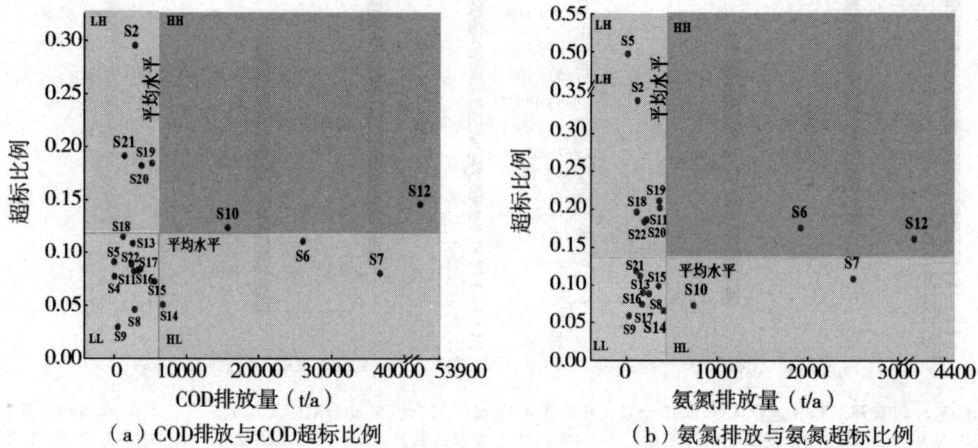

（a）COD排放与COD超标比例　　　　（b）氨氮排放与氨氮超标比例

1–农林牧渔业 2–煤炭开采和洗选业 3–石油和天然气开采业 4–金属矿采选业 5–非金属矿及其他矿采选业 6–食品制造及烟草加工业 7–纺织业 8–纺织服装鞋帽皮革羽绒及其制品业 9–木材加工及家具制造业 10–造纸印刷及文教体育用品制造业 11–石油加工、炼焦及核燃料加工业 12–化学工业 13–非金属矿物制品业14–金属冶炼及压延加工业 15–金属制品业 16–通用、专用设备制造业 17–交通运输设备制造业18–电气机械及器材制造业 19–通信设备、计算机及其他电子设备制造业 20–仪器仪表及文化办公用机械制造业 21–其他制造业 22–电力、热力的生产和供应业 23–燃气及水的生产与供应业 24–建筑业 25–交通运输及仓储业 26–批发零售业 27–住宿餐饮业28–租赁和商业服务业 29–研究与试验发展业 30–其他服务业

图7-38　COD排放与COD超标比例氨氮排放与氨氮超标比例的象限分布图

表7-22　分部门污染物超标比例

序号	部门名称	COD超标比例（%）	氨氮超标比例（%）
1	农林牧渔业	—	—
2	煤炭开采和洗选业	29	34
3	石油和天然气开采业	—	—
4	金属矿采选业	8	—
5	非金属矿及其他矿采选业	9	50
6	食品制造及烟草加工业	11	18
7	纺织业	8	11
8	纺织、服装、鞋帽、皮革、羽绒及其制品业	5	9
9	木材加工及家具制造业	3	6
10	造纸、印刷及文教体育用品制造业	12	7
11	石油加工、炼焦及核燃料加工业	8	20
12	化学工业	15	16
13	非金属矿物制品业	11	11
14	金属冶炼及压延加工业	5	7
15	金属制品业	7	10
16	通用、专用设备制造业	8	9
17	交通运输设备制造业	8	7
18	电气机械及器材制造业	11	20
19	通信设备、计算机及其他电子设备制造业	18	21
20	仪器仪表及文化办公用机械制造业	18	19

续表

序号	部门名称	COD超标比例（%）	氨氮超标比例（%）
21	其他制造业	19	12
22	电力、热力的生产和供应业	9	18
23	燃气及水的生产与供应业	—	—
24	建筑业	—	—
25	交通运输及仓储业	—	—
26	批发零售业	—	—
27	住宿餐饮业	—	—
28	租赁和商业服务业	—	—
29	研究与试验发展业	—	—
30	其他服务业	—	—
	部门平均	12	14

追溯贸易对于江苏省TEIP的作用，本案例发现江苏省56%的COD超标排放量（11362t）和55%的氨氮超标排放量（963t）与省内消费需求有关，剩下的超标排放量隐含在江苏出口给其他29个省份的产品中。不同省份对江苏省TEIP的贡献不同，引发的江苏省COD超标量在30t到1006t之间，引发的氨氮超标量在3t到90t之间（表7-22）。江苏的超标足迹主要由国际出口（引发了全省37%的COD超标量，35%的氨氮超标量）、城乡居民消费（29%的COD超标量，32%的氨氮超标量）和投资（27%的COD超标量，26%的氨氮超标量）三个最终需求驱动。

就部门分布而言，由消费需求引发的超标排放量最大的五个部门为通信电子（2328t超标COD，190t超标氨氮）、建筑（2039t超标COD，175t超标氨氮）、其他服务（2015t超标COD，154t超标氨氮）、食品（1939t超标COD，215t超标氨氮）和化学（1861t超标COD，164t超标氨氮）。其中食品加工部门84%的COD超标量和89%的氨氮超标量是由本部门消费需求引发的。除了食品加工业，对TEIP密集型的化工产品的消费需求分别引发了上述五个部门39%～83%的超标COD排放量以及44%～82%的氨氮超标量。

就区域分布而言，对江苏省TEIP贡献前十的省份集中在中国东部区域。根据经济发展水平和主要消费需求，我们把排名前十的省份分为两类。一类为经济发达、国际贸易繁荣的省份，包括上海、浙江和广东。这些省份向江苏转移的外包量中40%～47%是为了满足其他国家的消费需求（图7-36）。它们对江苏的通信电子、纺织、服装和化学工业的消费需求最大，其中44%～92%是受国际出口驱动。比如，广东外包量最大的通信电子部门（177t）中有84%的超标EFP（超标COD和氨氮的比例相同）是为了满足其他国家消费需求。另一类是国际贸易较少而经济发展迅猛的省份，比如河北、安徽、陕西、辽宁和内蒙古。这些省份向江苏外包的超标COD和超标氨氮中超过88%的是为了满足国内消费需求。对建筑产品的较大需求（18%～30%）是这些省份向江苏转移超标污染物的首要原因，其次是通用专用和交通运输设备（表7-23）。

表7-23 中国30个省份消费需求引发的江苏水污染排放与超标量（t/年）

外包省市	COD 排放量	COD超标量	氨氮排放量	氨氮超标量
北京	2355.9	288.5	171.1	25.9
天津	2334.8	267.2	163.5	23.0
河北	2917.9	361.6	206.0	30.8
山西	2076.9	257.0	144.3	21.4
内蒙古	2895.8	329.0	200.6	27.7
辽宁	3475.8	400.6	245.6	34.6
吉林	1181.3	131.9	83.1	11.4
黑龙江	2303.5	268.3	162.5	23.1
上海	7119.5	837.4	511.2	76.4
江苏	99444.5	11362.4	6860.2	963.2
浙江	8370.6	994.3	609.6	89.6
安徽	6079.0	725.5	443.4	65.9
福建	1019.6	130.9	74.0	11.4
江西	1551.6	181.0	111.3	16.3
山东	1359.2	166.1	96.2	14.4
河南	4705.1	563.9	332.5	48.3
湖北	760.5	88.2	55.4	8.1
湖南	2663.7	314.8	187.3	26.9
广东	7868.5	1005.5	566.0	85.9
广西	1947.6	222.8	136.8	19.2
海南	451.0	54.0	31.9	4.7
重庆	1140.6	133.3	82.1	11.9
四川	1490.8	185.6	106.8	16.0
贵州	1038.7	120.9	74.2	10.7
云南	2287.3	257.6	161.8	22.5
陕西	2752.9	315.8	196.2	27.8
甘肃	943.1	111.7	66.8	9.7
青海	242.3	30.0	16.9	2.5
宁夏	278.1	30.7	19.8	2.8
新疆	1768.5	192.8	123.8	16.7
总量	174824.5	20329.5	12240.8	1748.7

　　本案例基于水质可持续评价框架分析了江苏省工业部门水污染超标排放情况。通过比较水质边界与工业企业排放量，确定了超标水功能区，识别了超标贡献最大以及超标风险最高的工业部门，并量化了省间贸易对江苏工业水污染超标的贡献。结果表明工业水污染

不仅由污染物排放量决定，更是由企业的空间布局、工业结构和区域内外部的消费需求决定。本案例提出的水质可持续评价框架突出了工业水污染防控的复杂性。以江苏作为案例可以为同样经历着工业扩张和水污染的新兴经济体提供参考。未来的研究可以采用本框架识别其他国家或者区域工业生产引发的超标污染问题，提出符合当地情况的污染物削减对策。

二、污染足迹核算案例

目前污染足迹核算，主要按照两种分类标准，一种是按照核算视角不同分为生产视角下的污染足迹核算、消费视角下的污染足迹核算以及共担视角下的污染足迹核算；另一种是按照核算对象的尺度大小来分类，分为全球尺度、区域尺度、国家尺度、城市尺度或点源尺度。

（一）案例1：三种视角下中国省级尺度的汞排放

本案例基于 Guo 等（2020）的一项研究展开，本案例基于排放因子核算模型、蒙特卡洛模拟、环境投入产出分析、指数分解分析、结构分解分析和情景分析等方法模型，编制中国燃煤电厂的高分辨率时间序列大气重金属排放清单，揭示了消费视角下的排放清单及其流动规律，设计公平合理的区域减排责任划分模型，从生产和消费两个视角探讨排放变化的关键驱动因素，评估多政策组合情景下燃煤电厂大气重金属的减排潜力。

1. 生产视角下汞排放清单核算

基于 CEADs 团队编制的中国 30 省区的能源平衡表，通过查找文献确定出最新汞排放因子，以此编制了生产视角下中国省级能源相关的汞排放清单，核算不同省份及部分的排放量（西藏、台湾、香港、澳门除外）。由于数据的可得性，在本文中共计算了在 2007 年、2010 年、2012 年和 2015 年四年中 30 个省区或省级行政区（除香港、澳门、西藏、台湾）中的 30 个部门消耗七种能源（煤、焦炭、原油、汽油、煤油、柴油和燃料油）所产生的汞排放。分省区分部门的能源消耗量来源于 China Emission Accounts and Datasets(CEADs)。其中全国能源消耗清单是由中国能源统计年鉴中整理得到；各省区能源消耗清单同样也是由中国能源统计年鉴整理得到的。本文在清单的基础上，按照热值当量法进行转化，在分解计算中统一以标准煤计量各种类型的能源消耗量。分省区分部门煤的排放因子是引用自 Zhang 等（2018）的研究。该研究在计算燃煤的排放因子时考虑了煤中的含汞量、煤的前处理率、不同燃煤方式及对应的汞释放率、不同空气污染物控制设备（Air Pollutant Control Device，APCD）组合的应用率及其除汞效率等因素。由此研究可得到不同年份各省燃煤电厂、工业燃煤锅炉及其他燃煤方式的平均汞排放因子。由于其所研究的时间跨度的限制，除 2010 年的数据外，本文所采用的煤的排放因子需要经过数值计算后得到。

本文采用计算排放清单的常用方法——排放因子模型，即排放量等于燃煤的消耗量乘以对应的汞排放因子：

$$M_{i,j,k} = F_{i,j,k} \times C_{i,j,k} \tag{7-14}$$

式中，i 代表中国各个省份，j 代表每个省份中不同的部门，k 代表消耗的能源种类。$M_{i,j,k}$ 表示省份 i 中部门 j 消耗能源 k 所产生的汞排放；$F_{i,j,k}$ 表示省份 i 部门 j 消耗的能源 k 的汞排放因子；$C_{i,j,k}$ 表示省份 i 中部门 j 能源 k 的消耗量。省份 i 在某一年能源汞的总排放量可以表示为：

$$M_i = \sum_j \sum_k M_{i,j,k} = \sum_j \sum_k F_{i,j,k} \times C_{i,j,k} \tag{7-15}$$

结果表明：2007～2010 年我国大气汞排放量有所下降，从 249.29t 下降到 230.63t，但在 2010～2012 年期间，回升至 240.02t。同时北方供暖需求大省（河南、山东、河北、辽宁）以及煤炭资源丰富的省区（山西、陕西、内蒙古）在生产侧汞排放量比较大；相比较而言，以第三产业为主的省区（海南、北京）以及人口稀少经济落后的西部省区（新疆、青海、宁夏、甘肃）在生产者视角下，排放量小；另外从部门角度看，30 个部门中，电力、热力以及蒸汽供应业占据总体的 60% 以上，排放量最多；在所有能源消耗中，燃煤占据了 45% 以上，这说明我国汞排放主要来源于燃煤发电。其中下降明显的省份有河北、辽宁、河南等省区，这得益于政府颁布了一系列整顿京—津—唐空气污染的相关措施；相对而言，上升明显的省份有内蒙古、湖北、重庆、四川、青海，这是由于中国产业结构升级，中西部省区承接了大量东部发达地区的产业转移，因此对能源的消耗量日益增加。

2. 消费视角下汞排放清单研究

利用生产视角下的排放清单，结合中国多区域投入产出表，计算得到消费侧的汞排放清单（包括农村居民消费、城镇居民消费、政府消费、资本形成、存货增加以及出口）。见公式：

$$CR = f \times (I-A)^{-1} \times y \tag{7-16}$$

式中，f 是一个 $n \times 1$ 矩阵，是单位经济产出的直接汞排放量向量。I 是 $n \times n$ 维单位矩阵，其元素被称为 Leontief 逆，以最终需求为单位表示直接和间接的投入需求，是表示经济系统中生产结构的矩阵。y 是最终需求矩阵。因此，该省 j 部门的具体排放量为：

$$CR_{i,j} = \sum_{m=1}^{n} CR_{i,j,m} \tag{7-17}$$

式中，m 代表最终需求的类别，包括农村家庭消费、城市家庭消费、政府消费、资本形成和出口（2010 年只有三个方面，消费、资本形成和出口）。

结果表明：经济发达的省区（江苏、浙江、广东等）以及人口大省（河北、河南、湖北等）在消费侧的汞排放相对较多，而经济落后的中西部省份（青海、甘肃、新疆、宁夏）消费视角下的汞排放就相对较少；从部门而言，建筑业、其他服务业、通用设备、专用设备制造业、交通运输设备等制造业和服务业在生产活动中需要消耗大量的电力，排放量相对于其他部门较大，这与生产视角下的清单有明显区别；从最终消耗的种类而言，资本形成所占比重最高，这和我国经济的投资导向型相吻合。纵向而言，下降得较为明显的省份有天津、辽宁、吉林、上海、浙江、江西、山东、广东；汞排放量在这五年中上升得较为明显的省份有内蒙古、江苏、湖北、四川、重庆、青海，大体和生产视角下的趋势相同，这是由于近年来政府注重中西部省区的发展。

3. 供给视角下汞排放清单研究

利用生产视角下的汞排放清单，结合中国多区域投入产出表，计算得到供给视角下的汞排放清单（劳动报酬、生产税净额、固定资产折旧、营业盈余）。公式如下：

$$G = (I - H)^{-1} \tag{7-18}$$
$$D = V(I - H)^{-1} f_j = VGf_j$$

其中，G 是直接投入系数矩阵，其元素表示其他部门或其自身满足一个特定部门的单一生产所需的直接投入；H 是直接输出系数矩阵，其元素表示一个特定部门的直接输出，该部门由其他部门或自身的单一输入启用；I 是单位矩阵。D 是收入视角下的二氧化碳排放量，V 为 $1 \times n$ 矢量，表示不同部门的主要投入；f 是一个 $1 \times n$ 向量，其元素 f_j 是 j 部门的 CO_2 排放强度。上标 $'$ 是转置的符号。

结果表明：从总体而言，汞排放从 2007 年的 166.20t 下降至 2010 年的 133.52t，2012 年更是下降至 112.92t，下降幅度明显。从省区角度来看，作为中国的经济中心的广东、北京、江苏、山东、上海位居前五名，同时偏远的西部省区（青海、宁夏、甘肃、新疆）以及人口少、发展以第三产业为主的省区（海南、天津）在供给视角下排放量相对而言较小。从纵向来看，2007 ~ 2012 年这五年期间排放量下降得最为明显的省份有广东、北京、上海、河北以及安徽；其中上升得较为明显的省份有江苏、四川、内蒙古、天津、宁夏、海南。

4. 共担责任下的相关研究

承接生产视角和消费视角下能源相关汞排放清单，基于已有研究（Lenzen 等，2007）构建"共担责任"原则模型，即对一个地区在生产视角和消费视角的排放根据其附加值大小进行合理分摊，具体如下：

$$SR_i = a_i \times PR_i + (1 - a_i) \times CR_i \tag{7-19}$$

其中，a 为共担责任系数，当 $a=0$ 的时候，就说明由消费者承担所有的排放责任，当 $a=1$ 的时候，由生产者承担所有的责任。由于地区贸易的存在，所以，a 是位于 0 ~ 1 之间的一个参数。此外，根据投入产出模型中中间投入矩阵和总产出矩阵的定义，可以通过以下公式获得每个省份的参数 a：

$$a_r = 1 - [V_r / (X_r - T_{rr})] \qquad (7-20)$$

其中，V_r 是省份 r 的增加值，是一个 $4 \times j$ 的矩阵，X_r 是省份 r 的总产出矩阵，T_{rr} 是省份之间的中间投入矩阵。因此，$X_r - T_{rr}$ 为每个省份的净产出部分。

结果表明：在共担责任原则下，中国能源相关的汞排放省际之间差异明显，且不同省份在年度之间也存在明显变化（图7-39）。其中排放量位居前五的省份为山东、江苏、内蒙古、广东、河北。在所有省份中，由于山东作为经济、人口和外贸大省，不管是生产责任原则下还是消费责任原则下都是最大排放贡献者，因此，山东的总排放量在"共担责任"原则下也是最大的，常年占据全国排放的近 10%，在 2007 年高达 23.04t，在 2010 年有所下降，达到 21.45t，在 2012 年为 21.00t。而江苏在 2007 年、2010 年和 2012 年分别排放了 20.95t、18.76t 和 20.85t，居第二位。这主要是因为江苏是中国的经济大省，本省消费能力高，因此消费视角下的汞排放量相对较大，由于江苏的分配因子相对较大，因为在责任分摊的时候，应该承担更多消费视角下的汞减排责任，导致其在共担责任原则下的排放量也相对比较多。

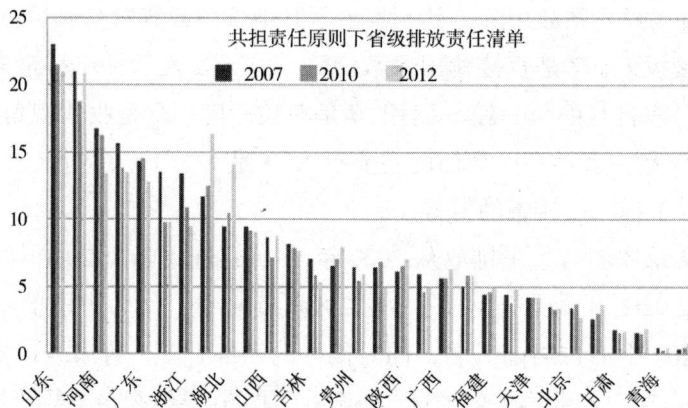

图7-39　共担责任原则下能源相关汞排放

5. 综合评估不同责任原则

在比较了以上三种不同的汞排放责任计算方法，从结果可以看出，生产视角下，高排放的省区主要集中在煤炭资源丰富且消耗量大的省区，这些省区经济严重依赖能源资源的开发和利用，产业结构发展失衡，所以经济能力和排放责任呈现反向关系；消费视角下，排放量多的省份主要是东部沿海的经济发达的省区，即我国的经济中心，但其自身的发展中化石能源尤其是煤炭的消耗并不多，在消费视角下容易出现即使本省区消耗的能源在逐年减少，但其应承担的汞排放责任却在逐年增加这种反向倒置的现象，这是由于消费视角下，是以其生产中耗费产品所附加的排放为依据，这导致即使已经转移了相关高污染产业，但只要本省区在生产生活中使用高污染产业的产品，也应当为此负责，这容易引起生产地在市场对其产品需求大的时期不加控制地采用低成本并伴随着高污染的生产方式生产市场所需产品，却不用为这种行为负责的情况；供给视角下由于其只计算劳动报酬、生产税净额、固定资产折旧、营业盈余的排放量，而忽视中间投入，会导致严重的责任泄露，同时对不同种类的增加值进行调控是一种缺乏可操作性的做法。制定汞排放清单的目的是更加公平合理地核算不同省区的汞排放责任，并以此为依据制定相关减排政策，根据以上研究，我们知道共担责任原则是综合了生产侧原则和消费侧原则的优点，同时规避了两者的缺点得到了一种清单核算模式，只满足公平合理的要求。

（二）案例2：印度汞排放核算案例

本案例以印度为背景，从生产端视角和消费端视角考虑印度的汞排放情况。

1.计算生产端汞排放

与煤炭相关的汞排放同样是从化石燃料燃烧中的汞含量转化而来。根据 2018 年全球汞评估报告，排向大气中的汞排放可由如下方程计算：

$$E_{\text{Hg}} = C_{\text{Hg}} \times C \times f_{\text{release}} \times （1 - f_{\text{c}} \times f_{\text{u}}） \tag{7-21}$$

式中，C_{Hg} 表示煤炭中的汞含量，C 表示消耗或者燃烧的煤炭物理量，f_{release} 表示有多少汞燃烧后会从固相转化为气相，f_{c} 表示脱汞设备的效率，f_{u} 表示脱汞设备的安装比例。

2.计算消费端汞排放

多区域投入产出模型被广泛应用于消费端排放核算，它可以清晰地描述出沿供应链的区域间贸易和产业间的关系。具体而言，消费端的汞排放可以全面捕捉到最终消费所引起的直接排放和间接排放。

在 MRIO 模型中，每个地区的每个产业的总产出可以归因于最终需求的驱动：

$$x =（I\text{-}A）^{-1}y \tag{7-22}$$

这里 x 是总产出，y 是最终需求，$(I\text{-}A)^{-1}$ 是里昂惕夫逆矩阵，也就是总需求系数矩阵。其中由 a_{ij}^{rs} 构成的矩阵 A 为直接需求系数矩阵，其描述了在区域生产每单位的产品，所需要的区域 r 的 i 产品的直接投入。由构成的矩阵为最终需求矩阵，其描述了区域 s 对区域 r 的 i 产业的最终需求。

为了计算隐含在商品和服务中的消费端排放，我们首先需要将环境账户拓展到投入产出模型中去。首先定义单位总产出的生产端汞排放为排放强度，数学表达为：$k_i^r = e_i^r / x_i^r$，这里 e_i^r 是行业生产端排放，x_i^r 为行业总产出，k_i^r 为排放强度。因此，总的隐含在最终需求所消耗的商品的消费端排放可以由如下公式计算：

$$E_{\text{c}}^r = k（I\text{-}A）^{-1}y^r \tag{7-23}$$

这里 k 是所有地区和行业直接排放强度的列向量，y^r 是地区 r 的最终需求的矩阵，其中包含了居民消费、资本形成、政府购买和存货变化，E_{c}^r 表示地区 r 的消费端排放。

进而，隐含在区域间贸易的排放可以由如下式子计算：

$$EXP^{rs} = \widehat{k^r} \ (I - A)^{-1} y^s \tag{7-24}$$

这里，k^r 表示 r 地区直接排放强度的列向量，在这个列向量中，只有地区有排放高度，而其他地区则为 0，y^s 表示地区 s 对全国各地的最终需求，其中也包含了四种最终需求种类，$\widehat{k^r}$ 表示为 k^r 的对角矩阵，Exp^{rs} 表示隐含在地区 r 和地区 s 中的排放。

结果表明：前五大排放地区（例如北方邦、奥里萨邦、马哈拉施特拉邦、恰蒂斯加尔邦和古吉拉特邦）贡献了印度煤炭燃烧产生的主要汞排放，占总排放量的 57.8%。煤炭燃烧产生的汞排放贡献最大的是北方邦（16.0t，占总排放量的 12.8%），其次是奥里萨邦（15.5t）。生产端汞排放可以根据不同行业的煤炭消费量分为 11 类。能源工业是每个联邦最大的直接排放源。由于区域社会经济的异质性，不同地区能源工业对总排放量的贡献差异很大。总体而言，能源行业的排放量占各地区汞总排放量的 50% 以上。但是以重工业为导向的联邦，如奥里萨邦、恰蒂斯加尔邦和贾坎德邦，其特点是金属和非金属工业驱动的汞排放比例相对较高，可高达 40%。此外，无论在任何地区，下游供应链中的轻工业（如设备、建筑和化学工业）排放量都相当小，合计占总排放量的 2.3%。相比之下，前五大汞排放消费地区（例如马哈拉施特拉邦、北方邦、泰米尔纳德邦、古吉拉特邦和安得拉邦）占消费端总排放量的 47.9%。通常，这些地区更富裕或人口更多。这些主要是因为消费者的需求结构存在显著差异。在泰米尔纳德邦等富裕州，23.5% 的消费端汞排放是由设备需求驱动的，而这一比例在北方邦仅为 12.1%、安得拉邦为 9.7%。人口最多但最贫穷的北方邦消费能源产品的比例高于富裕地区的消费者。在欠发达的重工业地区也可以看到类似的情况。能源占恰蒂斯加尔邦基于消费的总排放量的 66%，在奥里萨邦占 54%。值得注意的是，德里的服务业是其基于消费的总排放量的最大驱动因素，占总排放量的 36%。

（三）案例3：煤电厂污染物核算案例

燃煤发电会产生大量的温室气体（GHG，包括 CO_2、CH_4 等）和污染物（NO_x、SO_2、PM、Hg），导致全球变暖加剧、生态系统酸化、雾霾现象和极端气候频发等，对人体健康造成严重威胁和损害。2020 年中国燃煤发电产生了 4260.5Mt CO_2 eq.、0.5Mt NO_x、0.4Mt SO_2 和 0.2Mt PM，分别占工业排放总量的 43.5%、13.1%、13.2% 和 3.8%。因此，燃煤电厂的污染足迹核算对于探索中国电厂层面减排路径和实现减排目标至关重要。我们选取煤电行业及其产生的主要污染物（NO_x、SO_2、PM、Hg）为例，来展示污染足迹核算全过程。

1. 系统边界

首先，我们需要划定研究的系统边界，如图 7-40 所示，该模型选取了温室气体（GHG）和三种空气污染物（NO_x、SO_2、PM）作为研究对象。它们一直是我国大气污染治理的重点目标。该模型的煤炭供应链包括煤炭开采、煤炭运输和燃煤发电三部分。与燃煤发电阶段的排放相比，洗煤、基础设施建设和拆除期间的排放通常保持在 0.1% 以下，因此暂不研究。

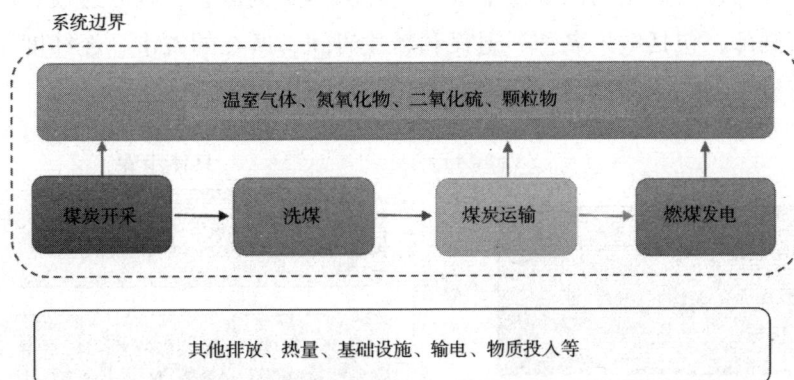

图7-40　燃煤电厂的系统边界

2.模型结构

煤炭供应链清单排放模型的构建包括以下几个步骤：①建立点源矿山和电厂（区分退役、现役、新建电厂）的数据库。②将矿山、电厂数据导入运输网络中，基于线性规划（运筹学中的一种方法），建立"矿山—电厂"的煤炭运输网络，以确定电厂的煤炭来源和运输距离。③基于ecoinvent v.3.6（cut off system model）给定的中国区域的煤炭开采和运输排放因子，确定退役和新建电厂在煤炭开采和运输阶段的排放；基于电厂的煤质和空气污染物控制设备（air pollutant control devices，APCDs）核算燃煤发电阶段的排放。④通过对比退役和新建电厂的供应链排放，评估"上大压小"政策对燃煤电力行业的环境影响。

3.建立煤炭运输模型

不同矿山的开采方式（露天开采和地下开采）和对应的排放不同，因此，为了核算电厂在煤炭开采和运输阶段的排放，本案例首先要确定电厂的煤炭来源和运输路径。由于现有研究缺少煤炭来源的相关数据，本案例建立了"矿山—电厂"的煤炭运输模型以模拟燃煤电厂的煤炭运输路径并确定电厂的矿山来源。该运输模型应用了运筹学中的线性规划方法，以电厂的煤炭需求小于或等于矿山煤炭供给、模拟的省际间煤炭运输量小于等于统计数据中的煤炭运输量等为约束条件，求解在运输总成本最低的条件下，电厂所匹配的矿山及其运输路线。该选择基于能源经济学的两个原则：①煤炭需求是刚性的，因此，供给必须被动地满足需求量。②除紧急情况（矿山原煤耗尽、运输中断等）外，运输成本是决定煤炭流动路线的关键因素（Mou et al. 2012）。

具体来说，如图7-41所示，首先，本案例基于美国地质调查局（US Geological Survey，USGS）的煤矿数据建立了一个中国煤矿数据库，包括煤矿的名称、所在的省市、经纬度、煤质（这里还区分了煤炭的种类：无烟煤、烟煤、次烟煤、褐煤）和煤矿规模等信息。此外，本案例设置了每个矿山的最大供煤量。基于《煤炭行业矿山设计规范》（GB

50215—2015）中对煤炭规模与对应供煤量的规定，本案例将各省煤炭产量按矿山规模分配到每个矿山，作为矿山的供煤量上限。此外，本案例建立了区分退役、现役和新建的燃煤电厂的数据库，包括电厂名称、退役和新建时间、所在的省市、经纬度、发电量、耗煤量、装机容量、APCDs 等信息。

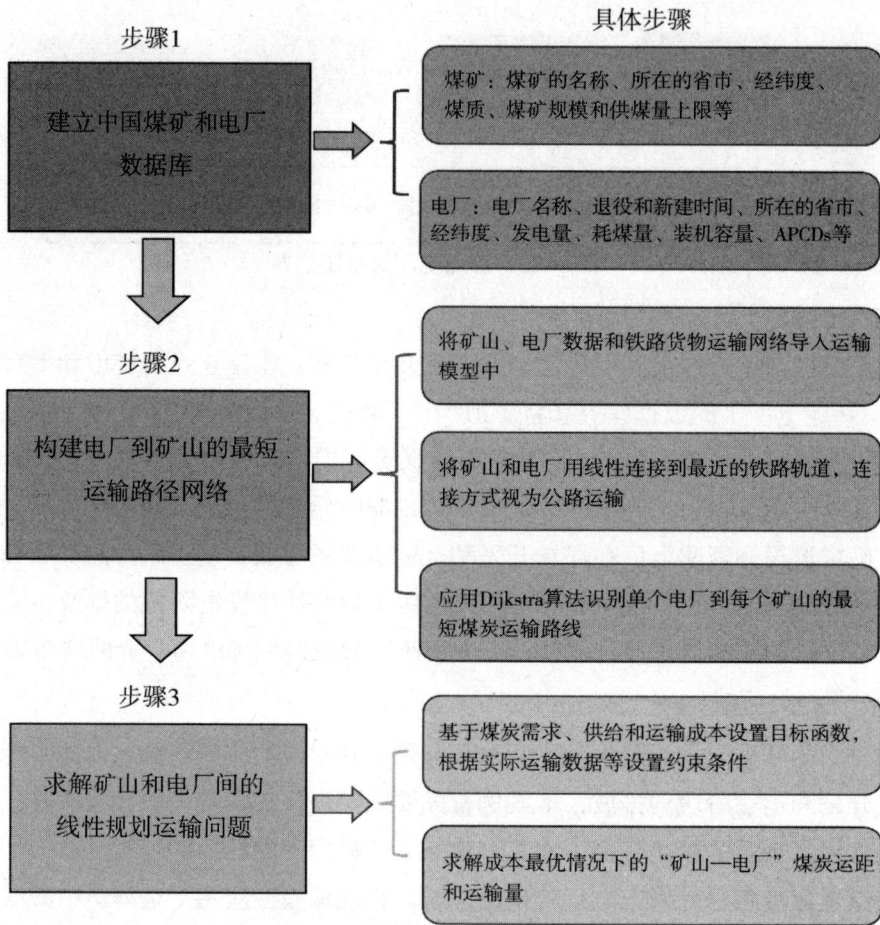

具体步骤

步骤1

建立中国煤矿和电厂数据库

> 煤矿：煤矿的名称、所在的省市、经纬度、煤质、矿矿规模和供煤量上限等

> 电厂：电厂名称、退役和新建时间、所在的省市、经纬度、发电量、耗煤量、装机容量、APCDs等

步骤2

构建电厂到矿山的最短运输路径网络

> 将矿山、电厂数据和铁路货物运输网络导入运输模型中

> 将矿山和电厂用线性连接到最近的铁路轨道，连接方式视为公路运输

> 应用Dijkstra算法识别单个电厂到每个矿山的最短煤炭运输路线

步骤3

求解矿山和电厂间的线性规划运输问题

> 基于煤炭需求、供给和运输成本设置目标函数，根据实际运输数据等设置约束条件

> 求解成本最优情况下的"矿山—电厂"煤炭运距和运输量

图7-41 运输模型建模示意图

其次，本案例构建了电厂到全部矿山的最短路径网络（不涉及运输量）：①本案例将矿山、燃煤电厂和中国货运铁路网络数据导入运输模型中。②将矿山和电厂分别连接到最近的铁路轨道上，连接采用线性连接，并假设该连接路段为公路运输，这种简化是可以接受的，因为之前的研究表明，短途公路运输的排放占生命周期排放的比重很小。③连接完成后，得到了"矿山—公路运输—铁路运输—电厂"的运输网络图，图中的边代表运输路径，节点代表矿山和电厂。④Dijkstra算法被广泛应用于计算一个节点到其他所有节点的最短路径，因此，本案例应用了该算法来识别单个电厂到每个矿山的最短煤炭运输路线，由此确定了矿山到电厂的运距。

然后，本案例通过求解矿山和电厂间的线性规划运输问题，确定每条"矿山—电厂"运输路线上的煤炭运输量。具体来说，该线性规划中的目标函数如式（7-25）所示，需求解运输总成本最低时的电厂运距（$Ra_{j,i}$ 和 $Ro_{j,i}$）和运量（$Q_{j,i}$）。公式中的变量含义如下：假设有 m 个矿山（煤炭供给地）供煤量上限分别为 S_1，S_2，$\cdots$，S_m，n 个电厂（煤炭需求地）的煤炭需求量分别为 D_1，D_2，$\cdots$，D_n（单位为 t）。TC 表示矿山 j 输出到电厂 i 的原煤量，$Ra_{j,i}$ 和 $Ro_{j,i}$ 分别表示矿山 j 到电厂 i 的煤炭铁路和公路运输距离（单位为 km），c_{ra}、c_{ro} 分别表示运输单位原煤 1km 的铁路和公路运输成本，其中，$c_{ra}=$ US\$0.01544 t×km，$c_{ro}=$ US\$0.08417 t×km。电厂 i 的煤炭总需求量 D_i 等于该电厂的各个矿山煤炭供应量之和见（式 7-26）。

本案例设置了如下四个主要约束条件：①电厂到某矿山的运输量之和小于该矿山的供煤量上限，如式（7-27）所示。②输入某省（或自治区、直辖市，下略）的煤炭总量大于或等于该省电厂煤炭需求总量，如式（7-28）所示。③某省输出的煤炭总量小于或等于该省矿山的煤炭供给总量，如式（7-29）所示。④模型中区域间煤炭运输量小于或等于实际（统计数据）中的区域间煤炭运输量，如式（7-30）所示。公式中的变量含义如下：m_k 代表提供电厂 i 煤炭的 k 省的矿山，n_l 代表 l 省的电厂；基于省际间煤炭铁路运输矩阵和省内铁路货物运输量占总运输量的比例，确定了省际间实际煤炭运输量，用 Q_{kl} 表示实际（统计数据）中 k 省到 l 省的原煤量（单位为 t）。在上述四条约束条件下，求解目标函数的极小值（此时总成本最小），得到矿山 j 到电厂 i 的煤炭铁路运距 $Ra_{j,i}$、公路运距 $Ro_{j,i}$ 和运输量 $Q_{j,i}$。

$$TC = \min \sum_{j=1}^{m} \sum_{i=1}^{n} \left(Q_{j,i} \times Ra_{j,i} \times c_{ra} + Q_{j,i} \times Ro_{j,i} \times c_{ro} \right) \tag{7-25}$$

$$\sum_{j=1}^{m} Q_{j,i} = D_i \quad i = 1, \cdots, n \tag{7-26}$$

$$\sum_{i=1}^{n} Q_{j,i} \leqslant S_j \quad j = 1, \cdots, m \tag{7-27}$$

$$\sum_{j=1}^{m} \sum_{i}^{n_l} Q_{j,i} \geqslant D_l \quad n_l = 1, \cdots, n \tag{7-28}$$

$$\sum_{j}^{m_k} \sum_{i=1}^{n} Q_{j,i} \leqslant S_k \quad m_k = 1, \cdots, m \tag{7-29}$$

$$\sum_{j}^{mk}\sum_{i}^{nl}Q_{j,i} \leq Q_{kl} \qquad (7-30)$$

最后，根据电厂匹配的矿山和煤炭运输量计算其煤炭开采和运输阶段的排放。由于电厂的煤炭可能来自煤质不同的供煤区，因此该案例根据不同供煤区的煤炭投入份额和煤质计算了电厂每吨煤炭的加权平均煤质，并基于煤质和 APCDs 数据计算其燃煤发电阶段的排放。

4. 供应链排放清单编制

基于运输模型获得的退役和新建电厂的煤炭开采量和煤炭运输量，结合 ecoinvent v.3.6（cut-off system model）数据库的中国地区矿山开采、货物铁路运输和货物公路运输排放因子，本案例编制了退役和新建电厂在煤炭开采和运输阶段的排放清单（GHG、NO_x、SO_2 和 PM）。根据煤炭在锅炉中的燃烧机理和电厂用煤的煤质、APCDs 等数据，本案例编制了电厂在发电阶段的排放清单。煤炭供应链各阶段的具体排放公式如下：

（1）煤炭开采阶段。该阶段燃煤电厂的污染物排放在很大程度上取决于开采方式（露天开采和地下开采，中国 95% 的矿山为地下开采）和煤炭开采量。因此，本案例根据电厂对应煤矿的煤炭开采方式和开采设备，从 ecoinvent v.3.6（cut-off system model）中选择对应的排放因子。此外，本案例还应用洗煤模型来模拟电厂洗煤后的煤质数据。电厂在煤炭开采阶段的排放量计算如式（7-7）所示，式中 ME_i 为电厂 i 煤炭开采阶段排放（单位为kg），$Q_{j,i}$ 表示矿山 j 输出到电厂 i 的原煤量（单位为t），Φ 为煤炭开采阶段排放因子（单位为 kg/t），详见表 7-24 和表 7-25。

$$ME_i = \sum_{j=1}^{m}(Q_{j,i} \times \Phi) \qquad (7-31)$$

表7-24　硬煤（无烟煤和烟煤）煤炭开采的排放因子

排放物	排放因子	单位
GHG	3.32×10^{-1}	kg/ kg
NO_x	5.86×10^{-4}	kg/ kg
SO_2	1.06×10^{-3}	kg/ kg
PM	1.32×10^{-3}	kg/ kg
$PM_{2.5}$	7.48×10^{-4}	kg/ kg
PM2.5-10	1.08×10^{-4}	kg/ kg
PM>10	4.64×10^{-4}	kg/ kg

表7-25　褐煤煤炭开采的排放因子

排放物	排放因子	单位
GHG	1.90×10^{-2}	kg/kg
NO_x	3.50×10^{-5}	kg/kg
SO_2	3.14×10^{-5}	kg/kg
PM	4.31×10^{-4}	kg/kg
$PM_{2.5}$	1.90×10^{-5}	kg/kg
PM2.5-10	3.32×10^{-6}	kg/kg
PM>10	4.09×10^{-4}	kg/kg

（2）煤炭运输阶段。该阶段的排放量计算如式（7-32）所示，其中，TE_i 为电厂 i 在运输阶段的排放，δ 和 γ 分别为货物铁路运输和公路运输的排放因子（详见表7-26和表7-27）。

$$TE_i = \sum_{j=1}^{m} \left(Q_{j,i} \times Ra_{j,i} \times \delta \right) + \sum_{j=1}^{m} \left(Q_{j,i} \times Ro_{j,i} \times \gamma \right) \tag{7-32}$$

表7-26　铁路货物运输的排放因子

排放物	排放因子	单位
GHG	4.65×10^{-2}	kg/tkm
NO_x	3.61×10^{-4}	kg/tkm
SO_2	1.34×10^{-4}	kg/tkm
PM	1.61×10^{-4}	kg/tkm
$PM_{2.5}$	4.68×10^{-5}	kg/tkm
PM2.5-10	3.84×10^{-5}	kg/t
PM>10	7.62×10^{-5}	kg/t

表7-27 公路货物运输的排放因子

排放物	排放因子	单位
GHG	1.37×10^{-1}	kg/tkm
NO_x	3.50×10^{-5}	kg/tkm
SO_2	3.14×10^{-5}	kg/tkm
PM	4.31×10^{-4}	kg/tkm
$PM_{2.5}$	1.90×10^{-5}	kg/tkm
PM2.5-10	3.32×10^{-6}	kg/t
PM>10	4.09×10^{-4}	kg/t

（3）发电阶段。燃煤发电阶段的排放取决于煤质（通过上述煤炭运输模型得到）、煤炭在锅炉中的燃烧特性和电厂的污染物去除率，其计算方法如下：

发电阶段产生的 GHG 主要是 CO_2，因此，本案例计算了发电阶段的 CO_2 排放，如式（7-33）所示，其中，$\dot{m}_{CO_2}$ 代表电厂的 CO_2 排放（单位为 kg），$\dot{m}_{fuel}$ 代表电厂的耗煤量（单位为 kg）；W_c 代表原煤中的硫含量（单位为 kg/kg）；M_{CO_2} 代表 CO_2 的相对分子质量（单位为 44 g/mol），M_s 代表 S 的相对原子质量（单位为 12 g/mol），r_{ox,CO_2} 代表 C 在空气中被氧化成 CO_2 的速率（取 1），η_{CO_2} 代表 CO_2 的净去除效率，详见表7-28。

$$\dot{m}_{CO_2} = \dot{m}_{fuel} \times w_C \times \frac{M_{CO_2}}{M_C} \times (1 - \eta_{CO_2}) \times r_{ox,\ CO_2} \tag{7-33}$$

表7-28 不同煤质的煤属性

煤质	低热值（MJ/kg）	含碳量（kg/kg）	含氮量（kg/kg）	含硫量（kg/kg）	灰分（kg/kg）
无烟煤	28.7	0.81	0.0105	0.0079	0.11
有烟煤	26.3	0.71	0.0118	0.0088	0.09
次烟煤	18.5	0.65	0.0091	0.0063	0.13
褐煤	13	0.53	0.0057	0.022	0.14
混合煤	25.1	0.64	0.0109	0.008	0.09

数据来源：Oberschelp, C., Pfister, S., Raptis, C.E., Hellweg, S., 2019. Global emission hotspots of coal power generation. Nat. Sustain. 2, 113－121.

NO_x 燃煤发电阶段排放的计算公式如式（7-34）所示，$\dot{m}_{NO_x}$ 表示电厂的 NO_x 排放（单位为 kg），LHV 表示该电厂耗用原煤的低热值（单位为 MJ/kg），λ 为假定的多余空气系数（取 1.2），η_{NO_x} 表示 NO_x 的净去除效率，由电厂的 APCDs 决定。

$$
\dot{m}_{NO_x} = \left[0.9 \times \dot{m}_{fuel} \times \frac{1040 \times LHV}{4187} + \right. \\
\left. \frac{0.77 + 1.0161 \times (\lambda - 1) \times 0.251 \times LHV + 0.278}{1000} \right] \times \\
(1 - \eta_{NO_x}) \tag{7-34}
$$

SO_2 发电阶段排放的计算公式如式（7-35）所示，其中，$\dot{m}_{SO_2}$ 表示电厂的 SO_2 排放（单位为 kg），w_s 代表原煤中的硫含量（单位为 kg/kg），M_{SO_2} 代表 SO_2 的相对分子质量（单位为 64 g/mol），M_s 代表 S 的相对原子质量（单位为 32 g/mol）；r_{ox,SO_2} 代表 S 在空气中被氧化成 SO_2 的速率（取 0.9），代表 SO_2 的净去除效率。

$$
\dot{m}_{SO_2} = \dot{m}_{fuel} \times w_S \times \frac{M_{SO_2}}{M_s} \times (1 - \eta_{SO_2}) \times r_{ox,\ SO_2} \tag{7-35}
$$

PM 发电阶段排放的计算公式如式（7-36）和式（7-37）所示，$\dot{m}_{PM_i}$ 代表电厂 PM_i（包含 $PM_{2.5}$，$PM10-2.5$，$PM>10$）的排放量（单位为 kg），W_{ash} 代表了原煤中的灰分（单位为 kg/kg），η_{PM_i} 代表了 PM_i 的净去除效率，r_b 代表了电厂锅炉的底灰比为 0.7（根据 CPPDB 锅炉的平均底灰比计算），煤粉和流化床燃烧的底灰比为 0.313；w_i 代表了平均粒径重量分数，$PM_{2.5}$、$PM10-2.5$ 和 $PM>10$ 分别为 0.777、0.161 和 0.063。这些值的相对标准偏差分别为 $\pm 18\%$、$\pm 59\%$ 和 $\pm 98\%$。

$$
m_{PM} = \dot{m}_{fuel} \times w_{ASH} \times \frac{M_{PM}}{M_{PM_i}} \times (1 - \eta_{PM_i}) \times r_b \tag{7-36}
$$

$$
\dot{m}_{PM_i} = \sum_{i}^{n} \dot{m}_{PM_i} \tag{7-37}
$$

Hg 发电阶段排放的计算公式如式（7-38）所示，其中，$\dot{m}_{Hg}$ 表示电厂的 Hg 排放（单位为 kg），w_{Hg} 代表原煤中的汞含量（单位为 kg/kg），R 代表了山东省 Hg 的释放率（取 99.4%（Zhou et al. 2019）），η_{Hg} 代表 Hg 的净去除效率。

$$
\dot{m}_{Hg} = m_{fuel} \times W_{Hg} \times R \times (1 - \eta_{Hg}) \tag{7-38}
$$

第五节 物质足迹核算案例

一、可再生电力行业金属足迹核算研究

物质足迹能够从全生命周期视角，系统地追踪国家或区域经济活动最终需求所导致的原生资源消耗，通常包括化石能源资源、生物质、金属资源和非金属矿物资源。本部分以

全球可再生电力行业的金属足迹（Fu et al.，2023）为例，运用投入产出分析方法展示了金属足迹的核算全过程。

发展可再生电力是实现电力系统脱碳，减少温室气体排放的关键手段之一。然而，大规模部署可再生电力基础设施（例如风机、光伏板等），使各种金属需求量也随之大幅增长。在全球化的背景下，可再生电力基础设施的生产过程被分割成日益精细化和专业化的若干环节（从采矿、冶炼、零部件制造到最终部署等），不同发展阶段、要素禀赋与技术水平的经济体以不同的角色参与可再生电力价值链，在获得增加值的同时也消耗了金属资源。在此背景下，明晰各经济体可再生电力需求的金属消费规模及其来源、获得的增加值大小等越来越具有挑战性。为此，亟须厘清可再生电力价值链上各经济体金属消费和增加值分布情况，为制定负责任的贸易政策和可持续的可再生电力供应链管理策略提供有价值的信息。

鉴于此，本研究融合多区域投入产出模型、价值链分解模型和结构分解分析模型，系统追溯了 2005 年、2010 年和 2015 年全球 44 个经济体 7 种可再生电力（水电、风电、生物质能发电、光伏发电、光热发电、海洋能发电和地热能发电）供应链活动中各经济体的 10 类金属足迹（铝、铜、铁、铅、锌、银、镍、锡、其他有色金属和铂族金属矿石）和增加值，描绘了可再生电力消费驱动的国际贸易活动中隐含的金属资源转移路径，评估了不同经济体在可再生电力价值链中的地位，进而揭示了贸易中隐含金属足迹变化的驱动机制。

1. 可再生电力需求金属足迹核算

可再生电力需求金属足迹是运用经典的投入产出模型中经典的列昂惕夫方程推导而来的，该方法可以识别不同经济体和部门之间的投入产出关系，以及每个经济体和部门生产一单位产出所需的中间产品投入的数量和类型。这种方法可以追溯最终产品（如电力）的生产过程。

在多区域投入产出 (MRIO) 模式中，不同的经济体和部门通过国际贸易相互联系。技术系数矩阵 A 的元素 $a_{nele,ele}^{sr}$，表示经济体 s 生产经济体 r 电力部门单位产出所需的非电力部门的中间投入。$B = (I - A)^{-1}$ 表示列昂惕夫逆矩阵，它包含了满足单位电力需求的直接和间接投入。需求矩阵 Y 的元素 y_{ele}^{sr}，表示经济体 r 中来自经济体 s 的可再生电力需求。为了计算可再生电力生产过程隐含在商品和服务中的供应链金属使用，我们扩展了 MRIO 分析，将金属使用作为环境指标。m 是所有部门金属消费的直接强度（从每个部门的每单位总产出中提取的国内金属矿石的数量）的矢量，例如，m_{nele}^{s} 表示经济体 s 非电力部门的直接金属强度。那么，供应链中满足可再生电力需求的所有商品和服务中隐含的金属总使用量（包括直接和间接）可以表示为：

$$\widehat{m}BY_{ele} = \begin{bmatrix} m^s_{nele} & 0 & 0 & 0 \\ 0 & m^s_{ele} & 0 & 0 \\ 0 & 0 & m^r_{nele} & 0 \\ 0 & 0 & 0 & m^r_{ele} \end{bmatrix} \times$$

$$\begin{bmatrix} b^{ss}_{nele,nele} & b^{ss}_{nele,ele} & b^{sr}_{nele,nele} & b^{sr}_{nele,ele} \\ b^{ss}_{ele,nele} & b^{ss}_{ele,ele} & b^{sr}_{ele,nele} & b^{sr}_{ele,ele} \\ b^{rs}_{nele,nele} & b^{rs}_{nele,ele} & b^{rr}_{nele,nele} & b^{rr}_{nele,ele} \\ b^{rs}_{ele,nele} & b^{rs}_{ele,ele} & b^{rr}_{ele,nele} & b^{rr}_{ele,ele} \end{bmatrix} \times \begin{bmatrix} 0 & 0 \\ y^{ss}_{ele} & y^{sr}_{ele} \\ 0 & 0 \\ y^{rs}_{ele} & y^{rr}_{ele} \end{bmatrix} \quad (7\text{-}39)$$

式中，$\widehat{m}$是对角线上所有区域的直接金属强度矩阵。我们将除可再生电力部门以外的所有部门的需求矩阵 Y 变为零，即水力发电、风能发电、生物质能发电和废物发电、太阳能光伏发电、太阳能热发电、潮汐发电、波浪发电、海洋发电和地热发电。可再生能源电力总需求涵盖了家庭、政府、投资等经济生产和最终需求，覆盖范围适用于整体分析。

经济体 s 可再生电力需求的金属足迹也可以表示为：

$$MF^s_{ele} = \sum_{r \ne s}^{N} (\widehat{m^s_c}B^{ss}y^{ss} + \widehat{m^r_c}B^{rs}y^{ss} + \widehat{m^r_c}B^{rr}y^{rs} + \widehat{m^s_c}B^{sr}y^{rs}) \quad (7\text{-}40)$$

式中，下标 c 代表十种金属。

2. 可再生电力价值链分解

由于简单的投入产出模型（将直接消耗系数与最终需求量相乘的方法）不能分解中间贸易流，且无法捕捉国内外部分和重复计算部分。因此，为追溯全球各经济体所有上游环节的金属消耗量，本文建立了一个分类核算框架，将各部门、各经济体的贸易分解为国内外金属足迹和重复计算部分，根据吸收的最终目的地将所有的中间贸易量分解为最终需求，并将各阶段的总产出表示为相关国家的最终需求。通过这个关键技术可以将各经济体所消耗的中间和最终产品分解为最终需求量。

这一方法是以投入产出模型为基础的，我们简单的以两国家为例来介绍此方法。公式如下：

$$X^s = A^{ss}X^s + Y^{ss} + A^{sr}X^r + Y^{sr} \quad (7\text{-}41)$$

其中，上标 s、r 表示从 s 国出口到 r 国，X 是总产出向量，Y 是最终需求向量，A 是中间产品。矩阵形式表示为：

$$\begin{bmatrix} X^s \\ X^r \end{bmatrix} = \begin{bmatrix} A^{ss} & A^{sr} \\ A^{rs} & A^{rr} \end{bmatrix} \begin{bmatrix} X^s \\ X^r \end{bmatrix} + \begin{bmatrix} Y^{ss} & Y^{sr} \\ Y^{rs} & Y^{rr} \end{bmatrix} \quad (7\text{-}42)$$

变换之后：

$$\begin{bmatrix} X^s \\ X^r \end{bmatrix} = \begin{bmatrix} I - A^{ss} & A^{sr} \\ A^{rs} & I - A^{rr} \end{bmatrix}^{-1} \begin{bmatrix} Y^{ss} + Y^{sr} \\ Y^{rs} + Y^{rr} \end{bmatrix} = \begin{bmatrix} B^{ss} & B^{sr} \\ B^{rs} & B^{rr} \end{bmatrix} \begin{bmatrix} Y^s \\ Y^r \end{bmatrix} \qquad (7\text{-}43)$$

B 是列昂惕夫逆矩阵。可再生能源行业金属消耗的总量（包括直接和间接）可以用数学式表示为：

$$\widehat{m}BY_{\text{ele}} = \begin{bmatrix} m_{\text{nele}}^s & 0 & 0 & 0 \\ 0 & m_{\text{ele}}^s & 0 & 0 \\ 0 & 0 & m_{\text{nele}}^r & 0 \\ 0 & 0 & 0 & m_{\text{ele}}^r \end{bmatrix} \times$$

$$\begin{bmatrix} b_{\text{nele,nele}}^{ss} & b_{\text{nele,ele}}^{ss} & b_{\text{nele,nele}}^{sr} & b_{\text{nele,ele}}^{sr} \\ b_{\text{ele,nele}}^{ss} & b_{\text{ele,ele}}^{ss} & b_{\text{ele,nele}}^{sr} & b_{\text{ele,ele}}^{sr} \\ b_{\text{nele,nele}}^{rs} & b_{\text{nele,ele}}^{rs} & b_{\text{nele,nele}}^{rr} & b_{\text{nele,ele}}^{rr} \\ b_{\text{ele,nele}}^{rs} & b_{\text{ele,ele}}^{rs} & b_{\text{ele,nele}}^{rr} & b_{\text{ele,ele}}^{rr} \end{bmatrix} \times \begin{bmatrix} 0 & 0 \\ y_{\text{ele}}^{ss} & y_{\text{ele}}^{sr} \\ 0 & 0 \\ y_{\text{ele}}^{rs} & y_{\text{ele}}^{rr} \end{bmatrix} \qquad (7\text{-}44)$$

其中 m 是直接金属消费强度矩阵，$\widehat{m}BY_{\text{ele}}$ 矩阵对角线元素表示本国金属材料在本国消耗，非对角线部分为双边出口的矩阵，可以最终分解为最终和中间产品。具体公式如下：

$$MEEVC^{sr} = \underbrace{(\widehat{m^s}B^{ss})^T \# y^{sr}}_{1} + \underbrace{(\widehat{m^s}L^{ss})^T \# (A^{sr}B^{rr}y^{rr})}_{2} +$$

$$\underbrace{(\widehat{m^s}L^{ss})^T \# \left[A^{sr}B^{rr} \sum_{t \neq s,r}^{G} y^{rt} + A^{sr} \sum_{t \neq s,r}^{G} B^{rt}y^{tt} + A^{sr} \sum_{r \neq s,r}^{G} B^{rt} \sum_{u \neq s,t}^{G} y^{tu} \right]}_{3} +$$

$$\underbrace{(\widehat{m^s}L^{ss})^T \# \left[A^{sr}B^{rr}y^{rs} + A^{sr} \sum_{t \neq s,r}^{G} B^{rt}y^{ts} + A^{sr}B^{rs}y^{ss} \right]}_{4} +$$

$$\underbrace{\left[(\widehat{m^s}L^{ss})^T \# (A^{sr}B^{rs} \sum_{t \neq s}^{G} y^{st}) + \left(\widehat{m^s}L^{ss} \sum_{t \neq s}^{G} A^{st}B^{ts} \right)^T \# (A^{sr}x^r) \right]}_{5} + \qquad (7\text{-}45)$$

$$\underbrace{(\widehat{m^r}B^{rs})^T \# y^{sr} + \left(\sum_{t \neq s,r}^{G} \widehat{m^t}B^{ts} \right)^T \# y^{sr}}_{6} +$$

$$\underbrace{\left[(\widehat{m^r}B^{rs})^T \# (A^{sr}L^{rr}y^{rr}) + \left(\sum_{t \neq s,r}^{G} \widehat{m^t}B^{ts} \right)^T \# (A^{sr}L^{rr}y^{rr}) \right]}_{7} +$$

$$\underbrace{\left[(\widehat{m^r}B^{rs})^T \# (A^{sr}L^{rr}e^{r*}) + \left(\sum_{t \neq s,r}^{G} \widehat{m^t}B^{ts} \right)^T \# (A^{sr}L^{rr}e^{r*}) \right]}_{8}$$

其中间推导环节见 Koopman 等的研究（2014），我们将双边贸易的出口分解为以下 8 个部分。第一部分为最终产品出口中的 s 国内隐含金属；第二部分，s 国的金属隐含在从 s 到 r 的国内中间产品出口中，r 用于生产当地最终消费品；第三部分，s 国的金属隐含在从 s 到 r 的国内中间产品出口中，r 用于生产最终消费品，在第三国消费；第四部分，s 国返回本国消费的中间产品出口；第五部分，s 国内生产的半成品出口经由重复贸易所造成的国内双重统计；第六部分，s 国最终产品出口中隐含的国外金属；第七部分，s 国中间产品出口中隐含的国外金属；第八部分，出口中来自国外的双重计算。由于第五、第八部分属于双重计算，它不属于任何国家，我们将忽略它。

3. 贸易隐含金属贸易驱动因素

任何国家的可再生电力隐含金属指标都由两部分组成：出口隐含金属量和出口隐含金属量（Dietzenbacher 等，2013）。根据上一章的投入产出理论，国家 r 的出口隐含金属量可以表示为：

$$MEE^r = \underbrace{\sum_{s \neq r}^{N} (\widehat{m^r} B^{rr} y^{rs})}_{1} + \underbrace{\sum_{s,k \neq r}^{N} (\widehat{m^r} B^{rs} y^{sk})}_{2} \tag{7-46}$$

其中，出口所含金属可分为两部分。第一部分代表经济体 r 的可再生电力出口中所体现的金属被另一个经济体消耗。第二部分代表经济中间产品中包含的金属，这些中间产品出口，然后用于生产供所有其他经济体消费的可再生电力。

同理，国家 r 的进口隐含金属量可以表示为：

$$MEI^r = \underbrace{\sum_{s,k \neq r}^{N} (\widehat{m^k} B^{ks} y^{sr})}_{3} + \underbrace{\sum_{s \neq r}^{N} (\widehat{m^s} B^{sr} y^{rr})}_{4} \tag{7-47}$$

其中，第三部分为经济体 s 为生产可再生电力而进口的商品和服务中包含的全球金属，最终在经济体 r 中被消费。第四部分为经济体 r 中生产者为生产可再生电力而进口的中间产品中包含的其他经济体中的金属，用于消费。

结构分解分析（SDA）常用于探索资源利用或贸易中体现的排放变化背后的驱动力，如材料资源、碳排放和汞排放等。根据研究，出口隐含金属（MEE）和进口隐含金属（MEI）依赖于直接部门金属强度向量（$\boldsymbol{m}$）、投入矩阵（$\boldsymbol{A}$）和需求矩阵（$\boldsymbol{Y}$）。我们将投入矩阵（$\boldsymbol{A}$）分解为生产技术（H）和中间产品投入贸易结构（T）。同样，需求水平（y）和最终产品贸易结构（D）被用来反映需求矩阵（$\boldsymbol{Y}$）。由于双边贸易的形式，我们将这五个因素分别分为国内（r）和国外（$-r$）。得到的 SDA 表达式如下：

$$
\begin{aligned}
MEE^r \\
= h^r \left(m^{(r)}, m^{(-r)}, T^{(r)}, T^{(-r)}, H^{(r)}, H^{(-r)}, D^{(r)}, D^{(-r)}, y^{(r)}, y^{(-r)} \right)
\end{aligned} \tag{7-48}
$$

$$MEI^r = g^r\left(m^{(r)}, m^{(-r)}, T^{(r)}, T^{(-r)}, H^{(r)}, H^{(-r)}, D^{(r)}, D^{(-r)}, y^{(r)}, y^{(-r)}\right) \quad (7-49)$$

在结构分解分析模型中，将出口隐含金属（MEE）和进口隐含金属（MEI）随时间的变化量化为某一因素的贡献。并且，我们进一步区分了本地和国外经济体之间的驱动因素，量化了它们对出口隐含金属（MEE）和进口隐含金属（MEI）变化的贡献差异。具体包括直接部门金属强度向量（m）、生产技术（H）（$h^r = \sum_{s=1}^{N} A^{sr}$）、中间产品投入贸易结构（$T$）（$t_{i,j}^{sr} = a_{i,j}^{sr}/h_{i,j}^{sr}$），需求水平（$y$）（$y^r = \sum_{s=1}^{N} y^{sr}$）和最终产品贸易结构（$D$）（$d_j^{sr} = y_j^{sr}/y_j^r$）。

第一种极坐标形式是通过首先改变第一个变量，然后改变第二个变量，再改变第三个变量，以此类推得到的。第二个极坐标形式是完全相反的，即先改变最后一个变量，然后改变倒数第二个变量，以此类推。这两种极性形式是彼此的镜像，具体来看，向量 $m^{(r)}$ 只包含国内的金属强度系数元素，其他元素为零（$m^{(r)} = [0'...0'(m^{(r)})\cdots0']'$，。向量 $m^{(-r)}$ 包含国外金属强度系数元素，国内的金属强度系数 r 为零，（$m^{(-r)} = [(m^{(1)})'\cdots(m^{(r-1)})'0'\cdots(m^{(r+1)})'\cdots(m^{(N)})']'$。其他的影响因子结构与金属强度的结构相同。

出口隐含金属（MEE）和进口隐含金属（MEI）在 $t-1$ 和 t 年间的变化分解为 h_{polar1}^r 和 h_{polar2}^r，或 g_{polar1}^r 和 g_{polar2}^r，最后根据它们的几何平均确定。

$$\Delta MEE_{t-1,t}^r = \frac{MEE_t^r}{MEE_{t-1}^r} = \sqrt{h_{\text{polar1}}^r \times h_{\text{polar2}}^r} \quad (7-50)$$

$$\Delta MEI_{t-1,t}^r = \frac{MEI_t^r}{MEI_{t-1}^r} = \sqrt{g_{\text{polar1}}^r \times g_{\text{polar2}}^r} \quad (7-51)$$

通过将连续年数相乘，计算出一段时间内出口隐含金属（MEE）和进口隐含金属（MEI）变化的分解。从 0 年到 t 年的总体变化量可以表示为：

$$\Delta MEE_{0-t}^r = \frac{MEE_t^r}{MEE_0^r} = \frac{MEE_1^r}{MEE_0^r} \times \frac{MEE_2^r}{MEE_1^r} \times \cdots \times \frac{MEE_t^r}{MEE_{t-1}^r} \quad (7-52)$$

$$= \Delta MEE_{0,t}^r \times \Delta MEE_{1,2}^r \times \cdots \times \Delta MEE_{t-1,}^r$$

$$\Delta MEI_{0-t}^r = \frac{MEI_t^r}{MEI_0^r} = \frac{MEI_1^r}{MEI_0^r} \times \frac{MEI_2^r}{MEI_1^r} \times \cdots \times \frac{MEI_t^r}{MEI_{t-1}^r} \quad (7-53)$$

$$= \Delta MEI_{0,t}^r \times \Delta MEI_{1,2}^r \times \cdots \times \Delta MEI_{t-1,t}^r$$

4. 数据来源

高分辨率、时间序列的多区域投入产出表来源于 EXIOBASE 数据库（Stadler et al., 2018）。该表涵盖 44 个经济体，包括 31 个欧盟成员国经济体和其他 13 个主要经济体，世界其余未覆盖的地区被划分为其他五个世界经济体。多区域投入产出表中的每个国家由 163 个部门组成，其中包括生物质能、地热能、水电、风电、太阳能光伏、太阳能热和潮汐能等部门。多区域投入产出表中的货币流量以百万欧元表示。金属矿石清单也包括在环境卫星账户中，其中包含 10 种金属矿石（铜、铁、铝、铅、镍、有色金属、铂族金属、银、锡、锌）的消费数据。每个经济体的所有金属矿石数据都可以与高分辨率行业相匹配。为了捕捉贸易中体现的金属的最新演变，我们使用了涵盖 2005 年、2010 年、2015 年的全球多区域投入产出表。

5. 可再生电力需求金属足迹

随着全球可再生基础设施的快速扩张，2005 年至 2015 年，全球可再生能源需求的金属足迹增加了 97%，即 2425kt[图 7–42（a）]。相比之下，全球可再生能源的装机容量正在以更快的速度增长，在 10 年内增长了 125%，即 1101GW[图 7–42（b）]。从风电、太阳能光伏来看，风电发电装机容量和光伏发电装机容量都有较大的增长。其中，10 年间光伏发电金属足迹增长了 3.5 倍，增长了 44.29kt，其装机容量增长了 46 倍，增长了 212824MW；风电金属足迹增长了 3.2 倍，增长了 336kt，其装机容量增长了 6 倍，增长了 358230MW。所有结果表明，金属足迹都随着装机容量的增长而增长，尽管前者增速更慢，但可再生能源的发展与金属消耗并未解耦。

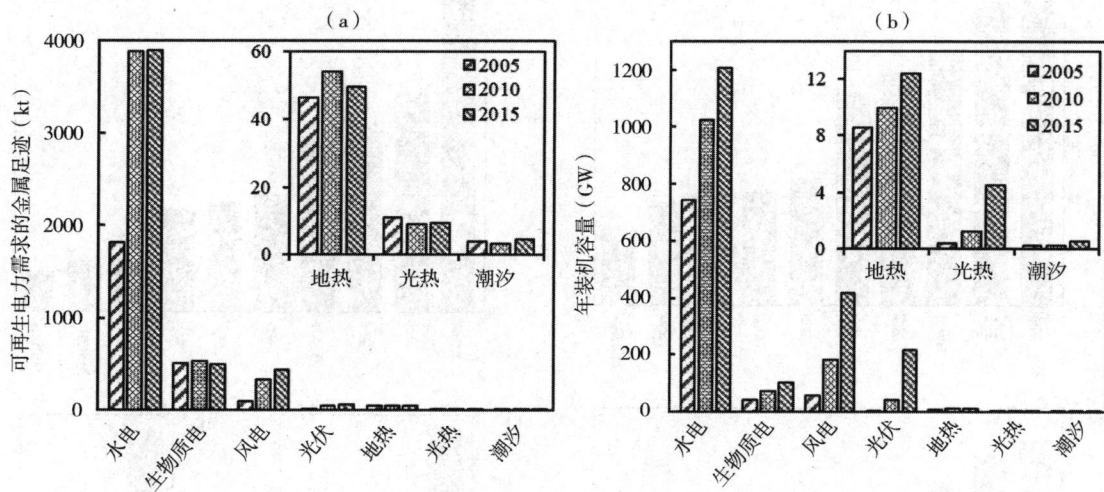

图7–42 可再生能源行业金属足迹与年装机容量

由于可再生能源规模和金属使用效率的巨大差异，不同经济体的金属足迹存在显着差异（图 7–45）。例如，中国是全球可再生能源行业规模的领导者，2015 年新增装机容量为 67.7GW，占全球总量的 43%，可再生能源发电量为 1381TWh，占全球总量的 24%，占全球可再生能源需求总量的 61%（图 7–43）。相比之下，全球第二大可再生能源经济体美国的可再生能源装机容量增加了 17.3 GW，占全球总量的 11%，可再生能源发电量为 568 TWh，占全球总量的 9%，仅占全球可再生能源行业金属足迹的 1%。这其中一个主要的因素是金属的使用强度，美国可再生能源部门的金属使用强度远低于中国的金属强度。此外，拉丁美洲、亚洲其他地区和非洲等发展中经济体占全球可再生能源需求的 11%，而 2015

年全球可再生能源装机容量仅占 6%。这主要是由于这些发展中经济体的可再生能源发电使用金属的强度很高。

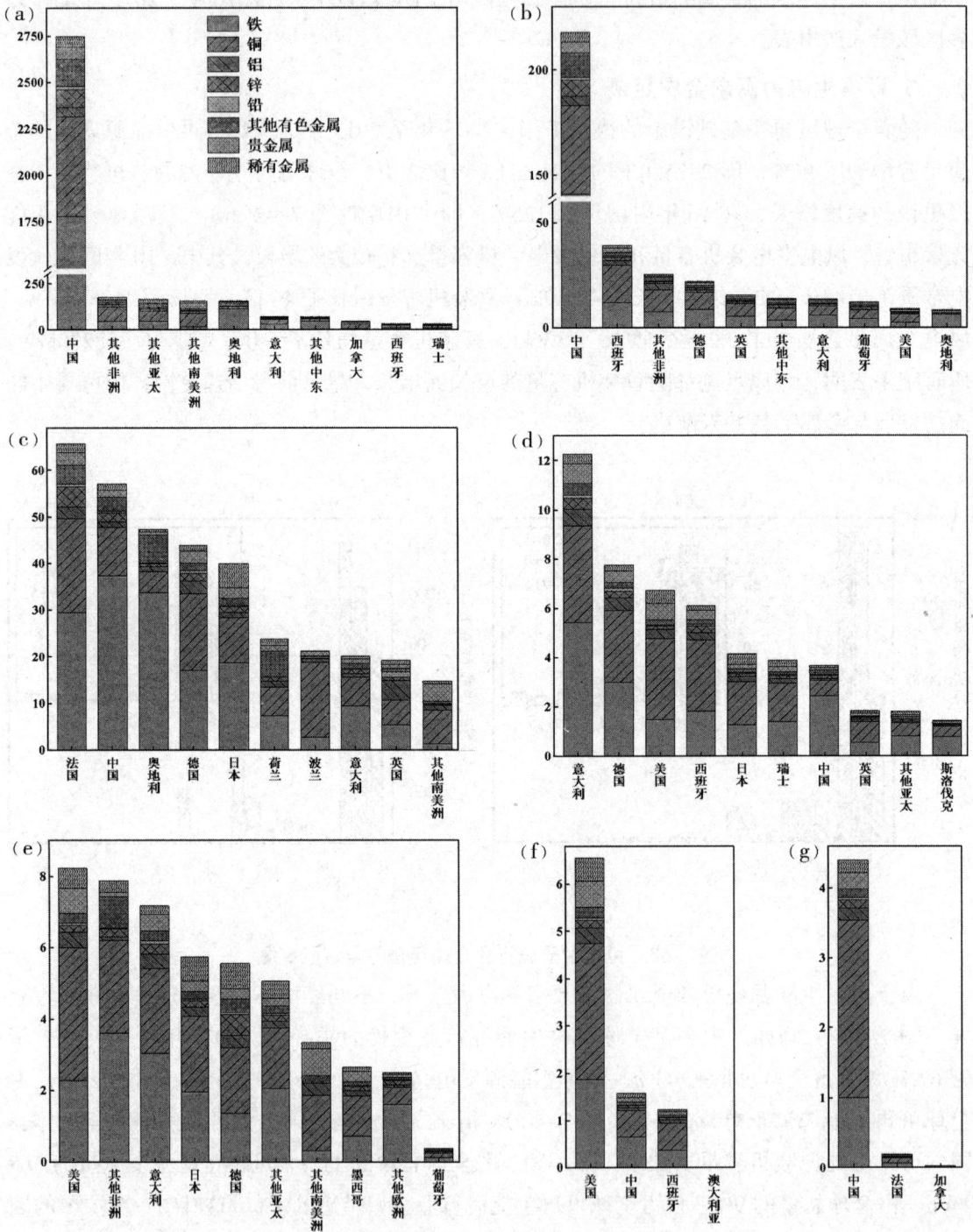

图7-43 各种可再生能源行业隐含金属足迹

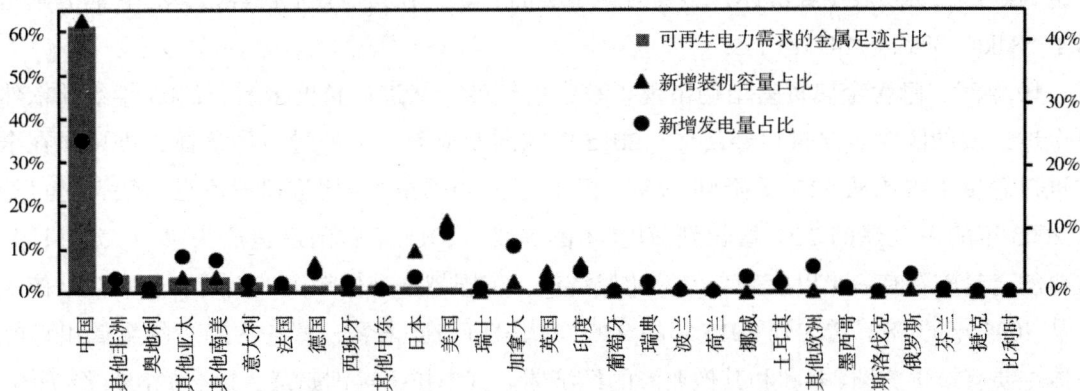

图7-44　2015年各国金属足迹、新增装机容量和发电量占全球总量的比例

图7-43(b)显示了2015年可再生能源相关金属转移的空间特征。金属外包表示一个经济体增加境外的金属矿石开采以满足国内可再生能源的消费。在发达经济体或中高收入发展中经济体（尤其是中国）的推动下，2005～2015年期间，外包金属增加了69%，即8 330kt。在可再生电力价值链中，发达经济体将越来越多的可再生能源部门金属消费外包给发展中经济体，导致了发展中经济体金属开采和生产不断增加。为了便于讨论外包的金属流动模式，我们将结果汇总到十组经济体中（欧洲、非洲、中东、北美、拉丁美洲、亚洲其他地区、中国、印度、俄罗斯和澳大利亚）。

在隐含金属转移方面，最大的隐含金属转移主要从欠发达经济体出口，比如，拉丁美洲、非洲和其他亚洲的经济体占总隐含金属出口量的65%。由于可再生能源发展迅猛导致金属需求量大增，且目前金属储量不足，欧美和中国是主要的隐含金属进口国（占2015年总金属进口量的87%）。其中，欧洲是金属的主要进口国，占全球总进口量的29%～52%。2015年，欧洲进口了598kt金属，主要来自拉丁美洲（160kt）、亚洲（82kt）和非洲（66kt）。这主要是由于本地矿产资源短缺，如铜和铅矿石，无法满足巨大的可再生能源产业所带来的巨大金属需求。因此，欧洲经济体必须从大型金属和可再生能源组件出口国进口相关组件以满足可再生能源发展。2015年，中国是最大的金属进口国，进口了1108kt，主要来自拉丁美洲、亚洲和澳大利亚。与发达经济体不同的是，中国可再生能源需求消耗的金属中，有63%的金属是由国内供应的。在碳减排雄心的驱使下，尽管中国拥有丰富的金属资源，比如锌，但这些金属仍不足以满足快速增长的可再生能源行业的金属需求，尤其是一些可再生能源技术的关键金属，例如，稀缺的镍矿资源占全球产量的5%，导致中国可再生能源需求中约85%的镍足迹来自其他经济体。相比之下，美国越来越依赖海外收购，尽管其本土矿产资源丰富，但实际金属进口占其总金属产出的比例从2005年的90%上升到2015年的98%。这是因为美国将其制造基地转移到海外，从贸易和供应链一体化中寻求更大的经济和环境效益。从隐含的金属出口看，超过一半的贸易中隐含金属矿石来自发展中经济体，主要有拉丁美洲、非洲和其他亚洲的经济体，它们分别出口了 584kt、329kt、145kt。

10 年间，隐含金属贸易结构出现了较大的转变。从进口角度来看，2005 年欧洲依然是全球最大的隐含金属进口经济体，2015 年欧洲变成第二大的进口经济体，进口量在全球进口总量中占比从 52% 下降到 29%，相比之下，中国的金属进口量增长最快，进口量从 2005 年的占全球的 22% 增长到 2015 年的 54%，2015 年中国迅速成为第一大进口国，主要的金属矿石有一半以上来自欠发达经济体。美国越来越依赖国外金属，金属对外依赖度从 2005 年的 88% 增加到 2015 年的 98%。从出口角度来看，贸易中隐含的金属出口经济体主要有拉丁美洲、非洲和其他亚洲的经济体。其中拉丁美洲是最大的金属出口经济体，2005 年和 2015 年期间其隐含金属出口分别占总金属贸易的 29% 和 31%（图 7-45）。

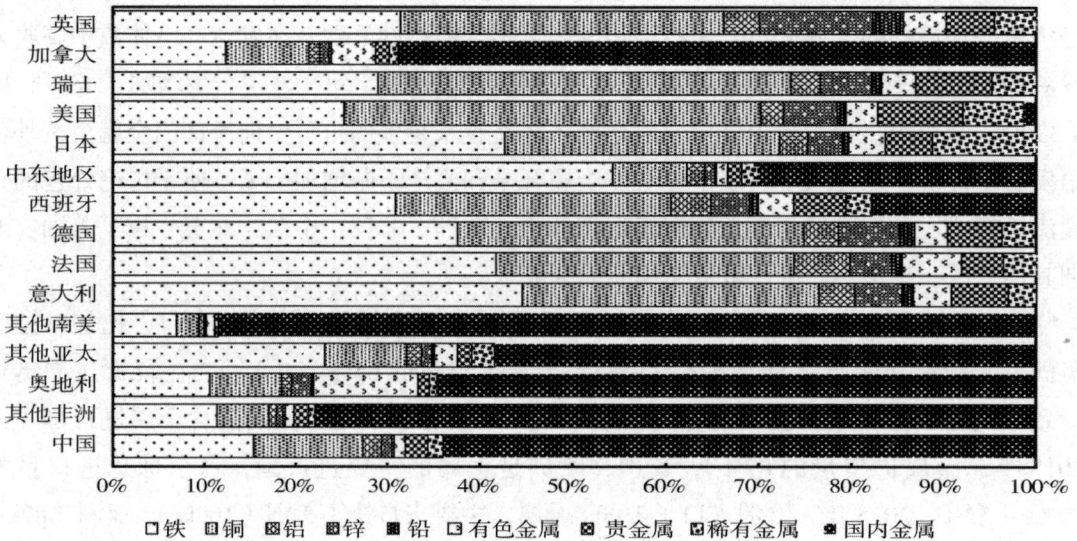

图7-45 2015年可再生能源部门的金属足迹内外部构成

6. 可再生电力价值链地位

全球每个经济体处于可再生电力价值链的不同位置，并在不同的金属成本下产生不同的经济收益。从全球价值链的角度来看，向其他经济体出口货物需要利用国内生产和进口，从而在国内和国外经济中使用金属并产生增值。在本研究中，我们进一步分解了金属总使用量或出口中体现的附加值，旨在满足国外经济对可再生能源的需求。这种分解将国内和国外组件分开，以突出其独特的位置。为此，我们引入两个指标，即满足国外可再生能源需求的出口总量的国内金属利用率（DMUR）和国内增值比（DVAR）（图 7-46）。较高的 DMUR 或 DVAR 表明，国外可再生能源需求引发的金属使用或增值大部分发生在国内。相比之下，DMUR 大而 DVAR 小的经济体意味着该经济体在满足国外可再生能源需求方面有相当大的金属使用贡献，但获得的经济效益却很小。

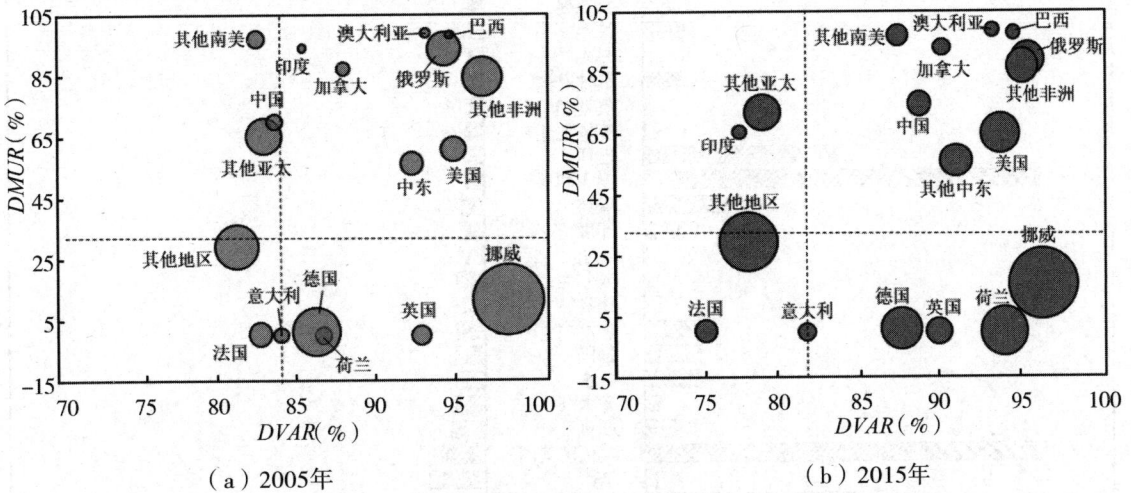

（a）2005年 （b）2015年

图7-46 各经济体总出口中隐含的国内金属消费占比和国内增加值占比

根据价值链地位分析，发现发达经济体占据了可再生电力价值链的高端部分。发达经济体，如欧洲经济体，出口高科技和高附加值的中间产品，国内金属消耗最少。这是因为发达国家往往拥有高科技产业，并通过消耗少量金属的高端制造或设计阶段增加大量价值。如图 7-47 所示，挪威、德国和荷兰贡献了全球 42% 的附加值，其中国内附加值占很大份额（2015 年 $DVAR$ 超过 85%），而当地开采的金属消费量远低于平均水平（图 7-47 横线虚线）。由于国内金属消费量低，附加值高，这些经济体占据了可再生电力价值链的高端位置。相比之下，发展中经济体倾向于出口低端、低附加值的产品，如矿石和钢板。发展中经济体（如拉丁美洲和亚洲其他地区）在国内开采的金属中贡献了很大比例（2015 年 $DMUR$ 约为 70%），但在满足国外可再生能源需求方面获得的附加值最少（占世界总量的 2% ~ 7%）。由于发展中经济体的生产成本最低，环境法规也最不严格，因此它们已成为发达经济体外包制造流程的目的地。有趣的是，作为世界上最大的可再生能源安装国，中国为满足国外可再生能源需求而出口商品和服务，占全球总增加值的 2.6%（图 7-48），与法国（2.1%）相似，均低于挪威（23%）。这主要是由于中国商品和服务出口规模有限，其生产阶段处于低端地位，即出口更多的国内金属（中国超过 168kt，图 7-48），经济收益较少（5.95 亿欧元）。相比之下，满足国内外可再生能源需求的商品和服务创造的附加值最大的是中国。总体来看，欠发达经济体是以本地的金属消耗为代价，以满足发达经济体的可再生电力需求。

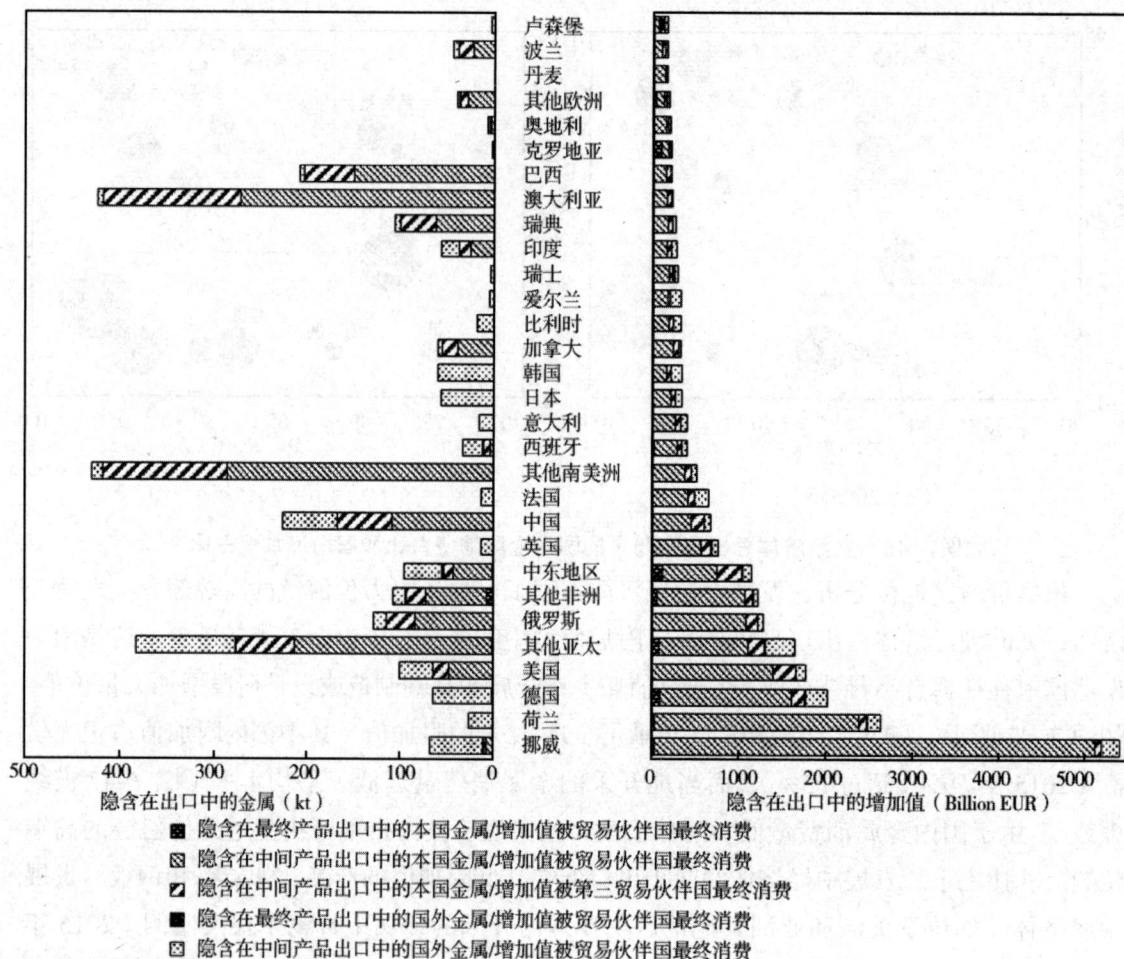

图中标签（从上到下）：
卢森堡、波兰、丹麦、其他欧洲、奥地利、克罗地亚、巴西、澳大利亚、瑞典、印度、瑞士、爱尔兰、比利时、加拿大、韩国、日本、意大利、西班牙、其他南美洲、法国、中国、英国、中东地区、其他非洲、俄罗斯、其他亚太、美国、德国、荷兰、挪威

左侧横轴：500 400 300 200 100 0　隐含在出口中的金属（kt）

右侧横轴：0 1000 2000 3000 4000 5000　隐含在出口中的增加值（Billion EUR）

图例：
■ 隐含在最终产品出口中的本国金属/增加值被贸易伙伴国最终消费
▨ 隐含在中间产品出口中的本国金属/增加值被贸易伙伴国最终消费
▧ 隐含在中间产品出口中的本国金属/增加值被第三贸易伙伴国最终消费
■ 隐含在最终产品出口中的国外金属/增加值被贸易伙伴国最终消费
□ 隐含在中间产品出口中的国外金属/增加值被贸易伙伴国最终消费

图7-47　2015年各经济体隐含在出口中的金属与增加值

在 2005 年至 2015 年期间，挪威、荷兰和德国等发达经济体在全球可再生电力价值链中依然保持高端地位，并始终表现出较高的 DVAR。这些经济体逐渐转向附加值更高、金属密集度更低的生产阶段。例如，德国的 DVAR 增长了 1.1%，增加值增加了 5800 万欧元，占全球增加值的 0.5%。与此同时，在十年中，德国出口的金属含量下降了 0.22kt。相比之下，发展中经济体在参与全球可再生电力价值链方面出现了温和增长，其特点是 DVAR 和 DMUR 都略有增加。然而，发展中经济体在国内金属出口的全球增长中所占的比例比它们所获得的增值收益大得多。例如，拉丁美洲在其出口中观察到金属含量增加了 154.6kt，占全球总增长的 16.5%。然而，该地区的增加值增长相对温和，仅占全球总增加值的 1.8%。同样，中国的 DMUR 和 DVAR 分别增长了 2.7% 和 4.9%。这一增长对应于中间产品出口中包含的金属增加了 94kt，占全球总增长的 10%。尽管有这样的增长，但中国的增加值增幅不成比例地小，2005 年至 2015 年仅占全球增加值总额的 4%。

7. 贸易隐含金属驱动机制分析

随着发达经济体不断将可再生能源部门的金属需求外包给发展中经济体，由此引起的不公平性也在加剧，这可以从三个方面观察到。第一，欧洲发达经济体人均可再生能源的最大可再生能源利用率普遍高于发展中经济体。例如，2005 年，瑞典的金属足迹大约是非洲经济体的 14 倍，2015 年增长到 18 倍。第二，全球各经济体出口和进口的金属差距继续扩大。2005 ～ 2015 年期间，发展中经济体的净出口增长了 21%。第三，从出口增加值的单位国内金属消费来看，不平等加剧。2005 年，发展中经济体（如非洲）的价值是发达经济体（如欧洲）的两倍，2015 年增长了 5 倍。

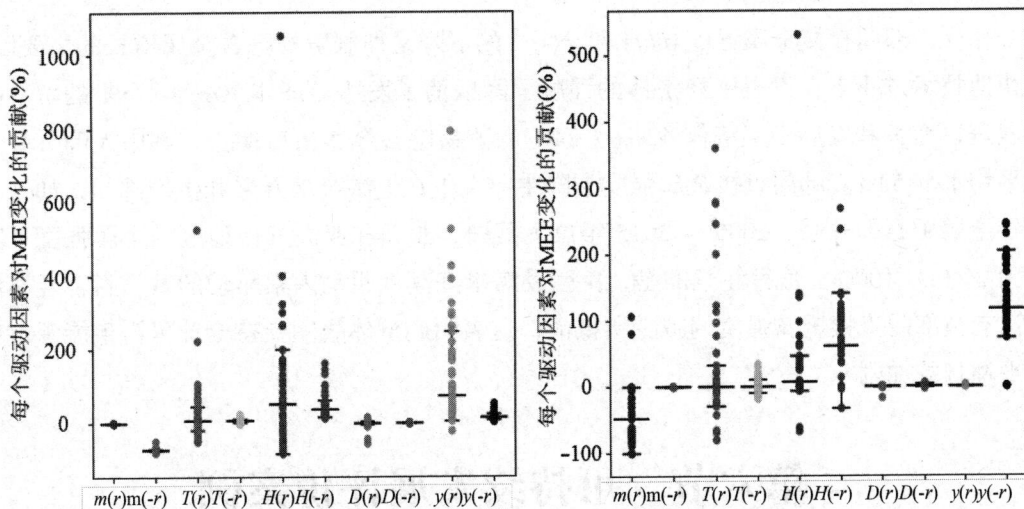

（a）和（b）分别代表驱动因子的变化

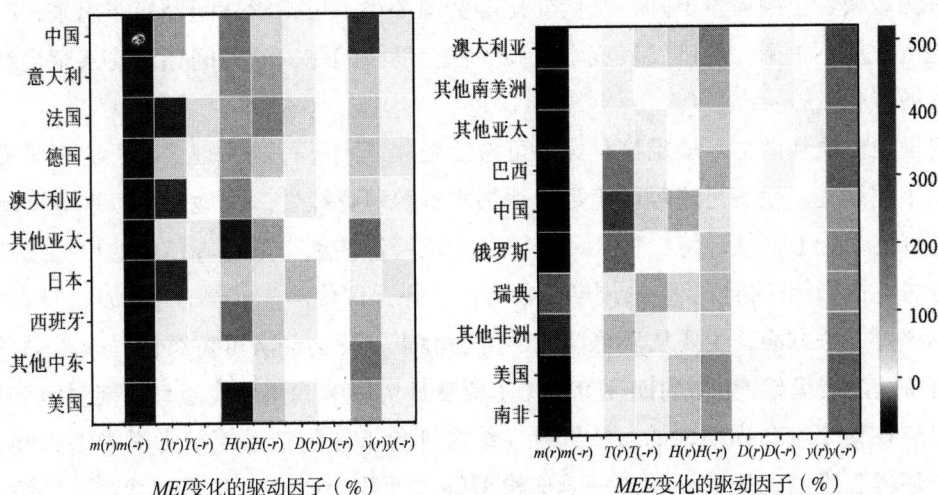

（c）和（d）为前十的进口/出口经济体的驱动因子变动情况

图7-48　2005～2015年各驱动因素对隐含金属进/出口变化的贡献

我们研究了贸易中包含的金属的驱动力，以揭示全球可再生电力价值链贸易隐含金属变化的驱动因素。可再生能源需求是贸易隐含金属增长的主要力量。在可再生能源雄心的推动下，2005 ~ 2015 年，美国和欧洲等发达经济体的国内可再生能源需求 [$y(r)$] 推动了 39% ~ 93% 的贸易隐含金属进口增长。与此同时，来自发达经济体（如欧洲经济体）和中国的大部分需求 [$y(-r)$] 导致发展中经济体（如拉丁美洲、非洲和亚洲其他地区）的贸易隐含金属出口大幅增长（98% ~ 196%）。相比之下，生产技术 [$H(r)$, $H(-r)$] 和贸易结构 [$T(r)$] 的变化导致了金属不平等的温和增长。生产技术转移导致发达经济体（美国和奥地利除外）的贸易隐含金属进口增长幅度在 13% ~ 200% 之间，发展中经济体的贸易隐含金属出口增长幅度在 4% ~ 99% 之间。

相反，部门直接金属强度 [$m(r)$ 和 $m(-r)$] 的下降是抑制贸易隐含金属增长的主要因素。在快速技术进步下，发展中经济体的强度下降抵消了发达经济体 70% ~ 75% 的贸易隐含金属进口增长和发展中经济体 42% ~ 84% 的贸易隐含金属出口增长，其中大部分高于全球平均水平 52%。部门直接金属强度下降主要发生在上游金属开采和生产部门，如铁、铜和贵金属矿石的开采，2005 ~ 2015 年拉丁美洲、非洲和亚洲其他地区的金属强度下降幅度为 27% ~ 100%。值得注意的是，由强劲需求和其他驱动因素驱动的贸易隐含金属增长并没有被部门直接金属强度的减少所抵消，这表明经济体之间支持全球可再生能源市场的不平衡日益加剧。

第六节　可持续发展评价案例

人类活动的快速扩张导致了化石能源使用量、碳排放量、用水量等的快速增长，这使得水资源短缺、土壤质量下降、气候变化等资源环境不可持续性问题暴露出来，随之而来还有地区发展不平衡、经济发展成本升高等社会经济问题，这些问题最终甚至会对人类的生存发展造成威胁。

科学地监测和评估环境足迹是确保可持续发展顺利进行的关键之一。许多研究基于水足迹、土地足迹、生态足迹等环境足迹评估水资源可持续性、土地可持续性等问题，并在足迹核算的基础上，从环境、社会和经济三个维度评估水、土地等指标的可持续性。具体评估方法包括指标评价法、生命周期评价方法、综合评价法、承载力评价法、计量方法等。在指标评价方法方面，主要从环境绩效、生态健康、社会经济可持续性、人类福利等方面构建可持续发展框架，生命周期评价方法主要从环境影响的角度度量计算能量流和物质流，评估足迹在整个生命周期内的可持续性。综合评价方法包括系统动力学模型，涵盖社会、经济、环境三维度的压力—状态—响应模型等，承载力评价主要通过社会、经济、环境、生态等多个系统纬度，从资源环境对人的"最大负荷"角度探讨可持续发展问题，计量方法主要包括回归分析、脱钩分析等。案例一介绍了基于水足迹单一足迹构建可持续发展指标，评估城市水资源的可持续性。

行星边界概念于 2009 年提出（Rockström 等，2009），该概念首次明确给出了地球生态系统在气候变化、水资源消费、土地利用、氮磷循环、生物多样性丧失等一系列环境问题中的安全阈值，是近年来环境承载力研究最具代表性的国际成果。随着人们对可持续发展内涵的理解不断深化，在安全阈值边界内追求社会经济繁荣逐渐成为共识（诸大建，2009）。基于行星边界和足迹—边界指标的可持续性评估（E–F ESA）框架，通过将环境足迹与降尺度的行星边界进行比较，定量判断某个领域的环境可持续性。另外，随着社会经济的发展，地球生态系统的系统性与整体性特征日益凸显，足迹之间的联系越来越紧密。各国政府和国际机构也逐渐意识到以往单一的指标无法满足可持续发展评估的需要，足迹研究也开始注重向整体性发展。联合国确立的 SDGs 也更注重经济增长、社会包容与环境保护方面不同目标之间的内在联系与和谐发展。基于此背景，案例二介绍了将环境足迹与行星边界相结合，评估了碳排放、水资源环境方面的可持续性。

实现可持续发展目标需要所有利益相关者共同努力，对不同部门（例如食品、卫生、水和能源）之间进行协同权衡。例如河水被改道用于灌溉农田，不仅可能会造成湖泊干涸并萎缩，还可能导致渔业损失和生物多样性的丧失，这种负面的权衡是可以通过建造良好的运河和高效的灌溉来消除的。"耦合"概念于 1983 年在粮食—能源关系方案下首次用于自然资源领域以寻求粮食和能源短缺的协同解决方法，基于耦合的方法通过确定不同部门积极的协同作用和消极的权衡作用，有利于促进更高的资源利用效率和降低污染物排放来推动可持续。基于耦合的概念评估可持续发展的方法有很多，可以用一套指数来表示跨资源或跨部门的投入强度，如用于粮食生产和水供应的能源量。其他的方法还包括生命周期分析、物质流分析、投入产出分析等。案例三基于投入产出模型和生态网络分析方法评估了能源—金属关系的可持续性。

一、基于单一足迹的可持续发展评估

水资源可持续性需要依据可持续发展理论，保障生态系统结构稳定，并支持社会和经济可持续发展，其核心任务是在保护环境的前提下有序发展经济，满足当代人和后代人的用水需求。水生态健康是城市发展的重要保障，居民日常生活、工农业生产、生态调节均离不开水。然而，中国 30 年来的快速城市化进程带来了严重的水生态破坏，如水过度消耗、水污染等，给城市生态系统带来了巨大压力。这种压力若超过城市水生态承载力的上限将严重威胁整个城市的可持续发展。因此，通过定量比较城市用水压力（用水总量、用水环境质量等）和城市水生态承载力，以此来评估城市水生态的可持续状态，对水生态可持续发展管理政策建议的提出具有重要意义。本案例参考于冰和徐琳瑜（2014）构建的方法，该方法对 2009 ~ 2020 年大连市水资源进行了可持续评价。该案例融合水生态足迹和水生态承载力，通过比较分析城市水资源利用模式和污水消纳占用的水资源用地需求，提出了一种城市水生态可持续评价指数，评估了大连市城市水资源可持续性。

大连市地处我国辽东半岛最南端，中国北方沿海重要的港口、贸易、中心城市，地理位置优越，其发展受到了国家政策的支撑，拥有良好的产业基础，2020年大连市GDP达到7030亿，位居全国29位，但市内水资源开发潜力有限，水资源总量波动性较大，且大多数年份处于用水压力较高的状态（表7-29），社会经济发展受到水生态系统的限制较大，因此推动城市水生态可持续发展是大连经济社会可持续发展的重要任务之一。国家水利部也将大连市确定为水务现代化试点城市和全国水生态文明建设试点城市。基于此，本案例以大连市为例进行实证研究，建立城市水生态可持续发展评估模型。

表7-29 大连市水资源状况

年份	水资源总量（$\times 10^8 m^3$）	用水量（$\times 10^8 m^3$）	水压力指数 （用水量/水资源总量）
2013	52.08	16.16	0.31
2014	10.15	16.02	1.57
2015	11.41	16.02	1.40
2016	16.64	16.24	0.97
2017	10.93	16.35	1.49
2018	19.96	16.27	0.81
2019	19.96	16.43	0.82

水足迹概念于2002年被首次提出，通过引入虚拟水的概念来核算一个地区总的用水量，包括本地居民的直接用水量及进口产品和服务过程中进口的虚拟水，主要描述水资源消耗、贸易和水资源管理的关系，可以更精准地反映区域用水总量。相对于水足迹，水生态足迹是指特定区域内用于生产与消费的水资源与服务，以及利用现行技术同化其所产生的废弃物的生物生产土地的面积（周文华等，2002），并将水资源的不同功能统一起来。城市用水具有多样性的本质，直接以城市用水总量来评价城市水生态健康并不符合水可持续发展的定义。城市水生态足迹将用水情况分为两个方面——水资源足迹和水污染足迹，其中城市水资源生态足迹指维持城市生活、生产、生态用水所需要的水域和水资源用地面积，而城市水污染生态足迹为城市废弃物消纳所必需的水资源用地面积。城市水生态足迹将城市用水量和水环境质量统筹兼顾起来，可以更全面地反映城市用水压力端的状况。

城市水生态足迹代表了维持城市人类社会经济活动和城市内生命支持系统基本生态服务功能的水量，并核算了人类生产生活用水城市最小生态需求。城市水生态承载力是指在维持城市水生态系统自身及其支持系统健康的前提下，城市自然水生态系统所能支撑的人类活动的阈值，可用以反映城市水生态系统的供给能力。通过供需两方面的比较分析，可判断城市水生态可持续发展状况。

城市水生态足迹分为水资源生态足迹和水污染生态足迹两部分：

$$EF=EF_{wr}+EF_{wc} \tag{7-54}$$

式中，EF为城市水生态足迹（hm^2）；EF_{wr}为城市水资源生态足迹（hm^2）；EF_{wc}为城市水污染生态足迹（hm^2）。

其中，水资源生态足迹：

$$EF_{wr} = r_w \times C_{wr}/p_w \qquad (7-55)$$

式中，r_w 为全球水资源均衡因子；C_{wr} 为城市的水资源用量（包括居民日常生活用水、生产运营用水、公共服务用水和城市生态需水等，m^3）；p_w 为全球水资源平均生产能力（m^3/hm^2）。

城市水污染生态足迹：

$$EF_{wr} = r_w \times C_{wr}/p_{wc} \qquad (7-56)$$

式中，r_w 为全球水资源均衡因子；C_{wc} 为城市污水排放量（t）；p_{wc} 为全球水域对污水的平均消纳量（t/hm^2）。

城市水生态承载力：

$$EC_w = 0.4 \times \varphi \times r_w \times Q/p_w \qquad (7-57)$$

式中，EC_w 为城市水生态承载力（hm^2）；φ 为区域水资源产量因子；r_w 为全球水资源均衡因子；Q 为区域水资源总量（m^3）；p_w 为全球水资源平均生产能力（m^3/hm^2）；0.4 为扣除 60% 维持生态环境和生物多样性的水资源量。

城市水生态承载力与城市水生态足迹比值计为城市水生态可持续指数，用以表征城市水生态系统供给（水生态承载力）满足人类水资源生态需求（水生态足迹）的可持续程度：

$$ESI_w = EC_w/EF \qquad (7-58)$$

式中，ESI_w 为城市水生态可持续指数，城市水生态可持续指数值越高，城市水生态可持续状态越好，当 $0 < ESI_w < 1$，表明城市水资源供给小于消费量，城市水生态呈不可持续发展状态；当 $ESI_w > 1$，表明城市水资源供给大于消费量，城市水生态呈可持续发展状态；当 $ESI_w = 1$ 时，城市水资源供给需求平衡，可看作是城市水生态可持续态的临界点。

促使城市水生态可持续发展是中国北方大部分城市支撑经济社会可持续发展的主要任务之一，基于上述 5 个式子，本案例评估了大连市的 2001 ~ 2012 年水资源可持续性。计算结果见表 7-30：

表7-30　大连市人均水生态足迹和承载力

年份	EF_{wr}	EF_{wc}	EF	EC_w	ESI_w
2001	0.224	0.289	0.513	0.246	0.480
2002	0.240	0.296	0.536	0.068	0.127
2003	0.241	0.155	0.397	0.130	0.327
2004	0.272	0.130	0.402	0.284	0.706
2005	0.290	0.326	0.616	0.410	0.666
2006	0.280	0.331	0.611	0.217	0.355
2007	0.281	0.121	0.402	0.292	0.726
2008	0.305	0.118	0.423	0.185	0.437
2009	0.336	0.239	0.575	0.128	0.223
2010	0.359	0.102	0.461	0.348	0.755
2011	0.391	0.059	0.450	0.333	0.740

结果表明在这 11 年里，大连市水生态整体处于不可持续发展状态，且波动较大，主要受到承载端水资源量的影响。2001 ~ 2011 年间，大连市的人均城市水生态足迹表现为先上升后下降，其中 2006 年是主要分隔点。从城市水生态足迹的各组成部分来看，城市水资源生态足迹呈逐年递增趋势，表明随着城市人口增长和产业发展，城市水资源需求量也不断增加。城市水污染生态足迹整体上有逐渐递减的趋势，分析其原因，一方面源于城市污水排放总量的控制，2007 ~ 2010 年大连市城市污水年排放量控制在 3×10^8t 以内；另一方面是城市污水处理能力的提升，大连市污水年处理量从 2001 年的 1.93×10^8t 提升到 2010 年的 2.55×10^8t。从水生态承载力角度来看，大连市的人均水生态承载力很低，且波动性很大，主要是由于城市水资源量不足且不稳定，尤其是 2002 年发生了近 60 年来特大干旱，全市平均年降水量仅 405.30mm，致使其水资源量仅为 6.35×10^8m²，是 2001 ~ 2011 年大连年均水资源量的 1/4。

二、基于环境足迹—边界的可持续发展评估

中国幅员辽阔，各省资源环境状况、社会经济发展水平存在巨大差异，面临着不同程度的气候变化、环境污染、贫困、健康等问题，影响可持续发展进程的推进。基于环境足迹—边界的方法评估各省不同元素的可持续发展情况，有利于量化各元素离安全阈值的距离，识别阻碍地方可持续发展的关键问题。

本案例参考了方恺等（2015，2021）的方法，将环境足迹与行星边界相结合，评估了中国各省在气候变化、水资源环境方面的可持续性。本案例基于投入产出计算压力端的环境足迹，构建了中国各省 MRIO 模型，核算了中国 31 省的碳足迹和水足迹。根据 MRIO 模型，地区间的投入产出关系可以表示为：

$$X = AX + Y \qquad (7-59)$$

式中，X 表示总产出矩阵，Y 表示直接消耗系数矩阵。对上式进行变换，可以得到：

$$X = (I-A)^{-1}Y \qquad (7-60)$$

式中，$(I-A)^{-1}$ 为模型中的列昂惕夫逆矩阵。进一步表示各省各部门单位产出的碳排放或水消耗的强度系数矩阵 E，将各国和部门间的投入产出关系转换为资源环境要素的实物关系。因此，压力端的环境足迹 EF 计算公式如下：

$$EF = E(I-A)^{-1}Y \qquad (7-61)$$

在承载端，行星边界划定了全球范围内的安全阈值。由于环境管理决策的制定更多地发生在国家、省份等更精细的尺度上，因而行星边界的降尺度即本地化具有重要意义，各国学者为此进行了大量探索。一种思路是自下而上对局地资源禀赋和环境容量进行比较，通过评估封闭系统下的资源环境承载力来确定本地边界；另一种则从全球配额的视角出发，自上而下进行降尺度分配，这也是行星边界有别于承载力传统评价范式的特色之处。本研究采用后一种思路，将计算的水、碳的全球人均份额作为各省环境边界的人均阈值。水

边界根据 Steffen 等（2005）设定的全球阈值，除以 70 亿世界总人口得到人均阈值，得到 574m³。碳边界则基于 Rockström 等（2009）设定的 350 ppm（parts per million）大气 CO_2 浓度阈值和 1 W/m² 辐射强迫值，将人均碳边界值设定为 2.5t。通过比较环境足迹和环境边界计算环境赤字指数：

$$ESDI_{i,j} = \frac{EF_{i,j}}{EB_{i,j}}$$ (7-62)

式中，$ESDI_{i,j}$ 为环境可持续性赤字指数，当其大于 1，表示 j 省在 i 项人类活动中处于不可持续状态，反之，处于可持续状态；$EF_{i,j}$ 为 j 省 i 项人类活动的环境足迹；$EB_{i,j}$ 为 j 省 i 类环境足迹相对应的环境边界。

评估结果如表 7-31 所示，结果表明 2012 年中国各省碳的环境可持续性赤字指数皆大于 1，表明环境足迹已大幅超过安全阈值，严重危害了社会经济的可持续发展，表明各省实现控制气候变化目标存在很大的挑战。同时，这种不可持续性也存在着较大的南北分异特征，北部省份的环境可持续性赤字指数高于南部省份。其中，碳的可持续最差的地区为天津，其环境可持续性赤字指数为 10.31。作为能源生产型省份，内蒙古和新疆的碳的环境可持续性赤字指数也非常高，分别为 8 和 5.31。另外，作为我国的重工业基地，东北三省碳的可持续性赤字指数接近 5。对于水，29 个省区的水可持续性赤字指数小于 1，表明处于盈余状态，有三个地区大于 1，处于赤字状态。水可持续赤字指数大于 1 的三个地区为上海、西藏和新疆，分别为 1.49、1.18 和 1.35。水可持续赤字指数较大的区域还包括北京、天津及内蒙古、宁夏等地，这些地区经济的健康发展受到了水因素的制约。水可持续性赤字指数低值位于西南地区，包括云南、贵州、重庆、四川，这些地区水资源量较高。

表7-31 2012年中国各省水、碳足迹的环境可持续性指数

地区	水可持续性赤字指数	碳可持续性赤字指数
北京	0.83	7.62
天津	0.83	10.31
河北	0.22	2.62
山西	0.33	3.62
内蒙古	0.64	8.00
辽宁	0.50	4.42
吉林	0.31	4.94
黑龙江	0.51	4.17
上海	1.49	9.71
江苏	0.66	3.57

地区	水可持续性赤字指数	碳可持续性赤字指数
浙江	0.59	4.02
安徽	0.25	1.27
福建	0.60	3.13
江西	0.32	1.14
山东	0.57	3.40
河南	0.25	1.98
湖北	0.48	3.46
湖南	0.29	1.54
广东	0.67	4.73
广西	0.36	2.13
海南	0.39	3.14
重庆	0.28	2.74
四川	0.33	1.25
贵州	0.23	1.78
云南	0.37	2.20
西藏	1.18	1.68
陕西	0.28	3.84
甘肃	0.31	1.53
青海	0.53	3.61
宁夏	0.82	4.20
新疆	1.35	5.31

三、基于耦合观念的可持续发展评价

不同目标、不同元素之间存在着耦合关系，认识不同元素之间的耦合关系是可持续发展管理的关键。例如，作为维持生产力和基础设施建设的两种关键资源，能源和金属之间有着不可分割的联系和相互作用。能源在金属生产中不可或缺，包括金属的开采、冶炼和压榨。作为最大的发展中国家，中国金属生产的能源消费在过去几十年中经历了快速增长，这是由于持续的工业化和城市化推动了金属需求的快速增长。在 2000 年至 2015 年期间，中国金属开采、冶炼和压榨的能源使用量增加了 4.7 倍，从 $2.075 \times 10^8 t/$ 年增加到 $9.802 \times 10^8 t/$ 年。同时，铜、铝和钢等金属在能源系统中也起着至关重要的作用。就中国而言，电力生产和供应是主要的金属消费部门，2012年铜、铝和钢分别占全国总量的41%、11%和1%。为了缓解资源短缺，能源和金属的可持续管理至关重要。因此，有必要基于耦合观念评估能源—金属的可持续性，以便对这两种关键资源进行协作管理。

本案例通过系统投入产出分析和生态网络分析方法，综合考虑能源和金属资源，建立中国能源—金属耦合网络核算框架，定义了"混合能源"（直接能源和金属相关的能源消耗）和"混合金属"（直接金属与能源相关的金属消耗），核算体现在最终使用中的能源和金属资源消费量。进一步利用这两个概念构建能源—金属关系流网络。

本案例首先确定投入产出部门的直接能源和金属资源消费情况。根据部门直接能源消费量与相应的金属资源消费强度，计算能源相关的金属资源消费。同理，计算金属资源相关的能源消费。基于各部门的资源消费，构建"混合能源"（直接能源+金属资源相关的能源）和"混合金属资源"（直接金属资源+能源相关的金属资源）指标，量化能源和金属在经济部门内部和部门间的耦合关系。最后，生态网络分析方法被用于分析系统稳定性以及网络中能源和金属之间的交互机制，探索能源—金属耦合网络的系统属性，评估能源—金属关系的可持续性。

首先，根据能源和金属的种类，计算各个部门直接能源和金属的消费（V_i^e 和 V_i^m）。能源分为煤炭、汽油、柴油、电力等（用标准煤单位表示），金属分为钢、铜、铝等。计算公式如下：

$$V_i^e = \sum_{k=1} e_i^k \tag{7-63}$$

$$V_i^m = \sum_{k=1} m_i^k \tag{7-64}$$

式中，i 表示部门；k 表示第 k 种能源或者金属资源；e 表示能源；m 表示水资源。

其次，能源相关的金属资源消费通过部门直接能源消费和相应的单位能源生产耗水量计算，金属资源相关的能源消费通过部门直接金属资源消费和相应的单位金属资源生产能耗计算。V_i^{Ste-e}、V_i^{Cop-e}、V_i^{Alu-e}，分别表示与钢、铜和铝生产相关的能源消费，而 V_i^{ec-m}、V_i^{eo-m}、V_i^{ee-m}，分别是煤石油、电力消费相关的金属消耗。能源消费相加在一起称为"混合能源"（V_i^{he}）消费。直接金属资源消费与能源相关的金属消费相加在一起称为"混合金属资源"（V_i^{hm}）消费。公式表示如下：

$$V_i^{he} = V_i^e + V_i^{Ste-e} + V_i^{Cop-e} + V_i^{Alu-e} \tag{7-65}$$

$$V_i^{hm} = V_i^m + V_i^{ec-m}、V_i^{eo-m}、V_i^{ee-m} \tag{7-66}$$

在得出各部门能源和金属总消费量之后，基于经济投入产出表，结合能源和金属体现强度，将所有的经济流转变为能源和金属资源流动，同时也得到最终使用的体现能源和金属资源消费情况。能源和金属体现强度计算公式如下：

$$\varepsilon = E[U-E]^{-1} \qquad (7-67)$$

式中，ε 为体现能源（金属）强度，$\varepsilon = [\varepsilon_i]_{1 \times n}$，$n$ 表示 n 个部门；E 为各部门能源（金属）消费量，$E = [E_i]_{1 \times n}$；$U = [U_{j,i}]_{n \times n}$，当 $i=j$ 时，$u_{i,j} = X_i$，X_i 为部门 i 的经济产出，但是当 $i \neq j$ 时，$u_{i,j} = 0$；H 为经济价值流矩阵，$H = [H_{j,i}]_{n \times n}$，并且，$H_{j,i} = x_{j,i}$，表示 j 部门对 i 部门的经济投入。

在能源、金属消费核算的基础上，采用系统冗余度（SR）、控制分配系数（CA）以及依赖分配系数（DA）分别探索能源—金属耦合网络的系统效率与冗余以及部门之间的平衡关系、部门间的控制和依赖关系。

效率和冗余之间的平衡对于实现耦合网络的可持续性具有重要意义。SR 是基于系统的一个指标，通过考虑流动效率和冗余之间的平衡来表示耦合网络的可持续性。SR 通过耦合网络的发展能力（C）和上升性（A）计算。发展能力和上升性的定义以及 SR 计算过程如下：

$$SR = -\alpha \ln \alpha \qquad (7-68)$$

$$\alpha = \frac{A}{C} \qquad (7-69)$$

$$A = TST^2 \sum_{i,j} \frac{f_{i,j}}{TST} \ln \frac{f_{i,j}TST}{T_i T_j} \qquad (7-70)$$

$$C = -TST^2 \sum_{i,j} \frac{f_{i,j}}{TST} \ln \frac{f_{i,j}}{TST} \qquad (7-71)$$

式中，$f_{i,j}$ 指从部门 i 流向部门 j 的体现能源或体现金属，T_i 为 j 部门的输入或输出；整个系统的总输入或总输出 $TST = \sum_{j=1}^{n} T_j$。

结合控制分配系数（CA）和依赖分配系数（DA）量化部门间的控制依赖关系，评估能源—金属关系在部门间的可持续性，具体方程如下：

$$N = (n_{i,j}) = \sum_{n=0}^{\infty} G_n = (I-G)^{-1} \qquad (7-72)$$

$$N' = (n'_{i,j}) = \sum_{0}^{\infty} G'_{i,j} = (I-G')^{-1} \qquad (7-73)$$

$$CA = (ca_{i,j}) = \begin{cases} \dfrac{n_{i,j} - n_{i,j}}{\sum\limits_{i=1}^{m} n_{i,j} - n_{i,j}}, & (n_{i,j} - n_{i,j} > 0) \\ 0, & (n_{i,j} - n_{i,j} \leq 0) \end{cases} \tag{7-74}$$

$$DA = (da_{i,j}) = \begin{cases} \dfrac{n_{i,j} - n_{i,j}}{\sum\limits_{j=1}^{m} n_{i,j} - n_{i,j}}, & (n_{i,j} - n_{i,j} > 0) \\ 0, & (n_{i,j} - n_{i,j} \leq 0) \end{cases} \tag{7-75}$$

式中，$N = (n_{i,j})$ 为代谢物质流的积分无量纲矩阵；$G = (g_{i,j})$ 为代谢流的直接无量纲矩阵；$\sum\limits_{n=2}^{\infty} G_{i,j}$ 为代谢流的间接无量纲矩阵；式中 $G' = (g'_{i,j})$，$g'_{i,j} = \dfrac{f_{i,j}}{T_i}$，$T_i$ 指 i 部门的输入或输出。

图 7-49 展示了系统稳健性（SR），表示系统在冗余和效率之间的平衡的可持续性性能。指示点在抛物线上越靠右，系统效率越高，但越脆弱，越靠左冗余度越高，但效率越低。结果表明系统过度冗余，而牺牲了太多的效率。2012 年中国经济系统的 SR 为 0.2945，低于能源和金属系统。能量系统和金属系统的平均 SR 分别为 0.3022 和 0.3066。金属网络的 SR（0.3070）和混合金属网络（0.3062）之间的差异很小。主要原因是与能源相关的金属消费量与直接金属消费量相比非常小。对于能源系统，混合能源网络的 SR（0.0003）低于能源网络（0.3040）。与金属相比，能源系统更容易受到能源—金属关系的影响。

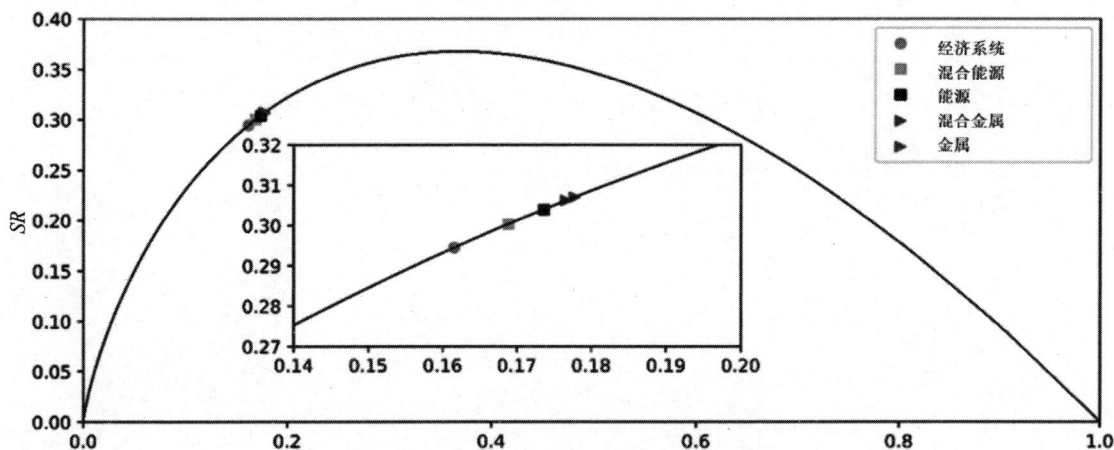

图7-49　能源—金属耦合的系统稳健性

CA 和 DA 指标通过网络的方式揭露了能源和金属的耦合对于部门之间关联的影响程度。图 7-49 显示了混合能源（金属）网络中考虑到联系影响的部门之间的控制和依赖关系。在混合能源网络中，大多数部门对建筑业部门的控制关系相对较强。其中，木材加工与家具制造部门、非金属矿产品制造部门、专用设备制造部门和科学研究与开发、技术服务部门对建筑业部门的控制力度超过 50%。在混合能源网络中，大多数部门对煤炭开采和选矿部门、石油和天然气开采部门、黑色金属和有色金属开采和选矿部门、非金属和其他矿物开采和选矿部门有着强烈的依赖性，特别是电力、热力生产和供应以及石油加工、炼焦和核燃料加工、天然气生产和供应行业。混合金属网络中的依赖关系与混合能量网络中的依赖关系相似，这是因为能源消费结构和金属消费结构之间具有高度的相似性，经济结构决定了部门间具体混合能源和金属的主要流动方向。

第八章 资源环境足迹理论、方法及应用展望

第一节 资源环境足迹拓展方向

作为衡量可持续发展的重要方法之一，资源环境足迹理论仍需要不断修改完善并扩大其研究范围。为更好地促进各行业的可持续发展，面向人类社会可持续发展中的问题，资源环境足迹理论可在以下几个方面进行改进：

1. 研究范式有待进一步完善

资源环境足迹的研究范式和框架仍需要进一步完善，亟须运用新指标、新视角来进行环境的可持续发展评估。为沟通行星边界与人类福祉之间的关系，有学者将行星边界拓展至社会经济领域，据此提出了"甜甜圈"框架。该框架认为可持续发展既要保护地球资源环境，也要满足人类的生存和发展需求，从而将行星边界与可持续发展目标（SDGs）有机结合起来，拓展了行星边界的政策潜力空间。从生态经济学视角而言，SDGs主要涵盖可持续的规模、公平的分配和有效的配置三个方面，其中又以可持续的规模即不超出行星边界为前提条件。因此，基于环境足迹的行星边界可持续发展评估，是实现社会经济繁荣发展、可持续发展研究领域重点拓展的方向。然而，由于地球各类生物物理过程及其行星边界之间存在复杂的交互作用，环境足迹指标之间和行星边界指标之间均存在一定程度的重叠关系。因此，清晰界定系统边界，形成足迹类指标和边界类指标的统一分类，对于建立起环境足迹与可持续发展目标之间的一一对应关系尤为关键。

虽然行星边界概念的初衷并非在于将其拓展至全球以下尺度，但是由于资源环境管理政策的制定与实践通常发生在区域范围，将环境足迹——行星边界本地化是增强其对可持续发展的政策指导价值的必要环节。因此，各利益相关主体在界定资源环境足迹边界过程中，应综合考虑地球行星边界和区域资源环境条件、社会经济发展阶段等实际情况，以体现"全球化思维，地方化行动"的资源环境保护与治理思路。国家资源环境边界确定之后，仍需进一步将其拓展至省域尺度、产业尺度、部门尺度及局地生态系统尺度等。

资源环境足迹的计算方法也存在进一步改进的空间。关于方法标准化的进展，已经存在两种国际标准化格式：规范性标准（如ISO标准）和描述性标准（例如全球足迹网络和

水足迹网络等）。在国家层面上，足迹家族的统一核算最有可能通过基于 MRIO 的统一框架来实现，因为一系列 MRIO 模型已成功应用于土地足迹、能源足迹、碳足迹和水足迹，以及其他不同足迹集的测量。相比之下，微观或中观尺度下足迹的计算方法统一比较困难。因此，全生命周期评价可能适用于产品层面的足迹系列，产业或部门层面的足迹研究或许采用生命周期结合投入产出分析计算方法更加合适。目前只有碳足迹上使用过 LCA 和 IOA 结合的混合计算方法，未来其他足迹也可以朝这个方向扩展。在具体每一种足迹的方法统一上，能源足迹没有达到生态足迹、碳足迹和水足迹的标准化程度。因此，未来对能源足迹计算方法的标准化研究还有很大的改进空间。此外，虽然 LCA 在覆盖环境影响类别方面更为全面，但忽略了生物圈提供的可再生能源能力（即生物承载力）的局限性，因此未来研究可优先以互补的方式将其他足迹和 LCA 结合起来，以便实现更有力和更详细的可持续性评估。

2. 资源环境足迹在数据精度方面仍需进一步完善

就跨国数据库而言，1961 ~ 2008 年期间，全球足迹网络数据库发布了来自 150 多个国家的生态足迹账户，并单独列出能源足迹。此外，还有 73 个国家的碳足迹数据库。该数据库还有 1996 ~ 2005 年 140 个国家的水足迹数据的平均值。在全球贸易分析项目（GTAP）第 7 版的支持下，建立了在线数据库，其中 27 个欧盟成员国和另外 18 个国家或地区 57 个部门的生态、碳和水足迹的详细数据集都可以从中获得，但是，污染足迹、物质足迹等其他资源足迹的详细数据获得十分困难。在中观尺度或微观尺度下，如具体产品或部门的足迹清单数据由于清单整理的方法不一致，数据在使用上也难以实现标准化。

3. 提升资源环境足迹与政策的关联性

资源环境足迹研究在政策制定中具有重要的作用，可以为政策制定者提供有关资源消耗和环境影响的科学依据。目前资源环境足迹可在以下领域提供指导：

（1）降低产品生产中的资源消耗。随着可持续消费理念不断深入以及环保政策导向，越来越多的国内外大型企业意识到，需要在生产中节约整个产品供应链中的资源并减少污染物排放。对资源环境足迹的量化和评估可以为制定提高资源有效利用方面的经济战略方针提供帮助，可以通过指导资本投资和优化产业结构来提高资源利用效率。例如，通过对企业生产中的水足迹进行核算，可以帮助企业了解和掌握其在整个生产供应链中各个环节的用水量，从而帮助企业识别出水足迹增加的原因。以可口可乐企业为例，2010 年可口可乐公司就与大自然保护协会（TNC）合作计算并评估了其饮料产品的水足迹。通过核算发现：1 瓶可口可乐中约有 2/3 是生产甜菜所需的蓝水和绿水足迹；运营水足迹只占其总体水足迹的 1%。作为零售业的沃尔玛在要求其供应商提供的环保责任清单中就包含了用水方面的数据。通过计算出相关产品的资源环境足迹，可以帮助生产产品的企业和消费者了解产品生产全生命周期的资源环境足迹，进而减少在生产过程中对资源环境的消耗。

（2）对产品进行环境标志认证。环境标志是由政府或者评估机构向企业颁布的与环境保护有关的图形标志。多数情况下环境标志是一种对企业产品的认可性的标签。中国环境标志，即通常所说的"十环标志"，是环境保护部授权颁发的对产品环保性能认定的证明性商标，是目前国家绿色产品的权威性认证标志。它表明产品不但质量合格，而且符合特定的环保要求，与同类产品相比，具有低毒少害、节约资源能源等环境优势。未来应更积极地进行产品的资源环境足迹认证工作，在环境标识中加入产品在整个生命周期中的碳足迹、水足迹、材料足迹等。随着全球资源环境问题的加剧和离 2030 年实现联合国可持续发展目标时间的日益临近，可以预见会有越来越多的产品会进行环境标志认证。

（3）为我国行业发展提供相关建议。自上而下的分析方法可以识别自然资源消耗的关键部门，从资源消耗的整个供给链的生命周期角度发现产品和服务最终消费的关键驱动者，结合两者可以为我国行业资源可持续发展提供综合细致的建议。有学者将经济投入产出分析方法引入生命周期评价中，创建了投入产出生命周期评价模型。因此，它可以基于投入产出表计算出部门层面的能耗及排放水平，再通过评价对象与经济部门的对应关系评价具体产品或服务环境影响。近些年来，投入产出生命周期评价模型不断被应用于建筑业和水电等部门的环境影响评价中，同时引入了温室气体和能值等生态环境要素以及水、土地等自然资源要素，形成了多区域、多尺度及多要素的环境投入产出数据库。综上所述，结合自上而下和自下而上有利于从供应链角度更细致地提供行业资源可持续建议与政策。

（4）评估城市可持续发展。城市是知识、技术和创新的中心，这使得它们在任何可持续发展的转型中都扮演着至关重要的角色。要想让城市满足联合国可持续发展目标的要求，关键是进行有意义的监测和与目标设定。因此，在可持续发展目标的背景下进行城市足迹评估，可以通过环境足迹监测一系列与可持续发展目标相关的指标，包括细颗粒物、化学品、氮、磷、灰水、蓝水、绿水、土地、碳、生物多样性和生态足迹等。由于足迹指标是基于消费的指标，它们自然为旨在确保可持续消费与生产模式的可持续发展目标提供了有用的信息。因此，可利用城市资源环境足迹的核算来进行对城市的监测和评估，并根据行星边界和社会阈值进行基准测试，计算城市的环境足迹，并从消费角度量化其广泛的全球影响，以测试城市的活动是否满足可持续发展目标。

（5）测定环境压力。资源消耗指标也是环境压力指标，消耗的资源越多，环境压力就越大。资源环境足迹不仅从资源总量上测度环境压力，还能追踪环境压力的来源。以物质足迹为例，中国各地区的物质开采量是每个区域从自然界中攫取的资源量，一方面可以展示中国各区域从自然界中获得自然资源量的多少，另一方面也是资源开采导致环境压力的一个间接展示。资源开采过程中伴随着许多环境影响，开采越多，对环境系统的压力就越大。社会经济活动推动着自然资源在经济系统内重新分配，也暗含着开采导致的环境责任的转移。物质足迹测度了因消费引起的开采的资源在地区或者部门之间的重新分配，物质足迹利用 MRIO 这种自上而下的资源使用核算方法，可以揭示从自然界开采的自然资源在各区域各部门之间消耗的虚拟物质网络结构。

（6）研究各地区之间的足迹关系。中国各地区在资源使用方式、经济结构、居民收入和消费方式方面都不同。经济快速增长、经济结构和生活方式的转变会使得我们面临着资源需求的进一步快速增长。通过国际之间、省域之间的商品和服务贸易，使地区经济紧紧联系在一起，每个地区的消费都与其他地区资源消费有关。对资源消耗及其产生的环境压力需要从需求端来量化管理，即应该考虑本地区和其他地区之间贸易产生的原材料消耗。对以消费为基础的核算，特别是对碳排放的核算，正在越来越被政策制定者和决策者所采用，特别是基于 MRIO 的核算已经被用来支持讨论碳排放的责任如何在地区间分摊，许多学者也指出"碳足迹"的"消费者承担"原则更具科学性。资源环境足迹产生的环境压力分担也应该和碳排放的责任分担一样，从消费者角度进行分摊，而不仅仅让资源开采地区独自承担环境压力。对于资源环境足迹的未来研究可以利用 MRIO 识别资源消耗的关键部门和关键地区，识别资源转移的网络系统，并量化资源开采环境压力在省域之间的转移，可为资源开采环境压力治理提供基础。

第二节　资源环境方法的局限性及可能的解决途径

资源环境足迹自提出以来，在可持续发展领域内做出了重要的贡献，其量化方法也在不断发展和完善，但目前依然存在一些局限性。

一、数据来源的不确定性

当前，生命周期评价（LCA）和投入产出（IO）方法已成为资源环境足迹评价的两种主要方法。这两种方法都需要大量的数据作为支撑，这就不可避免地遇到数据资料不可得的问题。相关研究人员必须经常依据典型的生产工艺、全国平均水平、工艺的工程估计或专业判断等来获取数据。这往往使得数据的不确定性大幅提高，可能造成数据不准确、误差或偏差以致得出错误的结论。对此可以采用多个数据源进行比较和验证，确保数据的可靠性和准确性。此外，鼓励数据共享和开放获取，透明度和公开性可以促进更多的人关注和使用 LCA 结果。

二、方法本身缺陷

1. 存在核算误差

受制于 LCA 和 IO 方法收集数据的先天性缺陷，如 LCA 方法数据精度虽高，但因其庞大的数据收集量无法避免"截断误差"，而 IO 方法虽然分析边界较为完整能够有效避免"截断误差"，但其评价结果相对"粗糙"，通常只是部门平均水平，而不能实现部门内的产品间的比较，存在"部门聚合误差"。目前，虽然部分学者尝试将 LCA 和 IO 方法结合，在混合方法方面做出了一定努力，但尚未形成统一的、得到广泛认可的微观—中观—宏观层次通用的资源环境足迹评价方法以突破不同层次之间的壁垒，破解尺度转换性障碍，未来在这方面的研究还有待深入挖掘。总而言之，足迹类指标的计算方法虽然众多，但均有一定的适用条件。因此探索规范化的计算路径具有重要意义，以适应多角度、多层次评估人类活动影响的需要。

2. 核算范围差异

设定生命周期评估（LCA）的目标与范围界定时，明确系统边界至关重要。尽管将自然过程也纳入考量范围可以提供更为广泛的视角，但也使搜集相关数据的复杂程度提升。在确定生命周期评价的系统边界时，难以考虑到所有相互关联的影响因素，其边界具有不完整性、不统一性（曹烨等，2018）。因此，评估人员必须决定评估的详细程度以及是否有必要分析产品中的非主要组分，以判定其对环境的潜在影响。国际标准化组织的 ISO 14040 标准的提出可以通过某些删减原则忽略这些原材料等，由此来简化 LCA 使其可操作性增强，却也存在遗漏关键环境影响的风险。投入产出法（IO）是分部门来计算环境足迹，同质性假定要求一个产业只生产一种同质产品，只用一种生产技术进行生产，即每个产业只有单一的消耗结构，且部门之间的数量关系可表示为线性关系。这一假设忽视了现代社会中企业生产的多样化与协作化趋势，同一部门内不同产品的资源环境足迹存在较大差异（王微等，2010）。考虑到该局限性，应合理进行部门间协同合作，采用差异化计算方法，尽可能考虑每个产业内不同产品的特征和消耗结构的差异。

3. 地域差异影响

目前资源环境足迹环境影响量化的模型主要基于现有生命周期环境影响评价（Life Cycle Impact Assessment，LCIA）模型。LCIA 模型各中间点影响类别根据环境影响的空间尺度，可归为如下三种：全球性、区域性和局地性影响。全球性影响类别主要包括全球变暖、臭氧层破坏、化石能源消耗、金属资源消耗；区域性影响类别主要包括臭氧层形成、酸化、富营养化；局地性影响类别则以人体毒性、生态毒性和水资源消耗为主。同全球变暖、臭氧层破坏等影响类别不同，区域化和局地化影响类别需考虑地域化信息。目前，ReCiPe 2016 模型在用水这一中间点影响类别提供了不同区域的特征化因子数值。IMPACT World+ 模型提供了包括水稀缺、水酸性化、陆地酸性化、淡水富营养化、海洋富营养化、土地转换和土地占用在内的中间点影响类别的区域化的特征化因子，但是包括致癌性、非致癌性和淡水生态毒性在内局地性影响类别，其特征化因子受地域差异影响极大。在地域化毒性类型影响类型评价模型方面，USEtox 模型是 2008 年由联合国环境规划署同 SETAC 共同推动开发，针对污染物迁移、转化、暴露和毒性效应进行模拟量化的模型。USEtox 模型包括致癌性、非致癌性和生态毒性三种影响类别，可应用于洲际水平展开的分析，但存在洲际边界不明的问题。而 IMPACT World+ 这一全球模型则同 USEtox 2.0 版本具有一致性。USEtox 2.0 版本模型在 1.0 版本基础上进行了空间水平细节化，并考虑室内空气这一环境介质，并新增和更新了包括有机化合物电离、农药残留暴露、15 种金属阳离子的淡水毒性等参数数据，但该版本模型仍然存在洲际边界不明的问题。而毒性影响类型是水足迹影响核算和污染足迹影响核算的重要内容，同时水足迹分析边界与 LCIA 分析边界有着显著的不同，在水足迹分析中仅考虑影响水质的大气、土壤和水体污染物排放，而非排放的所有物质，其实际上是 LCIA 综合环境影响评估的一部分。因此在资源环境足迹影响分析这一层次上，还需加强模型构建工作。

三、足迹指标的不确定性

1. 土地类型假设差异

资源环境足迹起源于生态足迹。生态足迹指标以基于不同土地类型的地域面积来衡量维持一个人、地区、国家的生存所需要的或者指能够容纳人类所排放的废物的、具有生物生产力的自然资源。土地各类型之间的互斥性假设是其十分重要的一个假设，但此假设受到了许多学者的批评。在实际情景中，很多种土地类型之间是相互交叉的，如林地内可能包含牧草地。对此需要建立生态足迹数据库，收集不同地区、不同土地类型的生态足迹数据，为后续准确计算提供基础数据支持。

2. 动态性指标较少

当前多数资源环境足迹核算仅考虑了静态过程，在指标选取上多数都是静态指标为主，缺乏动态性指标，未将人口流动、社会经济发展等动态指标纳入其中，因此对于未来预测性的评价略显不足。资源环境足迹理论应充分考虑发展的动态因素。结合社会经济、人口、社会技术的动态发展，通过大跨度时间序列的动态过程研究，来计算各指标的时间序列值进而追踪各个时点的可持续程度，揭示区域环境足迹变化特征与区域发展演化的内在互动机制，从而来补救指标静态性的缺憾。但当前的动态研究主要集中于清单层次，即在资源消耗和污染物排放数据中包含时间性和区域性信息，但只有在评估模型层次完成动态化、区域化的模型构建才能真正实现科学、精准分析。未来可以建立动态数据库，建立涵盖各种产品和技术的数据库，以便能够及时更新和调整环境影响评估。

四、生态承载力理论的制约

承载力研究是资源环境足迹理论的一个重要方面，但当前多数研究在实施特定区域、行业、部门足迹分析时未能实现不同区域、行业和部门的承载力的差异化量化，通常采用较大尺度的承载力来进行核算，导致研究结果具有片面性和一定的不可比性。同时，生态足迹方法本质是生态承载力的量化方法，受到生态承载力理论的制约，具体表现为生态承载力理论多采用静态、经验统计学方法来定量评估承载力，对承载力计算过程中各个要素之间的形成过程机理缺乏科学的阐释，忽略了生态系统结构、过程及其功能对生态承载力的传导作用，这种传统研究对于资源环境—社会经济系统中各个要素间的互相作用对承载力影响的探讨不够深入，理论体系不完善，阻碍了生态承载力核算及应用的进一步发展。因此，部分学者尝试将行星边界引入资源环境足迹理论，通过降尺度核算以及地理信息系统、大数据等辅助手段来应对不同层次承载力计算的需求。

五、本地化研究不足

在我国，有研究团队采用毒理学试验方法得到了本地化的特征化因子，但其研究主要聚焦在人体健康影响类别方面；李雪迎等（2021）对不同终点类别的基准值进行了本地化研究，但是并未对各影响类别的特征化因子进行本地化研究。考虑到系统完整的本地化生命周期影响评价模型的建立需要跨专业、跨学科的大量基础性研究工作，今后国内各研究机构和学者需要加强合作，建立统一的生命周期影响评价流程，将各研究领域的成果整合到一起，尽快建立起覆盖全面、参数完善、基准统一的本地化生命周期影响评价模型。

参考文献

[1] Ang B W, Choi K H. Decomposition of aggregate energy and gas emission intensities for industry: A refined Divisia index method [J]. Energy Journal, 18(3) : 59–73.

[2] Ang B W, Liu F L. A new energy decomposition method: perfect in decomposition and consistent in aggregation [J]. Energy, 26(6), 537–548.

[3] Ang B W, Zhang F Q. A survey of index decomposition analysis in energy and environmental studies [J]. Energy, 25(12), 1149–1176.

[4] Ang B W, Su B, Wang H. A spatial–temporal decomposition approach to performance assessment in energy and emissions [J]. Energy Economics, 60, 112–121.

[5] Boyd G A, Hanson D A, Sterner T. Decomposition of changes in energy intensity: A comparison of the Divisia index and other methods [J]. Energy Economics, 10(4), 309–312.

[6] Cheng K, Yan W, Tian H, et al. Atmospheric emission characteristics and control policies of five precedent–controlled toxic heavy metals from anthropogenic sources in China [J]. Environmental Science & Technology, 49(2), 1206–1214.

[7] Fu R, Peng K, Wang P, et al. Tracing metal footprints via global renewable power value chains [J]. Nature Communications, 14, 3703.

[8] Guo Y, Chen B, Li J, et al. The evolution of China's provincial shared producer and consumer responsibilities for energy–related mercury emissions [J]. Journal of Cleaner Production, 245, 118813.

[9] Hoekstra A Y, Hung P Q. Virtual water trade [C]. Value of Water Research Report Series, 11, 239–304.

[10] Hoekstra A Y, Chapagain A K, Aldaya M M, et al. The Water Footprint Assessment Manual: setting the global standard [M]. Earthscan. London, UK.

[11] Jiang M, Behrens P, Wang T, et al. Provincial and sector–level material footprints in China [J]. Proceedings of the National Academy of Sciences, 116(52), 26484–26490.

[12] Jones C M, Kammen D M. Quantifying carbon footprint reduction opportunities for US households and communities [J]. Environmental Science & Technology, 45(9), 4088–4095.

[13] Lenzen M, Kanemoto K, Moran D, et al. Mapping the Structure of the World Economy [J].

Environmental Science & Technology, 46(15), 8374–8381.

[14] Leontief W W. Quantitative input and output relations in the economic systems of the United States [J]. Review of Economic Statistics, 18(3), 105–125.

[15] Li J, Wei W, Zhen W, Guo Y, et al. How green transition of energy system impacts China's mercury emissions [J]. Earth's Future, 7(8), 891–901.

[16] Mou D, Li Z. A spatial analysis of China's coal flow [J]. Energy Policy, 48, 358–368.

[17] M ü ller E, Hilty L M, Widmer R, et al. Modeling metal stocks and flows: A review of dynamic material flow analysis methods [J]. Environmental Science & Technology, 48(4), 2102–2113.

[18] Pertsova C C. Ecological economics research trends [M]. Nova Publisher.

[19] Rees W. Ecological footprints and appropriated carrying capacity: what urban economics leaves out [J]. Environment and Urbanization, 4(2), 121–130.

[20] Rockström J, Steffen W, Noone K, et al. A safe operating space for humanity [J]. Nature, 461(7263), 472–475.

[21] Sen B, Onat N C, Kucukvar M, et al. Material footprint of electric vehicles: A multiregional life cycle assessment [J]. Journal of Cleaner Production, 209, 1033–1043.

[22] Shao S, Liu J, Geng Y, et al. Uncovering driving factors of carbon emissions from China's mining sector [J]. Applied Energy, 166, 220–238.

[23] Steffen W, Richardson K, Rockström J, et al. Planetary boundaries: Guiding human development on a changing planet [J]. Science, 348(6240), 1217.

[24] Su B, Ang B W. Multi-region comparisons of emission performance: The structural decomposition analysis approach [J]. Ecological Indicators, 67, 78–87.

[25] Tian H Z, Zhu C Y, Gao J J, et al. Quantitative assessment of atmospheric emissions of toxic heavy metals from anthropogenic sources in China: Historical trend, spatial distribution, uncertainties, and control policies [J]. Atmospheric Chemistry and Physics, 15(17), 12107–12166.

[26] Tian X, Geng Y, Dong H, et al. Regional household carbon footprint in China: A case of Liaoning province [J]. Journal of Cleaner Production, 114, 401–411.

[27] Tong D, Zhang Q, Liu F, et al. Current emissions and future mitigation pathways of coal-fired power plants in China from 2010 to 2030 [J]. Environmental Science & Technology, 52(21), 12905–12914.

[28] Wiedmann T O, Schandl H, Lenzen M, et al. The material footprint of nations [J]. Proceedings of the National Academy of Sciences, 112(20), 6271–6276.

[29] World Wide Fund for Nature(WWF). Living planet report 2010: Biodiversity, biocapacity, and development. WWF. Switzerland.

[30] Xiao L, Guan Y, Guo Y, et al. Emission accounting and drivers in 2004 EU accession countries [J]. Applied Energy, 314, 118964.

[31] Xu Z, Li Y, Chau S N, et al. Impacts of international trade on global sustainable development [J]. Nature Sustainability, 3(11), 964–971.

[32] Zhang L X, Wang C B, Song B. Carbon emission reduction potential of a typical household biogas system in rural China [J]. Journal of Cleaner Production, 47, 415.

[33] Zhang T, Zhang P, Peng K, Feng K, et al. Allocating environmental costs of China's rare earth production to global consumption [J]. Science of The Total Environment, 831, 154934.

[34] Zhang W, Wang J, Zhang B, et al. Can China comply with its 12th five-year plan on industrial emissions control: a structural decomposition analysis [J]. Environmental Science & Technology, 49(8), 4816–4824.

[35] 曹烨, 邹振东, 邱国玉. 环境管理生命周期评价技术的基本范畴及其适用局限性浅析 [J]. 科技导报, 36(8)：79–86.

[36] 曾晓霞. 基于能值生态足迹优化模型的湘江城市群生态安全研究 [J]. 湖南大学.

[37] 陈成忠, 林振山. 生态足迹模型的争论与发展 [J]. 生态学报, 28(12), 6252–6263.

[38] 丛建辉, 常盼, 刘庆燕. 基于三维责任视角的中国分省碳排放责任再核算 [J]. 统计研究, 35(4)：41–52.

[39] 方恺. 足迹家族研究综述 [J]. 生态学报, 35, 7974–7986.

[40] 方恺, 段峥. 全球主要国家环境可持续性综合评估——基于碳、水、土地的足迹 – 边界整合分析 [J]. 自然资源学报, 30(4)：539–548.

[41] 方恺, 许安琪, 何坚坚等. "一带一路"沿线国家可持续发展综合评估及分区管控 [J]. 科学通报, 66(19), 2441–2454.

[42] 高吉喜, 范小杉. 中国工业产品进出口贸易污染足迹对比分析 [J]. 中国环境科学, 29(1)：106–112.

[43] 国际资源委员会. 全球资源利用评估：提高资源效率和减少污染的系统方法. 联合国环境规划署.

[44] 韩召迎. 基于生态足迹模型的区域可持续发展评价研究 [D]. 南京：南京农业大学.

[45] 何苗. 全球气候变化与人群健康 [J]. 生态经济, 40, 1 – 4.

[46] 黄旭茬, 方小卫, 陈芨熙, 等. 产品环境足迹综述 [J]. 机电工程, 31(11), 1383–1389.

[47] 焦雯珺, 闵庆文, 成升魁, 等. 污染足迹及其在区域水污染压力评估中的应用——

以太湖流域上游湖州市为例 [J]. 生态学报 , 31(19), 5599–606.

[48] 李昌峰 , 章金龙 , 郭新 . 基于污染足迹的太湖流域水环境生态风险评价 [J]. 江苏科技信息 , 2014(21)：30–3.

[49] 李富佳 . 区际贸易隐含碳排放转移研究进展与展望 [J]. 地理科学进展 , 37(10)：1303–1313.

[50] 李剑泉 , 田康 , 陈绍志 . 国际贸易生态足迹评估方法研究进展 [J]. 世界农业 , (5):41–47.

[51] 李静 , 闵庆文 , 李文华 , 等 . 基于污染足迹的太湖流域稻作农业污染评估——以常州市和宜兴市为例 [J]. 农业资源与环境学报 , 31(4)：372–80.

[52] 李晓燕 , 黄宇帆 . 污染足迹视角下区域生态补偿标准研究 [J]. 华北水利水电大学学报 (社会科学版), 36(1)：19–25.

[53] 李雪迎 , 白璐 , 杨庆榜 , 等 . 我国终点型生命周期影响评价模型及基准值初步研究 [J]. 环境科学研究 , 34(11)：2778–2786.

[54] 刘刚 , 曹植 , 王鹤鸣 , 等 . 推进物质流和社会经济代谢研究 , 助力实现联合国可持续发展目标 [J]. 中国科学院院刊 , 33(1), 30–39.

[55] 刘建国 , 付峰 , 欧阳志 . 远程耦合世界的可持续性框架 [J]. 生态学报 , 36(23).

[56] 刘剑锋 , 蒋瑞波 . 浙江工业产品贸易的"污染足迹"研究 [J]. 技术经济与管理研究 , 2010(5)：119–22.

[57] 刘艳红 , 郭朝先 . 中国外贸隐含土地实证研究述评 [J]. 中国人口·资源与环境 , 11.

[58] 柳乾坤 . 基于改进三维生态足迹模型的土地承载力指数研究 [D]. 浙江大学 .

[59] 马涛 , 陈家宽 . 中国工业产品国际贸易的污染足迹分析 [J]. 中国环境科学 , 2005(4)：508–12.

[60] 闵庆文 , 焦雯珺 , 成升魁 . 污染足迹：一种基于生态系统服务的生态足迹 [J]. 资源科学 , 33, 195–200.

[61] 庞军 , 高笑默 , 石媛昌 , 等 . 基于 MRIO 模型的中国省级区域碳足迹及碳转移研究 [J]. 环境科学学报 , 37(5)：2012–2020.

[62] 彭水军 , 张文城 , 孙传旺 . 中国生产侧和消费侧碳排放量测算及影响因素研究 [J]. 经济研究 , 50(1)：168–182.

[63] 彭水军 , 张文城 , 卫瑞 . 碳排放的国家责任核算方案 [J]. 经济研究 , 51(3), 137–150.

[64] 秦树平 , 胡春胜 , 张玉铭 , 等 . 氮足迹研究进展 [J]. 中国生态农业学报 , 19, 462–467.

[65] 屈志光 , 严立冬 , 朱蓓 , 等 . 生态足迹理论应用研究进展：述评及反思 [J]. 理论月刊 , (4)：47–49.

[66] 石敏俊，黄文，李娜．资源优势能否转化为产业优势？——煤炭开发重心西移对能源密集型产业空间格局变化的影响 [J]. 自然资源学报，30, 891–902.

[67] 孙晶，刘建国，杨新军，等．人类世可持续发展背景下的远程耦合框架及其应用 [J]. 地理学报，75(11)：2408–2416.

[68] 谭伟文，文礼章，仝宝生，等．生态足迹理论综述与应用展望 [J]. 生态经济，173–181.

[69] 王猛猛，刘红光．碳排放责任核算研究进展 [J]. 长江流域资源与环境，3(1)：19–36.

[70] 王微，林剑艺，崔胜辉，等．碳足迹分析方法研究综述 [J]. 环境科学与技术，33(7)：71–78.

[71] 王泽琳，金德禄，张如良．中美环境正义问题及实践差异的比较研究 [J]. 中国人口·资源与环境，30(8)：140–147.

[72] 王长波，张力小，庞明月．生命周期评价方法研究综述——兼论混合生命周期评价的发展与应用 [J]. 自然资源学报．

[73] 吴普特，赵西宁，操信春．中国"农业北水南调虚拟工程"现状及思考 [J]. 农业工程学报，26(6)：1–6.

[74] 吴寿岭，王冬梅，高竞生，等．临床高血压病学．北京大学医学出版社．

[75] 杨开忠，杨咏，陈洁．生态足迹分析理论与方法 [J]. 地球科学进展，15(6)：630.

[76] 于冰，徐琳瑜．城市水生态系统可持续发展评价——以大连市为例 [J]. 资源科学，2014(12)：2578–2583.

[77] 中华人民共和国国家发改委．加快建立产品碳足迹管理体系的意见．

[78] 中华人民共和国中央人民政府．中华人民共和国国民经济和社会发展第十四个五年规划和 2035 年远景目标纲要．

[79] 中华人民共和国国家质量监督检验检疫总局，中国国家标准化管理委员会．GB/T 33859-2017 环境管理水足迹原则、要求与指南．北京：中国标准出版社．

[80] 周文华，张克锋，王如松．城市水生态足迹研究——以北京市为例 [J]. 环境科学学报，26(9)：1524–1531.

[81] 诸大建．用国际可持续发展研究的新成果和通用语言解读生态文明 [J]. 中国环境管理，11, 5–12.